La responsabilité des acteurs de la gestion publique devant la Cour des comptes

Le modèle marocain

Logiques Juridiques

Collection fondée par Gérard Marcou

Le droit n'est pas seulement un savoir, il est d'abord un ensemble de rapports et pratiques que l'on rencontre dans presque toutes les formes de sociétés. C'est pourquoi il a toujours donné lieu à la fois à une littérature de juristes professionnels, produisant le savoir juridique, et à une littérature sur le droit, produite par des philosophes, des sociologues ou des économistes notamment.

Parce que le domaine du droit s'étend sans cesse et rend de plus en plus souvent nécessaire le recours au savoir juridique spécialisé, même dans des matières où il n'avait jadis qu'une importance secondaire, les ouvrages juridiques à caractère professionnel ou pédagogique dominent l'édition, et ils tendent à réduire la recherche en droit à sa seule dimension positive. À l'inverse de cette tendance, la collection « Logiques juridiques » des éditions L'Harmattan est ouverte à toutes les approches du droit. Tout en publiant aussi des ouvrages à vocation professionnelle ou pédagogique, elle se fixe avant tout pour but de contribuer à la publication et à la diffusion des recherches en droit, ainsi qu'au dialogue scientifique sur le droit. Comme son nom l'indique, elle se veut plurielle.

Dernières parutions

Jean Paul NYEMBO TAMPAKANYA, *L'organisation des marchés financiers en République démocratique du Congo*, 2017.

Alexandra THEODOROPOULOS, Les accords collectifs de groupe, 2017.

Isabelle ALVAREZ, *Essai sur la notion d'exécution contractuelle*, 2017.

Abuhamoud ALSHIABANI, *La démocratie en droit international, Étude critique sur le statut juridique de la démocratie en droit interntional et la légitimité de l'imposer par la force,* 2017.

Vasiliki KALIMERI, *Le conseil de l'europe et les collectivités territoriales, contribution à l'étude de l'autonomie locale,* 2017.

Marjorie BRUSORIO AILLAUD, *La responsabilité civile des enseignants en cas d'accident scolaire,* 2017.

Gabriel ECKERT et Jean-Pierre KOVAR, *Les objectifs de la régulation économique et financière,* 2017.

Pierre-Alexis BLEVIN, *Les micro-États européens*, 2016.

Danièle AZEBAZE LABARTHE, *Quelle nouvelle politique de l'énergie pour l'Union européenne ?,* 2016

Constance CASTRES SAINT-MARTIN, *Les conflits d'intérêts en arbitrage commercial international,* 2016.

Daphne AKOUMIANAKI, *Les rapports entre l'ordre juridique constitutionnel et les ordres juridiques européens. Analyse à partir du droit constitutionnel grec*, 2016.

Boris BARRAUD, *La Recherche juridique. Sciences et pensées du droit*, 2016.

Mohammed Berraou

La responsabilité des acteurs de la gestion publique devant la Cour des comptes

Le modèle marocain

Préface de Xavier Vandendriessche

Présentation de Mohammed Amine Benabdallah

L'Harmattan

5-7, rue de l'École-Polytechnique, 75005 Paris

http://www.editions-harmattan.fr

ISBN : 978-2-343-12618-0
EAN : 9782343126180

Dédicaces

A mon pays ;
A ma femme Hanan, à Khaoula et Oussama ;
A tous les membres de l'organisation africaine des institutions supérieures de contrôle (AFROSAI), notamment les amis de la Cour des comptes du groupe de l'UEMOA et de la communauté francophone de contrôle (AISCCUF) ;
A tous ceux qui, à tort, réduisent la Cour des comptes à des paroles dans le vide ! Ou juste des déférés aux juridictions pénales !

HOMMAGE PARTICULIER

À monsieur Abdessadek El Glaoui qui vient de nous quitter au courant de la finalisation de cet ouvrage. Pionnier, grâce aux efforts duquel le dispositif de démarrage de la Cour des comptes a été mis en place en 1979 (Loi portant création de la Cour des comptes). Et c'est bien lui qui, bénéficiant d'un environnement politique propice, a pu parachever en 2002 (Code des juridictions financières) les fondements du modèle marocain de la Cour des comptes ! Rappelons également que sous sa présidence, la toute première communication sur la responsabilité des gestionnaires publics a vu le jour (14 Janvier 2000). Je n'oublierai jamais ce jour du mois d'octobre de l'année 2001 lorsqu'il m'avait soufflé dans les oreilles : « Monsieur Berraou, je vous félicite, on m'a beaucoup parlé de vous ». Qu'il repose en paix.

PREFACE

La démocratie obéit à une alchimie complexe dans son organisation, souvent lente dans son processus de mise en œuvre et toujours en péril quant à sa pérennité dans le temps. L'ouvrage de Mohammed BERRAOU en fournit une remarquable illustration par une étude, didactique, analytique et souvent critique de la responsabilité des acteurs de la gestion publique devant la Cour des comptes au Maroc.

En tant qu'observateur étranger au système marocain mais accoutumé au droit public financier français, on sera immédiatement frappé, sans être surpris, des parentés entre les deux modalités de fonctionnement de l'institution supérieure de contrôle qu'est la Cour des comptes. Depuis la fin du protectorat jusqu'à l'époque la plus récente, la Cour des comptes marocaine a connu une évolution marquée par l'influence française. En témoignent les quatre premiers chapitres de l'ouvrage de Mohammed BERRAOU qui permettent notamment d'analyser les grandes missions de la Cour des comptes : discipline budgétaire et financière, gestion de fait et contrôle des comptables patents.

Mais parenté n'est pas identité, et l'on ne peut que s'en réjouir : qui n'a pas constaté que la règle de droit, dans sa diffusion, connaît des adaptations à son nouveau contexte, des améliorations consécutives à l'analyse du système de droit d'origine, pour être finalement plus performante, plus efficace, en tout ou partie, par rapport au cadre initial? Mohammed BERRAOU le démontre abondamment : la Cour des comptes marocaine est certainement une fille de la « Vieille dame de la Rue Cambon » mais elle a su conquérir sa légitimité et son existence propres, dont la Cour des comptes française pourrait utilement tirer profit. Un seul exemple permettra de s'en convaincre : la discipline budgétaire et financière appartient en propre à la Cour des comptes marocaine alors qu'en France elle relève d'une juridiction distincte (la Cour de discipline budgétaire et financière) ; le Premier président Philippe Seguin n'a pu mener à bien la fusion des deux juridictions françaises. Souhaitons que l'un de ses successeurs saura profiter de l'exemple marocain pour simplifier le paysage juridico-financier français !

Le plan choisi par Mohammed BERRAOU n'est classique qu'en apparence : si les compétences de la Cour des comptes sont analysées au cours des trois premiers chapitres, l'auteur met l'accent, dans les deux derniers, sur deux éléments essentiels à l'efficacité de la juridiction financière : ses relations avec l'ordre judiciaire (ce qui

permet d'évoquer le thème de l'efficacité de la sanction) et l'impact de la nouvelle loi organique relative aux lois de finances (mettant ainsi en lumière les rapports, parfois complexes, entre ordre public financier et démocratie représentative). A cet égard, la constitutionnalisation de la Cour des comptes en 1996 a également permis une publicité de ses rapports, condition indispensable à son efficacité. La Constitution de 2011 parachève l'évolution en faisant de la Cour des comptes le « protecteur des principes et valeurs de transparence et de responsabilité au sein des appareils de l'Etat et des organismes publics ».
Mohammed BERRAOU est incontestablement un connaisseur avisé et un analyste aiguisé du juge financier, au Maroc bien entendu mais ailleurs également ; ses publications antérieures témoignent de l'ampleur de ses travaux. L'ouvrage qu'on lira ci-après est une remarquable démonstration non seulement de la compétence technique de l'auteur mais encore de sa capacité à restituer l'étude de la juridiction financière dans le contexte d'une démocratie moderne en construction.

Xavier VANDENDRIESSCHE
Professeur agrégé des Facultés de Droit
Président de l'Université de Lille, Droit et Santé.

PRESENTATION

Quoi de plus satisfaisant pour un professeur d'être contacté par un de ses anciens étudiants de la fin des années quatre-vingts pour lui préfacer une de ses publications ? Il faut avouer que ce côté agréable n'est pas sans être quelque peu bousculé par le fait que la publication en question est en rapport avec un sujet fort pointu qui nécessite une connaissance assez approfondie pour que l'on puisse valablement en parler. Mais qu'à cela ne tienne ! Portant sur la responsabilité des acteurs de la gestion publique devant la Cour des comptes, le livre de Mohammed BERRAOU suscite suffisamment de curiosité intellectuelle pour dissiper toute hésitation de contribuer à sa présentation aux lecteurs. C'est donc avec une espèce de crainte mêlée d'une certaine audace que le signataire de ces lignes, plutôt versé sur le droit constitutionnel et le droit administratif, et nullement sur ce qui s'apparente au contrôle de l'usage des deniers publics, s'introduit dans un monde où la parole ne devrait être donnée qu'à ses connaisseurs.
En fait, il n'est pas surprenant que Mohammed BERRAOU écrive un nouvel ouvrage sur la Cour des comptes, institution prestigieuse au sein de laquelle il évolue voici bien des années, et où il s'est épris de ses techniques les plus perfectionnées de contrôle. Aucun doute qu'à ce sujet, depuis longtemps, il a contracté le vertueux virus de la recherche et de l'écriture. A preuve, son parcours d'auteur. Même avec la plus grande des bienveillances, l'on ne peut s'empêcher de le prendre constamment en flagrant délit de recherche et de progression.
Les titres sont fort nombreux, mais gravitent tous autour du même thème ; et il n'est point étonnant que, au fil des années, leur auteur ait acquis une maîtrise lui permettant d'exposer clairement des points de vue qui suscitent débat ou, tout au moins, une discussion au sein des milieux avertis.
Il serait inutile de citer toutes les publications de Mohammed BERRAOU ; mais on s'en tiendra aux plus expressives. En l'occurrence, le précis d'interprétation du code des juridictions financières, les grands arrêts de la jurisprudence financière au Maroc et, plus récemment, les règles de discipline budgétaire et financière à l'égard des responsables, fonctionnaires et agents publics. Tous ces ouvrages témoignent, s'il en est, de l'intérêt que porte l'auteur à la question du contrôle qui revient à la Cour des comptes sur l'argent public.

L'ouvrage que Mohammed BERRAOU propose aux lecteurs porte sur un sujet dont l'importance n'est plus à démontrer tant il est vrai que l'ordre public financier est une condition vitale pour toutes les nations et, à coup sûr, – faut-il le dire ? – c'est la raison pour laquelle tous les pays du monde sont dotés, à quelques différences près, d'une institution chargée du contrôle de la régularité des comptes de l'Etat et de tous ceux qui manient l'argent public. A cet égard, l'auteur nous livre une étude concernant toutes les péripéties que la Cour des comptes marocaine a connues dans son évolution.

Dès l'introduction, il pose d'abord les caractères du modèle marocain et les particularités de la mise en jeu de la responsabilité devant la Cour des comptes pour mettre en relief sa spécificité ; puis, à la lumière de cette présentation, il opte pour un chapitre préliminaire traitant du contexte institutionnel et organisationnel pour s'appesantir sur le contexte historique du modèle marocain.

Cependant, c'est surtout dans les chapitres qui suivent qu'il se donne à cœur joie au domaine de la responsabilité qui est au cœur de son sujet. Tout cela est agrémenté par quelques regards sur le droit comparé, notamment la jurisprudence française, ce qui permet au lecteur de percevoir avec clarté les points de vue que l'auteur ne s'interdit pas de formuler. C'est certainement ce qui est attendu de tout ouvrage et, à ce sujet, on peut dire sans hésitation aucune que Mohammed BERRAOU a accompli son devoir de chercheur.

Le couronnement de cet accomplissement s'est parfaitement réalisé par la réflexion à laquelle il s'est livré à propos des implications de la loi organique relative à la loi de finances sur l'office de la Cour des comptes.

Il est évident que, comme tout ouvrage de recherche, le livre de Mohammed BERRAOU ne manquera pas de susciter la discussion. Au demeurant, nul ne contestera que son mérite sera de s'être engagé dans la voie d'une étude positive de la Cour des comptes marocaine tout en cherchant à dépasser le cadre purement classique de la sèche description pour en montrer les résultats constructifs. Et l'on est bien aise de remarquer que par certaines vues critiques, de son cru, dont il a parsemé l'étude, il a introduit des notes parfaitement audibles pour le lecteur connaisseur de l'institution et convaincu de la nécessité de sa performance pour la préservation de l'ordre public financier.

Mohammed Amine BENABDALLAH
Professeur à l'Université Mohammed V, Rabat

Le soleil
ne peut être éclipsé par un tamis

Proverbe arabe

Sommaire

INTRODUCTION GENERALE

A- Caractères du modèle marocain de la Cour des comptes

« Si les principes liés à la responsabilité des gestionnaires publics sont comparables dans beaucoup d'Etats d'Europe et d'Afrique, l'organisation peut varier selon les pays. Le plus souvent, les institutions supérieures de contrôle disposent directement du pouvoir de sanction sur les gestionnaires qui auraient commis des irrégularités en matière budgétaire, financière ou comptable : c'est le cas en Espagne, au Portugal et au **Maroc** par exemple».
Philippe Séguin, ancien premier président de la Cour des comptes française.[1]

1- Une finalité suprême : Reddition des comptes et protection de l'ordre public financier

A l'instar des institutions supérieures de contrôle de type juridictionnel, l'ultime objectif de la Cour des comptes du Maroc est la sauvegarde d'un ordre public particulier à savoir : l'ordre public financier, à travers le contrôle (et la sanction) du respect des normes juridiques et de gestion qui régissent le secteur public. A cet effet, la Cour des comptes est synonyme de l'acte civique de rendre compte, elle est là pour servir le citoyen en lui rendant compte des actes de gestion des fonds publics par les agents de l'administration publique. Exactement, comme le stipule le slogan de la Cour des comptes française, déjà classique, adressé aux citoyens français : « comptez sur nous, nous comptons pour vous ». C'est pourquoi l'acte de rendre compte est un acte d'ordre public généralement reconnu dans les systèmes de bonne gouvernance démocratique, et qui a désormais au Maroc une valeur constitutionnelle.[2]

L'acte de production du compte trouve sa source conceptuelle et historique dans l'acte de production du compte par le comptable public à la Cour des comptes dans le cadre de sa première attribution classique et juridictionnelle, à savoir la vérification et le jugement des comptes. Il s'agit d'un acte qui précède et justifie l'intervention postérieure de la Cour des comptes, assimilé par la littérature doctrinale financière à l'acte de la déclaration obligatoire de l'impôt. Il vise, non seulement les comptables publics patents (habilités), mais également toute personne, notamment les ordonnateurs, gestionnaires publics et les agents qui leur sont subordonnés, lorsqu'ils sont déclarés comptables ou gestionnaires de fait pour violation du principe de séparation des fonctions des comptables publics et des ordonnateurs, il s'agit d'une deuxième attribution juridictionnelle qui est celle de la gestion de fait.

Par ailleurs, la reddition des comptes prend une tournure de sanction disciplinaire des fautes de gestion, lorsque les acteurs de la gestion publique enfreignent aux règles de droit public financier, dans le cadre cette fois-ci d'une troisième attribution exclusivement juridictionnelle et répressive, qui appartient en propre à la Cour des comptes du Maroc, à savoir la discipline budgétaire et financière.

Comme c'est le cas dans le modèle de référence d'origine française, la procédure de vérification et d'apurement du compte du comptable patent ou du comptable (= gestionnaire) de fait, est une procédure d'ordre public, que nulle autre procédure judiciaire ne peut « tenir en l'état ». C'est ce qui constitue, en général, la spécificité de la Cour des comptes en matière de jugement des comptes dans ses deux facettes (de droit et de fait).

Par ailleurs, la Cour des comptes du Maroc est investie, depuis sa création en 1979, à la différence de la Cour des comptes française ou tunisienne, mais à l'instar de plusieurs autres Cours des comptes de même type comme celle de l'Espagne ou du Portugal en Europe ou de certains pays de l'UEMOA[3] (avec des nuances) en Afrique occidentale ou d'Algérie ou de Mauritanie voisines au Maghreb, d'une autre mission juridictionnelle répressive cette fois-ci. Il s'agit de la discipline budgétaire et financière à l'égard de tous les gestionnaires publics des organismes soumis à son contrôle dans cette matière. A ce titre, le parquet général, lui-même qui défend la loi en matière de jugement des comptes des comptables patents ou de fait, représente, en matière de discipline budgétaire et financière, l'intérêt général en tant que partie principale qui déclenche et supervise l'action publique, toujours dans le souci de défendre et protéger l'ordre public financier.

2- Une priorité fonctionnelle : le contrôle

Bien que la notion de redevabilité et de mise en jeu de la responsabilité se trouve au cœur des missions de la Cour des comptes, la fonction de contrôle est la fonction fondatrice de sa légitimité. Toutes les actions en responsabilité dans les trois matières juridictionnelles : le jugement des comptes, la gestion de fait et la discipline budgétaire et financière ne peuvent être déclenchées que suite à des opérations de contrôle ou d'investigation, en interne et/ou en externe de la Cour des comptes , par la Cour des comptes ou les Cours régionales des comptes ou par des organes de contrôle administratif externes. Ces derniers sont tenus d'adresser leurs rapports à la Cour des comptes (cf. Article 109 du code des juridictions financières). C'est pourquoi, selon la terminologie internationale de contrôle, la Cour des comptes est rangée parmi les institutions supérieures de contrôle : ISC en français ou SAI en anglais,[4] de type juridictionnel et collégial à la différence des institutions supérieures de contrôle de type administratif (monolithique ou collégial). Mais, Il est important de souligner que c'est pratiquement grâce au contrôle administratif de la gestion (une autre attribution de la Cour mais qui n'a pas un caractère juridictionnel) que la Cour des comptes a pu dégager la majeure partie des affaires contentieuses engageant la responsabilité des acteurs de la gestion publique, que ce soit au Maroc ou en France.

Seulement, il faut attirer l'attention du lecteur, dès le début, que la fonction du contrôle (juridictionnel) du compte et/ou (administratif) de la gestion ne peut être assimilée ou réduite à une inspection ou à des investigations quasi judiciaires. Il s'agit, pour le premier d'un acte de vérification systématique des pièces des comptes produits annuellement par le comptable public ou sur déclaration à l'encontre du comptable, gestionnaire de fait, abstraction faite de la personne de l'assujetti au contrôle, celui-ci ne peut être invité à répondre aux griefs qui lui sont imputés qu'après cette vérification objective des éléments matériels du compte. On parle, alors, de responsabilité présumée. En ce qui concerne le deuxième type de contrôle (administratif de la gestion) exercé par la Cour des comptes, c'est un acte qui s'approche de l'audit global dans la terminologie d'audit, il vise l'amélioration de la gestion et la sauvegarde des principes d'économie, d'efficience et d'efficacité. Les infractions ne peuvent être découvertes que suite et à

l'occasion du contrôle, notamment de régularité et de matérialité, mais à titre accidentel et non à titre intentionnel ou préalablement calculé, comme c'est généralement le cas dans un contrôle d'inspection.
C'est le contrôle dit « intégré » (juridictionnel du compte et administratif de la gestion concomitamment exercés), consacré par le code des juridictions financières qui permet de constater des observations pouvant constituer des irrégularités pour les comptables publics patents ou des irrégularités ou des infractions respectivement en matière de la gestion de fait ou de discipline budgétaire et financière à l'égard des administrateurs, gestionnaires publics.

3- Une magistrature : oui, mais…. particulière

Si la Cour des comptes comme son nom l'indique est une juridiction, certes, mais ce n'était pas expressément prévu par la constitution, depuis la constitutionnalisation de la Cour des comptes et des Cours régionales des comptes en 1996. Or la nouvelle constitution de 2011 a apporté un indicateur probant. En effet, le constituant de l'article 148 a utilisé pour la première fois le terme « décisions juridictionnelles » devant être publiées par la Cour. Une référence non moins importante viendra ensuite le confirmer, il s'agit de la position du Conseil constitutionnel lors de l'émission d'une décision concernant la Cour,[5] qui a expressément utilisé le terme « instance ayant un caractère juridictionnel » sur fond de l'indicateur tiré de l'article susvisé.
Force est de constater que le caractère juridictionnel, bien que dorénavant clair, non équivoque et consacré par la haute juridiction constitutionnelle, il suscite toujours des confusions, voire des controverses chez les gens de la presse, les politiques et même chez les membres des deux communautés scientifique et professionnelle.
Quant à la particularité de la magistrature financière, elle réside dans le statut de ses membres professionnels, ses procédures, ses rapports organiques et son caractère mixte entre l'ordre administratif et l'ordre judiciaire, entre autres…

4- Fondements de la responsabilité : une tendance légalitaire, atténuée ultérieurement

Le jugement des comptes,[6] la gestion de fait[7] et la discipline budgétaire et financière[8] sont, faut-il le rappeler, les trois attributions

juridictionnelles de la Cour des comptes, à l'occasion desquelles la responsabilité des acteurs de la gestion publique est engagée devant elle (et devant les Cours régionales des comptes bien entendu). A ce titre, le législateur marocain du code des juridictions financières : loi 62.99 promulguée le 13 juin 2002 et publiée au bulletin officiel le 15 aout 2002, a entrepris une reformulation considérable du texte les concernant. Et ce, dans un effort d'approchement et d'inspiration de la notion de la légalité de l'infraction et de la sanction, qui trouve son origine dans la procédure pénale. En effet, les acteurs de la gestion publique dans les trois matières juridictionnelles susdites se sont vu leurs fondements de responsabilité mieux déterminés, classifiés selon les catégories d'intervenants et délimités en ce qui concerne les faits générateurs de responsabilité. Or il faut signaler que les modifications introduites en 2008, critiquées ouvertement d'ailleurs par la Cour des comptes, vont à l'encontre de cette tendance légalitaire prônée par le législateur du code des juridictions financières ; les développements de ce point, nous les verrons ultérieurement, notamment en explicitant les faits générateurs de responsabilité des acteurs de la gestion publique devant la Cour des comptes et les chamboulements qu'ils ont subis entre l'année 2005 et l'année 2008.
La conclusion à retenir de ces modifications, à notre sens, pour le moment, c'est qu'elles ont eu pour aboutissement juridique le déclassement partiel des faits générateurs de responsabilité de la sphère de la loi vers la sphère du règlement, en visant, du coup, à tort ou à raison, directement ou indirectement, la limitation du champ de manœuvre du juge financier. *À contrario*, à notre avis, elles lui ont laissé, une large marge de qualification et d'appréciation jurisprudentielles de la responsabilité des acteurs de la gestion publique. C'est du moins ce qui se dégage de l'expérience riche du juge financier français à ce propos et de sa capacité confirmée dans l'interprétation du texte selon les circonstances du contexte…

B- Cadres et particularités de la mise en jeu de la responsabilité devant la Cour des comptes

1- Un système organisationnel «présidentiel»

Le caractère présidentiel de la Cour des comptes est presque absolu dans le cadre de sa fonction normale de contrôle et d'audit, il est prépondérant dans le cadre de sa fonction juridictionnelle. De fait, le principe de l'organisation bicéphale est très relatif dans le modèle marocain de la Cour des comptes. Aussi et tout en respectant des principes généraux comme la collégialité, le ministère public qui d'ailleurs ne dépend pas de l'ordre judiciaire, les degrés de recours, le droit à la défense etc. la magistrature financière ne doit-elle- pas être confondue, quant à ses règles d'organisation et de fonctionnement avec l'ordre judiciaire. Et ce, en raison de son originalité fonctionnelle (le contrôle juridictionnel et l'audit administratif) ; mais qu'en est-il de son rapport avec la magistrature de droit commun ou spécialisée ? Pourquoi la magistrature financière est communément décrite comme étant une magistrature administrative spécialisée ? (cf. infra, paragraphe 6 : une magistrature administrative spécialisée mais dans le cadre de l'unité de juridiction suprême).

Par ailleurs, il faut noter que le ministère public près la Cour des comptes au Maroc, à la différence de son homologue français est quasi absent dans toutes les autres attributions extra juridictionnelles.

2- Pouvoir de contrôle assorti d'un pouvoir de sanction

Sur les quatre plans organique, fonctionnel, procédural et humain, la Cour des comptes du Maroc forme avec les Cours régionales des comptes et la structure de discipline budgétaire et financière un tout indissociable dénommé « les juridictions financières », constituant ainsi un ordre juridictionnel indépendant et uniforme, par son organisation et par le statut de ses magistrats. Sur le plan matériel elle constitue une « magistrature particulière » appliquant un droit, certes, public (financier) mais qui est différent du droit administratif, pénal ou civil. Un droit interne à l'administration régissant des rapports propres aux agents chargés d'effectuer les opérations financières et comptables dans le cadre de l'exécution de la loi de finances. Mais la fonction de contrôle, encore faut-il le rappeler, qu'il soit juridictionnel (en forme) du compte ou administratif de la gestion constitue la raison d'être des juridictions financières. Quant à la fonction juridictionnelle de fond, soit elle se recoupe avec elle : vérification et jugement des

comptes, soit elle entretient avec elle un rapport de complémentarité : passerelles existant entre le contrôle et la mise en œuvre de la discipline budgétaire et financière et la sanction de la gestion de fait. Cela, abstraction faite des deux autres responsabilités de droit commun, à savoir : la responsabilité disciplinaire administrative et la responsabilité pénale. Et ce, grâce notamment au mécanisme du « contrôle intégré », car la Cour des comptes exerce un pouvoir de contrôle et d'investigation doublé, concomitamment d'un pouvoir de sanction, en vertu de la loi fondamentale [9]et de la loi formant code des juridictions financières.[10]
En règle générale, le contentieux financier qui constitue l'objet de la fonction juridictionnelle, et par extension de la mise en jeu de la responsabilité des assujettis au contrôle et des justiciables devant la Cour des comptes, est un contentieux interne à l'administration. Cette spécificité se justifie par le fait que la magistrature financière a pour finalité la préservation d'un ordre public particulier à savoir : l'ordre public financier (voir supra : une finalité suprême, reddition des comptes et protection de l'ordre public financier). La Cour des comptes du Maroc est fondée, à ce titre, à exercer une compétence juridictionnelle ayant une valeur constitutionnelle dans trois matières : le jugement des comptes des comptables publics ; le jugement et la sanction de la gestion de fait et la discipline budgétaire et financière à l'égard des administrateurs, gestionnaires publics.

3- Dualité juridictionnelle et unité organique

Aussi, et dans le cadre de l'unité organique (à la différence de la France) existe-t-il une dualité de juges au sein de la Cour des comptes ; un juge des comptes qui instruit le compte et engage la responsabilité du comptable public, et qui est habilité également à instruire le compte et engager la responsabilité du comptable (gestionnaire) de fait et un juge financier disciplinaire qui instruit et juge les infractions des gestionnaires publics. En d'autres termes, deux juridictions en une.
a) Une « Cour des comptes » des comptables publics patents (habilités) et, le cas échéant, des administrateurs, gestionnaires publics et de toute autre personne de l'administration ou étrangère à l'administration qui s'immiscent dans la fonction comptable : ils sont

considérés alors des comptables occultes ou de fait soumis à la procédure de la gestion de fait qui est similaire à celle des comptables publics patents, sauf pour le cas de l'amende pour gestion de fait.
b) Une « Cour de discipline budgétaire et financière » des administrateurs, gestionnaires publics c'est-à-dire les ordonnateurs, les contrôleurs et tous ceux qui travaillent sous leur autorité ou pour leur compte, ainsi que les comptables publics, habilités ou de fait, s'ils commettent des infractions -en matière de discipline budgétaire et financière- autres que les irrégularités en matière de jugement des comptes et compte tenu de la règle *non bis in idem.*
Nous sommes donc devant trois attributions juridictionnelles et deux juridictions distinctes au sein de la Cour des comptes :
Les deux premières attributions relatives, respectivement, au jugement des comptes des comptables patents et au jugement des comptes et la sanction de la gestion de fait, sont exercées par toutes les chambres y compris celle d'appel. Mais, à l'exception de celle de la discipline, et celle du contrôle de la déclaration du patrimoine et du contrôle des comptes des partis politiques et des dépenses électorales. Elles consistent, les deux, à rendre des arrêts dont l'objet, théoriquement prioritaire, est l'apurement des comptes dans le cadre d'un processus de contrôle juridictionnel, qui s'ouvre par la vérification sur pièces du compte et de « ses éléments matériels » et se termine par son apurement. L'aspect juridictionnel n'est qu'une formalité procédurale (principe du contradictoire et règle du double arrêt), mais qui peut déboucher sur une mise en jeu éventuelle de la responsabilité pécuniaire et personnelle du comptable patent ou du gestionnaire de fait (en cas de gestion de fait). Cependant, la rédaction de l'arrêt -qu'il soit de mise en débet si la responsabilité du comptable patent ou de fait est engagée puis établie ou de décharge si le compte est régulier- est obligatoirement couronnée par la fixation de la ligne de compte. L'objectif n'étant pas de sanctionner mais de sauvegarder l'intégrité de la caisse publique (comptabilité de droit) ou de rétablir les formes comptables (comptabilité de fait), avec une nuance que le comptable (=gestionnaire) de fait peut être sanctionné en sus du débet par une amende, s'il n'est pas poursuivi par la juridiction pénale pour détournement des deniers publics, notamment. Mais, pratiquement, la vérification et le jugement des comptes est pour l'essentiel guidé par la régularité juridique et non matérielle dont le comptable en est le gardien en veillant au respect de la conformité aux règles de la comptabilité publique. La qualité du compte n'est pas, en fait, sa

préoccupation qui d'ailleurs cadre mal avec une logique de comptabilité, jusqu'à maintenant de caisse, en attendant l'introduction progressive de la comptabilité de droits constatés, surtout après l'avènement de la nouvelle loi organique relative aux lois de finances. Cette dernière loi prévoit une démarche progressive qui s'étale sur cinq ans à compter de l'année 2015.

L'action en matière de jugement des comptes est une action sans demandeur (en France ce sera nuancé à compter de l'année 2008, voir ultérieurement : les modifications de 2008 et leurs effets sur l'office du juge des comptes : troisième chapitre, responsabilité pécuniaire et personnelle des comptables publics). Elle est mise en mouvement du seul fait de la production instantanée (pour les comptables patents) ou généralement provoquée (pour les comptables occultes ou de fait) des comptes publics à la Cour des comptes. La Cour pour sa part, encore faut-il le rappeler, n'a pas le choix de statuer ou de surseoir à statuer car l'obligation de produire le compte et l'obligation pour la Cour de l'apurer sont deux règles impératives qui relèvent toutes les deux du domaine de l'ordre public.

Quant à la troisième attribution exercée par la Cour (chambre unique spécialisée au sein de la Cour ou une section ad hoc au sein de chaque Cour régionale des comptes) de discipline budgétaire et financière, elle incarne la fonction exclusivement et expressément juridictionnelle et répressive de la Cour des comptes contre les responsables et les agents publics soumis à sa juridiction et qui auraient commis des infractions à la réglementation financière et comptable. Sanctionnées par des amendes particulières : ni pénales ni administratives, assorties le cas échéant de la réparation du préjudice dans le sens du remboursement des pertes financières effectives subies par l'organisme public. Cela, bien entendu, dans le cadre d'un pur procès juridictionnel et non comme on le dit souvent d'un contrôle juridictionnel assimilé à tort au contrôle juridictionnel des comptes.

Mettant en œuvre une procédure quasi-pénale avec un ministère public (ici comme partie principale), une instruction et une défense, la juridiction de discipline budgétaire et financière est considérée comme étant « le garant naturel de l'intérêt général dans le domaine financier» (LASCOMBE et VANDENDRIESSCHE, 2004).

Par ailleurs, la création en France de la Cour de discipline budgétaire et financière qui ne date que de l'année 1948 en la dissociant de la Cour des comptes est un choix qui a été critiqué par les deux grands auteurs et praticiens français de référence en la matière , depuis plusieurs années, à savoir : monsieur Magnet,1965 et monsieur Fabre,1969. Ce dernier avait déjà proposé en cette année d'étendre la compétence de la Cour des comptes aux ordonnateurs.[11]

4- Un ministère public tantôt comme partie jointe, tantôt comme partie principale selon le cas.

Bien que le ministère public, en matières de jugement des comptes et de gestion de fait, ne soit qu'une partie jointe avec un rôle purement consultatif à l'instar du rôle du commissaire royal dans les tribunaux administratifs, il jouit néanmoins d'un droit de recours à la différence de son rôle de partie jointe en droit procédural commun.
Par contre, la place du ministère public qui met en mouvement l'action publique et supervise l'instruction est, certes, essentielle en matière de discipline budgétaire et financière, comparée par exemple à son rôle dans la magistrature commerciale qui se limite à la matière des difficultés de l'entreprise, mais sans avoir un droit de recours. Cependant elle est loin d'être comparée avec sa place dans la magistrature pénale, car la Cour des comptes est avant tout un organe supérieur de contrôle et d'audit. Ses magistrats ont la double casquette de juges /auditeurs…

5- Un deuxième degré de recours pour toutes les attributions juridictionnelles

La Cour des comptes est également une instance de deuxième degré de juridiction pour les jugements des Cours régionales des comptes et pour les arrêts rendus en premier ressort par la Cour elle-même, non seulement en matière de jugement des comptes des comptables patents ou de fait (comme c'était le cas en la France avant la suppression de ce recours) mais également en matière de discipline budgétaire et financière.
C'est la chambre structurante d'appel qui est compétente pour statuer sur les appels formés contre les jugements des Cours régionales des comptes. Quant aux arrêts rendus en premier ressort par la Cour des comptes dans les trois matières : discipline budgétaire et financière, gestion de fait et jugement des comptes des comptables publics, c'est une formation non structurante, et non pas la chambre d'appel qui en est compétente. Cette formation s'appelle la formation inter-chambre

(à ne pas confondre avec la formation toutes chambres réunies spécialisée dans la jurisprudence, la procédure et dans le réexamen des arrêts d'appel définitifs renvoyés après cassation par la Cour de cassation-chambre administrative). Cette dernière est fondée, quant à elle à connaitre des recours en cassation, selon le cas, contre les arrêts définitifs prononcés soit par la chambre d'appel des jugements des Cours régionales des comptes, soit par la formation inter-chambres statuant en appel sur les arrêts en premier ressort de la Cour des comptes.

6- Une magistrature administrative spécialisée mais dans le cadre de l'unité de juridiction suprême

Au niveau opérationnel, le juge financier, en matière de vérification et de jugement des comptes, n'a ni le droit ni le devoir de statuer, en principe, sur la légalité interne des actes financiers, mais il en apprécie la légalité externe dans le cadre de l'examen de la régularité des opérations financières et comptables…

« En vertu du principe général suivant lequel le juge financier n'a pas juridiction sur l'administration, il ne peut statuer sur sa demande aux dépens de l'instance ou à l'allocation d'indemnités ni constituer les organismes publics débiteurs des comptables ou des ordonnateurs » (MAGNET, 1998).

Les questions préjudicielles peuvent être invoquées devant le juge financier dans des affaires comme la légalité interne des marchés publics ou encore la légalité des délibérations des conseils communaux relatives à l'approbation de certains actes à caractère financier. A moins que la résolution de ces difficultés commande l'exercice de sa compétence (ex : validité des pièces justificatives), le juge financier est un juge de droit public auquel - comme l'affirme Jacques Magnet - ne peut être opposé le principe de la séparation entre l'ordre financier et l'ordre administratif.

C'est sur le plan des procédures de recours juridictionnels que la magistrature financière se recoupe, sur le plan organique et fonctionnel, avec l'ordre juridictionnel national -jusqu'à maintenant commun- au niveau de sa magistrature administrative suprême. En effet, c'est la chambre administrative de la Cour de cassation qui est compétente pour statuer sur les recours en cassation contre les arrêts d'appel définitifs de la Cour des comptes, en matières de jugement des comptes des comptables patents ou de fait et de discipline budgétaire

et financière. Et ce, « en attendant l'institution du Conseil d'Etat »[12]; Il s'agit, au Maroc, d'une dualité de juridiction qui se limite à la phase d'appel. Une dualité inachevée.
C'est essentiellement un critère décisoire qui veut que la magistrature financière soit une magistrature administrative spécialisée, d'ailleurs ce n'est pas sans signification qu'avant le rattachement définitif de la Cour des comptes au Conseil d'Etat sur le plan des pourvois en cassation, le tribunal de conflits était compétent en la matière en France (MAGNET, 1971). Mais le fait que « la légalité financière constitue une partie de la légalité administrative » (VEDEL, 1977) justifie ce rattachement à la magistrature administrative suprême qui ne peut être que logique au moins sous l'angle de la notion de l'unité de l'Etat.[13]

7- Des passerelles avec les responsabilités de droit commun, notamment pénale

En plus des trois modes de responsabilités pouvant être engagées par la Cour des comptes en interne, elle peut être à l'origine de la mise en mouvement de deux responsabilités de droit commun, à l'encontre des acteurs de la gestion publique, à savoir la responsabilité pénale et la responsabilité disciplinaire. En effet, en vertu de l'article 111 du code des juridictions financières et de l'article 162 relatif aux Cours régionales des comptes, si la Cour des comptes ou la Cour régionale des comptes relèvent des faits pouvant constituer des infractions pénales, elles les défèrent (ne saisissent pas) via le parquet général près la Cour des comptes au parquet général près l'ordre judicaire. S'il s'agit de faits pouvant constituer des infractions disciplinaires, elles les défèrent via le parquet général près d'elle à l'autorité disciplinaire dont relève la personne intéressée.
A cet effet, l'article 148 de la nouvelle constitution de 2011 a instauré une passerelle d'assistance entre la Cour des comptes et les instances judiciaires. L'adaptation du code des juridictions financières intervenue en 2016 a prévu le mécanisme par lequel l'échange entre la Cour des comptes et l'ordre judiciaire doit être effectué, sous la supervision du procureur général près la Cour des comptes et le procureur général près la Cour de cassation.

C'est *grosso-modo*, dans ces cadres institutionnel, fonctionnel, procédural et doctrinal que la responsabilité de acteurs de la gestion publique est engagée devant la Cour des comptes au Maroc, dans les trois matières juridictionnelles fondamentales (discipline budgétaire et financière, gestion de fait et jugement des comptes des comptables publics), par la Cour des comptes ou les Cour régionales des comptes, lesquelles peuvent également être à l'origine de poursuites à l'extérieur des juridictions financières, notamment pénales.

C- Plan et justification méthodologique

En date du 3 avril 2002, la loi n°61-99 relative à la responsabilité des ordonnateurs, des contrôleurs et des comptables publics a vu le jour en remplacement d'une vieille loi sur la responsabilité des seuls comptables publics promulguée en 1955 par le Sultan (= monarque) imposé par le protectorat français Ben Arafa. Dans sa configuration générale, empruntant le même concept consacré par le code des juridictions financières, la loi 61.99 de portée générale, prévoit une délimitation de la responsabilité des ordonnateurs, des contrôleurs et des comptables publics et vise l'instauration d'un équilibre de responsabilité entre ces intervenants principaux dans les opérations financières et comptables. En date du 13 juin 2002, la loi n°62-99 formant code des juridictions financières a été promulguée et publiée au bulletin officiel le 15 aout 2002, abrogeant et remplaçant la loi 12.79 du 14 septembre 1979 portant création de la Cour des comptes. Pour la première fois, elle a prôné une logique de délimitation des responsabilités à l'instar de la loi 61.99 et à la différence de l'ancienne loi 12.79. La loi 62.99 a mis en exergue les faits générateurs de responsabilité des trois intervenants cités ci-dessus ; ceux des comptables publics en matière de jugement des comptes (art. 37) ceux en matière de la discipline budgétaire et financière, des ordonnateurs (art. 54), des contrôleurs (art. 55) et des comptables publics (art. 56). Ainsi que ceux des gestionnaires de fait (article 41), abrogeant, pour ces derniers, un ancien texte datant de 1958.
Dans la loi 62 .99 formant code des juridictions financières, s'agissant des attributions juridictionnelles, il n'existe que deux chapitres pour deux matières juridictionnelles, le premier chapitre concerne le jugement des comptes, *lato sensu* (le jugement des comptes des comptables publics et la gestion de fait) et le deuxième chapitre concerne la deuxième matière juridictionnelle ; à savoir : la discipline

budgétaire et financière. La première matière est subdivisée en deux sections formant un chapitre classé avant le chapitre relatif à la discipline budgétaire et financière dans la loi susdite, mais elle sera subdivisée en deux matières distinctes correspondantes à deux chapitres, dans notre ouvrage, et seront reclassées après la discipline budgétaire et financière. Si la loi commence par le chapitre relatif au jugement des comptes, dont une section est consacrée aux comptables publics, et l'autre section à la gestion de fait respectivement, dans l'ouvrage ces deux sections succèdent, avec un chapitre pour chaque section, à un chapitre relatif à la discipline budgétaire et financière.
Le fait de subdiviser le jugement des comptes en deux attributions distinctes après la discipline budgétaire et financière est justifié à notre avis par des considérations méthodologiques et pédagogiques ; d'abord parce que si nous optons pour un critère personnel dans l'analyse du système de responsabilité des acteurs de la gestion publique, nous commencerons en suivant l'ordre insinué par l'intitulé de l'ouvrage : « Responsabilité des acteurs de la gestion publique devant la Cour des comptes ». Cet ordre est explicitement conforté et explicité d'ailleurs par l'ordre de priorité légal : selon le classement prévu par la loi 61.99 sur la responsabilité des ordonnateurs, des contrôleurs et des comptables publics. D'après ce dernier texte de portée générale sur la responsabilité financière, les ordonnateurs viennent au premier rang, suivent les contrôleurs et enfin les comptables publics. Selon la loi 62.99 formant code des juridictions financières, ces trois intervenants sont concernés respectivement par les deux attributions respectives de discipline budgétaire et financière et de gestion de fait. Quant au jugement des comptes des comptables publics, il s'adresse fort évidemment aux comptables publics en exclusivité. Mais ces derniers sont également, à titre partiel et expresse, concernés, en tant que troisième catégorie d'acteurs de la gestion financière publique, par la discipline budgétaire et financière. De surcroit, au-delà du critère personnel ou rationae persona (par catégorie d'intervenants) tiré de la loi sur la responsabilité financière et qui conduit à articuler les axes principaux de l'ouvrage autour des trois intervenants ou acteurs de la gestion publique selon l'ordre instauré par la loi 61.99 susdite, s'ajoute un critère technico procédural cette fois-ci. Selon ce critère, ce sont les ordonnateurs, gestionnaires publics qui viennent en premier lieu en tant que donneurs d'ordre, les comptables publics viennent en troisième lieu en tant qu'exécutants après les contrôleurs qui se placent au milieu du

circuit d'exécution des opérations financières publiques. D'où la subdivision de la quintessence de la responsabilité des trois acteurs susdits de la gestion publique, y compris les agents de leurs services respectifs, en trois chapitres fondamentaux selon les trois matières juridictionnelles à l'occasion desquelles leur responsabilité peut être engagée, un chapitre pour la discipline budgétaire et financière qui, dans la loi 62.99, concerne les trois intervenants, selon l'ordre instauré par ce chapitre et l'ordre prévu par la loi 61.99. Suit un chapitre pour la gestion de fait qui concerne toute personne intuitu personae y compris les trois intervenants susdits. Enfin, un chapitre pour le jugement des comptes des comptables publics qui concerne ces derniers à titre exclusif. (Bien entendu la procédure de contrôle des comptes des comptables publics peut déboucher sur des observations adressées aux ordonnateurs et aux contrôleurs, et engageant le cas échéant leur responsabilité, mais dans la limite temporelle et matérielle des comptes vérifiés ; on y reviendra en détail dans le troisième chapitre relatif à la responsabilité pécuniaire et personnelle des comptables publics ; procédure de vérification et de jugement des comptes).
En plus des trois chapitres ainsi classés et justifiés, et d'un chapitre introductif relatif aux contextes institutionnel, historique et organisationnel du système marocain de responsabilité devant la Cour des comptes, deux autres chapitres sont développés dans l'ouvrage pour compléter et encadrer l'analyse des différentes facettes et prolongements de la responsabilité. Il s'agit d'un quatrième chapitre sur le rapport entre l'action devant la Cour des comptes et l'action pénale, qui sera consacré à l'analyse des passerelles entre les deux actions susdites. Et un cinquième et dernier chapitre, prospectif cette fois-ci, sur les perspectives du système de responsabilité à l'heure des réformes budgétaires introduites notamment par la nouvelle LOLF (loi organique relative aux lois de finances- 2015-2020) marocaine et son impact attendu sur l'office de la Cour des comptes en général et sur le régime de responsabilité des acteurs de la gestion publique en particulier.
L'approche adoptée dans la conception et l'analyse du contenu de l'ouvrage prône une méthode si l'on puisse dire dynamique, faisant intervenir plusieurs variables méthodologiques, suivant l'objet traité, car c'est l'objet qui crée la méthode et non pas le contraire. Mais également, selon les produits et données disponibles et accessibles concernant le modèle et l'expérience de la Cour des comptes du

Maroc, en matière de la responsabilité des acteurs de la gestion publique devant elle. Premièrement, c'est une approche partiellement descriptive parce que didactique, car la matière, il faut le reconnaitre, n'est pas facilement intelligible pour le public averti encore moins pour les lecteurs non avertis. Deuxièmement, c'est une approche pratique versant dans quelques détails opérationnels et techniques, sans tomber dans la complexité. Troisièmement, c'est une approche analytique mariant le droit, la doctrine et la jurisprudence, mais avec des points de vue critiques traduits par des contributions à travers des avis et des déductions issus des lectures, recherches et publications précédentes en la matière de l'auteur et aussi de son expérience et expertise pratiques en droit et en jurisprudence financières dans le contexte marocain. Enfin, c'est une approche comparée notamment avec la modèle de référence français en matière de droit, de la doctrine et surtout de la jurisprudence.

Sur la base des choix organisationnels et méthodologiques susdits, l'ouvrage, qui se présente comme étant le fruit d'un mariage des deux approches académique et pratique, voire professionnelle, sera articulé, comme mentionné et justifié ci-dessus, autour de cinq chapitres en plus d'un chapitre préliminaire comme suit :

Chapitre préliminaire : Contextes institutionnel, historique et organisationnel

Chapitre premier : Responsabilité en matière de discipline budgétaire et financière

Chapitre II : Responsabilité en matière de gestion de fait

Chapitre III : Responsabilité pécuniaire et personnelle des comptables publics

Chapitre IV : Relations entre la Cour des comptes et l'ordre judicaire

Chapitre V : Réflexion liminaire autour des implications de la nouvelle loi organique relative aux lois de finances sur l'office de la Cour des comptes.

Notes de l'introduction générale

1- Extrait de la communication de M. Philippe SÉGUIN, ancien premier président de la Cour des comptes, citant le cas du Maroc, à l'occasion d'un séminaire des cadres de la Banque Mondiale consacré aux institutions supérieures de contrôle (printemps 2006) : « La discipline budgétaire et financière, facteur de bonne gouvernance et de lutte contre la corruption », cité dans le rapport d'activité 2006 CDBF, p 10.
2- Le principe de « liaison entre l'exercice des responsabilités publiques et la reddition des comptes » est un principe désormais constitutionnel cité dans le préambule de la nouvelle constitution marocaine 2011. Il a été le point focal du récent discours du trône du Roi du Maroc le 29 juillet 2017, en réaction à la grogne sociale secouant la région du Rif marocain.
3- L'Union Economique et Monétaire Ouest Africaine (UEMOA), pour une revue critique récente de l'expérience des juridictions financières de l'UEMOA, voir notamment : AKAKPO (Maxime Bruno) : « Démocratie financière en Afrique occidentale francophone », Friedrich Ebert Siftung, Benin, Aout 2015 (troisième partie ; chapitre deux, pp 71-91). Pour une analyse critique de l'expérience individuelle de la Cour des comptes du Burkina Faso dans le cadre des directives communautaires de l'UEOMA, voir : Berraou (Mohammed) et Rabhi (Noredine) : « Evaluation par les pairs de la Cour des comptes du Burkina Faso », Doc Cour des comptes du Burkina Faso et Cour des comptes du Maroc, avril 2009.
4- ISC : Institution Supérieure de Contrôle ; SAI : Supreme Audit Institution.
5- Le Conseil constitutionnel affirme que « la Cour des comptes est une instance à caractère juridictionnel, qui prononce des décisions juridictionnelles en vertu du quatrième paragraphe de l'article 148 de la constitution.....» Décision n° 924/13 M.D ; affaire n° 1378/13, à propos de l'article 55 (3ème alinéa) du règlement intérieur de la chambre des représentants.
6- Article 37 du code des juridictions financières.
7- Article 41.
8- Articles 54, 55 et 56.
9- Articles 147 et 148 de la nouvelle constitution 2011.

10- Articles 2 et 3 du code des juridictions financières.

11- Cité par Pierre Lalumière dans son rapport : «la Cour des comptes et la Cour de discipline budgétaire et financière» in : la Cour des comptes d'hier à demain, actes des journées d'études : Cour des comptes-Université, Strasbourg, 13-14 Mai 1977. LGDJ, 1979, pp 79-80.

12- Cf. note de présentation du projet de loi n° 03.80 du 14 février 2006 portant création des Cours administratives d'appel. Doc. Ministère de la Justice. 2006. www.justice.gov.ma .

13- Voir la discussion/débat entre les deux, in : «la Cour des comptes d'hier à demain», op.cit. pp 27-65.

Chapitre Préliminaire
Contextes institutionnel, historique et organisationnel

SECTION I : ENVIRONNEMENT INSTITUTIONNEL ET EXIGENCES NORMATIVES

A- Institution supérieure de contrôle et «parties prenantes»

1- Point de vue de l'INTOSAI (Organisation Internationale des Institutions Supérieures de Contrôle)

Etant le corps de contrôle le plus élevé parmi les corps de l'état, et en raison de son emplacement à l'extérieur du périmètre gouvernemental, l'organe suprême de contrôle des finances publiques est, selon la littérature de l'INTOSAI, le plus qualifié, en principe, pour traiter de manière impartiale et prudente des problèmes et disfonctionnements qui peuvent affecter les rouages administratifs et financiers de l'Etat, et contribuer ainsi au suivi efficace de ces disfonctionnements et lacunes et d'en apporter les réponses nécessaires. Pourvu qu'il dispose des conditions et moyens appropriés. La finalité étant d'enraciner la culture de la bonne gouvernance des affaires publiques, y compris les valeurs de transparence et de responsabilité (N.B : consacrés par la nouvelle constitution de 2011 du royaume du Maroc, dans le préambule et dans le titre X relatif à la Cour des comptes). Mais, ces objectifs aussi nobles qu'ils soient, surtout pour les pays qui parcourent une période de réforme et de « transition » comme le Maroc, ne peuvent être réalisés par une institution de contrôle à elle seule, car l'indépendance et l'efficacité institutionnelles tirent leur source et leur force d'appui à partir d'un environnement institutionnel général qui doit prôner la culture de la transparence et de la redevabilité, horizontalement et verticalement et sur les deux plans sectoriel et territorial.
La question de l'indépendance et de l'efficacité des institutions supérieures de contrôle est devenue au cœur des préoccupations et des objectifs principaux des membres de la communauté internationale de contrôle (INTOSAI). Aux yeux de laquelle les institutions supérieures de contrôle jouent un rôle important dans «la rationalisation de la gestion financière, le développement d'une bonne gouvernance des affaires publiques et le renforcement du sens de responsabilité des dirigeants publics en général, en ligne avec les attentes des pourvoyeurs de fonds et d'autres parties prenantes ».[14]

Il semble logique qu'un Etat moderne qui se respecte dispose d'un organe efficace et indépendant de nature à impulser la confiance des citoyens et des parties prenantes sur « les données financières et administratives des organismes gouvernementaux, qui seront adoptées pour la rationalisation des décisions administratives au niveau national ».[15] Cette confiance ne peut être maintenue et pérennisée qu'en présence de dispositifs appropriés qui garantissent l'honnêteté de leur travail et la justesse de leurs actions, loin de toute influence ou pression.
Dans le monde d'aujourd'hui, l'importance des corps supérieurs de contrôle des finances publiques indépendants et efficaces est connue et reconnue. La place et le rôle de ces institutions ne cessent de grandir.[16] Toutes les parties prenantes attendent de tirer profit de la valeur ajoutée de ces institutions, en commençant par le parlement et en passant par le gouvernement et l'opinion publique ce qui ne manque de se répercuter enfin de compte, sur l'image de marque du système de gouvernance politique lui-même, sans oublier les pourvoyeurs de fonds étrangers pour les pays en voie de développement comme le Maroc.

2- Le parlement : Etant une institution de contrôle lui-même, le parlement est le pouvoir le plus intéressé par les travaux de l'institution supérieure de contrôle, en raison de sa réceptivité par rapport aux avis et conclusions indépendants et éclairés sur l'action gouvernementale. D'ailleurs la déclaration internationale de Lima (1977) incite les pays ayant adhéré à cette déclaration à ce que les institutions supérieures de contrôle tissent des relations étroites avec les parlements.[17]

3-Le gouvernement : Dans certains cas, l'existence d'une institution supérieure de contrôle des finances publiques indépendante et audacieuse peut constituer un facteur de préoccupation pour le gouvernement. Mais enfin de compte, la crédibilité de cette institution ne peut être traduite que par le développement de la performance des services gouvernementaux, et sans une pression externe indépendante et familiarisée avec les réalités de la gestion publique, les ministres auront du mal à faire aboutir leur programmes de réformes administratives et financières et par extension politiques.

4- L'opinion publique : l'opinion publique, quand elle existe de pair avec une société civile active, tire profit de l'information produite par l'institution supérieure de contrôle sur l'action gouvernementale effective, durant la période qui sépare les mandats électoraux.

5- Le système politique de gouvernance : Le contrôle du point de vue de la gouvernance démocratique exerce la fonction de régulation et de légitimation des choix politiques et institutionnels de l'Etat et de surveillance des agents investis du pouvoir étatique. L'institution supérieure de contrôle joue ainsi le rôle d'assistance aux mécanismes d'intermédiation entre gouverneurs et gouvernés sur le plan politico institutionnel et d'un outil de reddition des comptes selon la théorie du principal/agent.[18]
Pour certains, la transparence qui est considérée avec la responsabilité comme étant deux concepts jumeaux, pourrait être un « facteur de menace pour la légitimité du système politique », mais dans une vision démocratique de la gouvernance, la transparence, comme M. Peter Stroynker (directeur adjoint de l'institution supérieure de contrôle néerlandaise, 1998) le souligne « est plus noble dans la démocratie pour être appréhendée à partir d'un angle de vue opportuniste ou comme étant une réponse visant des fins étroites ».[19]

6- Les pourvoyeurs de fonds étrangers : L'existence d'une institution supérieure indépendante de contrôle des finances publiques est maintenant devenue une nécessité pragmatique pour les pays en voie de développement qui ont besoin de financements internationaux. En effet, les institutions financières internationales exigent l'indépendance de l'institution supérieure de contrôle du gouvernement avant de confier à cette dernière l'audit des subventions et concours qu'elles accordent aux pays qui en ont besoin.
En résumé, que ce soit sur le plan normatif ou pragmatique, l'existence d'une institution supérieure de contrôle indépendante et efficace est un facteur important de légitimation politique, et de marketing économique et financier, sur les deux plans national et

international. D'où la nécessité d'un environnement institutionnel et culturel propice au développement et à l'épanouissement du contrôle supérieur des finances publiques et à la mise en œuvre du principe sacro-saint de redevabilité.

B- Deux grands systèmes institutionnels de contrôle supérieur des finances publiques

Les nations civilisées ont tous convenu de prévoir dans leurs lois, l'indépendance des institutions supérieures de contrôle des finances publiques, en termes d'indépendance fonctionnelle (dans l'exercice de leur travail), mais elles ont opté pour des choix différents à propos de leur indépendance organique, notamment vis-à-vis du pouvoir législatif. Tout en ayant comme point commun l'assurance des meilleures conditions pour garantir leur autonomie et leur efficacité. Deux grandes écoles sont à distinguer :

1- Ecole Anglo-saxonne : dans ce système la tâche d'examiner les fonds publics est confiée à un haut fonctionnaire public qui jouit de l'autonomie et la liberté, et qui adresse au parlement (Comité des comptes publics) le fruit de son travail. L'audit est de caractère administratif, mais il tire son pouvoir du pouvoir[20]et du charisme du parlement de Westminster et des traditions institutionnelles et culturelles britanniques.
Cette école est également bien représentée en Amérique par le General Accounting Office qui a des pouvoirs étendus. Il constitue une arme redoutable et précieuse aux mains du Congrès.
Au Canada, les membres du bureau de vérification générale travaillent au service du parlement, le bureau susdit a pour ultime objectif le développement de la performance du contrôle parlementaire et l'encouragement de l'utilisation de meilleures méthodes de gestion des programmes et projets publics.[21]
Ce système est généralement répandu dans les pays qui ont en commun le Common Law : droit commun.[22]

2- Système de responsabilité anglo-saxon [23]

Le système de responsabilité anglo-saxon est un système qui prône la responsabilité managériale et la mise en jeu de la responsabilité à raison de la gestion publique plutôt qu'à l'égard des gestionnaires publics à titre individuel. Et ce, par des mécanismes institutionnels dont le parlement et les médias jouent un rôle essentiel. C'est un système qui met la responsabilité en rapport très étroit avec le concept de transparence (tween concepts).

Le rôle de l'institution supérieure de contrôle est un rôle d'appui au système de responsabilité parlementaire, il vise la responsabilité à raison des résultats de la dépense publique et de son impact d'un point de vue économique (value for money) ; la sanction est plutôt morale mais très efficace. Elle débouche sur la mise des performances de la gestion publique et par rebondissement du gestionnaire public à l'épreuve du questionnement d'un parlement très fort et d'un pouvoir d'information de plus en plus sans merci à l'égard des faiblesses et des lacunes relatives à la gestion des fonds publics. L'institution supérieure de contrôle est un acteur institutionnel qui contribue à la mise en œuvre et au renforcement de ce système de responsabilité, à travers son pouvoir de remontrance publique et grâce à son lien très étroit avec le parlement.

3- Ecole francophone

Cette école repose sur l'indépendance de l'institution de contrôle vis avis de tous les pouvoirs en conférant à ses membres l'immunité des membres du système judiciaire et les privilèges des juges, en particulier le principe de l'immutabilité.

C'est la France et la majeure partie des pays ayant en commun l'usage de la langue française (AISCCUF) qui pratiquent le système juridictionnel collégial de contrôle supérieur des finances publiques. Mais, dans ce système existe aussi des dispositifs d'assistance et de collaboration avec le parlement sans aller jusqu'au rattachement avec lui. L'option française « garde la Cour des comptes sur la même distance la séparant du parlement et du gouvernement ».[24] C'est ce système qui est en vigueur au Maroc, avec des nuances et des différences plus ou moins importantes.

Le rapport avec le parlement est beaucoup plus important dans d'autres pays du même système comme la Belgique ou l'Espagne ou encore l'Italie. Même en France, le rapport au parlement fait toujours un sujet de débat depuis le bicentenaire de la Cour des comptes de 2007 et tout au long du mandat de l'ex président français Nicolas Sarkozy, il a débouché sur les amendements et modifications de 2008. Ce débat continu toujours.
Ce système est généralement répandu dans les pays qui en en commun le droit latin.

4- Système de responsabilité francophone [25]

En règle générale, ce système prône une responsabilité individuelle des acteurs de la gestion publique, dans le cadre duquel c'est l'institution de contrôle qui assure la sanction des fautes de gestion. Les gestionnaires publics peuvent être passibles d'amendes, de remboursements et réintégrations des fonds publics perdus. Selon ce système celui qui engage la responsabilité sanctionne.
Ce système se dirige de plus en plus vers la responsabilité à raison de la performance, c'est du moins ce que laisse entendre la notion de « responsabilité managériale » qui a émergé suite à la mise en œuvre de la nouvelle loi organique relative aux lois de finances en France depuis le début de sa mise en œuvre effective en 2007….

Conclusion

En guise de conclusion, le Maroc adopte un modèle spécifique dans le cadre du modèle collégial juridictionnel latin de contrôle supérieur des finances publiques. Ce qui importe le plus, ce n'est pas le modèle adopté, mais c'est l'indépendance réelle de l'institution supérieure de contrôle, il est judicieux de souligner ce passage d'une intervention de Monsieur Philippe SÉGUIN :
« [...] *chacun a bien compris au terme de ce colloque qu'il existe plusieurs modèles d'institutions supérieures de contrôle et qu'il n'est pas question évidemment d'établir une hiérarchie entre eux en fonction de leur efficacité supposée. Le meilleur système, pour chaque pays, est celui qui s'intègre le mieux à son paysage institutionnel, à sa culture propre, à son histoire. Ce qui importe c'est l'indépendance réelle dont jouit l'ISC (institution supérieure de contrôle*)[26].

En Allemagne le caractère juridictionnel est un caractère exclusivement organisationnel. Au niveau des missions et fonctions, les travaux ont un caractère purement administratif.

C- Indépendance et efficacité de l'institution supérieure de contrôle : les exigences normatives

À cet égard, la littérature des normes internationales des institutions supérieures de contrôle[27] fait état de trois normes générales ou communes [28]**:** Qualifications ; Incompatibilités à éviter ; Diligences professionnelles.
En voici un exposé très succinct [29]**:**

1 – Qualifications

La première norme générale (=commune) du contrôle financier pour le secteur public consiste dans le fait que le contrôle financier soit effectué par des personnes ayant l'expertise nécessaire pour mener à bien les types de missions de contrôle financier dont ils sont investis.
Les contrôles financiers diffèrent en termes de finalité et de portée et sont généralement divisés en deux grandes catégories : le contrôle de la régularité et le contrôle de la gestion en termes d'efficacité. Les contrôles exercés par la Cour des comptes embrassent plusieurs aspects : juridiques, financiers, économiques et administratifs. D'où l'exigence de l'expertise et de l'expérience pour mener à bien les missions de contrôle.

2 – Incompatibilités à éviter

Incompatibilités personnelles

- Intérêt personnel ou financier ou des connections quelconques entre les membres de l'institution supérieure de contrôle et les assujettis au contrôle.
- Pré jugements ou idées préconçues sur l'objet du contrôle.

- Participation antérieure à la prise de décision ou dans la fonction de contrôle de la gestion au sein de l'organisme soumis au contrôle.
- Complicités ou connivences de types croyances idéologiques, philosophiques, politiques, religieuses ou tribales ....

Incompatibilités étrangères

- Subordination ou ingérence dans la nomination des membres de l'institution supérieure de contrôle.
- Complications ou restrictions du fonctionnement normal de l'institution de contrôle en termes de ressources matérielles et financières.
- Influence sur le contenu des rapports et/ou des arrêts.
- Manque de stabilité des membres de l'institution de contrôle

Obstacles organisationnels

A ce niveau, il est évident que l'institution supérieure de contrôle de type juridictionnel n'est pas concernée par ce genre d'obstacles qui vise exclusivement les institutions de type administratif ou rattachés soit au gouvernement soit au parlement. Mais, cela ne suffit pas à lui seul, car les deux autres types d'obstacles et surtout la dépendance externe, sont susceptibles de vider l'indépendance organisationnelle de son essence.

3- Diligences professionnelles (Professional care)

La norme de professionnalisme ne signifie pas une responsabilité illimitée de découverte des irrégularités ou des vices de conformité, il signifie que le membre de la Cour en tant qu'individu, apporte une assurance raisonnable sur le respect de méthodes, démarches et procédures professionnelles qui sont susceptibles d'être vérifiables.[30]
Cette norme consiste à prendre les diligences professionnelles nécessaires suivantes :
- L'importance relative des zones de risque ;
- L'efficacité des contrôles internes ;
- Un meilleur rapport qualité/cout de la mission de contrôle.

La mission de contrôle doit nécessairement apporter une réponse sur les diligences faites par l'organisme contrôlé concernant les constatations issues des missions précédentes de contrôle.[31]

SECTION II : CONTEXTE HISTORIQUE DU MODELE MAROCAIN

Lorsque le Maroc a obtenu l'indépendance politique et s'est libéré du "protectorat français" (1912 -1955) les pouvoirs publics ont choisi, consciemment, de profiter du patrimoine français relatif aux grandes lignes du système financier et comptable, tournant la page de la multiplicité des caisses publiques qui caractérisait le système financier traditionnel au Maroc. A ce propos, il est judicieux de reconnaitre qu'il s'agit de la face moderniste de l'ère du protectorat français. Avant la création de la Cour des comptes en 1979 en tant qu'organe juridictionnel de contrôle[32] qui va marquer un tournant historique dans le mode du contrôle des finances publiques au Maroc, c'était la commission marocaine des comptes, qui n'était qu'un prolongement institutionnel de la Cour des comptes française. Puis cette commission a été succédée par le ministère des Finances à travers la Commission nationale des comptes (1960). Celle-ci a enregistré un échec dans sa mission en raison du défaut de l'indépendance administrative, financière et humaine ... et des limites de ses moyens ainsi que du champ rétréci de contrôle.
L'histoire moderne du contrôle supérieure des finances publiques au Maroc peut être subdivisée, à notre sens, en quatre phases :

A- Première phase, un démarrage ambitieux mais très difficile : (1979 -1988)

La création de la Cour des comptes en vertu de la loi 12.79 promulguée le 14 Septembre 1979, est un évènement historique qui doit être lu et rapporté à un contexte politico-institutionnel dont voici les traits saillants :
- L'ouverture politique relative : le président de la Cour a été nommé en 1976 une année après le célèbre congrès de l'USFP (union socialiste des forces populaires, héritier de l'ancien parti de gauche Union nationale des forces populaires) qui marquât une rupture avec l'opposition révolutionnaire vers une opposition intégrée et politiquement modérée. Cela a coïncidé également avec l'évènement de la récupération du Sahara occidental par le Maroc en 1975. En 1977 Des élections locales ont eu lieu après une période d'exception

constitutionnelle, ces élections ont abouti à la réussite de l'intégration dans de l'opposition historique la gestion des affaires locales.
- Choix technique : un dispositif de contrôle externe indépendant et global, en remplacement d'un contrôle interne administratif limité.
- Une réponse positive aux recommandations internationales : la Déclaration de Lima, en particulier, publiée en Octobre 1977 considérée comme la charte fondatrice pour les institutions supérieures de contrôle au niveau international.[33] A la tête de ces directives : l'indépendance de l'institution supérieure de contrôle et l'étendue de sa compétence sur les organismes du secteur public.
Immédiatement après la création du Cour des comptes en 1979, un statut des magistrats de la Cour a été promulgué en 1980, et pendant toute la période entre 1981 et 1988, les efforts ont été consentis pour préparer et mettre en œuvre la compétence de vérification et de jugement des comptes, notamment la préparation de l'arsenal juridique et réglementaire relatif à la production des comptes.[34]
Aussi, la mise en œuvre de la loi portant création de la Cour des comptes, somme toute bonne et ambitieuse sur le papier, souffrit-elle d'un grand retard.

B- Deuxième phase : un début de mise en œuvre effective mais lente et limitée de ses compétences (1988 -1995)

Pratiquement, la Cour des comptes n'a commencé ses travaux de vérification et de jugement des comptes qu'à partir de 1988 en l'absence de toutes les conditions requises pour la qualité des comptables.[35] Une autre activité difficilement remplie par la Cour des comptes consistait en l'élaboration des déclarations générales de conformité entre le compte général du royaume et les comptes individuels des comptables publics, mais toujours en retard par rapport aux lois de finances de l'année en cours.
Force est de constater que durant cette période un partie des compétences de la Cour des comptes seulement a été mise en œuvre, mais la Cour et ses travaux étaient presque totalement négligées par les assujettis au contrôle encore plus par l'opinion publique et les autres parties prenantes : le gouvernement et le parlement. Cela,

n'était pas seulement l'avis des observateurs externes mais aussi des dirigeants de la Cour eux-mêmes.

1- Point de vue officiel [36]

Au niveau des ressources humaines et financières
D'après l'ancien président de la Cour des comptes monsieur Abdessadek EL GLAOUI, un hiatus flagrant existait entre les ressources humaines et financières d'une part et l'étendue des missions de la Cour des comptes, nouvellement créée d'autre part ; après dix (10) ans d'existence, le personnel ne comptait qu'une cinquantaine de membres. Pendant toute cette période le budget de fonctionnement enregistrait seulement un moyen de 30% d'augmentation.

Au niveau de l'autonomie administrative et financière
La difficulté éprouvée pour recruter des personnels qualifiés en raison de la dépendance de la gestion des ressources humaines vis-à-vis de la fonction publique, même remarque pour la gestion des crédits alloués à la Cour, le ministère des finances exerçait un pouvoir de contrôle à priori sur les dépenses de la Cour.

Au niveau des rapports avec le parlement et l'opinion publique
Le président EL GLAOUI justifie clairement le fait que la Cour ne pouvait pas mettre en œuvre l'intégralité de ses missions à l'égard du parlement par le motif du manque de coopération du gouvernement concernant la communication des informations relatives à la loi de règlement. D'autre part, la Cour ne pouvait pas informer le public sur ses travaux parce que la loi ne lui permettait pas de publier son rapport annuel.[37]

2- Point de vue de l'extérieur

Que ce soit à l'université, au sein des organismes gouvernementaux ou pour l'opinion publique il y avait unanimité sur l'existence d'un malentendu sur le qui, quoi et comment par rapport à la Cour des comptes et à ses travaux, au point que certains commentateurs se posaient la question sur sa raison d'être. Et pour cause, les ressources humaines étaient beaucoup plus faibles par rapport aux énormes tâches qui lui sont confiées. À titre de comparaison, le nombre du personnel professionnel ne dépassait pas soixante (60) personnes en 1992, soit 13 ans après sa création et son installation, alors que la Cour des comptes française comptait en 1807, date de sa création, 103 membres professionnels[38]. L'image de l'institution n'est-elle pas l'œuvre de son personnel[39].

La Cour donnait l'impression de travailler pour le compte du gouvernement, au détriment du parlement

Au lieu de soutenir l'action du parlement qui en avait besoin, la Cour donnait l'impression de servir le pouvoir exécutif, plutôt que d'éclairer l'opinion publique et les représentants de la nation.

Après une première décennie d'une quasi- paralysie consacrée presque entièrement à l'organisation interne, durant les années 90, la Cour va essayer de rattraper le retard dans les déclarations de conformité entre le compte général du royaume et les comptes individuels des comptables publics, mais en vain.

Rupture avec les organismes soumis à son contrôle et avec l'opinion publique

L'indépendance ne signifie pas l'isolement qui conduit à la léthargie et finit par la déperdition, puis la rupture avec la réalité de la gestion publique. Les gardiens de la légalité financière étaient mal compris mal vus et mal appréciés par l'opinion publique, les universitaires et les journalistes[40]...

Intentions exprimées officiellement en vue de surmonter «les problèmes et les obstacles»[41]

Depuis l'année 1992, et en particulier depuis l'amendement constitutionnel, qui a vu le jour la même année et les développements ultérieurs constitutionnels et politiques marqués par une ouverture politique mesurée entamée par le roi Hassan II, la restructuration et le renforcement de la Cour des comptes étaient parmi les points des tractations qui ont eu lieu au milieu des années 90 et qui ont été

couronnées par la nouvelle constitution révisée en 1996. En voici les principaux éléments convenus de la réforme :
- La garantie constitutionnelle
- L'indépendance financière et administrative
- Les ressources humaines et financières
- La publication des rapports publics.

C- Troisième phase : Réformes constitutionnelles et législatives et début culbutant de mise en œuvre des compétences de la Cour des comptes (1996 - 2011)

1- Volonté royale exprimée

Durant les années 90 et grâce à la volonté du roi Hassan II, qui a amorcé une ouverture politique, ultérieurement couronnée par la mise en place d'un gouvernement d'alternance dite consensuelle entre le palais et l'ancienne opposition historique dirigée par le socialiste Abderrahmane Youssoufi en 1998, le Maroc a réalisé des avancées relativement notables en matière du contrôle supérieur des finances publiques. Et ce, en élevant la Cour des comptes au rang d'institution constitutionnelle et en créant des Cours régionales des comptes, à l'occasion de la constitution révisée de 1996.
Sous le règne de l'actuel roi Mohammed VI, le code des juridictions financières a vu le jour, le cadre juridique et institutionnel des juridictions financières a été considérablement renforcé.
Le roi Mohammed VI a personnellement inauguré quand il était prince héritier les travaux d'un colloque international en 1998,[42] auquel assistaient plusieurs présidents de Cours des comptes y compris le français Pierre Joxe, et à l'occasion duquel il a exprimé une « forte volonté politique » du pouvoir pour apporter des "changements profonds" à la Cour des comptes. Par la suite, et juste après son intronisation, le roi Mohammed VI a réaffirmé les orientations stratégiques de la réforme dans sa lettre adressée à la septième assemblée arabe des Institutions supérieures de contrôle (ARABOSAI), relevant de la ligue des Etats Arabes, tenue à Rabat le 23 Avril 2001.
A noter qu'entre temps, la première communication historique sur les travaux de la Cour des comptes était un communiqué de presse sur la

discipline budgétaire et financière, qui a vu le jour au tout début de l'année 2000. A quelques mois de l'accession au trône du roi Mohammed VI et de l'alternance politique de 1998, le contexte politique était sans doute un élément décisif d'impulsion à cette avancée historique dans la mise en œuvre de la plus importante compétence juridictionnelle de la Cour des comptes, à savoir la discipline budgétaire et financière.[43]
Il n'est pas sans signification que les termes tels la bonne gouvernance, la reddition des comptes, la fin de l'impunité se répètent, presque dans chaque discours du roi Mohammed VI, des sanctions administratives royales contre de hauts responsables administratifs étaient également relayées par la presse nationale au Maroc. Son dernier discours, adressé à la nation marocaine au courant de la finalisation de cet ouvrage, avait été axé sur le principe de liaison entre l'exercice des responsabilités publiques et la reddition des comptes (discours du trône du 29 juillet 2017).

2- Consensus national

La volonté de renforcer le contrôle indépendant et efficace des fonds publics faisait l'unanimité de la classe politique. A cet effet, le gouvernement marocain de l'ère Youssoufi invitât "tous les acteurs politiques, économiques, sociaux et culturels afin d'aider la Cour des comptes dans l'exécution des missions qui lui sont confiées (par la nouvelle constitution de l'époque) en vue d'une efficacité et une modernisation de la gestion publique et de la rationalisation des dépenses, à l'instar des institutions supérieures de contrôle dans les pays développés".[44]
La déclaration gouvernementale du 17 Avril 1998 a fait l'écho de ces intentions réformatrices en prévoyant des engagements comme : la rationalisation des dépenses publiques ; les principes de transparence et de responsabilité. Les mêmes engagements ont été repris par les les déclarations des gouvernements de MM. Driss Jettou (2002-2007) et Abbas El Fassi (2007-2012). Idem pour le gouvernement de l'islamiste Benkirane (2012-2017).

3- La force d'appui des pourvoyeurs de fonds

Depuis Janvier 1998, le programme de développement des Nations Unies a commencé à financer un programme global de réformes institutionnelles portant sur "la bonne gouvernance des affaires publiques" au Maroc, ce programme prévoyait la mise en œuvre d'une série de réformes législatives et administratives, il se compose de six sous-programmes. Le troisième et le quatrième sont intitulés « renforcement institutionnel du Parlement et de la Cour des comptes » à l'effet de renforcer la participation du public et la transparence dans la gestion des affaires et des fonds publics. Ce programme d'appui a bénéficié à la Cour des comptes en termes de ressources financières pour soutenir les efforts de renforcement de son potentiel humain et de ses capacités.[45]

4- Les grandes lignes de la réforme

Les lignes directrices de la réforme ont été concrétisées d'abord par la constitution de 1996 et surtout par le nouveau code des juridictions financières de 2002 qui va apporter tout en l'abrogeant, des modifications profondes et considérables aux dispositions de l'ancienne loi 12.79 portant création de la Cour :

- Constitutionnalisation de la Cour des comptes (1996)
- Consécration de la Cour des comptes en tant que haute instance indépendante de contrôle des finances publiques.
- Renforcement des liens avec le parlement et le gouvernement et élargissement du champ d'application du contrôle administratif pour inclure les établissements de sécurité sociale.
- Décentralisation du contrôle juridictionnel des fonds publics (création des Cours régionales des comptes).
- Harmonisation du système de contrôle interne et externe du secteur public.
- Mise en place d'un système de « contrôle intégré » des comptes et de la gestion devant être exercé par les juridictions financières.

A noter que la Cour des comptes a instruit et jugé les premières affaires de discipline budgétaires et financières suite à des déférés externes émanés pour la plupart du ministère de l'intérieur de l'ère Basri ancien homme fort sous le règne du roi Hassan II. Et ce, durant la deuxième moitié de la dernière décennie du siècle dernier. Elle a donc réussi à mettre en œuvre ses deux attributions juridictionnelles de jugement des comptes et de discipline budgétaire et financière. Elle ne lui manquait que les contrôles administratifs de la gestion. Ceux-ci seront mis en œuvre à partir de l'année 2005, deux ans après l'entrée en vigueur du nouveau code des juridictions financières.

5- Un nouveau positionnement qui a déferlé la chronique (2007-2011)

Entre l'année 2007 et l'année 2011, la Cour des comptes s'est pratiquement positionnée en tant que nouvel acteur percutant qui a marqué l'actualité politico administrative de la vie publique marocaine, par ses rapports de contrôle administratif de la gestion insérés dans les rapports annuels publiés pour la première fois. Ces rapports ont déferlé la chronique en mettant à nu les disfonctionnements de l'administration publique et en mettant en exergue les fautes de gestion qui ont frôlé les dérives, ce qui n'a pas manqué de créer un débat politique, parfois houleux surtout au sein de la société civile et de la presse sur les thématiques de la bonne gouvernance et de la lutte contre la corruption. Des hauts responsables ont été traduits devant la justice judicaire suite aux saisines à l'initiative de la Cour des comptes. Mais ces rapports qui contenaient, il faut le reconnaitre, des faits qualifiés par leurs rédacteurs, en méconnaissance de la jurisprudence LABOR Métal, qui interdit le fait que la Cour préjuge des faits qualifiés dans le rapport annuel, ont entrainé des demandes de saisine directe du ministère de la justice (le technocrate Naciri en 2010 a, lui, hésité à suivre les pressions, mais le ministre islamiste de la justice (Ramid) qui l'a succédé succombera, quant à lui aux pressions).
La Cour des comptes avait même essuyé des attaques verbales de la part de certains hauts responsables administratifs et politiques, qualifiant ses juges tantôt d'amateurs par Behraoui : président du conseil communal de Rabat (2005) et ex directeur des collectivités territoriales au ministère de l'intérieur de l'ère Basri, à propos de la Cour régionale des comptes de Rabat. Tantôt de fief de subversion (!) par Chabat : ancien maire de la ville de Fès (2006) et actuel chef du parti nationaliste Al Istiqlal à propos de la Cour régionale des comptes

de Fès[46]. Ce qui dénote que les juridictions financières, notamment les Cour régionales des comptes, fraichement créées (2004), n'étaient pas les bienvenues chez les hommes forts de la gestion publique locale. La dernière attaque verbale était celle d'un chef d'un petit parti (Zyan : parti libéral) qui a ouvertement accusé les magistrats de la Cour des comptes de menteurs(!) lors d'une émission télévisée et directe de la première chaine officielle suite au rapport public sur les dépenses électorales (2016).
L'effet de remontrance publique des rapports annuels de la Cour a été d'un éclat sur la scène politico administrative et social en général, au point que les slogans des protestataires lors des évènements qui ont précédé et accompagné le printemps arabe (version marocaine) au courant de l'année 2011, s'appuyaient partiellement sur les rapports de la Cour des comptes.[47] Et ce, pour demander des comptes non pas aux administrateurs mais également aux politiques sur fond de la grogne sociale au sujet de la probité et de la lutte contre la corruption…
Des malentendus et des controverses continuent à secouer de temps en temps l'actualité marocaine concernant la place, le rôle et les suites à donner aux rapports de la Cour des comptes…notamment en ce qui concerne la mise en œuvre des principes de transparence, de reddition des comptes et de mise en jeu de la responsabilité. D'autant plus que ces principes ont été fraichement constitutionnalisés en 2011.

D- Quatrième phase : Apports de la constitution 2011 et adaptation du code des juridictions financières en 2016

1- l'impact des innovations de la constitution de 2011

La constitution 2011 qui a été adoptée en réponse aux protestations déclenchées dans le contexte du printemps arabe a apporté des innovations majeures dans le rôle et les dispositifs de la Cour des comptes. Le constituant de la loi fondamentale de 2011 a voulu inscrire l'office de la Cour des comptes dans une vision globale et intégrée la consacrant comme un mécanisme institutionnel d'assistance au contrôle démocratique des affaires publiques,[48] en exigeant la publicité de tous les travaux de la Cour des comptes y

compris ses décisions juridictionnelles et ses rapports particuliers et en prévoyant des liens relativement plus étroits entre la Cour et le parlement. Ces amendements consacrent la première en tant que conseiller technique et financier du deuxième, notamment en matière d'évaluation des politiques publiques. La mission d'assistance a été prolongée au pouvoir judicaire, à cet effet, la Cour a été assignée le rôle de collaboratrice des instances judiciaires s'agissant de l'instruction des dossiers relatifs aux fonds publics.
La formulation de la constitution de 2011 a dissocié la mission suprême de la Cour de ses compétences techniques, se démarquant ainsi de la formulation classique française (nuancée par les modifications de 2008) qui renvoi au contrôle de l'exécution de la loi de finances dans la définition de la mission de la Cour des comptes. Désormais et selon les termes de la nouvelle constitution marocaine, la Cour joue le rôle de protecteur des principes et valeurs de transparence et de responsabilité au sein des appareils de l'état et des organismes publics, alors que les compétences techniques ont été citées séparément dans les alinéas suivants de l'article 147 de la constitution.
Faisant échos aux demandes sociopolitiques exprimées en 2011, le constituant marocain a élevé les compétences moralisatrices de la Cour, nouvellement introduites dans le code des juridictions financières en 2008, au rang de compétences constitutionnelles telles que le contrôle de la déclaration obligatoire du patrimoine et le contrôle des comptes des partis politiques et des dépenses électorales. Ce n'est qu' à partir de l'année 2012 et surtout après l'arrivée d'un nouveau premier président, le technocrate et ancien premier ministre Driss Jettou (2002-2007), que la Cour allait prendre un tournant vers l'apaisement en se concentrant sur les études et les évaluations, créant du coup un nouveau débat sur les attributions juridictionnelles de la Cour des comptes et les suites données aux affaires appréhendées. Le premier lot historique d'arrêts disciplinaires publié en 2015 qui entendait répondre implicitement à ces questionnements n'avait qu'un objectif pédagogique et non dissuasif, c'est du moins ce qu'affirment les rédacteurs de l'introduction du recueil des arrêts publiés en 2015.
Toutefois, les rapports de la Cour des comptes relatifs aux contrôles extra juridictionnels constituent manifestement, sous l'effet du pouvoir de remontrance publique, un facteur de préoccupation politique pour les partis au gouvernement. La preuve en est qu'ils ont suscité des réactions solennelles. D'abord c'était le bureau politique

du parti de l'Istiqlal qui, en 2014, a ouvertement critiqué la Cour suite à son rapport sur le contrôle de la gestion du secteur de la santé, notamment la politique des achats de médicaments par le ministère dirigé par Yasmina Baddou. Tout récemment c'était le groupe parlementaire du PJD à la tête du gouvernement qui a critiqué la Cour suite à l'exposé annuel présenté par son Premier Président devant le parlement (printemps 2017), notamment à propos de la politique de la gestion de la dette et de la gestion des secteurs sociaux. Les critiques des deux partis ont convergé sur le fait que « la Cour des comptes a dépassé les limites de ses compétences ».

2- Controverse autour de la saisine de l'ordre judicaire et dénouement après les modifications de 2016, mais des questions restent en suspens

Suite aux saisines directes du ministre PJDiste (PJD : Parti de la justice et de développement : islamiste modéré à la tête du gouvernement depuis 2012, reconduit en 2017) de la justice, monsieur Ramid à travers des lectures dans les rapports annuels de la Cour par les services du ministère, des hauts responsables, notamment locaux et ayant des casquettes politiques, ont été déférés aux parquets compétents. Ceci a relancé le débat sur le rapport entre la Cour des comptes et le ministre de la justice concernant les faits constatés dans les rapports annuels de la Cour des comptes, notamment sur l'opportunité politique des décisions de saisine directe de l'ordre judicaire. Il faut noter qu'en vertu de l'article 111 du code des juridictions financières, le déféré des affaires pénales relevées par la Cour au ministre de la justice s'effectue via le procureur général du roi près d'elle. Or, le ministre de la justice a parfois saisi la justice de sa propre initiative suite à la lecture des rapports annuels de la Cour. Et non seulement suite aux déférés de la Cour des comptes.

L'adaptation du code des juridictions financières intervenue en septembre 2016 (version arabe), promulguée en français en octobre de la même année,[49] a apporté des précisions, notamment, le remplacement du ministre de la justice par le procureur général près la Cour de cassation en tant que destinataire des déférés du parquet général près la Cour des comptes. Les conditions d'échange et de collaboration entre la Cour des comptes (à travers le parquet général

près d'elle) et l'ordre judiciaire à propos des dossiers concernant les fonds publics ont été prévues. En conséquence, la page de la controverse entre la Cour des comptes et le ministre de la justice a été tournée définitivement.[50] D'autres points comme l'exposé annuel du premier président de la Cour devant les deux chambres du parlement sur le rapport annuel de la Cour des comptes et les modalités de publication des arrêts et des rapports particuliers ont été également explicitées.
Certains de ces amendements notables apportés par la constitution de 2011 ont été concrétisés en pratique, avant même la récente adaptation du code des juridictions financières intervenue en 2016. D'abord, par les exposés annuels présentés par le premier président de la Cour des comptes devant le parlement depuis l'arrivée du nouveau premier président Driss Jettou (aout 2012 – en cours). Ensuite par la publication d'un ensemble de rapports particuliers et thématiques, notamment à la demande du parlement, et enfin par la publication, certes en retard, mais historique des premiers arrêts de la Cour en 2015 (arrêts de la chambre de discipline budgétaire et financière) et en 2017 (arrêts de la chambre d'appel des jugements des Cours régionales des comptes). Ces deux évènements récents constituent l'une des grandes valeurs ajoutées de cet ouvrage par rapport à nos ouvrages précédents, rédigés en langue arabe, relatifs à l'interprétation du code des juridictions financières et à la jurisprudence financière de la Cour de cassation[51]. Par ailleurs, les modifications de 2016 n'ont pas concerné les saisines ayant pour origine les Cours régionales des comptes, une question parmi d'autres qui restent en suspens, due très vraisemblablement à une omission législative. (On y reviendra en détail, ultérieurement : chapitre IV : Relations entre la Cour des comptes et l'ordre judiciaire).

SECTION III : CADRE ORGANISATIONNEL

« La Cour des comptes du Maroc est à l'image de son Premier Président »
M.BERRAOU

Les trois attributions juridictionnelles (Discipline budgétaire et financière ; Gestion de fait et Jugement des comptes des comptables publics) à l'occasion desquelles la responsabilité des acteurs de la gestion publique peut être engagée devant la Cour des comptes, sont exercées dans un cadre organisationnel marqué par la présence prépondérante du premier président de la Cour des comptes et du siège en général par rapport au parquet général et ses membres. Bien que l'apparence annonce une organisation bicéphale, il serait simpliste et trompeur de dire que la direction et le fonctionnement de la Cour des comptes au Maroc obéit à un commandement commun ou partagé entre le siège (premier président et formations de la Cour) et le parquet général.[52]

A- Siège

1- Premier président

Un système «présidentiel» de commandement
Le premier président assure la direction générale et l'organisation des travaux de la Cour. Il approuve le programme annuel des travaux de la Cour, préparé et arrêté par le comité des programmes et des rapports. Il coordonne les travaux des Cours régionales des comptes. Le premier président préside l'audience solennelle, les chambres réunies, la chambre du conseil, le comité des programmes et des rapports et le conseil de la magistrature des juridictions financières. Il peut présider les séances de la formation inter-chambres et des chambres.[53]
Bien entendu, son rôle dans la mise en œuvre pratique de la responsabilité se concrétise au niveau des attributions juridictionnelles de la Cour des comptes, à savoir : la discipline budgétaire et financière, la gestion de fait et la responsabilité pécuniaire personnelle des comptables publics.

Les principales interventions présidentielles prévues par la loi, dans ces trois matières, peuvent être exposées comme suit :

En matière de discipline budgétaire et financière

La Cour est saisie par le procureur général du Roi agissant, à la demande, entre autres, du premier président.[54] A la réquisition du procureur général du Roi, le premier président désigne un conseiller rapporteur chargé de l'instruction. Lorsque le premier président estime, après l'examen du dossier, que l'affaire est en état d'être jugée, il ordonne qu'elle soit portée au rôle des audiences de la chambre compétente en matière de discipline budgétaire et financière.[55] La personne concernée et les témoins qui ne répondent pas dans le délai imparti par la cour aux demandes de communication de pièces et documents ou aux convocations qui leur sont adressées par la cour, ou refusent de prêter serment ou de témoigner, peuvent être condamnés par ordonnance du premier président à une amende de cinq cents (500) à deux mille (2000) dirhams.[56]

Voies de recours

Appel des arrêts rendus par la Cour

La formation inter-chambres est présidée par un président de chambre, désigné annuellement par ordonnance du premier président.[57]

En matière de discipline budgétaire et financière

A la réquisition du procureur général du roi, le premier président désigne un conseiller rapporteur chargé de l'instruction autre que celui qui a instruit l'affaire en premier ressort.[58] Les jugements des Cours régionales en matière de discipline budgétaire et financière peuvent faire l'objet d'un recours en appel devant la chambre compétente de la Cour. Dès réception du dossier de recours transmis par le procureur du roi près la Cour régionale, le procureur général du roi requiert du premier président la désignation d'un conseiller rapporteur chargé de l'instruction.[59]

En matière de gestion de fait et du jugement des comptes des comptables publics
Quand un comptable public n'a pas présenté à la Cour, les comptes, les situations comptables ou les pièces justificatives dans les délais prescrits, le premier président peut, sur réquisition du procureur général du Roi, lui enjoindre de présenter les documents susvisés et à défaut, prononcer à son encontre une amende dont le montant peut atteindre au maximum mille (1.000) dirhams.[60] Selon le même article, le premier président peut en sus prononcer une astreinte dont le maximum est de cinq cents (500) dirhams par mois de retard.

Voies de recours

Appel des arrêts de la Cour
Dès l'enregistrement de la requête, le premier président désigne un conseiller rapporteur chargé de l'instruction.[61]

Appel des jugements des Cours régionales
Dès l'enregistrement de la requête en appel, le premier président transmet le dossier au président de la chambre compétente qui désigne un conseiller rapporteur chargé de l'instruction.[62]

Recours en révision
Le premier président saisit de la demande la formation de la Cour qui a rendu l'arrêt.[63]

Présidence des Cours régionales des comptes

Concernant les Cours régionales des comptes, le président exerce des compétences juridictionnelles, administratives et consultatives au niveau régional identiques à celles du premier président de la Cour, au niveau central, à quelques exceptions. Le président assure la direction générale de la Cour régionale et l'organisation de ses travaux. Il préside les séances de la Cour régionale et peut également présider les

séances de ses sections[64] ; Il arrête le programme annuel des travaux de la Cour régionale avec la participation des présidents de sections et en coordination avec le procureur du roi, en ce qui concerne les affaires relevant des attributions juridictionnelles de la Cour régionale ; il répartit les travaux entre les conseillers.
En matière des trois attributions juridictionnelles à l'occasion desquelles la responsabilité des acteurs territoriaux de la gestion publique est mise en mouvement, il assure au niveau de la Cour régionale des comptes les mêmes fonctions du premier président au niveau de la Cour des comptes (voir supra).

2- Formations de la Cour

Les formations de la Cour sont : L'audience solennelle ; La formation toutes chambres réunies; La formation inter-chambres ; La chambre du conseil ; Les chambres; Les sections de chambres ; Le comité des programmes et des rapports.[65]
Les compétences de ces formations peuvent être rassemblées et exposées comme suit[66] :
L'audience solennelle : assure la réception de serments et l'installation des nouveaux magistrats.
Les chambres et les sections de chambres : prononcent des arrêts en matières de jugements des comptes des comptables publics et de la gestion de fait et adoptent les rapports administratifs. Deux chambres sont exclusivement spécialisées dans les activités juridictionnelles, il s'agit de la chambre de discipline budgétaire et financière et de la chambre d'appel, laquelle est chargée de statuer sur les appels dans toutes les matières juridictionnelles , à savoir la discipline budgétaire et financière, la gestion de fait et le jugement des comptes des comptables publics contre les jugements des Cours régionales des comptes.
La formation inter-chambre : statue sur les appels formés contre les arrêts en premier ressort des chambres et leurs sections de la Cour y compris ceux de la chambre de discipline budgétaire et financière.

La Formation des chambres toutes réunies : statue sur les arrêts renvoyés après cassation et émet des avis sur la procédure et la jurisprudence.
La Chambre de conseil : procure des conseils au premier président sur toutes les questions autres que celles confiées à la formation toutes chambres réunies, approuve le rapport annuel et les rapports élaborés par le comité des programmes et des rapports, à savoir le rapport sur l'exécution de la loi de finances et la déclaration générale de conformité.
Le comité des programmes et des rapports : Elabore le programme annuel et les deux rapports mentionnés dans le paragraphe précèdent relatif à la chambre de conseil.

B- Parquet général

1- Rôle du procureur général du roi près la Cour des comptes dans les procédures

Le ministère public est exercé par le procureur général du roi qui est assisté d'avocats généraux. En cas d'absence ou d'empêchement, le procureur général du roi est suppléé par l'un des avocats généraux désigné annuellement sur sa proposition à cet effet. Le procureur général du roi exerce son ministère par le dépôt de conclusions ou de réquisitions. Il n'exerce son ministère que dans les matières juridictionnelles dévolues à la Cour.[67] Il reçoit communication des rapports relatifs aux attributions juridictionnelles de la Cour.Il défère à la Cour les opérations de nature à constituer des gestions de fait. Il requiert du premier président, en cas de retard dans la production des comptes, l'application de l'amende prévue à l'article 29 de la loi. Il assiste aux séances des formations de la Cour et peut y présenter de nouvelles observations ; il peut s'y faire représenter par un avocat général. Il coordonne et supervise l'action du ministère public près les Cours régionales.[68]
Lorsque la Cour siège en audience solennelle, le procureur général du roi assiste à l'audience solennelle, en plus du premier président et de l'ensemble des magistrats.[69] Lorsque la Cour se forme toutes

chambres réunies, à la demande du premier président pour juger les affaires qui lui sont soumises soit directement par le premier président, soit sur réquisition du ministère public,[70] il fait partie de la formation toutes chambres réunies .Mais lorsque cette formation statue sur les affaires qui lui sont soumises, le ministère public y est exercé par le procureur général du roi ou par son suppléant, en cas d'absence ou d'empêchement.[71]

En matière de discipline budgétaire et financière

Procédure

La Cour est saisie par le procureur général du roi agissant, soit de sa propre initiative, soit à la demande du premier président ou d'une formation de la Cour.[72]

Sur la base des documents qu'il reçoit et des informations et autres documents qu'il peut demander aux autorités compétentes, le procureur général du roi peut décider :

Soit la poursuite, et dans ce cas, il sollicite du premier président la désignation d'un conseiller rapporteur chargé de l'instruction ; il avise les personnes concernées selon les modalités prévues par le code de procédure civile,[73] qu'elles sont l'objet de poursuites devant la Cour et qu'elles sont autorisées à se faire assister par un avocat agréé près la Cour de cassation. Le procureur général du roi informe également de cette poursuite le ministre ou l'autorité dont dépend ou dépendait le fonctionnaire ou l'agent mis en cause, le ministre chargé des finances et, le cas échéant, le ministre de tutelle.

Soit le classement de l'affaire s'il lui apparaît qu'il n'y a pas lieu d'engager des poursuites ; il prend à cet effet, une décision motivée qui est communiquée à la partie qui lui a soumis l'affaire.

Par ailleurs, le procureur général du roi peut revenir sur la décision de classement si, à travers les pièces et informations complémentaires qu'il reçoit, il lui apparaît qu'il y a des présomptions sur l'existence de l'une des infractions mentionnées aux articles 54 à 56 du code des juridictions financières.[74]

L'instruction est secrète, le procureur général du roi en suit le déroulement dont il est tenu informé par le conseiller rapporteur [75]; Lorsque l'instruction est terminée, le conseiller rapporteur communique le dossier, accompagné du rapport d'instruction, au procureur général du roi, qui dépose ses réquisitions dans un délai de 15 jours à compter de la date de réception du dossier[76] ; la date de la prise de connaissance du dossier fait l'objet d'une mention au greffe. Le dossier doit être complet et comporter notamment les réquisitions du ministère public. Dans le délai de trente (30) jours suivant la date de cette prise de connaissance, la personne concernée peut produire un mémoire écrit, soit par elle-même soit par son avocat. Ce mémoire est communiqué au procureur général du roi. Le procureur général du roi dépose ses conclusions. Il peut faire entendre les personnes dont le témoignage lui parait nécessaire.[77]

Voies de recours

Appel des arrêts rendus par la Cour
L'appel est ouvert à au procureur général du roi entre autres. A la réquisition du procureur général du roi, le premier président désigne un conseiller rapporteur chargé de l'instruction autre que celui qui a instruit l'affaire en premier ressort.[78]

Appel des jugements rendus par les Cours régionales En matière de discipline budgétaire et financière
Dès réception du dossier de recours transmis par le procureur du roi près la Cour régionale, le procureur général du roi requiert du premier président la désignation d'un conseiller rapporteur chargé de l'instruction.[79]

Pourvoi en cassation
Le pourvoi est ouvert au procureur général du roi entre autres.[80]

Recours en révision

Le recours en révision est ouvert au procureur général du roi de sa propre initiative ou à la demande du ministre chargé des finances ou du ministre intéressé ou des représentants légaux des organismes publics concernés.

En matière de jugement des comptes et de gestion de fait

Vérification et instruction des comptes

Quand un comptable public n'a pas présenté à la Cour, les comptes, les situations comptables ou les pièces justificatives dans les délais prescrits, le premier président peut, sur réquisition du procureur général du roi, lui enjoindre de présenter les documents susvisés et à défaut, prononcer à son encontre l'amende et l'astreinte prévues à l'article 29 du code des juridictions financières.[81]

Tout refus de produire les justifications ou précisions demandées peut entraîner l'application de l'amende et de l'astreinte, prévues à l'article 29 susmentionné, sur la base d'un rapport présenté par le conseiller rapporteur au président de la chambre, lequel le transmet au procureur général du roi qui requiert du premier président l'application des dites amende et astreinte.[82]

Le conseiller contre rapporteur doit, dans un délai d'un mois, émettre son avis sur le premier rapport du conseiller rapporteur. Il transmet l'ensemble du dossier au procureur général du roi par un soit transmis visé par le président de la chambre. Le dossier comprend le rapport du conseiller rapporteur, l'avis du conseiller contre-rapporteur et les pièces justificatives objet d'observations. Le procureur général du roi dépose ses conclusions dans le délai d'un mois à compter de la date de sa saisine.[83]

Le procureur général du roi transmet le dossier, accompagné de ses conclusions, au président de la chambre pour inscription au rôle des audiences.[84]

Jugement des comptes

Le Conseiller rapporteur présente son rapport à la formation. Le Conseiller contre-rapporteur fait connaître son avis sur chacune des propositions du Conseiller rapporteur. Le représentant du ministère public présente ses conclusions. En cas d'absence ou d'empêchement de celui-ci, le président donne lecture des conclusions du ministère public.[85]

Gestion de fait

Ce sont les dispositions des articles 29 à 40, en matière de jugement des comptes des comptables publics, qui s'appliquent aux comptables, gestionnaires de fait.

Voies de recours

Appel des arrêts rendus par la Cour en premier ressort

Le recours en appel est ouvert, entre autres, au procureur général du roi, au trésorier général du royaume et aux représentants légaux des organismes publics concernés.[86]

Appel des jugements des Cours régionales

La suite de la procédure et le jugement se déroulent conformément aux dispositions des articles 34 et 35.[87] La Cour statue sur les appels formés contre les jugements prononcés à titre définitif par les Cours régionales, prévus au chapitre premier, du titre Il du livre Il de la loi, à la requête du procureur du roi, entre autres. La suite de la procédure et le jugement se déroulent selon les modalités prévues aux articles 46 et 47.[88]

Pourvoi en cassation

Le même pourvoi est ouvert au procureur général du roi, entre autres.[89]

Recours en révision
Le même recours est ouvert au procureur général du roi, entre autres.[90]

2- Parquet général près la Cour des comptes et ordre judiciaire

Cas des infractions pénales relevées à l'occasion des procédures de la Cour
Si la Cour des comptes relève des faits pouvant constituer une infraction pénale, le procureur général près la Cour des comptes en informe le procureur général près la Cour de cassation pour qu'il prenne la décision appropriée.[91]
Cas particulier de la destruction abusive des pièces justificatives et comptes
Le procureur général du roi applique la même procédure de saisine en cas de destruction abusive des pièces justificatives et comptes.[92]

Cas particulier des infractions pénales relevées à l'occasion du contrôle de la déclaration obligatoire du patrimoine : une saisine différente ?
En cas d'infractions pénales relevées à partir du contrôle des déclarations obligatoires du patrimoine , la saisine du procureur général du roi est destinée à l'autorité judiciaire compétente,[93]qui ne peut être que l'instance judiciaire du ressort territorial dans lequel a été appréhendée l'infraction pénale par la Cour des comptes.

Cas d'échange de documents et de jugements relatifs à des dossiers en cours devant les juridictions judiciaires
Le procureur général du roi près la Cour des comptes supervise en coordination avec le procureur général du roi près la Cour de cassation, les échanges de jugements et de documents relatifs aux dossiers en cours devant les juridictions du royaume.[94]

Attention ! Ces dispositions sont pour leur plupart introduites par les modifications du code des juridictions financières intervenues en 2008 et surtout en 2016, elles appellent des remarques que l'on va consigner et analyser dans le quatrième chapitre relatif aux relations entre la Cour des comptes et l'ordre judiciaire.

3- Ministère public près les Cours régionales des comptes

En matière de discipline budgétaire et financière

Le rôle du ministère public près les Cours régionales des comptes renvoi aux dispositions prévues aux articles 58 à 59 du premier livre relatif à la Cour des comptes en matière de discipline budgétaire et financière. Le procureur du roi près la Cour régionale des comptes exerce les mêmes prérogatives exercées par le procureur général près la Cour des comptes dans cette matière.

En matière de la vérification et du jugement des comptes

Les dispositions des articles 27 à 40 relatives à la vérification, à l'instruction et au jugement des comptes du livre premier du code des juridictions financières relatif à la Cour des comptes s'appliquent à la Cour régionale ; les attributions du procureur général du roi sont exercées par le procureur du roi.[95]

En matière de jugement des comptes des comptables publics, le ministère public près la Cour régionale des comptes exerce le même rôle que celui du parquet général près de la Cour des comptes (ci-dessus).

En matière de gestion de fait

Les opérations de nature à constituer des gestions de fait, sont déférées, dans la limite des compétences de la Cour régionale, par le procureur du roi. Soit de sa propre initiative, soit à la demande du ministre de l'Intérieur, du wali ou du gouverneur, du ministre chargé des finances ou du trésorier régional, préfectoral ou provincial, du représentant légal de la collectivité locale ou du groupement ou des comptables publics. Cela, bien entendu, sans préjudice du droit de la

Cour régionale de s'en saisir d'office au vu des constatations faites à l'occasion notamment de la vérification des comptes.[96]

Lorsque la Cour régionale déclare une personne comptable de fait, les dispositions des articles 43 et 44 du premier livre relatif à la Cour des comptes sont applicables.[97] Le procureur du roi près la Cour régionale de comptes exerce les mêmes attributions du procureur général du roi près la Cour des comptes.

Voies de recours

Les voies de recours sont exercées par le procureur du roi dans les mêmes conditions que celles régissant les compétences du procureur général près la Cour des comptes. A cet effet, les pouvoirs du procureur général du roi sont exercés par le procureur du roi, selon qu'il s'agisse de la discipline budgétaire et financière ou du jugement des comptes ou de la gestion de fait.

4- Ministère public près les Cours régionales des comptes et ordre judiciaire

Cas des infractions pénales relevées par la Cour régionale des comptes

Si la Cour régionale des comptes relève des faits pouvant constituer une infraction pénale, le procureur du roi près la Cour régionale des comptes transmet le dossier au procureur général près la Cour des comptes qui en informe le ministre de la justice pour qu'il prenne la décision appropriée.[98]

Cas de la destruction abusive des pièces justificatives et comptes

La même procédure s'applique en cas de destruction abusive des pièces justificatives et comptes.[99]

Cas particulier des infractions pénales relevées à l'occasion du contrôle de la déclaration obligatoire du patrimoine : procédure différente de saisine ?

En cas d'infraction pénale relevée à partir du contrôle des déclarations obligatoires du patrimoine, la saisine du procureur du roi est destinée directement à l'autorité judiciaire compétente,[100] qui ne peut être, à notre sens, que l'instance judiciaire du ressort territorial dans lequel a été appréhendée l'infraction pénale par la Cour régionale des comptes.

Cas d'échange de documents et de jugements relatifs à des dossiers en cours devant les juridictions judiciaires : aucune passerelle directe n'est prévue ?

Il n'y a aucune disposition dans le deuxième livre du code des juridictions financières relatif aux Cours régionales des comptes qui régisse cette éventualité. Dans le silence du deuxième livre, c'est le texte relatif à la Cour des comptes (premier livre du code) qui est applicable à notre sens. Et ce en alignement avec la procédure d'ordre générale prévue par l'article 11 du code des juridictions financières. A cet effet, le procureur du roi près la Cour régionale des comptes doit en aviser le procureur général du roi près la Cour des comptes, et c'est ce dernier qui supervise en coordination avec le procureur général du roi près la Cour de cassation, les échanges de jugements et de documents relatifs aux dossiers en cours devant les juridictions du royaume.[101]

Attention ! Ces dispositions sont pour leur plupart introduites par les modifications du code des juridictions financières intervenues en 2008 et surtout en 2016, elles appellent des remarques que l'on va consigner et analyser dans le quatrième chapitre relatif aux relations entre la Cour des comptes et l'ordre judiciaire.

Sept mécanismes d'exercice des fonctions du ministère public

- Les réquisitions
- Les conclusions
- La saisine
- La notification et l'information
- Le classement
- La supervision
- Le recours

Caractères du parquet général près la Cour des comptes

1- Indépendance

Le parquet général près la Cour des comptes est indépendant du parquet général près l'ordre judiciaire. En effet, la Cour des comptes est dissociée sur le plan organique du pouvoir judicaire, depuis sa création en 1979. Le Maroc a fait le bon choix de ne pas emboiter le pas à certaines expériences africaines qui ont intégré la fonction de la Cour parmi les fonctions du pouvoir judicaire (chambre des comptes au sein de la Cour suprême) et ont eu beaucoup de mal, malgré de multiples tentatives successives, à se séparer de ce lourd héritage institutionnel. Au Maroc, la Cour des comptes jouit d'une indépendance organique, fonctionnelle et humaine, confortée expressément par la loi fondamentale révisée en 2011.[102] C'est le procureur général du roi près la Cour des comptes qui supervise et dirige et le parquet général près la Cour centrale et le ministère public près les Cours régionales des comptes.

2- Unité

Règle générale : le parquet général doit continuer à fonctionner même en cas d'absence de son président soit au niveau central ou régional. Un représentant du parquet peut assurer le fonctionnement du parquet au lieu et place d'un autre collègue en cas d'absence ou d'empêchement de celui-ci. L'avis du parquet général engage le remplaçant qui doit le maintenir et le défendre.

Modération du principe : le parquet général peut changer d'avis, comme il peut rajouter des éléments ou des observations orales. Le parquet général peut renoncer à sa décision de classement si de nouveaux faits ont survenus pour justifier la relance à nouveau de la poursuite.

3- Dualité d'intervention : partie jointe et partie principale

Comme partie jointe : mais avec un pouvoir de recours dans le cadre de la gestion de fait et du jugement des comptes des comptables publics. C'est ce qui fait sa spécificité par rapport à l'intervention du parquet général en matière civile (partie jointe sans pouvoir de recours). L'intervention du parquet général dans cette matière en tant que partie jointe se fait généralement par le mécanisme des conclusions.

Comme partie principale : En matière de discipline budgétaire et financière, le parquet général représente l'intérêt général en matière financière et se positionne en tant que défenseur (agressif) de l'ordre public financier par la voie de réquisitions et de conclusions.

4- Limites du rôle du parquet général

Le parquet général n'est pas la partie initiatrice de l'action dans les deux matières de gestion de fait (sauf s'il en est informé par la Cour ou les Cours régionales suite au seul cas de délibéré des rapports de contrôle administratif de la gestion) et de jugement des comptes des comptables publics dans l'état actuel du droit et de la pratique au Maroc. Dans les matières extra juridictionnelles, son rôle est presque absent. Il n'est pas représenté dans le comité des programmes et des rapports (il n'y est consulté que pour approuver le programme annuel mais juste en matières juridictionnelles) ou dans la chambre de conseil ou il n'est ni représenté ni consulté. En ce qui concerne les rapports avec les autorités administratives, il n'a aucun pouvoir sauf ses compétences juridictionnelles classiques en matière des procédures.
A notre sens, vu le droit comparé et les nécessités issues de la pratique au Maroc, le parquet doit être rehaussé en tant qu'acteur essentiel dans toutes les matières de la Cour y compris et surtout les communications avec les autorités administratives et judiciaires. Il doit lui-même sortir de son isolement et communiquer avec le public, notamment à l'occasion des questions qui préoccupent l'opinion publique, comme son rôle au sein de la Cour des comptes et son rapport avec l'ordre judiciaire…

5- Vacance répétée du poste

Le poste de procureur général près la Cour a été vacant pour plusieurs années d'abord entre 1995 et 2001, ensuite depuis 2008 jusqu'à nos jours.
Il n'est pas sans intérêt de remarquer que les deux occupants de ce poste ont tous les deux rejoint le Conseil constitutionnel, le premier

(première période de vacance) en tant que membre et le deuxième (deuxième période de vacance) en tant que président.[103]
Une décision de la Cour de cassation se fondant sur le principe de l'unité du parquet tend à légaliser les actes des avocats généraux au lieu et place du procureur général, (voir, infra, jurisprudence de la Cour de cassation, in : Chapitre premier sur la responsabilité en matière de discipline budgétaire et financière). Par ailleurs, la vacance continue du poste ne cesse de susciter des questionnements sur la légalité, non seulement des procédures, mais également des décisions émanées du Conseil de la magistrature des juridictions financières. En effet, l'absence du procureur général ou de son suppléant, désigné annuellement sur sa proposition, de la formation de la Cour des comptes en général et du conseil susdit en particulier est de nature à entacher l'image de marque de la Cour des comptes vis-à-vis des parties prenantes et de l'opinion publique.

Note
La nomination d'un nouveau procureur général du roi près la Cour des comptes est vivement souhaitable. Elle va mettre un terme à un long vide incommodant du poste en premier lieu, et va renforcer indiscutablement l'image de marque de la Cour des comptes aux yeux de ses partenaires y compris les assujettis au contrôle et les justiciables et plus généralement aux yeux de l'opinion publique en deuxième lieu, et sera de nature à réhabiliter, en interne, le statut moral du paquet général près la Cour des comptes et de ses membres en troisième lieu.

Notes du chapitre préliminaire

14- INTOSAI : Aperçu, Préface par Franz Fiedler, voir aussi : mission historique in : le même document publié en 1995, Site web : www.intosai.org.

15- « Les moyens nécessaires pour renforcer l'indépendance des institutions supérieures de contrôle», en arabe, étude présentée à la troisième conférence du groupe de travail de l'ARABOSAI (organisation arabe des institutions supérieures de contrôle, relevant de la ligue des Etats arabes), Bureau d'audit de l'Arabie saoudite, 1983, p 6.

16- Aujourd'hui, on assimile la montée en puissance des institutions supérieures de contrôle à l'émergence d'un cinquième pouvoir.

17- La nouvelle constitution du royaume s'est alignée sur cette directive internationale en renforçant le lien fonctionnel entre la Cour des comptes et le parlement, cf. Article 148, premier alinéa.

18- Cf. « Supreme Audit Institutions : Supremely Superfluous? » A Cross-Country Assessment, March 2007, in : http://ssrn.com/abstract=965434 ; à propos du rôle des ISCs dans le contrôle de la gestion des fonds publics vu d'un angle économique.

19- Traduit par l'auteur de l'anglais vers l'arabe, puis de l'arabe vers le français ; intervention de Monsieur Stroinker, in : colloque international : «le rôle des institutions supérieures de contrôle dans le renforcement de la bonne gouvernance», Rabat, 14 septembre 1998, Doc. Cour des comptes du Maroc.

20- Harold Wilson disait : « Les hauts responsables qui ne craignent pas les ministres, n'arrivent pas à dormir lorsqu'ils auront à comparaitre devant le comité des comptes publics», cité par : KHOUDRI (Driss) : « Le contrôle des finances de l'Etat ». Edition Ediprim, 1992, p 93.

21- DESAUTELS, FCA (M.L.D) : « Le bureau du vérificateur général au Canada », in : journées d'études sur « le contrôle des finances publiques au seuil du 21eme siècle » organisées par la Cour des comptes de Belgique, éditées par la même Cour, Bruxelles, 1994, p 62.

22- Le Chili et le Pérou constituent deux exceptions à cette règle, les deux pays ont préféré d'opter pour le système juridictionnel collégial bien que pratiquant un droit commun.
23- BERRAOU Mohammed : « Transparence, responsabilité et contrôle supérieur des finances publiques dans le contexte de la bonne gouvernance », Dalalqalam, 2010, première édition, pp 52-60, voir également : Johnnson JJ et Nakamura RT : « Orientation handbook for members of parlement », World bank, Doc. 2006 et Walker David M : « Transparent government and access to information : a role for SAI », GAO Doc. 2007 ; et Report on : « Performance and accountability highlights ; fiscal year 2005 » released on january 2006, GAO Doc. 2006 ; également : « Accountability in a results opriented world » congres 2003 de la société canadienne d'évaluation, SCE site web. Cités tous dans notre ouvrage susmentionné.
24- Joxe Pierre, in : Colloque international sur « le rôle des institutions supérieures de contrôle dans le renforcement de la bonne gouvernanc e». Op.cit.
25- BERRAOU Mohammed : « Transparence, responsabilité et contrôle supérieur des finances publiques dans le contexte de la bonne gouvernance », Rabat, Dalalqalam, 2010, première édition, pp 60-62. Voir également les actes du colloque français organisé par la Cour des comptes : « Finances publiques et responsabilité, l'autre réforme », publié par la RFFP, novembre 2005 ; Lamarque D : « Le contrôle de la performance », revue du trésor, mars-avril 2005, p 158.
26- Extrait du discours de clôture du colloque : « Les Cours des comptes en action », prononcé par le premier président de la Cour des comptes, Monsieur Philippe SÉGUIN, à Marseille (26 juin 2007).Cité dans le rapport d'activité CDBF, 2008 ; p 8.
27- Notamment les deux normes ISSAI 10 et ISSAI 20, INTOSAI Professional Standards Committee. Site web : www.psc-intosai.org.
28- Dans la littérature de l'INTOSAI, une norme est générale ou commune lorsqu'elle s'applique à l'institution et à ses membres à la fois.
29- Voir à ce propos : « Rapport final sur l'étude de l'indépendance des ISCs » ; groupe de travail ad-hoc de l'INTOSAI ; Mars 2001, in : www.itosai.com ; voir aussi, « Règles de contrôle financier sur les organismes, programmes,

activités et missions du secteur public », en arabe, série des guides et législations internationaux, traduction vers l'arabe du secrétariat général de l'ARABOSAI, septembre 1993, pp 16-20. Voir également :
« Règles de l'audit global », en arabe, bureau d'audit de l'Arabie saoudite, 1982, pp 37-58. Doc. ARABOSAI, le Caire.

30- Cas de la programmation des types de missions de contrôle à effectuer et des choix des organismes à contrôler. Il s'agit d'un sujet qui a déferlé la chronique au Maroc, notamment par les parlementaires et la presse surtout entre l'année 2008 et l'année 2012 et qui continue à surgir de temps en temps, due partiellement à une communication limitée de la Cour.

31- Suivi des recommandations et constatations des missions d'inspection, de contrôle et d'audit interne ou externe de l'organisme objet de l'intervention de la Cour des comptes.

32- Selon le professeur Zemrani (A.B), dans son ouvrage de référence sur « les finances de l'Etat au Maroc », édité chez l'Harmattan, 1998, p 141 , citant Abdessadek El Glaoui, le président d'alors de la Cour des comptes : « Le Maroc, du temps de la commission marocaine des comptes , adoptait un système intermédiaire », la commission s'apparentait à « un organe administratif qui contrôle les comptes mais la procédure suivie par cet organe est pratiquement identique à celle de la Cour des comptes française ».

33- Fiedler Franz: En effet, en 1983 le Maroc reçoit de l'organisation internationale des institutions supérieures de contrôle (INTOSAI) le prix Hindokutch en hommage à la loi 12.79 portant création de la cour des comptes, qui a prévu des dispositions en ligne avec une bonne partie des principales directives de la déclaration internationale de LIMA. Cf. son intervention dans le colloque international sur « le rôle des ISC dans le renforcement de la bonne gouvernance », op.cit.

34- BERRAOU Mohammed : « Interprétation intégrale du code des juridictions financières, les trois livres », Darassalm, 2012, première édition p 37.

35- La Cour (formation toutes chambres réunies) a prononcé un avis datant du 7-7-1988, qualifiant les comptables ne réunissant pas les conditions d'installation, notamment le serment et/ou la caution, de « comptables intérimaires » et déclarant, du coup, leur comptes recevables pour vérification et jugement.

36- EL GLAOUI (Abdessadek), ancien président de la Cour des comptes (1979-2003) : « La Cour des comptes : présentation, problèmes et perspectives » revue française des finances publiques, n° 28, 1989, pp 39-55. Cité dans notre ouvrage : « Interprétation du code des juridictions financière » Tome I, les attributions juridictionnelles, Toppress, 2004 et dans notre ouvrage : « Interprétation intégrale du code des juridictions financières », les trois livres, Darassalam, 2012, p 38.
37- El Glaoui (Abdessadek). op. cit.
38- KHOUDRI (D) : « Le contrôle des finances de l'Etat », Ediprim, 1992. P 95.
39- BERRAOU Mohammed : « Interprétation intégrale du code des juridictions financières, les trois livres » op.cit. p 39.
40- Ibid,
41- Aspirations officiellement exprimées à l'occasion de la tenue de la cinquième assemblée générale arabe des institutions supérieures de contrôle, ARABOSAI, Beyrouth, Juin 1995. Doc. ARABOSAI, le Caire ; 1989.
42- Colloque intitulé : « Le rôle des institutions supérieures de contrôle dans le renforcement de la bonne gouvernance », Rabat, 14 et 15 Septembre. 1998, op.cit.
43- Communiqué de la Cour des comptes du 14 janvier 2000, voir la liste jointe au communiqué, comprenant la qualité des personnes condamnées et les montants des amendes. Il importe de noter que la publication a été décidée sans aucun fondement légal ! Ce qui dénote l'effet de la conjoncture politique d'alors.
44- Discours d'Abderrahmane Youssoufi ex premier ministre, lors de la séance d'ouverture du colloque international sur « le rôle des ISCs dans le renforcement de la bonne gouvernance » op.cit.
45- BERRAOU Mohammed : « Interprétation intégrale du code des juridictions financières, les trois livres » op.cit. p 43.
46- BERRAOU Mohammed : « Analyse évaluative des réactions externes sur le rapport annuel de la Cour des comptes, 2007 » Doc. interne. Cour des comptes, Mars 2008.
47- BERRAOU Mohammed : entrevue avec le quotidien arabophone Attajdid du 2-5-2011 republié par le journal

électronique,
Hespress :http://m.hespress.com/permalink/31329.html.

48- Ibid.

49- Loi 55.16 modifiant et complétant la loi 62.99 formant code des juridictions financières ; Promulguée par le dahir n° 1.16.153 du 21 Kaada 1437 (25 aout 2016), BO n° 6506 – 4 moharrem 1438 (6 -10- 2016). Le texte en langue arabe a été publié dans l'édition générale du Bulletin Officiel n° 6501 du 17 hijja 1437 (19 septembre 2016).

50- Attention ! Des incohérences dans ces modifications ont été relevées, voir le quatrième chapitre : relations entre la Cour des comptes et l'ordre judiciaire, par exemple : le texte publié au bulletin officiel maintient, au final, la prévision que les Cours régionales saisissent toujours le ministre de la justice par le biais du procureur général près la Cour des comptes ! Une omission très vraisemblablement.

51- BERRAOU Mohammed : ouvrages, en arabe, relatifs à la loi et la jurisprudence financières suivants : « Précis d'interprétation du code des juridictions financières, Tome I : les attributions juridictionnelles », Rabat, 2004 ; Darassalam ; première édition ; « Les Cours régionales des comptes ; guide juridique pratique » ; Rabat, 2006, Top Press, première édition et 2014 chez Daralkalam deuxième édition. « Les grands arrêts de la jurisprudence financière au Maroc » ; Rabat, 2009 ; CNRST/Daralkalam ; Première édition ; «interprétation intégrale du code des juridictions financières ; les trois livres » ; Rabat, 2012 ; Daraassalam ; première édition.

52- BERRAOU Mohammed : « La Cour des comptes » ; in : revue marocaine des études et consultations juridiques ; n°5, Rabat, 2004, pp 1-9. Voir aussi : « De la spécificité de la Cour des comptes », 2-7-2013, in : la revue électronique spécialisée Marocdroit : https://www.marocdroit.com/De-la-specificite-de-la-Cour-des-comptes a3575.html .

53- Extraits des articles 8 et 10 du code des juridictions financières.

54- Article 57 du code des juridictions financières.

55- Article 63.

56- Article 69.

57- Article 21.

58- Article 71.

59- Article 72.
60- Article 29.
61- Article 45.
62- Article 48.
63- Article 48.
64- Article 120.
65- Article 17.
66- Les articles 18 à 24.
67- Article 14.
68- Même article.
69- Article 18.
70- Article 19.
71- Article 20.
72- Article 57.
73- Articles 37 à 39 du code de procédure civile.
74- Article 58 du code des juridictions financières.
75- Article 59.
76- Article 60.
77- Article 61.
78- Article 71.
79- Article 72.
80- Article 73.
81- Article 29.
82- Article 30.
83- Article 34.
84- Article 35.
85- Article 36.
86- Article 45.
87- Article 46.
88- Article 48.
89- Article 49.
90- Article 50.
91- Article 111.
92- Article 114.
93- Article 96 bis.
94- Article 95bis.
95- Article 128.
96- Article 132.
97- Article 133.
98- article 162.

99- article 163.
100- article 156bis1.
101- Article 95bis.
102- Article 147 de la constitution ; premier alinéa.
103- Il s'agit de Monsieur Mohamed ACHERGUI, qui était toujours en fonction à la tête du Conseil constitutionnel jusqu'au 5 avril 2017, la date qui a vu la nomination et l'installation des nouveaux membres de la Cour constitutionnelle (en remplacement du Conseil constitutionnel et en adaptation avec la nouvelle constitution 2011 ; titre VIII : De la Cour constitutionnelle), y compris un nouveau président : Monsieur Said IHRAI. Réf. MAP (Agence Maghreb de presse : agence officiel d'information) : 5-4-2017. www.map.ma.

Chapitre premier
Responsabilité en matière de discipline budgétaire et financière

« Entre l'impunité et le «tout pénal», il y a une place pour les juridictions financières »

Philippe Séguin
Ancien Premier président de la Cour des comptes française
De son discours de clôture du colloque :
« Finances publiques et responsabilité, l'autre réforme »
Siège du Conseil économique et social ; 5 avril 2005

La discipline budgétaire et financière est la compétence juridictionnelle expresse des juridictions financières (Cour des comptes et Cours régionales des comptes) marocaines, et c'est elle qui permet de comprendre leur approchement au concept et à la procédure propres à l'ordre judiciaire. Certes, la chambre administrative de la Cour de cassation (voir la référence dans la section : jurisprudence de la Cour de cassation, de ce chapitre), à l'instar de la jurisprudence française et européenne prescrit qu'elle s'inscrit dans le cadre du champ disciplinaire *Lato sensu*, néanmoins cette compétence revêt un caractère spécial, il ne s'agit ni d'une discipline administrative ni d'un procès pénal , son action est indépendante des deux actions disciplinaire et pénale. Bien que relevant sur le plan organique de l'ordre administratif, ses principes et règles juridiques et procédurales sont presque identiques aux principes et règles de la loi et la procédure pénales. Dans le cadre de la mise en œuvre de cette compétence répressive, la jurisprudence marocaine a marqué un événement historique, il s'agit de la publication pour la première fois d'un premier lot d'arrêts disciplinaires (chambre de discipline budgétaire et financière) en 2015 suivi d'un deuxième lot moins consistant de la chambre d'appel des jugements des Cours régionales des comptes, partiellement relatif à la discipline budgétaire et financière au début de l'année 2017.

SECTION I : REGLES JURIDIQUES ET PROCEDURALES

La notion de responsabilité des gestionnaires publics devant la Cour des comptes en matière de discipline budgétaire et financière se caractérise par ses deux aspects personnel et discrétionnaire, à la différence des deux autres responsabilités en matière de jugement des comptes des comptables patents et des comptables de fait, à savoir, la responsabilité pécuniaire et personnelle. Et ce, que ce soit au niveau des règles juridiques de mise en jeu de la responsabilité et de ses conséquences, c'est-à-dire les infractions et les sanctions ou au niveau des conditions d'initiation et de mise en mouvement de l'action publique, c'est-à-dire la compétence et la procédure.

I- Règles juridiques

A- Infractions

L'engagement effectif de la responsabilité en matière de discipline budgétaire et financière est tributaire essentiellement de l'existence d'une condition fondamentale, à savoir la commission d'une ou plusieurs infractions parmi celles prévues par la loi formant code des juridictions financière (chapitre II relatif à la discipline budgétaire et financière dans le premier et dans le deuxième livre du code des juridictions financières). L'infraction, pour qu'elle soit qualifiée en tant que telle doit réunir deux éléments : l'élément objectif ou matériel, c'est-à-dire le fait appréhensible qui peut être soit une commission ou une abstention ou tout simplement une négligence dans l'exercice des obligations ou des diligences. Un élément juridique, c'est-à-dire que la commission, l'abstention ou la négligence reprochées, doivent être qualifiables au regard de la liste des infractions préalablement prévues par la loi, suite à quoi la sanction est déclarée selon la gravité ou le caractère répétitif, entre autres, avec l'éventualité du remboursement des fonds correspondants à la perte financière effective subie par l'organisme public.
Les infractions sont prévues par les articles 54 (les infractions des ordonnateurs, sous ordonnateurs et responsables ainsi que tout fonctionnaire ou agent placés sous leur ordre ou agissant pour leur compte), 55 (les infractions des « contrôleurs » ainsi que tout fonctionnaire ou agent placés sous leurs ou agissant pour leur compte) et 56 (les infractions des comptables ainsi que tout fonctionnaire ou

agent placés sous leur ordre ou agissant pour leur compte) de la loi 62.99 formant code des juridictions financières. (Livre premier ; chapitre II : la discipline budgétaire et financière).[104]

1- Infractions des ordonnateurs, sous ordonnateurs et responsables ainsi que toute personne placée sous leur ordre ou agissant pour leur compte

Force est de constater que les fautes prévues par l'article 54 sont de nature et d'importance différentes, il s'agit pour certaines, de fautes personnelles dans le service, pour d'autres de fautes de service ou de fautes de gestion ou encore de dérives comportementales relatives à la probité. Dans l'ensemble, les fautes sanctionables couvrent un large éventail, elles peuvent être intentionnelles, comme elles peuvent être le résultat d'incompétence, d'omissions ou de négligences, et à l'exception de la dernière infraction dans la liste prévue par l'article 54, toutes les infractions conduisent à l'engagement de la responsabilité, abstraction faite de leur conséquence financière sur l'organisme public. Le fait que le préjudice soit moral ou matériel, directe ou indirecte n'entre pas dans la ligne de compte pour l'établissement de l'infraction.
L'article susvisé a fixé une liste limitative de cette catégorie d'infractions, elle comprend onze paragraphes, dont ci-après une présentation assortie d'explications succinctes de leurs soubassements technico –juridique dégagées des règlements financiers en vigueur et de l'expérience pratique de l'auteur.

a) Infraction aux règles d'engagement, de liquidation et d'ordonnancement des dépenses publiques

Parmi les principes consacrés en comptabilité publique vient en premier lieu le principe selon lequel la dépense publique doit être légale, c'est-à-dire qu'elle soit autorisée et prévue par le budget (légalité budgétaire) conforme aux lois et règlements (légalité juridique), engagée et ordonnancée par l'autorité compétente, à savoir, l'ordonnateur ou son délégué dûment habilité (légalité administrative).

➢ **L'engagement**

Engager une dépense publique veut dire faire supporter une charge au budget de l'organisme public. Pour que cette charge soit autorisée elle doit figurer sur le budget et être conforme aux lois et règlements en vigueur.

Le principe général est que l'engagement comptable succède à l'engagement juridique.

Entrent dans le cadre de cette infraction, entre autres, les cas spécifiques suivants que le service ordonnateur doit éviter et qui sont identiques à ceux dont le contrôleur d'engagement de dépenses doit contrôler sous peine d'engager sa responsabilité.[105]

- Non-respect des règles statutaires de recrutement et d'avancement dans le grade ;
- Non-respect de la conformité des projets de marchés publics aux textes réglementaires ;
- Non-respect des règles de passation des marchés notamment les règles de concurrence ;
- Non-conformité de l'objet du marché engagé à l'imputation budgétaire ;
- Non-respect de la régularité des actes relatifs à l'achat d'immeubles et aux conventions conclues avec le tiers et à l'octroi de concours financiers ;
- Absence de la qualité des personnes habilitées à signer les propositions d'engagement en vertu des textes règlementaires en vigueur ;
- Non assurance que le montant d'engagement proposé couvre l'intégralité de la dépense engagée par l'administration.

➢ **La liquidation**

La liquidation consiste à s'assurer de la réalité de la dette et à arrêter le montant de la dépense.[106]

Le pouvoir de liquidation renvient à l'ordonnateur qui peut le déléguer à un chef de service compétent sous sa responsabilité au vu des titres qui établissent les droits acquis des créanciers , alors que les dépenses sans ordonnancement préalable peuvent être liquidées par le comptable public lui-même.

➢ **L'ordonnancement**

En règle générale, aucun paiement d'une dépense ne peut intervenir sans un ordonnancement préalable pour les organismes étatiques ou un mandat de paiement émis par l'autorité compétente pour les organismes infra étatiques.

Cette autorité n'est autre que l'ordonnateur que ce soit le ministre (l'ordonnateur de droit) ou un directeur général ou un directeur nommé par décret ….ou le chef de l'organisme public concerné ou la collectivité territoriale ou le groupement.[107]

b) Non-respect des textes réglementaires relatifs aux marchés publics

Il ne suffit pas que les projets de marchés publics soient conformes aux textes règlementaires.[108] Cela s'étend à toutes les phases de passation, d'exécution et de contrôle des marchés publics notamment le principe de la concurrence. Parmi les axes principaux à respecter on peut citer, notamment[109] :

- Respect des règles de concurrence dans le choix des soumissionnaires ;
- Information des concurrents et garantie de la transparence dans la gestion des marchés publics ;
- Garantie des droits des concurrents ;
- Prix des marchés et règles de leur révision ;
- Suivi et contrôle de la gestion des marchés ;
- Préférence de l'entreprise nationale.

Les textes réglementaires comprennent en plus du décret de base relatif à l'Etat et par extension aux collectivités locales, les règlements particuliers des marchés des établissements et entreprises publics et aussi tous les textes, instructions et notes explicatives et complémentaires, comme elles comprennent les textes d'application relatifs aux bons de commande et l'ancienne instruction du premier ministre en date du 6 juin 1965 dont les prescriptions restent en vigueur quant aux aspects non contradictoires avec les textes postérieurs . Y sont compris bien entendu les cahiers des clauses administratives générales, les cahiers des prescriptions spéciales et les clauses du marché lui-même.

Les avis de la commission nationale des marchés doivent être pris en considération en cas du silence des textes.

La jurisprudence financière et administrative relative aux marchés publics doivent être prises en considération, notamment la jurisprudence de la Cour des comptes[110] et de la Cour de cassation (chambre administrative).

c) Infraction aux textes législatifs et réglementaires relatifs à la gestion des ressources humaines

La vie administrative des fonctionnaires et agents publics est soumise à un grand ensemble de textes juridiques qui varient selon les catégories du personnel et les organismes publics de rattachement.

Parmi ces textes on peut citer :

Le dahir portant statut général de la fonction publique[111] ;

Le décret relatif aux employés des établissements publics[112] ;

Les circulaires relatives aux agents non statutaires : contractuels, temporaires[113] ;

Le décret relatif au statut particulier des agents des collectivités territoriales[114] ;

Les statuts particuliers des personnels de chaque établissement ou entreprise publique.

Y sont compris une variété de multiple textes spéciaux relatifs à certains actes de gestion des fonctionnaires et employés, comme le recrutement, l'avancement, la titularisation, le reclassement, la discipline, la mise à la retraite, le détachement, la mise en disponibilité et la réintégration etc.

Sont compris également « les positions » interprétatives du ministère chargé de la fonction publique pourvu qu'elles ne soient pas contradictoires avec un texte juridique. La jurisprudence financière et administrative relative à la gestion des ressources humaines doit être prise en considération.

d) Infraction aux règles de constatation, de liquidation et d'ordonnancement des créances publiques

L'exécution des recettes publiques est effectuée en suivant deux phases : la phase dite administrative et la phase dite comptable. La première phase est effectuée par le service ordonnateur, ici ordonnateur de la recette ou de la perception et la phase comptable qui est effectuée par le comptable public en règle générale, cette infraction se rapporte principalement à la phase administrative relative à la constatation, la liquidation et l'ordonnancement.

- **La constatation**

Les créances sont constatées par des dispositions fiscales ou administratives ou contractuelles d'une part et par une disposition formelle importante, il s'agit de l'autorisation budgétaire qui permet de procéder à une imputation exacte à la rubrique budgétaire correspondante.

- **La liquidation**

Les services comptables de l'ordonnateur doivent s'assurer de la réalité de la créance et de l'exact calcul de liquidation, toute erreur de liquidation doit être rectifiée par un titre d'annulation ou de dégrèvement, assortie d'une explication de cette annulation ou dégrèvement et les nouvelles bases de liquidation.

- **L'ordre de recette**

La créance liquidée est payée par la voie d'un titre de recette[115] émis par l'ordonnateur et signé par lui ou par son délégué ; ledit titre de recette doit faire apparaitre notamment les bases de liquidation et les éléments de détermination de l'identité du bénéficiaire.

e) Infraction aux règles de recouvrement des créances publiques qui leur sont dévolues en vertu des textes législatifs en vigueur

Le recouvrement des créances publiques est soumis à des dispositions qui ont été rassemblées et codifiées dans le nouveau code de recouvrement des créances publiques.[116]

Les ordonnateurs et leurs collaborateurs sont obligés de respecter les règles édictées par ledit code qui se rapportent aux axes principaux suivants :

Le recouvrement à l'amiable

Le recouvrement forcé
Le contentieux du recouvrement
L'obligation essentielle de l'ordonnateur réside dans le fait de veiller à recouvrer les recettes avant qu'elle ne soient atteintes par la prescription, toute négligence ou réticence dans la poursuite des diligences de recouvrement, notamment le recouvrement forcé après l'épuisement des diligences à l'amiable, tombent sous le coup de la responsabilité devant les juridictions financières. Par ailleurs la prescription ne veut pas dire l'extinction de la créance.

f) Infraction aux règles de gestion du patrimoine des organismes publics soumis au contrôle des juridictions financières [117]

Ces règles concernent les opérations de réception, de livraison, de garde, de régulation, d'inventaire, de réformation ou de cession (si autorisée) relatives au patrimoine des organismes publics soumis au contrôle des juridictions financières ; ces règles ont pour objectif de préserver le patrimoine, de l'entretenir de tout abus ou perte, elles peuvent être prévues soit par des textes financiers ou des textes ou notes ou instructions internes des administrations publiques.

g) Imputation inexacte d'une dépense en vue de dépasser les crédits

L'ordonnateur et ses collaborateurs doivent s'assurer de l'exacte imputation de la dépense. Et ce, en vue de préserver l'image fidèle du budget comme il a été approuvé par les organes délibérants.
Cette infraction renvoi aux manouvres intentionnelles visant à dépasser les crédits inscrits au budget[118]. Il arrive que le crédit ouvert au budget soit épuisé, pourtant l'ordonnateur procède en connaissance de cause à l'engagement d'une dépense relative au crédit épuisé, et pour dissimuler cette manœuvre du contrôle administratif (contrôle d'engagement), les services ordonnateur procèdent à l'inscription de la dépense dans un autre chapitre ou paragraphe non épuisé mais qui ne correspond pas exactement à l'objet de la dépense engagée. Généralement cette opération se pratique d'une manière calculée qui exploite la confusion entre les rubriques du budget, ou en rattachant la dépense à une autre dépense exactement imputée.

h) Dissimulation des pièces ou production aux juridictions financières de pièces fausses ou inexactes

Cette infraction figure parmi les infractions spécifiques qui peut engendrer une double mise en jeu de la responsabilité : financière et pénale le cas échéant. Une pièce est inexacte lorsque les informations qu'elle comporte ne correspondent pas à la réalité soit totalement, soit partiellement. Cette inexactitude peut être dégagée suite à la découverte d'une contradiction de pièces ou d'informations issues de deux ou plusieurs pièces…quant à l'établissement du faux de la pièce, il ne peut être du ressort des juridictions financières ; Selon la célèbre jurisprudence Nicolle,[119] la seule présomption du faux ne peut établir son caractère pénal, il faut qu'elle soit soumise à une expertise ordonnée par la juridiction judicaire.

i) Non-respect des obligations issues d'une négligence ou d'une violation des textes fiscaux pour procurer un avantage illégal à certains redevables.

Cette infraction se rapporte à l'obligation de respecter le principe d'égalité devant l'impôt et de veiller à ce que tous les bénéficiaires du service public, notamment à l'occasion de passation des marchés publics, soient dans une situation saine devant l'administration fiscale. Cela veut dire que leur situation patrimoniale soit en décharge de toute dette fiscale ; l'ordonnateur doit s'assurer de cette situation, mais l'infraction n'est établie que lorsque cette omission conduise à l'obtention de l'intéressée d'un avantage par rapport aux autres redevables qui se trouvent dans une situation saine devant l'administration fiscale.

j) Procuration à soi-même ou à autrui d'un avantage injustifié en espèce ou en nature

Cette infraction peut être connexe avec l'infraction précédente,[120] comme elle peut être individualisée, que ce soit de la personne (l'ordonnateur ou son collaborateur) à soi-même oui à autrui ; en espèce ou en nature.

Force est de constater que l'infraction ne s'étend pas à la promesse ou à la tentative, il faut que l'avantage soit cristallisé matériellement.

A signaler la différence au texte français qui ne prévoit pas le cas de la procuration d'avantage à soi-même.

k) Entrainement d'un préjudice à l'organisme public dans lequel ils détiennent des responsabilités, et ce, à cause d'une grave défaillance dans le contrôle dont ils sont obligés d'exercer ou à cause d'omission ou de défaillance répétée dans leur fonctions de supervision.

Cette infraction traduit l'intention du législateur marocain à sanctionner les défaillances dans les opérations de contrôle et de supervision qui entrainent un préjudice pour l'organisme public,[121] l'intérêt de cette nouvelle infraction par rapport à l'ancienne loi 12-79, c'est qu'elle introduit la fonction du contrôle interne au sein des services ordonnateur parmi les faits appréhensibles pouvant conduire à l'engagement de la responsabilité disciplinaire devant les juridictions financières.

Les règles relatives au contrôle interne sont prévues par les statuts de fonctionnement des organismes publics comme elles peuvent être prévues par des textes généraux. Néanmoins, pour que l'infraction soit établie, le défaut du contrôle ou de la supervision doit réunir en plus du préjudice financier l'un ou l'autre des deux éléments constitutifs de l'infraction à savoir : la gravité ou la répétitivité. D'autres éléments peuvent être dégagés par la pratique jurisprudentielle du juge financier (voir infra, section : jurisprudence de la Cour des comptes).

l) Remarques :

- ✓ Pour les agents du service ordonnateur, la discipline budgétaire et financière constitue une compétence-relais à la discipline administrative, dont la mise en œuvre est limitée, en visant un large éventail d'agissements professionnels, de gestion et de probité ;
- ✓ Le législateur a supprimé l'infraction générale sur les règles d'exécution des dépenses publiques qui est maintenue et largement exploitée en France[122] ;
- ✓ Le législateur ne sanctionne pas la tentative, en France elle est prévue et sanctionnée.[123]

✓ Par contre la législation marocaine a prévu la procuration d'avantage à soi-même, ce qui n'est pas le cas dans la législation française.

l) Exemples de faits appréhensibles en matière de discipline budgétaire et financière [124]

- Financement des dépenses de fonctionnement par des crédits d'investissement ;
- Dépenses de régularisation ;
- Délégation non suivie de contrôle ;
- Compensation entre les recettes et les dépenses ;
- Exploitation de fonctionnaires ou employés à des fins personnelles ;
- Utilisation par des fonctionnaires de matériels à des fins personnelles ;
- Ordonnancement de déplacements fictifs ;
- Ordre de service de commencement des travaux avant la notification écrite de l'ordre ou avant l'approbation du marché, ou en l'absence des crédits ;
- Double enregistrement comptable de factures ;
- Ordonnancement de salaires fictifs ;
- Emission de bon de commande sans mise à la concurrence ;
- Non application de la pénalité pour retard dans l'exécution des travaux ;
- Ordre de recettes n'indiquant pas les bases de liquidation ou les éléments de l'identité du bénéficiaire ;
- Réparation ou prise en charge de l'assurance de voitures ou matériels n'appartenant pas au parc automobile de l'organisme public ;
- Dépassement du plafond des achats par bons de commande ;
- Ordonnancement de paiement de dépenses relatives à des marchés non exécutés ;
- Ordonnancement d'indemnités sans fondement légal ou en dépassement du seuil légal ;
- Abstention d'ordonnancer de recettes prises en charge ;
- Création de fonctions fictives.

2- Infractions des « contrôleurs » et de tout fonctionnaire ou agent placé sous leur ordre ou agissant pour leur compte

Le terme « contrôleur » dans le sens de la loi s'entend d'abord : les contrôleurs d'engagement de dépenses de l'Etat et des collectivités territoriales et leurs groupements. A ce titre, ce sont les comptables publics qui sont habilités depuis l'année 2006 à exercer cette fonction en sus de leur fonction comptable, le terme comprend également les contrôleurs d'engagement -dits contrôleurs financiers- des établissements et entreprises publics et qui sont tous obligés, en vertu de l'article 55 du code des juridictions financières d'effectuer les diligences de contrôle nécessaires sur les engagements de dépenses et exceptionnellement, le cas échéant sur les recettes s'ils sont habilités à le faire. Ci- après les opérations de contrôle et leur portée :

a) Disponibilité des crédits

Cet élément est fondamental dans les missions du contrôleur d'engagement, il doit veiller scrupuleusement à la régularité budgétaire de l'engagement, qui consiste en la disponibilité du crédit[125] correspondant à la dépense engagée. L'insuffisance du crédit équivaut à son absence. Pour les collectivités locales la notion de «crédit disponible» peut s'étendre à la notion de «fonds disponibles».

b) Disponibilité du poste budgétaire

Il s'agit du contrôle de l'imputation budgétaire du poste engagé, l'existence de l'imputation et l'exactitude de cette imputation, à l'occasion d'un recrutement, d'un avancement de grade ou d'une titularisation, ou tout autre acte relatif à la gestion des ressources humaines ayant une incidence budgétaire.[126]

c) Respect des règles statutaires applicables aux recrutements aux nominations et aux avancements de grade

Cette infraction se rapporte à la régularité de l'engagement sur les deux plans juridique et budgétaire, parmi les règles à respecter on peut citer à titre d'exemples :

- ➢ Titres établissant le niveau culturel
- ➢ Existence d'un acte administratif de l'ordonnateur respectant les dispositions législatives et réglementaires
- ➢ Existence d'un poste vacant au budget...

d) Conformité du projet de marché aux textes réglementaires relatifs à la passation des marchés publics notamment le certificat administratif ou le rapport de présentation qui justifie le choix du mode de passation du marché

Cette infraction se rapporte au respect des textes réglementaires relatifs aux marchés publics, au niveau de la phase de la passation des marchés.

L'objectif étant de sauvegarder la régularité de l'engagement et la régularité de l'opération de passation des marchés, à partir de l'annonce du marché jusqu'à sa communication au contrôleur d'engagement pour visa. Sachant bien que le décret des marchés publics a redéployé les contrôles du contrôleur d'engagement, de manière à lui empêcher la faculté d'objecter le visa s'il s'agit de questions qu'il devait invoquer lors de la séance d'examen des dossiers administratif et technique.[127]

e) Conformité du marché de travaux, de fournitures ou de services aux règles de mise en concurrence applicables à l'organisme concerné

La règle de mise en concurrence procure à tous les soumissionnaires sur le même pied d'égalité l'accès à tous les droits et opportunités et l'assujettissement à toutes les obligations dans les mêmes conditions requises par les textes réglementaires relatifs aux marchés de travaux, de fournitures et de services, ces règles qui doivent toujours garantir les deux principes d'égalité et de liberté de concurrence concernent notamment :

Les opérations d'annonce, de publication et de consultation

Les opérations de sélection et d'examen des dossiers

Les opérations d'information

Ainsi que toutes les autres opérations prévues par le décret de base régissant les marchés publics pour l'Etat et les règlements particuliers

propres à chaque établissement ou entreprise publique ainsi que toutes les instructions et circulaires explicatives ou d'application.
A noter que les règles de la concurrence s'appliquent également aux bons de commande[128] ; ainsi qu'aux contrats et conventions de droit commun. En effet, le texte des marchés publics prévoient ces modes particuliers de la commande publique et les règles y afférentes.

f) Régularité des actes relatifs à l'achat des immeubles et aux conventions conclues avec les tiers et à l'octroi de concours financiers

Ceci renvoi au respect de la régularité juridique des actes relatifs à l'achat des immeubles et aux clauses contractuelles ou conventionnelles conclues avec les tiers, ainsi que la régularité des actes d'octroi de concours sous forme de subventions ou assistances d'ordre financier. Ces actes trouvent leur fondement juridique dans des textes juridiques d'ordre général et/ou dans les actes particuliers relatifs à ces opérations.

g) Qualité des personnes habilitées en vertu des textes réglementaires à signer les propositions d'engagement de dépenses

Le contrôleur doit notamment s'assurer :
- De la qualité du signataire de la proposition d'engagement
- De l'acte de délégation et du respect du seuil financier de l'habilitation en cas de délégation de pouvoir ou de signature
- Que le montant de l'engagement soit exactement apprécié (exact calcul de liquidation du montant de l'engagement) : voir infra, jurisprudence de la Cour de cassation marocaine dans la section relative à la jurisprudence dans ce chapitre.
- Que ce montant comprend le total de la dépense engagée par l'administration (éviter les engagements fractionnés)

h) Avertissement :

L'article 55 a été modifié à compter du 1er janvier 2008[129] ainsi qui suit :
«Tout contrôleur ou comptable public ainsi que tout fonctionnaire ou agent placé sous ses ordres ou agissant pour son compte, sont

passibles des sanctions prévues au présent chapitre, s'ils n'exercent pas les contrôles qu'ils sont tenus d'effectuer, en vertu des lois et règlements en vigueur, sur les actes d'engagement des dépenses».

Par ailleurs, Tout contrôleur financier ainsi que tout fonctionnaire ou agent placé sous ses ordres ou agissant pour son compte, sont passibles des sanctions prévues au présent chapitre, s'ils n'exercent pas les contrôles qu'ils sont tenus, en vertu de la législation et de la réglementation en vigueur, d'effectuer sur les actes relatifs aux dépenses et sur les actes relatifs aux recettes lorsque lesdits actes relèvent de leur compétence, pour s'assurer de :

-la conformité du marché de travaux، de fournitures ou de services aux règles d'appel à la concurrence applicables à l'organisme concerné;

-la régularité des actes relatifs aux acquisitions immobilières، aux conventions passées avec les tiers et aux octrois de subventions;

-la qualité des personnes habilitées en vertu de la réglementation en vigueur à l'effet de signer les propositions d'engagement de dépenses.

Note

Malgré toutes les critiques et reproches adressées à ce type de contrôle classique et à priori de la régularité juridique et budgétaire de la dépense publique, la pratique a montré qu'il s'agit d'un rempart efficace à l'indiscipline budgétaire et financière, voire aux dérives notamment relatives à la gestion occulte ou de fait des deniers publics. A ce titre, il n'est pas sans signification que la Cour de discipline budgétaire et financière française a clairement précisé, au vu des pratiques de contrôle, que les gestions de faits ont été pour une grande partie enclenchées pour éviter le visa du contrôleur d'engagement de dépenses.[130]

3- Infractions des comptables ainsi que tout fonctionnaire ou agent placé sous leur ordre ou agissant pour leur compte

Le législateur du code des juridictions financières a procédé à une révision en baisse des faits pouvant engager la responsabilité pécuniaire et personnelle des comptables publics dans le cadre de l'apurement et du jugement des comptes. Non pas pour les annuler mais pour les redéployer en transférant les faits retranchés dans cette matière vers la matière de discipline budgétaire et financière faisant ainsi un saut juridique qualitatif remarquable dans le système de responsabilité des comptables publics qui se démarque, en termes de clarté, du modèle français. De ce fait, les faits suivants : la qualité de l'ordonnateur ; la disponibilité des crédits ; l'exacte imputation des dépenses et la production des pièces justificatives ne sont plus appréhensibles en matière d'apurement et de jugement des comptes, ils le sont en matière de discipline budgétaire et financière en vertu de l'article 56 du code des juridictions financières, ainsi qui suit :

a) **La qualité de l'ordonnateur** : cette qualité est traduite par un acte de nomination et par le spécimen de signature, le ministre est ordonnateur de droit. Pour l'ordonnateur délégué, l'acte de délégation est requis.[131]

b) **La disponibilité des crédits** : ceci englobe l'existence et la suffisance des crédits ; tout virement de crédit ne peut intervenir légalement dans la limite des autorisations budgétaires que suite à un acte de virement dument visé par l'autorité financière compétente.

c) **L'exacte imputation des dépenses** : la vérification de cette imputation se fait à travers le rapprochement entre l'imputation sur le titre ou l'ordre de paiement et les rubriques du budget d'une part et la nature de la dépense objet du titre de paiement d'autre part.

d) **La production des pièces justificatives** : les pièces à joindre avec le compte de gestion en justification des opérations effectuées par le comptable sont celles prévues par les lois et règlements et notamment les nomenclatures de pièces justificatives normalisées par les instructions du ministre chargé des finances. Ces pièces doivent être exactes, c'est-à-dire conformes aux conditions formelles et de fond (légalité externe), mais aussi non contradictoires.[132] Si elles sont inexactes, fausses ou falsifiées, elles tombent sous le coup d'une autre infraction en matière de discipline budgétaire et financière (voir infra).

Bien entendu les pièces justificatives potentiellement incriminées ne doivent pas être les mêmes qui ont été à la base de l'engagement de la responsabilité du comptable public en vertu de l'article 37 relatif à l'apurement et au jugement des comptes et sanctionnées par un débet.

A ces faits transférés du jugement des comptes à la discipline budgétaire et financière ont été rajoutés d'autres faits appréhensibles en matière de discipline budgétaire et financière en vertu de l'article 56.

A ce titre, les comptables publics encourent en outre, les mêmes sanctions :

- S'ils n'ont pas exercé le contrôle de la régularité de la perception et de l'imputation des recettes assignées à leur caisse [133];
- S'ils ont dissimulé des pièces, ou produit à la Cour des pièces falsifiées ou inexactes ;
- S'ils ont procuré à eux-mêmes ou à autrui un avantage injustifié en espèces ou en nature.

Toutefois, selon le dernier paragraphe de l'article 56, le comptable public mis en débet en application des dispositions des articles 37 à 40 du code des juridictions financières ne peut pour les mêmes motifs, être poursuivi en matière de discipline budgétaire et financière.[134]

e) <u>Avertissement</u>

L'article 56 a été modifié à compter du 1er janvier 2008[135] : Tout comptable public ainsi que tout fonctionnaire ou agent placé sous ses ordres ou agissant pour son compte, sont passibles des sanctions prévues au chapitre relatif à la discipline budgétaire et financière si, dans l'exercice de leurs fonctions, ils n'assurent pas les contrôles des dépenses qu'ils sont tenus d'exercer en vertu des lois et règlements en vigueur.

f) Commentaire sur les modifications intervenues en 2008

A partir du premier janvier 2008 le comptable public s'est vu profondément modifiée sinon chamboulée sa mission de contrôle, notamment en revisitant la notion de la validité de la dépense et par extension la notion de responsabilité dans cette matière (le contrôle de la validité de la dépense). Aussi le nouveau texte renvoi-t-il aux lois et règlements en vigueur pour déterminer l'étendue du contrôle, or ces lois et règlements ont subi plusieurs modifications à compter de l'année 2004, notamment les modifications suivantes :

La loi de finances pour l'année 2004[136] :
La loi de finances 2004 complète la loi 61.99 sur la responsabilité des ordonnateurs, des contrôleurs et des comptables, en y rajoutant une nouvelle disposition (article 6 bis) génératrice de la responsabilité personnelle des ordonnateurs et des comptables, sanctionnée par le remboursement du montant correspondant au montant des intérêts moratoires dus et décaissés. Bien entendu sans préjudice de l'amende disciplinaire. Il s'agit, à notre sens, à la fois d'une responsabilité civile ayant des incidences financières (fait- préjudice et lien de causalité) et d'une responsabilité administrative qui consacre le principe de « la faute personnelle détachable du service ».

La loi de finances pour l'année 2005 [137]**:**
Les modifications introduites par cette loi concernent le champ de contrôle de la validité et de la régularité de la dépense en y retranchant certains faits générateurs de responsabilité ; ainsi le contrôle de la validité (article 37 du code des juridictions financières) ne portera plus sur la justification du service fait et sur les règles de prescription et de déchéance ; quant au contrôle de régularité, il ne portera plus sur l'exacte imputation de la dépense. L'article 37 relatif au jugement des comptes et l'article 56 relatif à la responsabilité des comptables en matière de discipline budgétaire et financière ont été modifiés respectivement quant aux contrôles de la validité et de la régularité.
A notre avis, ces modifications constituent un pas en avant dans le processus de refondation et de redéploiement déjà instauré par le code des juridictions financières en 2002. La Direction de la comptabilité publique relevant du ministère des finances qui est la principale initiatrice de ces modifications, confirme ainsi son intention de supprimer presque définitivement le débet dit « sans préjudice » du champ de la responsabilité pécuniaire et personnelle des comptables publics. De ce fait, le champ du contrôle de la validité de la dépense

ne recouvrera-t-il plus, si on exclut le contrôle du visa du contrôleur d'engagement de dépenses, que l'exact calcul de liquidation et le contrôle du caractère libératoire du règlement, c'est-à-dire les dépenses effectivement indues, en contrepartie les dépenses dues mais irrégulières ont été transférées au champ de l'amende disciplinaire ; attractif ! Sauf le cas de la justification du service fait qui a fait l'objet de réserves expresses de la Cour des comptes.[138]

B- Sanctions

1- Les montants des amendes et leur base de calcul [139]

- Le montant minimum de l'amende a été fixé à 1000 dh pour chaque infraction ;
- Le montant maximum de l'amende pour une seule infraction ne peut excéder le montant correspondant au salaire net annuel au moment de la commission de l'infraction ;
- En cas de commission de plusieurs infractions, le montant total de l'amende pour l'ensemble des infractions ne peut excéder le montant correspondant à quatre fois le montant du salaire annuel net précité ;
- Les mêmes dispositions s'appliquent si l'auteur des infractions bénéficie d'un salaire non public ;
- Si l'auteur des infractions ne perçoit aucun salaire, il se peut que le montant de l'amende soit égal au montant correspondant au salaire net annuel d'un fonctionnaire au grade d'administrateur des administrations centrales et classé à l'échelon supérieur de l'échelle 11.

2- Possibilité d'ordonner le remboursement des pertes financières causées à l'organisme public[140]

S'il est établit devant la Cour des comptes ou la Cour régionale des comptes, selon le cas, que les infractions commises ont causé une perte financière à l'organisme soumis au contrôle des juridictions

financières, elle peut ordonner au justiciable de rembourser les montants correspondants à cette perte au profit de l'organisme en capital et intérêt ; les intérêts sont calculés sur la base du taux légal à compter de la date de la commission de l'infraction.
Toutefois, selon le dernier paragraphe de l'article 56, si le comptable public est mis en débet en application des dispositions des articles 37 à 40 du code des juridictions financières, les dispositions du 3e alinéa de l'article 66 ci-dessous ne lui sont pas applicables, il va de soi qu'il doit s'agir des mêmes faits appréhensibles.

3- Caractères répressif et dissuasif de la discipline budgétaire et financière

a) Caractère répressif

La Conseil d'Etat français, d'abord[141] et la Cour européenne des droits de l'homme ensuite ont confirmé le caractère répressif de l'amende. Au Maroc ces amendes ont été revues à la hausse par rapport à l'ancienne loi 12-79 portant création de la Cour des comptes. L'article 66 comme indiqué ci-dessus a instauré un système de sanction qui laisse la latitude au juge d'exercer son pouvoir d'appréciation des circonstances aggravantes ou atténuantes.

b) Caractère dissuasif

Quant à la spécificité de la responsabilité et son étendue : selon la jurisprudence française établie en la matière, l'application de la sanction de discipline budgétaire et financière n'est pas tributaire de l'existence de fautes revêtant un degré donné de gravité ou de la mauvaise foi de l'auteur de l'infraction,[142] cette spécificité de la responsabilité, à elle seule, constitue un facteur de dissuasion pour celui qui entend commettre l'une des infractions sanctionnables.
Quant à la nature du procès et l'éventualité du cumul de l'amende et du remboursement du montant de la perte suite à un procès quasi pénal : les justiciables se trouvent devant une expérience procédurale amère qui peut engendrer chez certains agents poursuivis un choc psychologique. Cela constitue une sérieuse dissuasion en soi.

4- Publication des arrêts

Selon le code des juridictions financières de 2002, la publication des arrêts a été prévu d'une manière plus ou moins optionnelle,[143] les normes internationales de contrôle imposent également la publication de tous les travaux des institutions supérieures de contrôle. Pour les instituions juridictionnelles ceci concerne les arrêts. Le code des juridictions financières a fait l'objet d'une nouvelle modification pour l'adapter à la constitution de 2011 qui exige de la Cour désormais la publication de l'ensemble de ses décisions juridictionnelles.[144]

La Cour a procédé sur la base de cette disposition contraignante pour la première fois de son histoire, à la publication de son premier lot d'arrêts en matière de discipline budgétaire et financière en 2015 suivi d'un deuxième en 2017 comprenant lui certains arrêts en matière de jugement des comptes en plus de quelques arrêts en matière de discipline budgétaire et financière. Il s'agit pour la totalité des arrêts publiés de condamnations à l'amende, ne comportant aucun arrêt ordonnant le remboursement des sommes correspondant à la perte financière causée à l'organisme public.[145]

La Cour des comptes, dans l'introduction de son premier recueil historique d'arrêts publiés en matière de discipline budgétaire et financière en 2015, avance une explication selon laquelle « pour que cette publication ne revête pas le caractère d'une sanction complémentaire, notamment pour les personnes à l'égard desquelles la Cour a infligé des amendes, il a été opté pour la publication partielle des arrêts en veillant à ne dévoiler, ni l'identité de la personne poursuivie, ni celle de l'organisme concerné ». Ceci se justifie, selon la Cour, par le fait que le code des juridictions financières n'a pas habilité la formation qui se prononce sur le fond, à décider de la publication des arrêts. C'est pourquoi la Cour écarte le principe de la sanction complémentaire.

A notre avis, il y a là, peut être un risque de confusion entre publication et publication au bulletin officiel. Si la deuxième hypothèse s'apparente à une sanction complémentaire qui n'a aucun fondement dans le texte, la première ne l'est pas à notre sens, dans la mesure où la Cour est obligée de publier, du moins dans son site officiel, tous les arrêts et jugements conformément aux dispositions claires et contraignantes de la constitution 2011 qui succède et devance la loi de 2002. Par ailleurs, si l'adaptation de la loi formant code des juridictions financières a procuré au premier président après avis de la formation toutes chambres réunies, la latitude de poser les conditions et les modalités de cette publication, cela n'est intervenue qu'en septembre 2016, après la publication du premier lot en 2015. En tout état de cause, cela n'entame pas le principe de l'obligation de publication intégrale des décisions juridictionnelles, tiré des termes expresses de la constitution et également du principe désormais constitutionnel prévu par l'article 27 relatif au droit d'accès à l'information.

Il est à remarquer que la question principale est la forme et l'étendue de cette publication et ne doit pas être le principe de la publication. A cet effet, pour les deux premiers lots d'arrêts historiques publiés par la Cour des comptes en 2015 et 2017, la Cour a procédé à l'anonymisation tout azimut, de la personne sanctionnée, de sa qualité et de l'organisme concerné ! Justifiant cela par le défaut d'une base juridique qui habilite la formation à décider de la publication et par extension de la forme de cette publication, par la finalité pédagogique de la première publication. A notre avis, si cette anonymisation tous azimut peut être tolérée pour ces premiers lots d'arrêts, il ne le sera pas, par contre si elle continue dans cette ligne de conduite à l'avenir. Il serait fortement souhaitable de prendre en considération le principe d'exemplarité et de dissuasion de l'effet de la publication des arrêts et non pas du caractère de sanction complémentaire de cette publication. Dans ce sens, nous proposons à la Cour de publier intégralement sans aucune anonymisation une sélection d'arrêts touchant à la probité, comme l'infraction de procuration d'avantage à soi-même ou à autrui et aussi dans le cas des pertes causées à l'organisme public. La formation toutes chambres réunies doit mettre en place des critères pour chaque cas de figure. Il n'est pas bon certes de dévoiler toutes les personnes condamnées à l'amende, mais il n'est pas bon non plus d'anonymiser tous les arrêts publiés surtout ceux relatifs à la probité et aux remboursements des pertes causées à l'organisme public. La Cour se trouve dans cette hypothèse d'anonymisation tout azimut en décalage par rapport à son communiqué de presse du 14 janvier 2000 sous la présidence de Monsieur Abdessadek EL GLAOUI, qui a révélé les qualités des personnes, les noms des organismes publics et les montants des amendes. Alors qu'à cette époque il n'y avait aucune

disposition juridique qui traite de la publication ; le code des juridictions financières n'a pas encore été promulgué, idem pour la constitution de 1996 qui ne prévoyait aucune disposition sur la publication des arrêts.
En France, par contre : « les arrêts par lesquels la Cour de discipline budgétaire et financière prononce des condamnations peuvent, dès qu'ils ont acquis un caractère définitif, être publiés, en tout ou partie, sur décision de la Cour, au journal officiel de la République française »[146]. Cette publication au Journal officiel est conçue comme étant une sanction complémentaire. C'est l'état de droit français en vigueur.[147]

En guise de conclusion

La législation marocaine comporte des avancées notables en matière de discipline budgétaire et financière comme le droit de recours en appel, la possibilité de la condamnation au remboursement et enfin l'obligation récente de publication de la jurisprudence. Quant à la pratique elle peut prendre plus d'ampleur pourvu qu'elle soit accompagnée par la doctrine et la recherche scientifique, surtout après les amendements constitutionnels importants ayant trait à la publication de tous les travaux de la Cour notamment les décisions juridictionnelles.
Il faut signaler à ce propos qu'en comparaison avec l'histoire de la CDBF (Cour de discipline budgétaire et financière) française, l'expérience marocaine rapportée à son contexte et à son histoire récente enregistre un bilan relativement correct, qui promet un développement progressif dans l'avenir proche et moyen. D'ailleurs, la CDBF française, durant, les trente premières années de sa création (1948-1978) a enregistré un bilan mitigé selon les spécialistes français de la matière,[148] aujourd'hui elle souffre toujours d'une visibilité limitée de sa jurisprudence selon les rédacteurs de ses rapports annuels.

5- Exemples de faits ayant été qualifiés d'infractions sanctionnées par la Cour des comptes[149]

Non-respect des règles de concurrence et d'égalité dans l'accès aux commandes publiques lors de l'engagement des dépenses relatives aux marchés, à titre d'exemple le recours à l'entente directe ou le marché négocié au lieu de l'appel d'offre ;
Le recours à la passation de marchés ou la conclusion de bons de commande fictifs en vue de la régularisation de dettes antérieures pris en charge sans engagement préalable ;
Paiement de dépenses par bons de commande sans que le bénéficiaire ait produit un service à l'organisme ;
La fausse certification du service fait prend plusieurs formes : parfois la certification est apposée sans la réception des travaux ; parfois la certification intervient avant la réception définitive des travaux ou encore sans qu'il en faisait l'objet d'un marché ou d'un bon de commande. Parfois la réception en l'absence de pièces justificatives nécessaires, ou encore la certification de la réalisation de travaux qui ont été l'objet d'une révision indue des prix, ou encore ces travaux ne figurent pas dans le marché ;
Non-respect des règles procédurales prévues par la règlementation des marchés publics : comme le commencement de l'exécution des travaux et leur réception avant que les marchés ne soit définitifs par l'approbation de l'autorité compétente , ou le non-respect des clauses administratives générales en ordonnançant le paiement de dépenses en l'absence de service ou de PVs de chantiers que le service compétent doit réaliser ; ou encore la réception de travaux réalisés par une société autre que celle avec qui le marché a été passé , ou encore non intervention de l'ordonnateur pour inciter l'auteur du marché à respecter ses engagements contractuels ; ou encore l'émission des ordres d'arrêt de travaux sans que cet arrêt soit justifié par l'un des motifs prévus par le cahier des prescriptions spéciales ;
Prise en charge de dépenses n'entrant pas dans le cadre des charges légales des organismes publics et sans fondement légal , comme le paiement de frais de loyer ou de consommation de téléphone au profit d'administrations ne relevant pas des organismes concernés, ou la prise en charge de droits de loyer au profit de fonctionnaires ou des fournitures pour des personnes n'ayant aucun rapport avec

l'organisme concerné comme l'essence ou les téléphones portables ou les frais de voyage ou de résidence ;
Non-respect des dispositions relatives à la gestion des ressources humaines comme la procédure de recrutement ou de titularisation et d'avancement des employés, ou encore le paiement de salaires de fonctionnaires mis à la disposition d'autres administrations en méconnaissance de la loi, ou encore l'octroi d'indemnités forfaitaires bruts à des employés sans fondement légal ;
Octroi d'exonérations fiscales illégales et la non perception de certaines recettes des organismes publics et non recours au recouvrement forcé des créances ;
Non prise de diligences de recouvrement des impôts et taxes et droits en ne recourant pas à l'inventaire des bases d'imposition ou la non révision des déclarations des redevables pour s'assurer de la réalité des chiffres d'affaires produits et le non émission, des ordre de recette y afférentes ; et la prise de diligences de recouvrement.

C- Effectivité de la responsabilité

1- Décharge de responsabilité[150]

Selon la lecture combinée des articles 10 et 7 de la loi n° 61.99 sur la responsabilité des ordonnateurs, contrôleurs et comptables publics, l'ordonnateur et tout fonctionnaire ou agent placé sous les ordres d'un ordonnateur ou agissant pour son compte, condamné au remboursement, peut demander au chef du gouvernement une décharge de responsabilité. Sauf si un fonctionnaire ou agent est rendu personnellement responsable au lieu et place de l'ordonnateur, lorsqu'il est établi que la faute commise est imputable audit fonctionnaire ou agent.
Cette demande peut, le cas échéant, être présentée par les ayants droit.

Condition requise
Selon l'article 10, l'acte ayant été à l'origine de la décision de remboursement ne doit pas leur avoir procurer un avantage personnel.

Procédure d'instruction
La demande en décharge de responsabilité, présentée par l'ordonnateur ou le fonctionnaire ou l'agent placé sous les ordres d'un ordonnateur ou agissant pour son compte, est instruite par le ministre concerné ou l'autorité de tutelle de l'organisme public intéressé et transmise au chef du gouvernement. Pour les collectivités locales, leurs groupements et les établissements et entreprises publics soumis au contrôle financier de l'Etat, la demande en décharge de responsabilité doit avoir recueilli au préalable l'avis favorable de l'organe délibérant.

Effet de la décharge
La décharge de responsabilité accordée par le chef du gouvernement libère totalement ou partiellement le demandeur concerné au regard du remboursement mis à sa charge et lui permet d'obtenir, s'il y a lieu, la restitution des sommes déjà versées en atténuation dudit montant.

Information de la Cour des comptes et suites à donner
Selon l'article 11, une ampliation de ladite décision est notifiée dans les 30 jours à la cour des comptes compétente. Bien entendu la cour tire les conséquences et va solder le débet, une fois la preuve du versement du montant de la décharge lui parvient. Par ailleurs, selon l'article 13, le rejet, par le chef du gouvernement de la demande de décharge ne fait pas obstacle à la demande de la remise gracieuse.

2-Remise gracieuse[151]

L'ordonnateur, le fonctionnaire ou l'agent condamnés au remboursement peuvent, selon l'article 14, demander au ministre des finances la remise gracieuse des sommes mises ou demeurées à leur charge dans les conditions fixées par le règlement général de comptabilité publique.
Cette demande peut, le cas échéant, être présentée par leurs ayants droit, selon le même article.

Conditions requises
Selon l'article 15, pour bénéficier de la remise gracieuse, le demandeur doit justifier sa requête par des circonstances tenant à sa

situation financière, à la condition toutefois que l'acte ayant été à l'origine de la décision de remboursement ne lui ait pas procuré un avantage personnel et qu'il n'ait pas organisé son insolvabilité au sens de l'article 84 de la loi n° 15-97 formant code de recouvrement des créances publiques. Pour les collectivités locales, leurs groupements et les établissements et entreprises publics soumis au contrôle financier de l'Etat, la demande de remise gracieuse doit avoir recueilli au préalable l'avis favorable de l'organe délibérant.

Effet de la remise gracieuse
La remise gracieuse accordée par le ministre des finances libère totalement ou partiellement le demandeur concerné au regard du remboursement mis à sa charge et lui permet d'obtenir, s'il y a lieu, la restitution des sommes déjà versées en atténuation dudit montant.

Imputation budgétaire des sommes allouées en décharge ou en remise gracieuse
Les sommes allouées en décharge de responsabilité ou en remise gracieuse sont supportées par le budget de l'organisme concerné, selon les dispositions de l'article 16.

Information de la Cour des comptes
Une ampliation de ladite décision est notifiée dans les 30 jours à la cour des comptes compétente ; bien entendu la cour tire les conséquences et va solder le remboursement, une fois la preuve du versement du montant de de la remise gracieuse lui parvient.

Attention ! La personne condamnée par la Cour en matière de discipline budgétaire et financière ne bénéfice de la décharge ou de la remise gracieuse qu'à raison des remboursements dues et non pas à raison de l'amende. Celle-ci ne bénéficie d'aucune éventualité de décharge, de remise ou même d'amnistie dans l'état actuel du droit.

3- Remarques à propos de la responsabilité effective

Les pouvoirs de décision sur l'appréciation de la responsabilité effective des acteurs de la gestion publique sont confiés au chef du gouvernement (décharge) et au ministre des finances (remise gracieuse) sans condition ni limite ! Cela n'est autre qu'une consécration résiduelle de la notion de « justice retenue ».

Par ailleurs, s'agissant du cas particulier du décès du débiteur : les ayants droit exerceront le droit de demander la décharge ou la remise gracieuse. Or, l'article 10 du nouveau règlement de la comptabilité publique décharge les ayants droits du remboursement du débet, à notre sens cela ne doit pas lier l'office de la Cour, c'est au niveau de leur demande de remise gracieuse que les ayants droit peuvent invoquer les dispositions de cet article devant le ministre des finances dans l'état actuel des textes, et non pas devant le juge financier.
De surcroit, cette décharge de responsabilité effective suite au décès du comptable , n'a pas été prévu pour l'ordonnateur et tout fonctionnaire ou agent au cas où il est déclaré débiteur du remboursement des pertes financières subies par l'organisme public ? Preuve, à notre sens, d'une discrimination incompatible avec le principe d'équité.
Il est temps de procéder à un réaménagement portant sur les conditions de décharge et de remise gracieuse en tirant profit, tout en les adaptant au contexte marocain, des acquis de la Cour des comptes française,[152] d'une part et des principes de légalité, justice et équité sur l'application desquels, le juge financier doit avoir au moins un droit de regard. En fin, nous pensons que le législateur gagnerait à se référer aux repères directeurs du régime de responsabilité des acteurs de la gestion publique, issus des textes fondateurs, à savoir les deux lois 61.99 et 62 99 relatives, respectivement, à la responsabilité des ordonnateurs, contrôleurs et comptables et au code des juridictions financières, notamment les trois principes de cohérence, d'équité et d'équilibre avant de prendre toute initiative de réaménagement.

II- Compétence et procédure

La compétence de discipline budgétaire est financière est une compétence soumise à des conditions de forme et de fond rigoureuses, une fois réunies la procédure est mise en œuvre suivant des règles et des étapes semblables à la procédure pénale.

A- Eléments de la compétence

Pour que la compétence des juridictions financières en matière de discipline budgétaire et financière soit établie, il faut que les conditions juridiques de fond et de forme prévues par la loi 62.99 formant code des juridictions financières soient réunies, ces conditions peuvent être articulées, à notre sens, autour des quatre éléments fondamentaux suivants[153] :

- L'élément organique : les organismes parmi ceux soumis aux contrôles des juridictions financières qui sont concernés par la discipline budgétaire et financière
- L'élément personnel : les personnes justiciables
- L'élément objectif : les faits appréhensibles selon la loi
- L'élément formel : non atteinte par la prescription quinquennale

1- Elément organique

En vertu de l'article 51 de la loi 62.99 formant code des juridictions financières sont « soumis au contrôle de la Cour des comptes en matière de discipline budgétaire et financière » les organismes suivants :

-les services de l'Etat;

-les établissements publics;

-les sociétés ou entreprises dans lesquelles l'Etat ou des établissements publics détiennent séparément ou conjointement، directement ou indirectement، une participation majoritaire au capital ou un pouvoir prépondérant de décision ;

-les sociétés ou entreprises dans lesquelles l'Etat ou des établissements publics détiennent conjointement avec des collectivités locales, une participation majoritaire au capital ou un pouvoir prépondérant de décision.

a) Services de l'Etat

Ces services impliquent les ministères, les administrations publiques et leurs bureaux centraux, comme elles comprennent également les délégations et représentations régionales et territoriales desdits services. L'Etat conserve la pleine autorité de gestion de ces services.

Il est évident que de tels services soient soumis au contrôle de la Cour des comptes en matière de discipline budgétaire et financière, puisqu'ils exécutent la loi de finances d'une part et ils emploient les

responsables, fonctionnaires et agents justiciables en matière de discipline budgétaire et financière.
Quant aux services des collectivités territoriales et leurs groupement ils sont soumis au même titre que les services de l'Etat, au contrôle des juridictions financières en matière discipline budgétaire et financière. Mais c'est devant les Cours régionales des comptes, et non pas devant la Cour des comptes.

b) Etablissements publics
A la différence des services de l'Etat, les établissements publics jouissent de la personnalité morale et l'autonomie administrative et financière, il en résulte que l'établissement public a un budget autonome, et a le droit de recevoir des dons , legs et autres concours financiers, comme il a le droit de conclure des contrats, d'ester en justice et assumer la responsabilité pour ses actes préjudiciables.
Les établissements publics varient selon le critère adopté, il peut s'agir :
D'établissements publics administratifs : comme les universités et hôpitaux
D'établissements publics industriels et commerciaux, comme les offices industriels, commerciaux et de services ;
D'établissements publics sociaux, comme les organismes de prévoyance sociale
D'établissements publics professionnels, comme les chambres professionnelles
Les établissements publics nationaux sont soumis au contrôle dans cette matière devant la Cour des comptes (livre premier du code) ; alors que les établissements publics relevant des collectivités territoriales et de leurs groupements sont soumis au contrôle dans cette matière devant les Cours régionales des comptes tel que prévu par le deuxième livre du code des juridiction financières.

c) Sociétés ou entreprises dans lesquelles l'Etat ou des établissements publics détiennent séparément ou conjointement, directement ou indirectement, une participation majoritaire au capital ou un pouvoir prépondérant de décision. Et les sociétés ou entreprises dans lesquelles l'Etat ou des établissements publics détiennent conjointement avec des collectivités locales, une participation majoritaire au capital ou un pouvoir prépondérant de décision.

Ce paragraphe renvoi à deux formes de participation entre l'autorité public (l'Etat ou les établissent publics) et les tiers particuliers, la première consiste en une participation à titre séparée ou conjointe, dans une société ou entreprise publique d'une manière directe ou indirecte avec des particuliers et la deuxième forme consiste en une participation de cette autorité publique avec les collectivité territoriales et leurs groupements d'une part et les tiers particuliers d'autre part.
La participation financière doit être prépondérante, cette prépondérance prend deux formes , la première est financière (50% ou plus des actions) la deuxième est administrative (détenir un pouvoir prépondérant de décision en cas d'absence d'une prépondérance financière) qui se traduit par le pouvoir de contrôle ou de supervision justifié par le rôle des pouvoir publics dans la protection de l'intérêt général , c'est le mode de gouvernance qui fait apparaitre cette prépondérance de décision.
Si la première éventualité renvoi à l'autorité publique, à elle seule, dans cette prépondérance par rapport aux particuliers ; La deuxième éventualité renvoi à la participation avec les collectivités territoriales dans cette prépondérance.

d) Remarques
Le texte a délimité une liste des organes soumis au contrôle en matière de discipline budgétaire et financière, mettant ainsi fin à l'acception générale de l'article 56 de la loi 12.79 qui prévoyait que sont soumis à la poursuite en matière de discipline budgétaire et financière les personnes relevant des organismes publics « et de tout organisme soumis au contrôle de la Cour ».
Pour délimiter le sens et l'envergure de cette formulation, il fallait se référer aux deux articles relatifs à deux autres compétences de la Cour autres que la discipline budgétaire et financière ; l'article 25 relatif aux organismes publics dans le sens du jugement des comptes et l'article 72 relatif aux organismes publics dans le sens du contrôle (administratif) de la gestion ;
En vertu de l'article 25, les organismes publics sont : l'Etat ; les collectivités locales et les établissements publics. En vertu de l'article 72 relatif au contrôle de la gestion, les organismes publics et autres organismes soumis à ce type de contrôle sont : les services de l'état ; les collectivités locales et leurs groupements ; les établissements publics ; les entreprises concessionnaires de services publics et les

entreprises dont l'Etat, la collectivité locale ou l'établissement public détient séparément ou conjointement une part des actions supérieure ou égale au 1/3 du capital directement ou indirectement.

En rapprochant les deux listes prévues par les deux articles de l'ancienne loi 12.79 relative à la Cour des comptes avec la liste prévue par l'article 51 du code des juridictions financière(loi.62.99), trois constatations peuvent être dégagées :

La première : les entreprises concessionnaires ne figurent plus sur la liste des organismes concernées par la discipline budgétaire et financière,[154] et c'est dommage puisque les rapports annuels de la Cour des comptes publiées après l'entrée en vigueur du code ont fait état de plusieurs cas pouvant faire l'objet de poursuite disciplinaire pour faites de gestion administrative et financière des entreprises concessionnaires, notamment des services publics locaux. Certains faits ont même déferlé la chronique dans le nord du Maroc en 2014 et 2015, notamment la gestion de l'entreprise Amandis des services de l'eau et d'électricité.

La deuxième : la nature et le degré de la participation publique, en effet l'article 72 de l'ancienne loi arrête cette participation financière au 1/3 du capital alors que l'article 51 de la nouvelle loi formant code des juridictions financières a révisé à la hausse cette participation en la ramenant à la moitié ou plus du capital.

La troisième : la prépondérance n'est plus uniquement financière, mais il peut aussi s'agir d'une prépondérance administrative. En effet il suffit que les pouvoirs publics détiennent une prépondérance dans la prise de décision pour que l'organisme concerné soit soumis au contrôle, dans le sens de rendre justiciables les personnes relevant des organismes susdits devant la Cour en matière de discipline budgétaire et financière selon les dispositions de l'article 51 susvisé.

Les organismes non concernés par la discipline budgétaire et financière

Ces organismes sont les entreprises publiques dont l'Etat, les établissements publics ou les collectivités territoriales n'y détiennent pas la moitié du capital ou n'y détiennent pas une prépondérance dans la prise de décision. En plus des entreprises concessionnaires des services publics.

2- Elément personnel

Sont concernés par l'article 51 les personnes relevant des organismes publics susmentionnés, si elles commettent une ou plusieurs infractions citées sur la liste [155]prévue par les articles 54 , 55 et 56 à savoir les ordonnateurs et sous ordonnateurs, les contrôleurs et les comptables publics ainsi que «tout responsable , fonctionnaire, ou agent placé sous leur ordre ou agissant pour leur compte ».
Les ordonnateurs, sous ordonnateurs , contrôleurs et comptables , nous les avons passé en revue lors de notre analyse des infractions se rapportant à chaque catégorie de ces intervenant principaux dans le processus de l'exécution des opérations financières des organismes publics , il reste maintenant de présenter et expliquer les règles relatives aux responsables, fonctionnaires et agents publics.

a) Personnes justiciables

- **Ordonnateurs, contrôleurs et comptables publics ainsi que leurs délégués**

Les trois intervenants principaux concernés par la discipline budgétaire et financière sont les ordonnateurs et sous ordonnateurs, les contrôleurs et les comptables publics. Entrent en ligne de compte les responsables à qui ces intervenants principaux délèguent la signature, on sera donc devant une responsabilité partagée ente le délégataire et le délégué, puisque la délégation de signature ne dispense pas le délégataire du devoir de contrôle et de suivi.

- **Cas du comptable de fait**

Le législateur n'a pas mentionné expressément le comptable de fait en tant que justiciable en matière de discipline budgétaire et financière, à l'instar du législateur français, mais cette responsabilité est indirectement formulée, elle peut être dégagée de la lecture littérale des articles relatifs à la procédure de jugement des comptes des comptables publics auxquels renvoi la procédure de la gestion de fait. Le comptable patent étant soumis textuellement à la discipline budgétaire et financière au Maroc, à la différence de la France, ou c'est la jurisprudence qui a instauré cette responsabilité,[156] il le sera au Maroc par simple extension.

➢ **Cas des hauts responsables**

En vertu de l'article 52 du code des juridictions financières, ne sont pas justiciables devant la Cour des comptes en matière de discipline budgétaire et financière toutes les personnes qui exercent leur fonction en qualité de :

- **Membres du gouvernement**

Entrent le cadre de cette qualité tous les membres du gouvernement nommés par le roi sur proposition du chef du gouvernement c'est-à-dire toutes les personnes qui assistent au conseil du gouvernement qu'elles soient ministre ou ministre délégué ou secrétaire d'Etat …
La justification de cette exemption réside dans le fait que les ministres sont responsables politiquement de leur gestion administrative et financière devant le roi et le parlement. S'ils commettent des infractions pénales c'est devant la haute Cour que leur responsabilité peut être engagée, néanmoins certaines législations comme celle du Portugal édictent la responsabilité des ministres devant les juridictions financières. Au Maroc, la société civile et certains universitaires ne cessent de réclamer la soumission des membres du gouvernement à la discipline budgétaire et financière.[157]
En France, le débat reste ouvert concernant ce sujet.

- **Membres du parlement**

L'immunité des membres du parlement est une immunité politique généralement reconnue. Elle s'appuie sur la notion de la souveraineté de la nation, tirée du concept de la démocratie représentative, qui consiste à ce que les représentants de la nation n'ont de compte à rendre qu'aux électeurs. Il s'agit de l'immunité dite objective ou de fond ; or si les membres agissent en matière de gestion administrative ou financière d'un service public, il ne s'agit plus d'une immunité objective. Mais, il reste à traiter l'immunité dite formelle, c'est-à-dire la procédure de levée de l'immunité parlementaire. Ceci était vrai dans le cadre de l'ancienne loi 12.79 ; dans la nouvelle loi formant code des juridictions financières, cette immunité formelle n'est plus

applicable s'il s'agit de la gestion administrative et financière d'un service public, une collectivité territoriale en l'occurrence.
La Cour de cassation (chambre administrative) avait déjà déclaré que l'immunité n'entre pas en ligne de compte devant la Cour des comptes en matière de discipline budgétaire et financière puisqu'ils s'agit du champ disciplinaire *lato sensu* et non pas du champ pénal qui justifie une levée préalable de l'immunité formelle.[158]

- **Ministres gestionnaires de collectivités territoriales**

C'est la même approche adoptée que celle en cas des membres du parlement gestionnaires publics.
A la différence de la législation française, la législation marocaine déclare, implicitement, justiciable le ministre gestionnaire d'une collectivité territoriale devant la Cour des comptes en matière de discipline budgétaire et financière à l'instar de tout ordonnateur territorial, il sera poursuivi en cette dernière qualité et à raison de sa gestion locale des deniers publics, devant la Cour régionale des comptes compétente.

- **Présidents des collectivités territoriales (ordonnateurs territoriaux élus)**

Il n'y a aucune confusion à ce propos, l'article 118 (quatrième paragraphe) du deuxième livre relatif aux Cours régionales des comptes du code des juridictions financières est clair et net. Selon ce texte, y sont concernés «tout responsable, tout fonctionnaire ou agent des collectivités territoriales et de leurs groupements ; des établissements publics relevant de la tutelle de ces collectivités territoriales et groupements ; de toutes sociétés ou entreprises dans lesquelles des collectivités territoriales possèdent séparément ou conjointement, directement ou indirectement, une participation majoritaire au capital ou un pouvoir prépondérant de décision».
Cette formulation non équivoque selon laquelle les personnes susmentionnées sont passibles de traduction devant la Cour régionale des comptes en matière discipline budgétaire et financière en ce qui concerne tous les actes financiers qui peuvent recevoir une qualification disciplinaire, dénote l'une des grandes différences par rapport à la législation française… qui dispense, en règle générale, les ordonnateurs élus de la poursuite devant et la Cour des comptes et la Cour de discipline budgétaire et financière.

- **Walis et gouverneurs (ordonnateurs territoriaux désignés)**

Le wali c'est le Gouverneur en chef et représentant de l'Etat dans une région qui regroupe plus qu'une préfecture ou province, alors que le gouverneur est le représentant de l'Etat dans la préfecture ou la province, le Wali est son chef hiérarchique. Selon le découpage territorial en vigueur, le Maroc comprend seize régions.

Instaurées par le décret n°2.15.556 entré en vigueur en 2015, ces 16 régions sont soumises aux contrôles de 12 Cours régionales des comptes.[159]

Le wali ou le gouverneur sont tous les deux expressément soumis à la compétence des juridictions financières en matière de discipline budgétaire et financière. Lorsqu'ils agissent pour le compte de l'Etat ils sont justiciables devant la Cour des comptes ; et lorsqu'ils agissent en tant que gestionnaires des deniers de la collectivité territoriale ou son groupement, ils sont alors justiciables devant la Cour régionale des comptes compétente.[160]

- **Catégorie des fonctionnaires et agents**

Il s'agit de « tout fonctionnaire…..ou agent d'un organisme public soumis au contrôle de la Cour en matière de discipline budgétaire et financière ».

Le rattachement du fonctionnaire ou de l'agent à l'organisme soumis au contrôle suffit pour le rendre justiciable devant la Cour, les organismes publics on les a déjà passé en revue, il reste maintenant de cerner l'étendue du sens de fonctionnaire ou agent public. A ce titre, il faut noter que les deux notions de fonctionnaire ou agent public ont été formulées de façon extensive assimilable au même sens dans la loi pénale.[161] Ladite loi est applicable à toute personne exerçant une fonction ou une mission même temporaire, que ce soit en contrepartie d'une rémunération ou non. Le rattachement n'est, de ce fait, pas semblable à celui prévu par le statut général de la fonction publique pour le terme « fonctionnaire » ; dans ce sens le fonctionnaire est celui qui se trouve dans une situation « légale et statutaire» , le caractère statutaire ne comprend pas les autres catégories de personnels , à savoir :

Les agents publics temporaires ; Les agents publics journaliers ou saisonniers et les agents publics contractuels. Ces catégories ne sont ni

des fonctionnaires statutaires ni des agents publics au sens strict du statut général de la fonction publique, mais ils sont indiscutablement concernés par l'article 51.
Les fonctionnaires et agents publics soumis à la discipline budgétaire et financière selon les articles 54, 55 et 56 du code des juridictions financières sont ceux placés sous l'autorité des trois intervenants principaux dans la gestion financière des organismes publics, à savoir l'ordonnateur ou le sous ordonnateur, le contrôleur et le comptable public ou agissant pour leur compte.
Les fonctionnaires ou agents subordonnés : sont ceux soumis à l'autorité hiérarchique des ordonnateurs et des sous ordonnateurs, il faut noter que les comptables et les contrôleurs sont soumis au pouvoir hiérarchique du ministre des finances, ils n'ont pas de compte à rendre aux ordonnateurs et sous ordonnateurs. Les agents travaillant avec eux sont soit placé sous leur ordre (fondés de pouvoirs et agents de leurs services), soit agissant pour leur compte, ils sont bien entendu soumis à la discipline budgétaire et financière.
Il est à noter que la délégation de signature ne vaut exonération de la responsabilité ni du délégué[162] ni du déléguant.

- **Cas du fonctionnaire de fait**

Le concept du fonctionnaire de fait, n'est à l'origine que le fruit d'une construction jurisprudentielle. La loi positive n'a jamais cité ce type de fonctionnaire d'une manière expresse, or, la déduction logique d'une part en ce sens que le fonctionnaire de fait est un fonctionnaire soumis aux mêmes responsabilités du fonctionnaire de droit selon la jurisprudence administrative fondée sur la notion de «l'apparence» et l'extrapolation d'autre part, en ce sens que le comptable de fait est soumis au contrôle et à la responsabilité en matière de jugement des comptes selon l'article 37. Ledit article prévoit que si la vérification du compte et son instruction débouchent sur la découverte de faits appréhensibles en matière discipline budgétaire et financière, l'action en matière de celle-ci est mise en mouvement à son encontre, tout cela mène à conclure que le comptable de fait figure bel est bien parmi les justiciables des juridictions financières en matière de discipline budgétaire et financière.[163]

b) Circonstances absolutoires de responsabilité

Ne sont pas soumis à la poursuite ou à la sanction en matière de discipline budgétaire et financière, en vertu de l'article 53 de la loi formant code des juridictions financières, les fonctionnaires et agents qui commettent des infractions prévues par les articles 54 , 55 et 56 lorsqu'ils produisent au parquet général ou à la formation de jugement un ordre écrit. Ledit ordre doit émaner de leur chef hiérarchique ou toute autre personne habilitée à émettre cet ordre, à condition que la date de l'émission de l'ordre susdit soit antérieure à la date de la commission de l'infraction.

- **Ordre écrit exonératoire de responsabilité : Quatre conditions requises** [164]

L'ordre doit être écrit :

Cela veut dire que l'ordre oral est exclu, ce n'est pas le cas en jurisprudence administrative, ou il est convenu que l'acte administratif peut prendre la forme d'un ordre oral, en discipline budgétaire et financière tout agent exécutant une opération financière irrégulière doit avoir requis du donneur d'ordre qu'il soit écrit faute de quoi, il sera soumis à la poursuite devant la Cour des comptes en matière de discipline budgétaire et financière .

L'ordre doit être émis par le supérieur hiérarchique ou toute autre personne habilitée

L'ordre doit émaner du supérieur hiérarchique , soit immédiat ou supérieur mais ne peut émaner d'un autre supérieur hiérarchique hors de son service , parmi les exemples qui peuvent surgir en pratique un chef de cabinet d'un ministre qui émet un ordre écrit à un responsable financier du même ministère , il n'a pas le droit. Ou un gouverneur qui émet un ordre écrit au lieu et place de l'ordonnateur de la collectivité territoriale au sein de laquelle il représente l'Etat.

La deuxième éventualité légale c'est que le responsable n'est pas le supérieur hiérarchique, mais il est habilité légalement à émettre l'ordre écrit. Le texte l'autorisant doit figurer en tête des justifications de l'émission de l'ordre écrit.

L'ordre écrit doit être émis avant la commission de l'infraction

C'est la raison essentielle pour laquelle la disposition sur l'ordre écrit a été reformulée et légiférée en tant que telle. En effet, cette précision n'était pas prévue par l'article 60 de l'ancienne loi portant création de

la Cour des comptes. L'objectif étant de contenir le phénomène de l'approbation postérieure à la date de la commission des infractions[165] par les membres du gouvernement qui sont dispensés de la poursuite devant la Cour en matière de discipline budgétaire et financière , à travers ce qui est convenu d'appeler « les ordres de complaisance ». Ces membres de gouvernement par indiscipline ou de mauvaise foi recourent très souvent à ce genre d'agissements juste avant leur départ ou pendant la gestion des affaires courantes en attendant un remaniement ministériel ou un changement de gouvernement.
Le problème se pose lorsque l'ordre oral émane d'un ministre, à ce propos la jurisprudence financière française accorde de larges circonstances atténuantes.[166]

Le contenu de l'ordre doit correspondre exactement à l'objet de l'infraction
Cela veut dire que l'ordre écrit n'est pas un chèque à blanc, il ne peut s'agir d'une interprétation extensive de l'ordre écrit, que ce soit en nature en nombre ou dans le temps.
La conséquence résultant de l'ordre écrit régulier
Si les conditions tenant à la forme et au fond (régularité interne et externe de la pièce) sont réunies comme explicité auparavant, l'ordre écrit est alors déclaré régulier. Il peut être invoqué soit devant le parquet général, ce qui est rare, ou en cours d'instruction devant le conseiller rapporteur ou encore lors de la séance de jugement. Le parquet général doit classer le dossier s'il est avisé avant qu'il émette la décision de poursuite, soit que le rapporteur décide de retirer l'infraction ou les infractions couvertes par l'ordre écrit de son rapport d'instruction, soit c'est la formation de jugement qui décide de relaxer l'agent poursuivi si elle arrive à recevoir l'ordre écrit séance tenante. Mais, elle ne peut le décider d'office, car il ne s'agit pas d'une règle d'ordre public, il ne s'agit que d'une éventualité à discuter et donc à invoquer par la personne poursuivie ou son avocat.

- **Cas de force majeure**

La force majeure, si elle est établie, constitue une circonstance non pas absolutoire de la responsabilité devant le juge financier, mais de décharge de la responsabilité qui est appréciée à posteriori non pas par le juge financier mais par le chef du gouvernement sur avis du ministre dont relève l'intéressé ou de tutelle de l'organisme dont relève l'intéressé, en plus du conseil délibérant le cas échéant, s'il s'agit d'un établissement ou entreprise public.[167]

c) Appréciation des circonstances atténuantes et aggravantes

- **Position de la loi : deux cas**

Le premier cas est relatif à l'appréciation générale des sanctions [168]; à ce propos elle édicte deux éléments à prendre en considération ; il s'agit :

- de la gravité ou
- du caractère répétitif des infractions

Le deuxième cas est relatif à une infraction spécifique, qui est celle de la défaillance de contrôle et de supervision. Dans cette situation,[169] la loi prévoit trois éléments d'appréciation y compris un rapport de causalité :

- le préjudice subi par l'organisme public (résultat)
- la négligence grave du contrôle (cause)
- la défaillance répétée de la supervision (cause)

- **Position la jurisprudence publiée par la Cour : autres éléments**

La mauvaise foi et l'entrainement d'un préjudice : La mauvaise foi et l'entrainement d'un préjudice dans l'infraction de la production aux juridictions financières de pièces inexactes et dans l'infraction aux règles d'engagement, de liquidation et d'ordonnancement des dépenses publiques ne sont pas deux conditions impératives et sine qua none pour l'établissement des deux infractions[170] ; ils peuvent être considérés comme des circonstances aggravantes.

La difficulté à respecter certaines procédures : La difficulté à respecter des procédures applicables aux marchés publics, comme le cas d'urgence et le cas de retard de l'ouverture de crédits supplémentaires est considérée parmi les circonstances atténuantes dans l'appréciation par la formation de jugement de l'amende correspondante à l'infraction commise[171] ;

Les caractères formel et procédural des infractions et leur non entrainement d'aucun préjudice : Les caractères formel et procédural des infractions et leur non entrainement d'aucun préjudice aux finances de l'établissement public sont considérés parmi les circonstances atténuantes dans l'appréciation de l'amende.[172]

3- Elément objectif : l'infraction

Les infractions ont été délimitées, décrites et classifiées par catégorie d'acteur de la gestion publique. L'engagement de la poursuite ne peut intervenir qu'au vu des infractions préalablement prévues par les articles : 54 en ce qui concerne les ordonnateurs et sous ordonnateurs et agents de leurs services, 55 en ce qui concerne les contrôleurs et les agents placés sous leur ordre ou agissant pour leur compte et 56 en ce qui concerne les comptables publics et les agents placés sous leur ordre ou agissant pour leur compte.

Objectivement, Il peut s'agir d'une commission, d'une abstention ou d'une négligence à honorer une obligation ou à faire une diligence. Une analyse succincte de la portée de ces infractions a été déjà présentée.[173]

a) Du fait à l'infraction

C'est la découverte du fait qui amorce le processus. Ainsi, sur la base des documents qu'il reçoit et des informations et autres documents qu'il peut demander aux autorités compétentes, le procureur général du roi peut décider soit la poursuite, soit le classement.[174] Au vu des déférés des parties fondées à les exercer et des pièces à l'appui, le parquet général prend connaissance des faits découverts pouvant constituer des infractions en matière de discipline budgétaire et financière ; pour ce faire, il procède à un exercice de qualification des faits, et s'il est convaincu que ces faits sont des infractions pouvant engager la responsabilité de la personne déférée devant lui , il décide la poursuite, sur la base d'une responsabilité qui lui parait engagée. Le parquet constate le fait appréhensible, déclare la responsabilité apparemment engagée et décide la poursuite.

b) De la responsabilité apparemment engagée à la responsabilité effectivement engagée

En cas de poursuite, le conseiller rapporteur chargé de l'instruction est habilité à procéder à toutes enquêtes et investigations auprès de tous les organismes publics ou privés, se faire communiquer tous documents, et entendre toutes les personnes dont la responsabilité paraîtrait engagée, y compris les témoins.[175]C'est parce que La Cour exerce une fonction juridictionnelle en matière de discipline budgétaire et financière à l'égard de tout responsable, de tout fonctionnaire ou agent qui commet l'une des infractions prévues aux articles 54, 55 et 56,[176] que les faits découverts doivent recevoir une qualification au vu des infractions prévues préalablement par le texte.

c) Engagement effectif de la responsabilité

C'est la Cour, non pas le parquet général, ni même le conseiller chargé de l'instruction, qui est fondée à établir l'infraction et engager effectivement la responsabilité de l'agent poursuivi.

En effet, la Cour peut contredire et le parquet et le conseiller chargé de l'instruction soit partiellement soit totalement. L'arrêt de la formation de jugement discute et confirme ou réfute les arguments et invocations des uns et des autres, pour ainsi déclarer soit l'engagement effectif de la responsabilité soit la relaxation de l'agent poursuivi.[177] Dans cet exercice de forme et de fond, la Cour, elle-même, n'est pas libre de sa décision, celle-ci est liée par sa soumission au contrôle de juges supérieurs soit en interne de la Cour (en matière de recours en appel) soit en externe de la Cour (la Cour de cassation, chambre administrative, en matière de recours en cassation).

4- Elément formel : la prescription quinquennale (non atteinte de)

En vertu de l'article 107 de la loi formant code des juridictions financières, «les infractions prévues par les articles 54, 55 et 56 sont prescrites si elles ne sont pas découvertes par la Cour ou toute autre autorité compétente dans le délai de cinq ans à compter de la date de leur commission».

Le texte du code des juridictions financières a introduit une modification majeure sur le mode de calcul de la prescription tel qu'il a été prévu par l'ancienne loi 12-79 portant création de la Cour des comptes. Auparavant le point de départ était « le jour de la commission de l'un des faits prévus » par la loi et le point d'arrivée était « la date de la saisine de la Cour » ; la prescription est calculée entre la date de la commission de l'infraction et la date de la saisine de la Cour (secrétariat du parquet général) ; alors que la prescription dans le nouveau texte est calculée entre la date de la commission de l'infraction et la date de sa découverte par la Cour ou toute autorité compétente. Cette autorité compétente peut être l'une des autorités de déféré externe comme on va le voir, ci-après.

B- Règles de procédure

1- Déféré et saisine

a) Saisine

En vertu de l'article 57 du code des juridictions financières, la Cour est saisie en matière discipline budgétaire et financière par le procureur général du roi soit par ses soins, soit à la demande du Premier président de la Cour soit à la demande de l'une des formations de la Cour.

b) Déféré

Selon l'article 58 du code des juridictions financières, peuvent déférer à la Cour des affaires en matière de discipline budgétaire et financière sur la base de rapports de contrôle ou d'inspection appuyés par des pièces justificatives, les autorités suivantes :

Le chef du gouvernement ;

Le président de la chambre des représentants ;

Le président de la chambre des conseillers ;

Le ministre chargé des finances ;

Les ministres pour les faits imputés aux fonctionnaires et agents placés sous leur autorité ou pour les faits imputés aux responsables et agents des organismes dont ils assurent la tutelle.

Pour les Cours régionales des comptes, selon l'article 138 du deuxième livre du code des juridictions financières, la même procédure de saisine interne sauf pour les formations qui ne peuvent saisir directement le ministère public près les Cour régionales des comptes, alors qu'elles le peuvent théoriquement dans la Cour des comptes. Pour le déféré externe se sont le ministre chargé de l'intérieur et le ministre chargé des finances qui ont le pouvoir de déférer des affaires en matière de discipline budgétaire et financière à la Cour régionale des comptes.
Il ressort d'une lecture combinée des deux articles 57 et 138 respectivement du premier et du deuxième livre du code des juridictions financières, que la saisine peut être interne : saisine directe ou auto saisine ou externe : déféré et saisine ou saisine indirecte. Qu'elle soit directe ou indirecte, la saisine de la Cour ou de la Cour régionale des comptes ne peut intervenir que par le biais du procureur général près la Cour des comptes ou du représentant du ministère public près la Cour régionale des comptes.

c) Saisine interne

Saisine de la Cour par le parquet général de sa propre initiative

Cette faculté a été prescrite dans le contexte marocain pour permettre à des parties ou instances , gouvernementaux ou non gouvernementaux de communiquer des informations ou des éléments de preuve au ministère public , il peut s'agir de responsables centraux ou locaux ou des associations ou tout simplement de citoyens . Ces informations sont communiquées à la Cour ou aux cours régionales des comptes sous forme de plaintes ou de demande d'enquêtes.
Il est important de noter que cette faculté n'a été donnée au procureur général près la Cour des comptes française qu'en 1971[178].

Saisine de la Cour par le Parquet général à la demande du premier président

Le premier président peut saisir la Cour à travers le procureur général du roi des affaires disciplinaires et ce, suite aux résultats de contrôles ou d'enquêtes ou d'informations étayées par des preuves qui lui sont remis soit en interne de la Cour soit de l'extérieur.

Saisine de la Cour par le Parquet général à la demande du premier président

Cette saisine indirecte s'apparente à un déféré interne, par ailleurs bien que la loi édicte la possibilité d'un déféré directe de la formation à travers le président de chambre au parquet général, c'est en fin de compte, sous couvert du premier président que la communication sera adressée au procureur général. N'oublions pas que dans l'Etat actuel de la loi, le premier président est le président théorique de toutes les chambres, y compris celle de la discipline budgétaire et financière.
Selon la loi, le premier président a également l'occasion de prendre individuellement cette décision suite à l'enquête préliminaire qu'il peut ordonner en vertu de l'article 12 du code des juridictions financières.[179]
Au niveau régional, le président de la Cour régionale des comptes peut saisir la Cour régionale directement suite aux résultats des travaux de la Cour régionale relatifs aux missions de contrôle, que les juges des comptes effectuent dans le cadre du programme annuel de contrôle au niveau régional. Le code des juridictions financières dans le deuxième livre relatif aux Cours régionales des comptes ne prévoit pas le rôle de la formation en tant que partie ayant le pouvoir de déféré direct au procureur du roi.
En France la faculté pour le commissaire du gouvernement de saisir la Cour de discipline budgétaire et financière n'a été décidée qu'à partir de 1995.[180]

d) Saisine de la Cour par le parquet général à la demande de l'une des formations de la Cour

Cette possibilité est prévue uniquement à la Cour des comptes, c'est l'une des innovations du code des juridictions financières par rapport à l'ancienne loi 12.79 portant création de la Cour des comptes.
Les formations de la Cour sont à l'origine de la majorité de cas de saisine interne, il est évident que suite aux séances de jugement, la formation décide de porter les faits disciplinaires à la Cour via le procureur général du roi. Cette possibilité se présente à plusieurs reprises : soit en délibérant un compte de gestion produit par un comptable public, soit en délibérant un rapport de contrôle administratif de la gestion, le conseiller rapporteur propose le déféré, mais c'est la formation qui prend la décision collégiale de notification

du procureur général du roi. Il s'agit, bien entendu, d'une décision administrative et non juridictionnelle.
la décision finale de saisine de la Cour, encore faut-il le rappeler, revient au procureur général du roi,[181] qui peut décider tout simplement de classer l'affaire en contrepartie d'une motivation qui doit être porté à la connaissance de la partie qui l'a saisi de l'affaire.

e) Exclusivité des autorités de saisine et la question de la délégation du pouvoir de saisine

Selon la jurisprudence française (voir infra), le législateur français entend prescrire l'exclusivité des autorités de saisine en nombre et en qualité, sans aucune autre autorité et sans délégation possible.
Au Maroc, la qualité des pouvoirs de saisine n'est pas exclusive, selon les termes de l'article 58 : « ….Ont également qualité pour saisir la Cour par l'intermédiaire du procureur général du roi, sur la base de rapports de contrôle ou d'inspection, appuyés des pièces justificatives… » Et non pas « ont seuls qualité…. » ; Comme c'est la formulation Française.
Ceci ouvre, au Maroc, la question de la possibilité de délégation de signature. En France la formulation est non équivoque. Cette interprétation littérale a été confirmée, il y a longtemps par une décision du conseil d'Etat prononcée en 1959 à propos du pouvoir de saisine de la Cour de discipline budgétaire et financière.[182]
Le texte marocain lui ne tranche pas la question de la délégation, en pratique aucun cas n'a été relevé en jurisprudence marocaine sur la délégation de signature. La question à notre sens reste ouverte jusqu'à preuve du contraire.

f) Support de la saisine

Le support formel de la saisine de la Cour est la réquisition, lorsque le procureur général du roi décide la poursuite,[183] il requiert du premier président la désignation d'un conseiller rapporteur au sein de la chambre de discipline budgétaire et financière, et en avise la personne poursuivie via un avis de poursuite dans lequel il lui signifie les faits appréhensibles et son droit de se faire assister par un avocat

obligatoirement agrée près la Cour de cassation. Comme il avise le ministre dont relève l'agent poursuivi.
En cas des Cours régionales,[184] le procureur du roi requiert du président de la Cour régionale la désignation d'un conseiller rapporteur et avise l'intéressé de la décision de poursuite, le ministre chargé de l'intérieur et le ministre chargé des finances. Suite à quoi la phase de l'instruction sera déclenchée.

2- Instruction

a) Nature de l'instruction

En général, la procédure de discipline budgétaire et financière se caractérise par l'omniprésence du parquet général tout au long de la procédure, de la poursuite à l'instruction, jusqu'à la séance de jugement, car il s'agit d'une procédure quasi pénale.
Apres le déclenchement de la poursuite par le parquet général, sur réquisition du procureur général adressée au premier président pour désigner le conseiller rapporteur « juge d'instruction » , qui mènera son instruction en toute indépendance , mais sous la supervision du parquet général auquel il doit rendre compte du déroulement de l'instruction . Il ne va pas se contenter de la déclaration des parties au contentieux comme c'est le cas, en général, dans une instance administrative , le rôle essentiel revient au conseiller rapporteur et c'est lui qui va creuser l'examen de la véracité des faits retenus par le parquet général , les instruire et dégager la conclusion qui s'impose au vu des pièces justificatives et des déclarations de l'agent poursuivi ou encore des agents impliqués d'une manière ou d'une autre dans l'affaire. Il a un large pouvoir d'investigation et d'audition soit sur place (le lieu des faits) soit à la Cour.

b) Pouvoirs d'investigation

Le conseiller rapporteur est habilité à engager toutes les investigations et examens auprès des organismes publics ou privés ou encore au vu des pièces du dossier de poursuite qui lui a été remis par le parquet général. Il a le pouvoir de demander la communication de toute pièce pouvant servir l'instruction. Comme il pourra demander à auditionner

toutes les personnes poursuivies et même les témoins selon les formes et conditions prévues par le code de procédure pénale.[185]
Les séances d'audition sont consignées dans des procès-verbaux rédigés par le greffier.[186]
Ce pouvoir d'investigation est appuyé par un pouvoir de coercition sanctionnant l'infraction de non collaboration à la procédure de discipline budgétaire et financière, qui consiste en l'éventualité de faire appliquer l'amende prévue par l'article 69.[187]

c) Limites du pouvoir d'investigation

En vertu de l'article 110 du code des juridictions financières, les responsables et employés des organismes publics ne sont pas tenus du secret professionnel à l'égard des diligences du conseiller rapporteur en matière de discipline budgétaire et financière. Mais si les notifications ou les séances d'audition se rapportent à des faits relatifs à la défense nationale et à la sécurité intérieure ou extérieure de l'Etat, le premier président en avise le chef du gouvernement qui peut soit garder le secret professionnel soit le lever. La Cour, prend le cas échéant, toutes les mesures nécessaires pour préserver le secret des investigations et des constatations.

d) Secret de l'instruction

Le déroulement de l'instruction est entouré du secret professionnel que nulle partie extérieure au conseiller rapporteur ou au parquet général ne peut en prendre connaissance ; y compris et surtout la personne poursuivie ou son avocat.

e) Supervision du parquet général

Le parquet général suit le déroulement de l'instruction sur le plan procédural, le conseiller rapporteur est tenu de lui signifier les actes entrepris et le développement de la procédure d'instruction y compris les obstacles rencontrés , ceci se traduit en fait par des comptes rendus ou des entretiens avec l'avocat général désigné par le procureur général à l'effet de suivre le dossier de poursuite. Le président de la chambre de discipline budgétaire et financière assure, sous la supervision du premier président, l'appui administratif et logistique au

travail du conseiller rapporteur, en sollicitant notamment l'assistance du Wali de la région en cas d'investigations sur place.
Après la fin de l'instruction le rapport d'instruction et toutes les pièces du dossier sont communiquées au parquet général afin de dépôt de conclusions et réquisitions.[188]

3) Jugement

a) Etape préalable : communication du dossier à l'intéressé

Apres l'établissement du rapport d'instruction et le dépôt des conclusions du parquet général, la personne poursuivie est invitée à prendre communication et connaissance du dossier, il a le droit de déposer un mémoire de réponse par le biais de son avocat dans un délai de 30 jours suivant la date ou elle a pris communication et connaissance du dossier ; lequel mémoire est communiqué au parquet général.[189]

b) Conditions de régularité de la réunion de la formation de jugement

La formation de jugement est composée de cinq membres, le conseiller rapporteur a une voix délibérative. A ce titre, le législateur marocain ne fait aucune séparation entre la fonction d'instruction et la fonction de délibération, marquant ainsi une spécificité exceptionnelle qui, dans la limite de nos connaissances, n'existe nulle part dans les législations comparées !

c) Déroulement de la séance

La séance débute, dans un délai n'excédant pas deux mois à compter de la date de l'inscription de l'affaire dans le rôle des audiences suite à une ordonnance du premier président,[190] par la lecture du rapporteur de son résumé de rapport. L'intéressé est invité personnellement ou par avocat interposé à présenter ses justifications et moyens de défense. Suite à quoi le représentant du parquet général présente ses conclusions, il peut soulever de nouvelles constatations ou observations orales.

Des questions peuvent être posées à l'intéressé par le président de la séance ou par l'un des membres de la formation sur autorisation du président.
Des témoins peuvent être entendus sous serment.
L'intéressé est le dernier à prendre la parole.[191]

d) Prononcé de l'arrêt

L'arrêt est prononcé à la majorité des voix en cas d'égalité, la voix du président est prépondérante ; il est possible de joindre plusieurs dossiers dans une seule affaire [192];
Les délibérations qui suivent la séance de jugement ne doivent pas dépasser le délai d'un mois après la séance de jugement.
Une séance est provoquée pour prononcer l'arrêt, qui peut soit relaxer l'intéressé, soit le sanctionner par une amende. Soit le sanctionner par l'amende et le remboursement du montant correspondant à la perte financière subie par l'organisme public confondus, le cas échéant.

4- Rôle du parquet général

Le contentieux en discipline budgétaire et financière n'est pas un recours pour excès de pouvoir comme l'a laissé entendre la rédaction de certains considérants des arrêts de la Cour de cassation statuant sur les recours en cassation contre les arrêts de la Cour des comptes sous l'empire de l'ancienne loi 12.79.[193] Alors qu'il s'agit d'un contentieux liant le parquet général en tant que défenseur de l'ordre public financier et la personne poursuivie. L'étendue du contentieux est délimitée par l'étendue des réquisitions et conclusions du parquet général. Aucune autre question ne peut être valablement débattue sans qu'elle soit invoquée auparavant par le parquet général.
Le parquet général est une partie principale au litige. A ce titre, ses conclusions sont susceptibles de faire l'objet de réponses, répliques ou dupliques de la personne poursuivie ou de son avocat, il a le droit comme l'autre partie au litige à la demande de l'audition des témoins.
A la différence de son homologue français, qui en a trois occasions, il a le droit de classement de l'affaire une seule fois seulement, avant la décision de poursuite.

Toutefois, il peut renoncer à sa décision de classement si de nouveaux faits ou nouvelles pièces lui ont été notifiées. Sa décision de classement n'est pas une décision administrative susceptible de faire l'objet d'un recours en annulation. En France et selon la jurisprudence Melki, la décision de classement peut faire l'objet d'un recours en annulation.[194]

5- Droits de la défense

Le principe du respect des droits de la défense est un principe général de droit, toute formation de jugement doit veiller à son respect même s'il n'est pas prescrit textuellement. Il doit être respecté tout au long de la procédure.

a) En cours et après l'instruction

- Le droit de se faire assister par un avocat à condition qu'il soit agréé près la Cour de cassation.
- Le droit à se faire communiquer toutes les pièces du dossier, y compris les conclusions et réquisitions du parquet général et de faire des copies de ces pièces à ses frais ; mais il ne peut réclamer ou invoquer (en cas de recours le cas échéant) ce droit avant la fin de l'instruction.
- Le droit à la réponse aux faits qui lui sont imputés y compris la présentation d'un mémoire écrit soit personnellement soit par avocat interposé et ce, quinze jours suite à la date communication du dossier.[195]

b) Pendant la séance de jugement

Le droit à la convocation à la séance quinze jours au moins avant la date de la réunion.

Le droit à la demande de l'audition des témoins ou de leur témoignage écrit.

Le droit à la prise de parole en dernier.

c) Dans les arrêts

L'obligation de motivation du dispositif du jugement sous peine d'annulation soit devant la Cour des comptes comme instance d'appel, soit devant la Cour de cassation.

Le droit à la notification de l'arrêt dans un délai de deux mois après la date de son prononcé.
Le droit de recours en appel, en révision et en cassation.

d) Rôle du greffe

En sus des missions classiques du greffe, le rôle spécifique du greffe se traduit pratiquement en matière de discipline budgétaire et financière dans les actes essentiels suivants[196] :
Recevoir les plaintes et les signifier au parquet général ;
Communiquer les avis de poursuite aux intéressés et aux instances concernées ;
Recevoir les ordres ou instructions des conseillers rapporteurs, notamment pour la convocation des agents poursuivis aux auditions ;
Notifier aux intéressés leur droit de se faire communiquer le dossier ;
Certifier la prise de connaissance effective des intéressés de leurs dossiers ;
Recevoir une copie du rôle des audiences ;
Notifier aux intéressés les convocations aux audiences de jugement ;
Notifier aux intéressés et aux instances concernées les décisions de classement prises par le parquet général ;
Communiquer une copie des arrêts au parquet général ;
Aviser le parquet général et la chambre de discipline budgétaire et financière (la section de discipline budgétaire et financière dans les Cours régionales des comptes) ou, en cas de recours en appel, la formation inter chambres ou chambre d'appel (en cas recours contre les jugements des Cours régionales des comptes) selon le cas, de l'accusé de réception des intéressés d'une copie des arrêts ;
Communiquer à qui de droit les extraits des arrêts ou jugements selon le cas, après les avoir certifiés.

6. Voies de recours

En application du principe du double degré de juridiction, le nouveau code des juridictions financières marocain a ouvert la possibilité du recours en appel par rapport à l'ancienne loi 12.79 portant création de la Cour des comptes, et par rapport à la législation française. Il s'agit d'une avancée considérable. A ce titre, le «système marocain offre une meilleure protection pour le justiciable que le système français».[197] Rappelons que, sous l'empire de l'ancienne loi 12.79 portant création de la Cour des comptes, les arrêts définitifs n'étaient susceptibles que du recours en cassation. Abstraction faite du recours extraordinaire en révision.

a) Recours en appel

La formation compétente

Selon les dispositions de l'article 70 du code des juridictions financières, les recours en appel des arrêts de la Cour des comptes en matière de discipline budgétaire et financière sont portés devant la formation inter-chambre.[198] Alors que les jugements des Cours régionales des comptes en matière de discipline budgétaire et financière sont portés devant la chambre d'appel , en application des dispositions de l'article 72 et non pas devant la formation inter-chambre comme mentionné par le Conseiller Nicolas Groper, à propos du modèle marocain, dans son ouvrage de référence « responsabilité des gestionnaires publics devant le juge financier » Dalloz, 2009 ; Chapitre relatif au panorama des systèmes en vigueur dans le monde.[199]

Le recours en appel a un effet suspensif de l'arrêt en premier ressort ou du jugement dont est recours sauf si l'exécution provisoire est décidée par la formation de jugement.

Qui a le droit de faire le recours en appel[200] ?

Pour la Cour des comptes ce sont les intéressés, le ministre chargé des finances, le ministre dont relève l'intéressé et le procureur général du roi.

Pour les Cours régionales des comptes, ce sont les intéressés, le ministre chargé de l'intérieur et le ministre chargé des finances ainsi que le procureur du roi.

Délai de dépôt de la requête

La requête est déposée auprès du greffe de la Cour ou de la Cour régionale des comptes selon le cas dans un délai de 30 jours suivant la date de la notification de l'arrêt de la Cour ou du jugement de la Cour régionale des comptes.

Dès l'enregistrement de la requête, le procureur général du roi ou le procureur du roi près la Cour régionale des comptes est avisé selon le cas, le procureur du roi adresse immédiatement la requête au procureur général du roi lorsqu'il s'agit des recours en appel contre les jugements des cours régionales des comptes.

C'est la date apposée par le greffe de la Cour ou de la Cour régionale des comptes qui prend foi pour le calcul du délai.

L'instruction du recours

Le premier président désigne sur réquisition du procureur général du roi un conseiller rapporteur en coordination avec le président de la formation inter chambre et sur sa proposition lorsqu'il s'agit d'un arrêt de la Cour et en coordination avec le président de la chambre d'appel et sur sa proposition lorsqu'il s'agit d'un recours contre les jugements des cours régionales des comptes.

Pour la Cour des comptes, le conseiller rapporteur doit être, à l'évidence, autre que le conseiller qui a instruit le dossier en premier ressort.

Sur instruction du conseiller rapporteur la requête d'appel est notifiée par le greffe aux parties concernées, qui ne sont autres que les parties ayant le droit de recours en appel, lesquelles parties, le procureur général du roi y compris bien entendu, ont le droit de déposer leur mémoire de réponse dans le délai de 30 jours suivants, auprès du greffe.

La procédure est ensuite effectuée conformément aux dispositions prévues aux articles 59 à 65 comme déjà explicité supra, B- Règles de procédure.

Le jugement du recours

La formation de jugement, la formation inter chambre (pour les arrêts de la Cour) ou la chambre d'appel (pour les jugements des Cours régionales des comptes), statue tout d'abord sur la forme, si la requête est recevable, elle statue sur le fond.

b) Recours en cassation [201]

➢ **Conditions**

Conformément aux conditions prévues par l'article 49 qui sont :
La violation de la loi ;
Non-respect des règles de forme ;
Le défaut de motivation ;
L'incompétence.
L'intéressé peut intenter un recours devant la Cour de cassation (chambre administrative) qui est toujours compétente, en attendant l'institution du conseil d'Etat,[202] à connaitre des pourvois contre les arrêts définitifs de la Cour des comptes dans les deux matières juridictionnelles, à savoir le jugement des comptes et la discipline budgétaire et financière.

➢ **Qui a le droit de recours en cassation et dans quel délai ?**

Ce sont les intéressées [203]; le procureur général du roi ; le ministre chargé des finances ; le ministre dont relève l'agent poursuivi et les représentants légaux des organismes publics. Et ce, dans un délai de 60 jours suivants la date de la notification de l'arrêt d'appel.

c) Recours en révision[204]

Le recours en révision est une voie de recours extraordinaire, il est conditionné par la découverte d'un fait nouveau. Il vise la rétraction de l'arrêt ou du jugement et non sa réformation. Le fait nouveau est soit une nouvelle pièce administrative ou comptable soit une nouvelle preuve écrite. Le terme « nouveau » s'entend un fait découvert **après la prononciation de l'arrêt** d'appel.

➢ **Qui a le droit de recours et dans quel délai ?**

Ce sont les intéressés ; le procureur général du roi à son initiative ou sur la demande du ministre chargé des finances ou du ministre intéressé ou des représentants légaux des organismes publics autres que les ministères. Si le fait nouveau est découvert dans le délai de 60 jours ouverts pour le recours en cassation ; l'intéressé a le choix quant à l'arrêt d'appel, d'intenter un recours en cassation ou un recours en révision, il ne peut user des deux voies de recours dans le même délai.[205]

Pour les Cours régionales des comptes ce sont les intéressés, le procureur du roi soit à son initiative soit sur demande du ministre chargé des finances ; du ministre de l'intérieur ou des représentants légaux des organismes publics territoriaux.

➢ **Conditions de recevabilité du recours en révision**

A la différence du recours en cassation, le recours en révision peut être intenté contre les jugements des Cours régionales des comptes et des arrêts en premier ressort de la chambre de discipline budgétaire et financière de la Cour des comptes.

Les arrêts en premier ressort et les jugements des Cours régionales des comptes doivent être définitifs.

Les arrêts d'appel doivent être définitifs.

Le recours en révision doit être porté après l'expiration du délai de recours en cassation en cas de confusion de recours.

Pour tous les arrêts et jugements, le délai du recours en révision ne peut dépasser dix (10) ans à partir de la date de la notification du jugement ou de l'arrêt dont est recours en révision si ce recours est porté en faveur de l'intéressé , s'il est porté en sa défaveur , le délai est fixé à quatre (4) ans seulement.

➢ **Procédure**

Le recours en révision est déposé auprès du greffe de la Cour ou de la Cour régionale des comptes selon le cas ; la requête doit contenir un exposé des faits et des moyens invoqués par le demandeur, il doit être joint également par une copie de l'arrêt ou du jugement selon le cas et des justifications qui fondent la requête de révision.

La suite de la procédure se déroule conformément aux dispositions des articles 59 à 65 déjà explicitées dans : B- Règles de la procédure.

d) Trois constatations à propos du cadre juridique des voies de recours dans le modèle marocain

➢ La première constatation : c'est que le délai en faveur de l'intéressé est limité à 10 ans, alors qu'il était illimité dans le cadre de l'ancienne loi 12.79. A notre sens, Le délai de dix ans peut être rapproché au délai de destruction des pièces justificatives prévu par l'article 108.[206]

- La deuxième constatation : c'est que le modèle marocain se démarque par rapport au modèle français en prévoyant un deuxième degré de juridiction.
- La troisième constatation : c'est que le recours en révision est porté devant la Cour ou les Cour régionale des comptes selon le cas, alors qu'en France ; il est porté devant le Conseil d'Etat à l'instar du recours en cassation.

Il est clair que la législation marocaine procure plus de garanties aux justiciables, ce constat est confirmé, encore faut-il le rappeler, par Nicolas Groper dans son ouvrage de référence sur la responsabilité des gestionnaires publics devant le juge financier en France.[207]

Il est clair également que le fait que le recours en révision soit porté devant la Cour ou la Cour régionale des comptes, assure une plus grande garantie sur le plan objectif ; puisque la Cour ou la Cour régionale des comptes va instruire le recours sur la forme et sur le fond, alors que devant le Conseil d'Etat, l'instruction portera bien entendu sur les questions de forme et de droit.

SECTION II : COMPETENCE DISCIPLINAIRE EXTRAORDINAIRE DE LA COUR DES COMPTES

La Cour des comptes est fondée à prononcer des sanctions disciplinaires sous forme d'amendes et/ou astreintes dans d'autres matières ou à l'occasion de la survenance d'évènements exceptionnels, en dehors des amendes dans le cadre de la compétence disciplinaire ordinaire [208](la discipline budgétaire et financière), exposée ci-dessous ; il s'agit des cas suivants :

A- En matière de jugement des comptes des comptables publics

1- Sanction du refus ou du retard de production des comptes

Quand un comptable public n'a pas présenté à la Cour, les comptes, les situations comptables ou les pièces justificatives dans les délais prescrits, le premier président peut, sur réquisition du procureur général du roi, lui enjoindre de présenter les documents susvisés et à défaut, prononcer à son encontre une amende dont le montant peut atteindre au maximum mille (1.000) dirhams. Le premier président peut en plus prononcer une astreinte dont le maximum est de cinq cents (500) dirhams par mois de retard.[209] Le comptable public commis d'office,[210] est passible de la même amende et de la même astreinte.

A noter que la sanction, à la différence du modèle français, n'est pas susceptible d'un recours selon la jurisprudence de la Cour de cassation[211] marocaine.

2- Sanction de non collaboration en matière d'instruction et de jugement des comptes

Lorsqu'un comptable public ne répond pas, dans le délai fixé, à une injonction qui lui est adressée par la Cour, il peut être soumis à l'astreinte prévue à l'article 29.[212]

B- En matière de discipline budgétaire et financière

La personne concernée et les témoins qui ne répondent pas dans le délai imparti par la cour aux demandes de communication de pièces et documents ou aux convocations qui leur sont adressées par la cour, ou refusent de prêter serment ou de témoigner, peuvent être condamnés par ordonnance du premier président à une amende de cinq cents (500) à deux mille (2000) dirhams[213].

C- Cas d'entrave à l'exercice des compétences dévolues à la Cour

En toutes matières et sans préjudice des dispositions du 2e alinéa de l'article 111 du code des juridictions financières, quiconque fait obstacle, de quelque façon que ce soit à l'exercice des compétences dévolues par la loi à la Cour et à ses magistrats, est puni d'une amende de cinq mille (5.000) dirhams à dix mille (10.000) dirhams. Cette amende est prononcée en dernier ressort, sur réquisition du procureur général du roi, par la formation de jugement constituée à cet effet par le premier président[214] Le même pouvoir est procuré au président de la Cour régionale des comptes.

A notre avis, selon l'interprétation à contrario de la jurisprudence de la Cour de cassation concernant les amendes et astreintes prononcées par le premier président et dans le silence du texte, cette sanction particulière, étant émanée d'une formation de jugement, peut faire l'objet de recours.

D- Dans le cadre de la gestion de fait :

- le gestionnaire de fait peut , à titre optionnel, sans préjudice des dispositions de l'article 37, s'il ne fait pas l'objet de poursuites pénales, être condamné par la Cour ou la Cour régionale des comptes, selon le cas, à une amende calculée selon l'importance et la durée de la détention ou du maniement des fonds et valeurs.[215]
- sanction du refus ou du retard de production du compte de la gestion de fait : l'amende et l'astreinte prévues par l'article 29 sont applicables au gestionnaire de fait à l'instar du comptable public.
- Sanction de non collaboration : Lorsqu'un comptable de fait ne répond pas, dans le délai fixé, à une injonction qui lui est adressée par la Cour ou la Cour régionale des comptes, selon le cas, il peut écoper de l'astreinte prévue à l'article 29.[216]

E- Sanction du non-respect à la Cour

Quiconque, par sa conduite on ses propos, méconnaît le respect dû à la Cour ou à la Cour régionale des comptes, selon le cas, au cours de l'une de ses séances, peut être condamné par décision du président de la séance, à une amende de deux cents (200) à deux mille (2.000) dirhams. La décision est sans recours. Un procès-verbal de séance est dressé.[217]

SECTION III : JURISPRUDENCE EN MATIERE DE DISCIPLINE BUDGETAIRE ET FINANCIERE

« La discipline budgétaire et financière est le garant naturel de l'intérêt général dans le domaine financier »
Michel Lascombe ; Xavier Vandendriessche
La revue du Trésor ; Janvier 2004, p 37.

I- Jurisprudence de la Cour des comptes

A- La jurisprudence de de la chambre de discipline budgétaire et financière (publiée en 2015)

La Cour des comptes a procédé en 2015 pour la première fois de son histoire à la publication d'une partie de sa jurisprudence financière en matière de discipline budgétaire et financière, abstraction faite du communiqué de presse historique du 14 janvier 2000. C'est un précèdent historique qui s'inscrit dans l'optique de la recherche continue de ses instances de gouvernance de mettre en valeur l'ensemble de ses compétences et attributions. Si la communication des rapports valorise les attributions administratives et consultatives de la Cour des comptes, celle des arrêts met en lumière ses attributions juridictionnelles. La finalité étant d'une part, de permettre à tous les gestionnaires publics de tirer les enseignements et d'autre part, de prévenir et dissuader les auteurs potentiels des infractions aux règles de gestion des finances publiques en vue d'assurer une meilleure protection de l'ordre public financier.

NB : Jurisprudence reformulée, adaptée, classifiée par thématique et traduite par l'auteur (citée dans notre ouvrage sur la discipline budgétaire et financière paru au premier semestre de l'année 2017.[218]

1- En matière des marchés publics

La Cour considère que :

Le Non-respect du délai d'annonce de l'appel d'offre relatif aux marchés publics est une infraction aux règles relatives à l'exécution des opérations de dépenses (Arrêt n°29/2010/DBF Du 1-3-2010 ; Affaire n°103/2006/DBF (établissement public) ; (**NB** : ce fondement juridique émane de l'ancienne loi portant création de la Cour des comptes, cette formulation n'est plus en vigueur dans le nouveau code des juridictions financières).

L'émission de l'ordre de service en vue de l'exécution des travaux objet des marchés avant leur approbation et avant le visa portant sur la régularité de la dépense est une infraction aux règles relatives à l'exécution des opérations de dépenses (Arrêt n°29/2010/DBF Du 1-3-2010 ; Affaire n°103/2006/DBF :établissement public) ; (**NB** : ce fondement juridique émane de l'ancienne loi portant création de la Cour des comptes, cette formulation n'est plus en vigueur dans le nouveau code des juridictions financières).

La Passation d'un marché alors qu'il comprend des clauses différentes de celles prévues par le cahier des prescriptions spéciales sur lequel la compétition a été basée est une infraction aux règles d'engagement de dépenses, et une atteinte aux principes de la concurrence et de l'égalité d'accès aux commandes publiques (Arrêt n°47/2010/DBF du 06-05-2010 ; Affaire n°105/2006/DBF) (ORMVA) ;

La Passation d'un marché ayant pour objet l'exécution de travaux sur un terrain dont la situation juridique n'a pas encore été régularisée est une infraction aux règles d'engagement de dépenses (Arrêt n°47/2010/DBF du 06-05-2010 ; Affaire n°105/2006/DBF) (ORMVA) ;

Le renvoi par un marché passé par un établissement public aux textes réglementaires appliqués aux marchés de l'Etat ; lesdits textes deviennent des règles applicables à l'exécution des dépenses de cet établissement public (Arrêt n°47/2010/DBF du 06-05-2010 ; Affaire n°105/2006/DBF) (ORMVA) ;

La Passation du marché après le service fait ne peut être justifiée par la régularisation des dettes de l'organisme public (Arrêt n°18/2011/DBF du 03-03-2011 ; Affaire n°104/2006/DBF) (Etablissement public) ;

La Passation du marché après le service fait- les pièces à l'appui sont des pièces inexactes (Arrêt n°18/2011/DBF du 03-03-2011 ; Affaire n°104/2006/DBF) (Etablissement public) ;

La certification du service fait- ; obligation de réception des équipements objet du marché après avoir été assuré de leur conformité aux spécifications techniques prévues par le contrat- la dite conformité fait partie des éléments de constatation du service fait et constitue une condition essentielle de la validité de l'opération de liquidation (Arrêt

n°02/2012/DBF du 25-07-2011 ; Affaire n°111/2010/DBF) (Service de l'Etat) ;
La certification de la réception des équipements ayant des spécifications autres que celles prévues par le contrat est une atteinte aux fondements sur lesquels est basée la concurrence et au principe d'égalité d'accès aux commandes publiques (Arrêt n°02/2012/DBF du 25-07-2011 ; Affaire n°111/2010/DBF) (Service de l'Etat) ;
L'Emission des ordres de service dans le cadre des marchés publics par le maitre d'ouvrage après la fin d'exécution du marché est un acte illégal (Arrêt n°17/2012/DBF du 20-06-2012 ; Affaire n°112/2010/DBF) (SEGMA) ;
La Signature des ordres de service ne reflétant pas la réalité de l'exécution est une infraction aux textes réglementaires relatifs aux marchés publics ; et une production de pièces inexactes (Arrêt n°17/2012/DBF du 20-06-2012 ; Affaire n°112/2010/DBF) (SEGMA) ;
L'Exécution des marchés publics avant la date de la séance d'ouverture des plis ; le caractère fictif des appels d'offre dont les marchés sont issues est une infraction aux textes réglementaires relatifs aux marchés publics(garantie de la transparence dans le choix des fournisseurs et de l'égalité d'accès aux commandes publiques et recours à la concurrence) (Arrêt n°17/2012/DBF du 20-06-2012 ; Affaire n°112/2010/DBF) (SEGMA) ;
La Passation de marchés de régularisation des créances précédentes est une infraction aux règles d'engagement de dépenses publiques est une infraction aux textes règlementaires relatifs aux marchés publics et une infraction de production de pièces inexactes (Arrêt n°17/2012/DBF du 20-06-2012 ; Affaire n°112/2010/DBF) (SEGMA) ;
L'approbation d'un marché en dépassement du seuil fixé par l'arrêté de délégation portant sur l'approbation des marchés- ; excès de compétences déléguées ; défaut d'habilitation d'approbation est une infraction aux règles d'engagement de dépenses (Arrêt n°24/2012/DBF du 20-06-2012 ; Affaire n°120/2010/DBF) (Délégation préfectorale d'un ministère) ;
La Signature de marchés avant la séance d'ouverture des plis ; caractère fictif des appels d'offre dont le marché est issu ; défaut de garantie de la transparence de la procédure suivie dans le choix du maitre d'ouvrage, de la concurrence et de l'égalité d'accès aux

commandes publiques (Arrêt n°27/2012/DBF du 20-06-2012 ; Affaire n°114/2010/DBF) (Service extérieur d'un service de l'Etat) ;

La date d'exécution des travaux objet de marchés ; l'une des mentions essentielles dans les PV de réception provisoire établis par la commission de réception ; elle est prise en compte dans la fixation du délai d'exécution et dans la liquidation des droits dus aux cocontractants (Arrêt n°38/2012/DBF du 17-06-2012 ; Affaire n°111/2010/DBF) (Ministère) ;

La décision de l'administration de modifier certaines spécifications techniques prévues par le contrat sans recourir à un avenant est assimilée à un ordre écrit portant exonération de responsabilité de l'agent poursuivi (ayant accepté la réception des produits dont est l'objet (Arrêt n°38/2012/DBF du 17-06-2012 ; Affaire n°111/2010/DBF) (Ministère) ;

La Certification par l'intéressé de la réception attestant la conformité des spécifications techniques des produits livrés avec celles prévues par le contrat ; sa motivation par la décision de modification des dites spécifications émanant de l'administration ; n'exonère pas de responsabilité de l'intéressé pour production de pièces inexactes à la Cour (Arrêt n°38/2012/DBF du 17-06-2012 ; Affaire n°111/2010/DBF) (Ministère) ;

La certification de la réception des équipements dont les spécifications ne sont pas prévues par le contrat est une infraction aux textes réglementaires relatifs aux marchés publics et une infraction aux règles de liquidation des dépenses publiques et une infraction de production à la Cour de pièces inexactes (Arrêt n°38/2012/DBF du 17-06-2012 ; Affaire n°111/2010/DBF) (Ministère)

La Passation de marchés avant la réception des fournitures ou travaux ou services dont sont objet pour la régularisation des créances y résultantes est une infraction des règles d'engagement de dépenses publiques, et infraction aux textes réglementaires régissant les marchés publics, et une infraction de production à la Cour des comptes de pièces inexactes (Arrêt n°41/2012/DBF du 27-06-2012 ; Affaire n°111/2010/DBF) (Service de l'Etat)

L'approbation des marchés et l'établissement de l'ordre de service pour leur exécution en vue de la régularisation de créances précédentes est une infraction aux règles d'engagement de dépenses publiques- et infraction aux textes réglementaires relatifs aux marchés publics- et une infraction de production à la Cour de pièces inexactes

(Arrêt n°42/2012/DBF du 27-06-2012 ; Affaire n°111/2010/DBF) (Ministère) ;

La Certification des décomptes provisoires en discordance avec la réalité de l'exécution ; la Certification des bons de livraison en conformité avec les spécifications et les quantités prévues par le contrat alors qu'il n'existe aucune relation contractuelle est une infraction aux règles de liquidation des dépenses publiques- et infraction de production à la Cour de pièces inexactes (Arrêt n°53/2012/DBF du 17-11-2012 ; Affaire n°112/2010/DBF) (SEGMA) ;

La Certification du service fait- ; la réception de fournitures après avoir été assuré de leur conformité aux spécifications et quantités prévues par le contrat ; cette conformité est un élément de constatation du service fait et une condition essentielle de la validité de l'opération de liquidation (Arrêt n°53/2012/DBF du 17-11-2012 ; Affaire n°112/2010/DBF) (SEGMA) ;

L'Exécution de travaux de marchés avant la soumission de ces marchés au visa du Contrôleur d'engagement de dépenses et avant l'approbation de l'autorité de tutelle compétente est une infraction aux règles d'engagement de dépenses et une infraction aux textes réglementaires relatifs aux marchés publics (Arrêt n°55/2012/DBF du 17-12-2012 ; Affaire n°115/2010/DBF) (Ministère) ;

La Certification des décomptes relatifs aux marchés et l'émission d'ordres de paiement de leurs montants malgré le non réception des quantités prévues par le contrat que postérieurement est une infraction aux règles de liquidation et d'ordonnancement des dépenses et une infraction de production de pièces inexactes (Arrêt n°55/2012/DBF du 17-12-2012 ; Affaire n°115/2010/DBF) (Ministère) ;

La Création de charges sur le budget d'un organisme public en l'absence de crédits budgétaires nécessaires et sans la soumission des commandes à la concurrence et au visa du Contrôleur d'engagement de dépenses- est une infraction aux règles d'engagement de dépenses publics (Arrêt n°55/2012/DBF du 17-12-2012 ; Affaire n°115/2010/DBF) (Ministère) ;

Le défaut d'approbation des marchés publics par les autorités compétentes est une infraction aux règles d'engagement de dépenses publiques (Arrêt n°60/2012/DBF du 27-12-2012 ; Affaire n°102/2008/DBF) (Etablissement public) ;

Le fait que le Contrôleur financier soit un membre de la commission d'ouverture des plis et qu'il soit présent à la réunion au courant de

laquelle a été proposé l'attributaire du marché n'est pas une cause exonératoire de responsabilité de l'ordonnateur de faire soumettre le projet du marché au visa du Contrôleur financier (Arrêt n°60/2012/DBF du 27-12-2012 ; Affaire n°102/2008/DBF) (Etablissement public) ;
La Certification par les agents subordonnés de la réception des produits inclus dans les documents de réception- n'exonère pas le chef hiérarchique, à la disposition duquel les registres contenant les quantités et la nature des produits réels réceptionnés ont été mis, de la responsabilité de la fausse certification du service fait (Arrêt n°68/2012/DBF du 20-12-2012 ; Affaire n°113/2010/DBF) (Ministère)
L'Exécution des marchés avant leur soumission au Contrôleur d'engagement de dépenses et avant leur approbation par les autorités compétentes est une infraction aux règles d'engagement de dépenses publiques- et infraction aux textes réglementaires relatifs aux marchés publics (Arrêt n°68/2012/DBF du 20-12-2012 ; Affaire n°113/2010/DBF) (Ministère) ;
L'Emission par l'ordonnateur d'un ordre de paiement du montant global du marché malgré le non réception de toutes les fournitures dont est l'objet , en vue d'affecter la valeur des fournitures non réceptionnées au titre du marché à la régularisation de créances portant sur des fournitures précédentes non prévues par la contrat établit la responsabilité de l'ordonnateur (Arrêt n°68/2012/DBF du 20-12-2012 ; Affaire n°113/2010/DBF) (Ministère) ;
Le renvoi par une clause d'un marché passé par un établissement public au cahier de clauses administratives générales appliquées aux marchés de travaux passés pour le compte de l'Etat ; les dites clauses objet du renvoi deviennent des règles d'exécution de dépenses du susdit établissement (Arrêt n°01/2014/DBF du 10-06-2014 ; Affaire n°103/2013/DBF) (Etablissement public).

2- <u>En matière des achats par Bons de commande</u>

La Cour considère que :
L'Emission par un responsable habilité de Bons de commande au cours de la même année, dont le montant dépasse le seuil légal et se rapportant à des travaux de même nature est une infraction aux règles d'engagement de dépenses (Arrêt n°13/2011/DBF du 18 janvier 2011 ; Affaire n°113/2001/DBF) (Collectivité locale) ;

Le recours à un fournisseur n'appartenant pas à la profession dont relève le service objet du Bon de commande est une infraction aux règles d'engagement de dépenses (Arrêt n°13/2011/DBF du 18 janvier 2011 ; Affaire n°113/2001/DBF) (Collectivité locale) ;
L'engagement par la même personne habilitée à cet effet pendant le même exercice budgétaire de dépenses publiques par Bons de commande ayant pour objet des travaux de même nature et dont le montant dépasse le seuil légal est une infraction aux règles d'engagement de dépenses publiques (Arrêt n°37/2010/DBF du 28-01-2010 ; Affaire n°133/2002/DBF) (Commune rurale) ;
Les Bons de commande établis par les chambres professionnelles ne sont pas soumis aux dispositions de l'article 72 du décret n° 482-98-2 du 30 décembre 1998 relatif aux conditions et formes de passation des marchés de l'Etat (Arrêt n°60/2011/DBF du 15-06-2012 ; Affaire n°103/2008/DBF) (Chambre de commerce, d'industrie et de services) ;
L'émission de Bons de commande d'un montant global en dépassement du seuil fixé par la décision du ministère des finances est une infraction aux règles d'engagement de dépenses publiques (Arrêt n°60/2011/DBF du 15-06-2012 ; Affaire n°103/2008/DBF) (Chambre de commerce, d'industrie et de services) ;
Le Bon de commande n'est pas une pièce justificative de la réalité de la créance relative aux dépenses d'assurance (Arrêt n°32/2013/DBF du 21-11-2013 ; Affaire n°104/2010/DBF) (Chambre d'artisanat) ;
Le Bon de commande relatif aux assurances est un simple acte comptable d'engagement du montant de la dépense objet du contrat d'assurance (Arrêt n°32/2013/DBF du 21-11-2013 ; Affaire n°104/2010/DBF) (Chambre d'artisanat).

3- <u>En matière de la gestion des ressources humaines</u>

La Cour considère que :
Le recrutement à nouveau et la réintégration d'un employé qui a déjà présenté sa démission, avec la prise en compte dans son ancienneté des années durant lesquelles il a été hors du service est une infraction de procuration d'avantage pécuniaire injustifié à autrui (Arrêt n°29/2010/DBF Du 1-3-2010 ; Affaire n°103/2006/DBF) (Etablissement public) ;
Le visa du contrôleur financier sur les actes de recrutement émis par l'ordonnateur n'exonère pas l'ordonnateur de la responsabilité pour

ces actes (Arrêt n°29/2010/DBF Du 1-3-2010 ; Affaire n°103/2006/DBF) (Etablissement public) ;

La nomination des employés en dépassement du nombre fixé par la loi cadre de l'établissement public est une infraction aux règles d'engagement de dépenses publiques et une infraction aux dispositions du règlement interne des employés de l'établissement (Arrêt n°60/2012/DBF du 27-12-2012 ; Affaire n°102/2008/DBF) (Etablissement public) ;

L'accord de principe et en termes généraux par le Conseil d'administration portant sur une convention- n'est pas assimilé à une approbation légale (Arrêt n°27/2013/DBF du 28-06-2013 ; Affaire n°121/2010/DBF) (Etablissement public) ;

L'approbation légale d'une convention par le Conseil d'administration d'une société nationale ; la dite approbation doit impérativement porter sur une convention déterminée, en mentionnant ses références dans le PV de la réunion du Conseil et sa date doit être postérieure à la conclusion de la convention (Arrêt n°27/2013/DBF du 28-06-2013 ; Affaire n°121/2010/DBF) (Etablissement public) ;

L'exercice par le Ministre des finances de son autorité de visa préalable des dépenses au lieu du Contrôleur financier avant le refus de visa par ce dernier du projet de la convention est un acte illégal (Arrêt n°27/2013/DBF du 28-06-2013 ; Affaire n°121/2010/DBF) (Etablissement public) ;

L'Emission de l'acte de recrutement alors que le candidat n'a pas passé l'examen oral devant une commission régulièrement nommée est une infraction aux textes règlementaires relatifs à la gestion des employés et agents (Arrêt n°27/2013/DBF du 28-06-2013 ; Affaire n°121/2010/DBF) (Etablissement public) ;

La fixation du lieu de passage du concours ou sa modification est une affaire organisationnelle interne n'est pas une atteinte aux principes de la concurrence et de l'égalité d'accès aux fonctions publiques (Arrêt n°27/2013/DBF du 28-06-2013 ; Affaire n°121/2010/DBF) (Etablissement public) ;

Le directeur général d'une société nationale n'est pas responsable pour l'engagement d'un contrat avec des fonctionnaires relevant du ministère de tutelle en tant que conseillers du Président du Conseil d'administration (Arrêt n°03/2014/DBF du 22-05-2014 ; Affaire n°102/2009/DBF) (Société nationale).

4- En matière de la gestion du patrimoine

La Cour considère que :

La non prise de diligences nécessaires en vue du suivi du matériel prêté et de sa récupération est une omission et une négligence dans la sauvegarde du patrimoine de l'organisme est une infraction aux règles de sauvegarde du patrimoine (Arrêt n°41/2012/DBF du 27-06-2012 ; Affaire n°111/2010/DB (Service de l'Etat) ;

La signature par le Directeur général de la société de contrats de cession de terrains sans l'approbation du comité directorial seul habilité à leur réaffectation est une infraction aux règles de gestion du patrimoine (Arrêt n°04/2014/DBF du 22-05-2014 ; Affaire n°102/2009/DBF) (Société nationale) ;

Le non prélèvement de la compensation de désistement portant sur des lots de terrains affectés auparavant est une infraction de procuration d'avantage pécuniaire injustifié à autrui (Arrêt n°04/2014/DBF du 22-05-2014 ; Affaire n°102/2009/DBF) (Société nationale) ;

L'exécution de l'engagement de la société dans le cadre de la convention de cession d'une parcelle de terrain sans avoir obligé le cocontractant à exécuter ses engagements de restitution d'une autre parcelle de terrain à la société est une infraction aux règles de gestion du patrimoine, et infraction de procuration d'avantage injustifié au cocontractant (Arrêt n°04/2014/DBF du 22-05-2014 ; Affaire n°102/2009/DBF) (Société nationale).

5- En matière du recouvrement des créances publiques

La Cour considère que :

La non prise par le délégué du ministère de la pêche maritime de diligences nécessaires complètes de recouvrement des amendes à l'encontre des bateaux de pêche ayant commis des infractions est une infraction aux règles de recouvrement des créances publiques (Arrêt n° 37/2011/DBF du 03-03-2011 ; Affaire n°107/2006/DBF) (Délégation régionale de la pêche maritime) ;

Le prélèvement par l'autorité habilitée à percevoir les droits prévus par la loi de toute commission, ou montant d'une recette en contrepartie de ses services en l'absence d'un texte légal expresse est une infraction aux règles de recouvrement des créances publiques (Arrêt n°60/2012/DBF du 27-12-2012 ; Affaire n°102/2008/DBF) (Etablissement public).

6- S'agissant du cas particulier des dépenses relatives aux assurances

La Cour considère que :
Vu la Spécificité des dépenses relatives aux assurances, le paiement des montants d'abonnement en faveur de la société d'assurance ne peut se faire après la fin de la période concernée par la couverture, mais avant son écoulement (Arrêt n°31/2013/DBF du 21-11-2013 ; Affaire n°104/2010/DBF) (Chambre d'artisanat) ;
Le Bon de commande n'est pas une pièce justificative de la réalité de la créance relative aux dépenses d'assurance (Arrêt n°31/2013/DBF du 21-11-2013 ; Affaire n°104/2010/DBF) (Chambre d'artisanat) ;
L'ordonnancement d'une traite d'assurance relative au même objet à deux reprises au titre de la même période est une infraction aux règles de liquidation et d'ordonnancement des dépenses publiques , et une infraction de procuration à autrui d'un avantage pécuniaire injustifié et une infraction d'entrainement d'un préjudice à un organisme public pour négligences répétées dans l'exercice de son rôle de direction (Arrêt n°31/2013/DBF du 21-11-2013 ; Affaire n°104/2010/DBF) (Chambre d'artisanat).

7- En matière de la distinction de responsabilité des acteurs de la gestion publique

La Cour considère que :
Le non refus par le comptable du paiement des dépenses n'attribue pas la légalité à l'opération d'engagement effectuée par l'ordonnateur (Arrêt n°18/2011/DBF du 03-03-2011 ; Affaire n°104/2006/DBF) (Etablissement public) ;
Le non refus par le comptable du paiement des dépenses n'est pas cause exonératoire de responsabilité de l'ordonnateur en matière de discipline budgétaire et financière (Arrêt n°18/2011/DBF du 03-03-2011 ; Affaire n°104/2006/DBF) (Etablissement public) ;
Le non refus par le contrôleur des engagements de dépenses de l'apposition du visa sur les propositions d'engagement par bons de commande n'est pas une cause exonératoire de responsabilité de l'ordonnateur pour dépassement du seuil de recours aux bons de commande (Arrêt n°13/2011/DBF du 18 janvier 2011 ; Aff. n°113/2001/DBF) (Collectivité locale) ;

Le non exercice par le Trésorier payeur de son devoir de contrôle des pièces visées par l'ordonnateur n'exonère pas l'ordonnateur de la responsabilité (Arrêt n°31/2013/DBF du 21-11-2013 ; Affaire n°104/2010/DBF) (Chambre d'artisanat).

8- A propos de certaines questions juridiques et procédurales

La Cour considère que :

Si l'affaire est déférée dans le cadre l'ancienne loi relative à la Cour des comptes , alors que la procédure et le jugement ont coïncidé avec l'entrée en vigueur de la nouvelle loi formant code de juridictions financières -Application de la loi dans le temps ; les règles de forme portant organisation et distribution des attributions au sein d'un service juridictionnel ou relatives aux procédures de recours et à la prescription tant qu'elles ne mettent pas en cause un droit acquis avant leur entrée en vigueur ; ces règles s'appliquent impérativement de droit, par effets immédiat et rétroactif sur les affaires pendantes devant une instance juridictionnelle. (Arrêt n°13/2011/DBF du 18 janvier 2011 ; Aff. n°113/2001/DBF) (Collectivité locale) ;

La spécificité de la compétence de la Cour des comptes en matière de discipline budgétaire et financière réside dans le fait qu'elle constitue une autre compétence juridictionnelle tout à fait différente de la compétence de vérification et de jugement des comptes, en ce qui concerne les personnes assujetties, la procédure suivie, les infractions, les règles de mise en jeu de la responsabilité et les sanctions (Arrêt n°13/2011/DBF du 18 janvier 2011 ; Aff. n°113/2001/DBF) (Collectivité locale) ;

La sanction d'une personne pour des faits ne faisant pas l'objet d'une poursuite par le parquet général est un acte illégal (Arrêt n°37/2010/DBF du 28-01-2010 ; Affaire n°133/2002/DBF) (Commune rurale) ;

Le déplacement du Conseiller rapporteur sur place et l'audience des agents poursuivis ou des témoins dans le cadre de ses pouvoirs d'investigation n'est pas un droit incontournable de la défense à respecter dans tous les cas (Arrêt n°37/2010/DBF du 28-01-2010 ; Affaire n°133/2002/DBF) (Commune rurale) ;

La notification des observations du Conseiller rapporteur et l'avis du contre-rapporteur sur le rapport d'instruction établi par le Conseiller rapporteur- n'est pas un acte de la procédure relative à la discipline budgétaire et financière (Arrêt n°37/2010/DBF du 28-01-2010 ; Affaire n°133/2002/DB (Commune rurale) ;

Le décès de la personne poursuivie est une condition extinctive de l'action en matière de discipline budgétaire et financière (Arrêt n°56/2010/DBF du 29-06-2010 ; Affaire n°103/2000/DBF) ;

Des faits ne faisant pas l'objet d'une poursuite par le parquet général ; la sanction ne peut être prononcée contre l'agent poursuivi pour ces faits (Arrêt n°02/2011/DBF du 03-03-2011 ; Affaire n°103/2007/DBF) (Etablissement public) ;

La mauvaise foi et l'entrainement d'un préjudice dans l'infraction de la production aux juridictions financières de pièces inexactes et dans l'infraction aux règles d'engagement , de liquidation et d'ordonnancement des dépenses publiques ne sont pas deux conditions impératives pour l'établissement des deux infractions (Arrêt n°18/2011/DBF du 03-03-2011 ; Affaire n°104/2006/DBF) (Etablissement public) ;

La mauvaise foi et l'entrainement d'un préjudice figurent parmi les éléments à considérer par la formation de jugement lors de l'appréciation de la sanction (Arrêt n°18/2011/DBF du 03-03-2011 ; Affaire n°104/2006/DBF) (Etablissement public) ;

L'Ordre exonératoire de responsabilité doit réunir deux conditions requises : qu'il soit écrit et adressé par le supérieur hiérarchique à son subordonné ; ayant pour objet le fait incriminé et daté avant la commission de l'infraction (Arrêt n°26/2012/DBF du 20-06-2012 ; Affaire n°118/2010/DBF) (Délégation préfectorale d'un service de l'Etat) ;

Les ordres de régularisation et des ordres oraux émanées des responsables de l'administration centrales et reçus par l'agent poursuivi à ne sont pas assimilés à un ordre exonératoire de responsabilité (Arrêt n°26/2012/DBF du 20-06-2012 ; Affaire n°118/2010/DBF) (Délégation préfectorale d'un service de l'Etat) ;

L'engagement par le délégué préfectoral (sous ordonnateur) d'une dépense et sa liquidation et son ordonnancement pour prendre en charge le déficit d'une autre délégation préfectorale est un excès de compétence territoriale- et un défaut d'habilitation d'engagement de dépenses publiques (Arrêt n°26/2012/DBF du 20-06-2012 ; Affaire n°118/2010/DBF) (Délégation préfectorale d'un service de l'Etat) ;

La dépense de crédits délégués (affectés à un service extérieur d'un ministère) ; il faut que les dits crédits ne soient pas réaffectés à un autre service extérieur sauf à les faire retourner aux services centraux pour qu'ils veillent à les redistribuer à nouveau selon les procédures et règles en vigueur (Arrêt n°42/2012/DBF du 27-06-2012 ; Affaire n°111/2010/DBF) (Ministère) ;

L'ordre exonératoire de responsabilité est une condition requise, qu'il soit écrit et adressé par le supérieur hiérarchique à son subordonné, en vue de son application avant la date de la commission de l'infraction (Arrêt n°42/2012/DBF du 27-06-2012 ; Affaire n°111/2010/DBF) (Ministère) ;

L'infraction de recel de documents ; son établissement est conditionné par le refus de l'agent poursuivi, après avoir été averti de répondre à la demande de production des documents en sa possession en vertu de sa fonction (Arrêt n°42/2012/DBF du 27-06-2012 ; Affaire n°111/2010/DBF) (Ministère) ;

La nomination par le Ministre du Secrétaire Général en tant qu'ordonnateur suppléant (délégation de signature) n'exonère pas le Secrétaire Général de la responsabilité (Arrêt n°29/2012/DBF du 20-06-2012 ; Affaire n°117/2010/DBF) (Service de l'Etat) ;

La difficulté à respecter des procédures applicables aux marchés publics ; cas d'urgence et cas de retard de l'ouverture de crédits supplémentaires est considérée parmi les circonstances atténuantes à considérer dans l'appréciation par la formation de jugement de l'amende correspondante à l'infraction commise (Arrêt n°29/2012/DBF du 20-06-2012 ; Affaire n°117/2010/DBF) (Service de l'Etat) ;

La difficulté à respecter les procédures applicables aux marchés publics- cas d'urgence des fournitures et cas de retard de l'ouverture de crédits supplémentaires affectés à ces fournitures est considérée parmi les circonstances atténuantes à considérer dans l'appréciation de l'amende (Arrêt n°53/2012/DBF du 17-11-2012 ; Affaire n°112/2010/DBF) (SEGMA) ;

L'acte illégal ; sa répétition dans le temps et sa pratique habituelle par des anciens responsables ne l'assimile pas à un acte légal (Arrêt n°60/2012/DBF du 27-12-2012 ; Affaire n°102/2008/DBF) (Etablissement public) ;

Pour l'établissement de l'infraction de recel des documents, les conditions suivantes sont requises :

- Le refus de l'intéressé de répondre à la demande de la Cour des comptes tenant à la production de documents déterminés en sa possession du fait de sa fonction et

- Son obstination malgré l'avertissement de la Cour (Arrêt n°68/2012/DBF du 20-12-2012 ; Affaire n°113/2010/DBF) (Ministère) ;

La prise en charge par le budget d'un organisme public de dépenses ne relevant pas de sa compétence territoriale en l'absence de l'habilitation d'engagement de ces dépenses est une infraction aux règles d'engagement de dépenses publiques (Arrêt n°68/2012/DBF du 20-12-2012 ; Affaire n°113/2010/DB (Ministère) ;

L'accord de principe et en termes généraux par le Conseil d'administration portant sur une convention n'est pas assimilé à une approbation légale (Arrêt n°27/2013/DBF du 28-06-2013 ; Affaire n°121/2010/DBF) (Etablissement public) ;

L'approbation légale d'une convention par le Conseil d'administration d'une société nationale ; la dite approbation doit impérativement porter sur une convention déterminée, en mentionnant ses références dans le PV de la réunion du Conseil et sa date doit être postérieure à la conclusion de la convention (Arrêt n°27/2013/DBF du 28-06-2013 ; Affaire n°121/2010/DBF) (Etablissement public) ;

L'exercice par le Ministre des finances de son autorité de visa préalable des dépenses au lieu du Contrôleur financier avant le refus de visa par ce dernier du projet de la convention est un acte illégal (Arrêt n°27/2013/DBF du 28-06-2013 ; Affaire n°121/2010/DBF) (Etablissement public) ;

Les Caractères formel et procédural des infractions et leur non entrainement d'aucun préjudice aux finances de l'établissement public sont considérés parmi les circonstances atténuantes dans l'appréciation de l'amende (Arrêt n°27/2013/DBF du 28-06-2013 ; Affaire n°121/2010/DBF) (Etablissement public) ;

L'investigation portant sur les domaines d'utilisation des montants doublement payés en faveur de la société d'assurance s'inscrit dans le cadre de la compétence de la Cour en matière de la gestion de fait (Arrêt n°31/2013/DBF du 21-11-2013 ; Affaire n°104/2010/DBF) (Chambre d'artisanat) ;

Le non exercice par le Trésorier payeur de son devoir de contrôle des pièces visées par l'ordonnateur n'exonère pas l'ordonnateur de la responsabilité (Arrêt n°31/2013/DBF du 21-11-2013 ; Affaire n°104/2010/DBF) (Chambre d'artisanat) ;

La réception par l'agent poursuivi des pièces en copies au lieu des originaux n'est pas un vice de forme (Arrêt n°32/2013/DBF du 21-11-2013 ; Affaire n°104/2010/DBF) (Chambre d'artisanat) ;

La fausse imputation des recettes n'est pas parmi les infractions entrainant la responsabilité de l'ordonnateur en matière de discipline budgétaire et financière en vertu de l'article 62 du Code des juridictions financières (Arrêt n°01/2014/DBF du 10-06-2014 ; Affaire n°103/2013/DBF) (Etablissement public) ;
Les établissements publics bancaires ne sont pas soumis aux dispositions du décret fixant les conditions et les formes de passation des marchés de l'Etat et aux dispositions de la loi relatif au contrôle financier de l'Etat sur les Entreprises publiques et autres organismes (Arrêt n°07/2014/DBF du 30-05-2014 ; Affaire n°101/2012/DBF) (Etablissement public bancaire).

B- Jurisprudence de de la chambre d'appel (publiée en 2017) : NB : reformulée, adaptée et traduite par l'auteur

1- Contrôle de la conformité des travaux supplémentaires (marchés publics)

La Cour estime que tant que le maitre d'ouvrage et l'entrepreneur se sont mis d'accord sur l'augmentation des travaux et matériaux utilisés dans le bordereau des prix annexé au marché, l'accord est considéré comme un nouvel engagement, il est obligatoire que le contrôle de la conformité des travaux soit dirigé aux nouvelles données ajoutées au bordereau des prix, avant la certification de la réception provisoire. (Arrêt d'appel n° 02/21012 /DBF du 14 juin 2012, Aff. n° 305/2011/DBF).

2- Invocation de la bonne foi et de l'ignorance des règles d'exécution des marchés publics

La Cour estime que la bonne foi et de l'ignorance des règles d'exécution des marchés publics ne peuvent être invoquées comme motifs d'exonération de la responsabilité, elles peuvent être prises en considération comme des circonstances atténuantes de la responsabilité (Arrêt d'appel n° 02/21012 /DBF du 14 juin 2012, Aff. n° 305/2011/DBF).

3- Signature du PV de réception provisoire avant la fin des travaux- imputation de la responsabilité au président de la commune

La Cour estime que le président de la commune est responsable de la signature du PV de réception provisoire avant la fin des travaux tant que la commission technique locale chargée du suivi et de l'exécution des travaux est présidée par lui. (Arrêt d'appel n°03/2012/DBF, du 26 juin 2012, Aff. n° 306/2011/DBF).

4- Infraction de non ordonnancement des recettes et de non-respect des règles de gestion du patrimoine.

La Cour estime que le fait d'invoquer que la situation juridique de l'assiette foncière de la commune ne permet pas de prendre les diligences nécessaires en vue de percevoir les droits de locations et d'appliquer la loi relative aux loyers sans produire ce qui prouve cette situation et sa régularisation alors que le patrimoine concerné est inscrit sur le registre du patrimoine communal et les droits y afférents sont prévus par la décision fiscale , tout cela n'exonère pas la responsabilité du président de la commune pour non émission de l'ordre de recouvrement des droits de loyers et pour non-respect des règles de gestion du patrimoine. (Arrêt d'appel n°03/2012/DBF, du 26 juin 2012, Aff. n° 306/2011/DBF).

5- Répétition de pratiques irrégulières

La Cour estime que la répétition de pratiques irrégulières, comme la contribution des communes dans les frais de location de la perception communale n'exonère pas la responsabilité du président de la commune pour ces dépenses (règles d'engagement) : (Arrêt d'appel n°05/2012 DBF du 25 septembre 2012, Aff. n° 302/2011/DBF).

6- Pièce justificative de dépenses de loyer

La Cour estime que le contrat de loyer est une pièce justificative nécessaire de dépenses de loyer (règle d'engagement) (Arrêt d'appel n°05/2012 DBF du 25 septembre 2012, Aff. n° 302/2011/DBF).

7- Invocation des instructions des autorités de tutelle

La Cour estime que l'invocation des instructions des autorités de tutelle est sans fondement puisqu'elle reste une allégation non appuyée par des preuves. (Arrêt d'appel n°05/2012 DBF du 25 septembre 2012, Aff. n° 302/2011/DBF).

8- Responsabilité pour non prise de diligences en vue de la régularisation de la situation des locaux communaux

La Cour estime que le fait de ne pas conclure des contrats de location des locaux communaux n'exonère pas la responsabilité du président du conseil communal pour non prise de diligences en vue de la régularisation de la situation des locaux communaux (Arrêt d'appel n° 02/2013/DBF du 05 février 2013, Aff. n°309/2011/DBF).

9- Conflit de compétence et son effet sur la responsabilité

La Cour estime que le conflit de compétence entre deux collectivités territoriales n'exonère pas la responsabilité du président du conseil communal pour non prise de diligences en vue de percevoir les taxes et impôts des locaux de vente de boissons et des sanctions prescrites en cas de retard de production par les redevables des déclarations dans les délais fixés par la loi (Arrêt d'appel n° 02/2013/DBF du 05 février 2013, Aff. n°309/2011/DBF).

10- Procuration de matériaux de construction aux associations sans autorisation du conseil communal ou en l'absence d'un acte de partenariat

La Cour estime que le président du conseil communal est responsable de la procuration de subventions aux associations sans autorisation du conseil ou sans acte de partenariat (Arrêt d'appel n° 02/2013/DBF du 05 février 2013, Aff. n°309/2011/DBF).

11- Vices de forme

Dépôt de la requête d'appel hors délai

La Cour considère que le dépôt de la requête d'appel hors délai conduit à la déclarer irrecevable (arrêt d'appel n° 27/2015/DBF du 30 septembre 2015, Aff. n°311/2014/DBF).

Annulation et évocation d'office (absence de la formule : au nom de sa majesté le roi)

La Cour a annulé un jugement ne portant pas dans son intitulé la mention constitutionnelle : « au nom de sa majesté le roi ». Aussitôt le jugement annulé, la Cour a évoqué l'affaire d'office et a décidé de juger l'affaire en vertu de l'article 146 du code de procédure civile, considérant que l'affaire est en état d'être jugée. (Arrêt d'appel n°03/2012/DBF, du 26 juin 2012, Aff. n° 306/2011/DBF).

II- Jurisprudence de la Cour de cassation[219]

La Cour de cassation (ex Cour suprême) a produit, à travers un ensemble d'arrêts très rares, des réponses importantes sur des questions juridiques essentielles relatives à la discipline budgétaire et financière, parmi elles on peut citer :

- La nature de la compétence en matière de discipline budgétaire et financière
- La distinction entre la juridiction de fond et la juridiction de forme
- L'immunité parlementaire
- La distinction entre la discipline budgétaire et financière et la poursuite pénale
- La légalité ou non de la couverture par l'autorité de tutelle des infractions financières

Le fait qu'ils ont été rendus sous l'empire de l'ancienne loi portant création de la Cour des comptes (12-79) ne diminue pas l'intérêt de ces arrêts puisqu'ils comportent des règles et des positions de principe qui ont le mérite d'être toujours en vigueur, même si une nouvelle loi formant code des juridictions financières (62-99) a vu le jours en 2002.

1- Principe de l'unité du parquet près la Cour des comptes

Extrait de l'arrêt :
…Or, puisque l'unité du parquet ne peut être remise en cause par l'absence de l'un de ses membres et que la présence d'un membre et son exercice des missions du parquet général est suffisant pour représenter le parquet général. Cour de cassation (Arrêt n° : 597 B/L ; Du 09/06/2004 ; Affaire administrative n° : 690/4/1/2001 ; président d'une commune urbaine).
La règle :
La présence d'un membre du parquet général et son exercice de ses missions est suffisant pour le représenter.

2- **Portée de la responsabilité de l'ordonnateur en matière du recouvrement des créances**

Extrait de l'arrêt :

Or, considérant que ce qui a été établi à l'encontre du requérant n'est pas le recouvrement des taxes et recettes communales qui s'inscrit dans le cadre de la fonction du comptable public (receveur communal) mais le non émission par le président de la commune, en sa qualité d'ordonnateur des dépenses et des recettes, de l'ordre d'imposition de ces recettes en l'abstention des redevables de produire leurs déclarations au moment approprié. (Cour de cassation ; Arrêt n° : 597 B/L ; Du 09/06/2004 ; Affaire administrative n° : 690/4/1/2001 ; Président d'une commune urbaine).

La règle :

La responsabilité de l'ordonnateur en matière de recouvrement des recettes veut dire sa responsabilité pour le non émission des ordres d'imposition de ces recettes.

3- **Bons de commande fictifs et leur qualification**

Extrait de l'arrêt :

.....Or, considérant que l'émission du requérant de bons de commande postérieurs en vue de régulariser des arriérés de paiements relatifs à des bons de commande au titre des années 1993 et 1994 , constitue une émission fictive de bons de commande au titre de l'année de leur émission. (Cour de cassation ; Arrêt n° : 597 B/L ; Du 09/06/2004 ; Affaire administrative n° : 690/4/1/2001 ; Président d'une commune urbaine).

La règle :

Les Bons de commande fictifs émis pour régulariser des arriérés de paiements relatifs à des Bons de commandes antérieures sont considérés des pièces inexactes.

4- **Passation d'un marché avec une société dont le responsable (Président d'une commune urbaine) est son propriétaire, sa qualification.**

Extrait de l'arrêt :

Or, considérant que la passation par le requérant de marchés avec la société dont il est propriétaire constitue une transgression de la règle de concurrence en vigueur dans le domaine de la réalisation des marchés publics et constitue également une violation du principe d'égalité entre les fournisseurs et les entrepreneurs candidats à l'obtention des marché publics. En outre, cela viole le principe de transparence dans le choix de la personne qui a remporté le marché, qui en droit d'être passé avec lui. Il s'agit d'une infraction expresse de l'article 36 du Dahir portant organisation communale qui interdit au président du conseil communal -en raison de ses responsabilités de gestion- de passer un marché avec des sociétés dont il est propriétaire. Tout cela constitue une procuration du requérant d'un avantage injustifié à soi-même entrainant un préjudice à l'organisme public et une violation des règles d'engagement des marchés.... (Cour de cassation ; Arrêt n° : 597 B/L ; Du 09/06/2004 ; Affaire administrative n° : 690/4/1/2001 ; Président d'une commune urbaine).

La règle :

La passation par la commune d'un marché avec la société dont la propriété renvient au requérant (le président de la commune) constitue une procuration par le requérant d'un avantage injustifié à soi-même entrainant un préjudice à l'organisme public et une violation des règles d'engagement des marchés....

5- Absence de la motivation

Extrait de l'arrêt:

Or, considérant que le requérant-en premier lieu- n'a pas mis en exergue les invocations que l'arrêt a omis de discuter et d'y répondre. Que l'arrêt -en deuxième lieu- a consacré à chaque infraction la réponse du requérant et la discussion de cette réponse et la réplique de la Cour, et que le recours aux experts dans les enquêtes techniques –en troisième lieux- la Cour peut en faire appel en application de l'article 22 de la loi relative à la Cour des comptes.

Considérant ce qui précède, les moyens invoqués demeurent non fondés et la demande en cassation est rejetée. (Cour de cassation ; Arrêt n° : 597 B/L ; Du 09/06/2004 ; Affaire administrative n° : 690/4/1/2001 ; Président d'une commune urbaine).

La règle :

Le recours pour l'absence de motivation exige de mettre en exergue les invocations que la Cour des comptes aurait omis de discuter et d'y répondre.

6- **Immunité parlementaire-**
7- **Caractère disciplinaire des infractions**

Extrait de l'arrêt:
Or, considérant que la carte invoquée par le demandeur se rapporte au mandat législatif 1997/2002 alors que les infractions disciplinaires sur lesquelles l'arrêt dont est recours a statué, et comme il est mentionné dans sa page trois, se rapportent aux deux années 1993 et 1994 et que leur déféré par le ministre de l'intérieur à la Cour des comptes a eu lieu le 19/01/1996, soit avant l'acquisition par le demandeur de la qualité invoquée par lui. Le principe c'est que les infractions objet de la poursuite relèvent du domaine de la discipline. De tout cela, ce qui a été invoqué est sans fondement. (Cour de cassation ; Arrêt n° : 886 ; Du 11/12/2003 ; Affaire administrative n° : 1380/1/4/2001 ; Président d'une commune rurale).

Première règle :
L'invocation de l'immunité parlementaire est sans fondement parce que les infractions ont été commises et déférées à la Cour des comptes avant l'acquisition par l'intéressé de la qualité invoquée.

Deuxième règle :
Le principe c'est que les infractions objet de la poursuite relèvent du domaine de la discipline.

8- **Distinction entre la juridiction de fond et la juridiction de forme**

Extrait de l'arrêt:
.....Or, considérant qu'il ressort de la motivation de l'arrêt dont est recours à propos de l'entente directe que le requérant a affirmé que tous les actes relatifs à la passation de ce marché ont eu lieu au siège de la province et que son rôle s'est limité à apposer sa signature, et que cette justification n'exonère pas sa responsabilité pour la passation du marché en méconnaissance des textes juridiques en vigueur.
Que le moyen n'est qu'une contestation de la conviction des juges de fond quant aux preuves portées devant eux, il ne constitue pas un motif de recours en cassation. De ce fait, l'invocation est déclarée irrecevable. (Cour de cassation ; Arrêt n° : 886 ; Du 11/12/2003 ;

Affaire administrative n° : 1380/1/4/2001 ; Président d'une commune rurale).

La règle :

La contestation de la conviction des juges de fond quant aux preuves portées devant eux n'est pas un motif du recours en cassation (passation et exécution des marchés publics).

9- Renouvellement de la location d'un marché hebdomadaire sans recourir à l'enchère publique, sa qualification

Extrait de l'arrêt:

.....Considérant qu'en vertu de l'article 42 du décret portant règlement de la comptabilité des collectivités locales et ses groupements puisque les modalités de location de certains produits par la voie de la concurrence publique sont les mêmes relatives aux marchés de travaux de fournitures et de services réalisées pour le compte de l'Etat. Le requérant, en procédant au renouvellement de la location du marché hebdomadaire de ladite commune sans recourir à l'enchère publique en application de l'article 15 du décret susdit a commis l'une des infractions prévues par l'article 56 de la loi relative à la Cour des comptes qui consiste en la procuration à autrui d'un avantage pécuniaire injustifié entrainant un préjudice à un organisme public. (Cour de cassation ; Arrêt n° : 973 B/L ; Du 10/10/2002 ; Affaire administrative n° : 290/4/1/2000 ; Président d'une commune urbaine).

La règle :

Le renouvellement de la location du marché hebdomadaire de la commune sans recourir à l'enchère publique constitue une procuration à autrui d'un avantage pécuniaire injustifié entrainant un préjudice à un organisme public.

10- Question de la légalité de couverture par l'autorité de tutelle des infractions financières

Extrait de l'arrêt :

.....Considérant – quant à la deuxième infraction- que le montant de 24.000,00 dirhams correspondant à la location de la maison affecté au Caïd de la première circonscription urbaine pour la période allant du 97/09/1994 au 05/08/1995 a été décaissé en méconnaissance des règles régissant les finances des collectivités locales , notamment les articles 21 et 22 du dahir n° 584.76.1 en date du 30/09/1976 portant

loi relative à l'organisation financière des collectivités locales. Et ce, du fait que le dit montant ne s'inscrit ni dans le cadre des charges de la collectivité locale (dépenses des services) ni dans le cadre d'aucune loi ou décret portant application d'une loi , il constitue , de ce fait une dépense irrégulière – même si elle a été approuvée par la tutelle – il s'agit d'une infraction relative à l'exécution des dépenses , laquelle infraction est prévue par l'article 56 de la loi 12.79 relative à la Cour des comptes.
Considérant ce qui précède, le recours est dénué de fondement, il est rejeté. (Cour de cassation ; Arrêt n° : 973 B/L ; Du 10/10/2002 ; Affaire administrative n° : 290/4/1/2000 ; Président d'une commune urbaine).

La règle :
L'approbation de l'autorité de tutelle d'une dépense ne relevant pas des charges de la commune (paiement de la contrepartie de la location de la maison du Caïd) ne procure pas à la dépense susdite le caractère de régularité.

11- Loi régissant la compétence de la Cour des comptes en matière de discipline budgétaire et financière

Extrait de l'arrêt:
…..Or, considérant qu'il n'existe aucune disposition dans le décret relatif à la comptabilité publique, notamment dans l'article invoqué qui régisse la question de la compétence de discipline budgétaire et financière. Mais c'est bel et bien l'article 56 de la loi relative à la Cour des comptes qui prévoit en toute clarté ce qui suit : « la Cour des comptes exerce une mission juridictionnelle en matière de discipline budgétaire et financière à l'égard de tout fonctionnaire, responsable ou agent d'un autre organisme soumis au contrôle de la Cour» (Cour de cassation ; Arrêt n° : 594 ; Du 10/10/2001 ; Affaire administrative n° : 1627/4/1/2000 ; Contrôleur provincial d'engagements de dépenses).

La règle :
La compétence en matière de discipline budgétaire et financière est régie par les dispositions de la loi relative à la Cour des comptes et non celles du décret relatif à la Comptabilité publique.

12- Appréciation exacte du projet de la dépense par le contrôleur des engagements de dépenses, sa qualification
13- Domaine disciplinaire et champ d'application de la loi pénale

Extrait de l'arrêt:
...Or, considérant que l'assurance du fait que la dépense soit exactement appréciée en application de l'article 11 du décret relatif au contrôle des engagements des dépenses est d'ordre public. En outre , la règle qui dit qu'il n'ay pas de crime ou de sanction sans texte n'est applicable qu'en droit pénal alors que l'objet de la poursuite est le domaine disciplinaire qui est soumis aux lois , règlements, circulaires et lettres circulaires en plus de sa soumission à ce qui est considéré des postulats évidents qui n'exige aucune normalisation par des règlements ou de règles à l'instar du produit de la multiplication d'un chiffre par un autre. (Cour de cassation ; Arrêt n° : 594 ; Du 10/10/2001 ; Affaire administrative n° : 1627/4/1/2000 ; Contrôleur provincial d'engagements de dépenses).

Première règle :
L'appréciation exacte du projet de la dépense par le contrôleur des engagements de dépenses est considérée comme étant d'ordre public.
Deuxième règle :
Le domaine disciplinaire est différent du champ d'application de la loi pénale dans le fait qu'il n'est pas soumis à la règle de pas de crime ou de sanction sans texte et aussi dans le fait qu'il est soumis aux lois , règlements , circulaire et lettres circulaires en plus de ce qui est considéré comme étant des postulats évidents.

14- Contestation du montant de l'amende

Extrait de l'arrêt :
.....en deuxième lieu, considérant que ce qui a été invoqué quant à la fixation du montant de l'amende est fondé sur la seule contestation, il faut que le moyen de cassation soit fondé sur l'existence d'une violation établie, cela nonobstant le fait que l'amende prononcée ....n'atteint même pas la moitié du montant maximum fixé en vertu de la loi relative à la cour des Comptes. (Cour de cassation ; Arrêt n° : 605 ; Du 10/10/2001 ; Affaire administrative n° : 639/4/1/2001 ; Président d'une commune rurale).
La règle :

La seule contestation du montant de l'amende n'est pas un moyen de cassation, il faut que le moyen soit fondé sur une violation établie.

15- Elément intentionnel dans les infractions disciplinaires

Extrait de l'arrêt :
.....Or, considérant qu'il est convenu que les infractions disciplinaires, pour qu'elles soient établies, il suffit de prouver l'existence d'une omission ou d'une imprudence ...l'élément intentionnel n'est pas exigé pour établir l'infraction disciplinaire. (Cour de cassation ; Arrêt n° : 627 ; Du 18/10/2001 ; Affaire administrative n° : 124/4/1/2001 ; Président d'une commune urbaine).

La règle :
Il suffit, pour établir les infractions disciplinaires de prouver l'existence d'une omission ou d'une imprudence, l'élément intentionnel n'est pas exigé pour les établir.

III- Bref aperçu sur la jurisprudence française en matière de discipline budgétaire et financière[220]

1- Sur la compétence de la Cour à l'égard des comptables publics (la décharge ne lie pas la CDBF)

*Considérant que M. X, conseiller d'administration scolaire et universitaire, a exercé, à compter de 1998 et jusqu'au 6 septembre 2006, les fonctions d'agent comptable et de gestionnaire des lycées polyvalent et professionnel Vauvenargues, établissements publics locaux d'enseignement ; que, par suite, il est justiciable de la Cour de discipline budgétaire et financière **;***

Sur la chose jugée par la chambre régionale des comptes

*Considérant que les jugements susvisés, rendus le 3 août 2006 par la chambre régionale des comptes de Provence-Alpes-Côte d'Azur, au demeurant infirmés en appel en ce qu'ils accordent à M. X décharge de sa gestion, ne lient pas la Cour de discipline budgétaire et financière qui statue dans son propre champ de compétence et sur le fondement du titre 1er du livre III du code des juridictions financières; **qu'en particulier, lesdits jugements n'interdisent nullement à la Cour de discipline budgétaire et financière de se prononcer sur l'irrégularité des pratiques du comptable concerné,***

notamment sur le fondement des articles L. 313-3 et L. 313-4 du code des juridictions financières ;

***Commentaire** : Les **agents comptables sont justiciables de la CDBF,** ce que la juridiction a confirmé depuis son premier arrêt (cf. CDBF, 28 juin 1954, maison centrale de Melun n° 0011, Cahiers de comptabilité publique, n° 2 et CDBF).*

2- Le débet ne lie pas la CDBF même si c'est pour les mêmes faits

*10 décembre 2010, commune de Bandol, Recueil 2010, p. 132 et AJDA 2011, p. 489). Le présent arrêt rappelle par ailleurs la régularité du cumul éventuel de débets devant le juge des comptes et d'amendes prononcées par la CDBF. Cette question de principe avait précédemment été implicitement tranchée par la Cour de discipline budgétaire et financière (cf. CDBF, 17 novembre 1987, université de Paris IV, JO 1988, p. 7546). Dans l'arrêt lycée professionnel Vauvenargues, la Cour se prononce de façon plus explicite en considérant que les décisions par lesquelles le juge des comptes déclare une comptable débiteur « (...) ne lient pas la Cour de discipline budgétaire et financière qui statue dans son propre champ de compétence (...) » . Dans cette espèce, le comptable renvoyé devant la CDBF avait précédemment été déchargé de sa gestion par une CRC. Après infirmation en appel puis cassation, l'affaire était de nouveau pendante devant la Cour des comptes lorsque la CDBF a délibéré. Par un arrêt d'appel rendu le 2 mai 2012 toutes chambres réunies, la Cour des comptes a prononcé un débet, admettant ainsi de mettre en jeu la responsabilité personnelle de l'agent comptable, alors que ce dernier avait précédemment été sanctionné par la CDBF. **(4 avril 2011. – Arrêt. – CDBF. – Lycée polyvalent, lycée professionnel Vauvenargues et groupement d'établissements pour la formation continue (GRETA) du pays d'Aix)**.*

3- Cas de l'ordre écrit non exonératoire de responsabilité

Des fonctionnaires et agents non titulaires avaient été nommés sur des emplois d'inspecteurs de l'académie de Paris en l'absence de base légale. Les directeurs de cabinet des ministres de l'éducation nationale avaient été destinataires d'une information susceptible de faire naître un doute sérieux sur la légalité desdites nominations. Dès lors, le défaut d'alerte des ministres sur les risques juridiques et de gestion y afférents a été jugé constitutif d'une faute de gestion sanctionnée sur le fondement de l'article L. 313-4 du CJF. Les directeurs de cabinet renvoyés devant la CDBF ont produit des attestations écrites par lesquelles les ministres en exercice au cours de la période ont affirmé avoir été régulièrement informés du dossier. Conformément à sa jurisprudence, la Cour a considéré que ces attestations, postérieures aux faits irréguliers, ne constituaient pas, au sens de l'article L 313-9 du code des juridictions financières, « un ordre écrit (...) donné personnellement par le ministre compétent (...) dès lors que ces autorités ont été dûment informées de l'affaire ».

4- *Cas de la rectification d'erreur matérielle.*

A la suite d'un arrêt de la CDBF du 17 juin 2011, une des personnes condamnées a demandé premièrement, la révision de cet arrêt et deuxièmement une rectification des erreurs matérielles qu'il contenait. Rejetant la demande en révision, la Cour a admis, même en l'absence de texte, la rectification d'erreurs matérielles, entendues au sens où l'entendent les juridictions administratives. ***(8 décembre 2011. – Arrêt. – CDBF. – Institut géographique national (IGN) – Demande en rectification d'erreurs matérielles.)***

***Commentaire** : Une requête en rectification d'erreurs matérielles est examinée ici pour la première fois dans l'histoire de la CDBF. Cette voie de rétractation n'est pas mentionnée par l'article L. 315-3 du CJF qui prévoit seulement les cas d'ouverture du recours en révision. Toutefois, conformément à la jurisprudence du Conseil d'État, la CDBF a admis que « même en l'absence de texte », le recours en rectification d'erreurs matérielles« susceptible(s)d'avoir exercé une influence sur le jugement de l'affaire » peut être formé à l'encontre de ses arrêts (cf. CE, 23 janvier 1918, ministère des travaux publics, Recueil Sirey, p. 58 et CE, 4 mars 1955, veuve Sticotti, Lebon, p. 131). En l'espèce, la Cour a accepté de faire droit partiellement à la requête en accueillant deux moyens qui établissaient le défaut de prise en compte par le juge de pièces portées au dossier de l'instruction, dans la mesure où ce défaut résultait effectivement d'une erreur matérielle, et non d'une erreur juridique qui n'eut pas été recevable au titre du recours en rectification. De même n'est pas recevable la demande en rectification d'une erreur lorsque cette dernière est imputable au requérant (hypothèse de pièces non produites au juge, cf. CE, 29 juillet 1983, B, Lebon, tables, p. 841). La CDBF a rectifié quatre considérants de l'arrêt contesté mais a jugé que, nonobstant cette rectification, la responsabilité de la requérante demeurait* *engagée et qu'ainsi il n'y avait pas lieu de modifier le dispositif de l'arrêt initial. Il est permis d'en déduire, a contrario, que la demande en rectification d'erreurs matérielles devant la CDBF peut en certaines hypothèses aboutir à la modification du dispositif de l'arrêt initial, ce qui n'est pas le cas devant la Cour ou les chambres régionales des comptes. Un recours en révision avait été concomitamment déposé à l'encontre du même arrêt. La Cour a considéré que cette demande était irrecevable et devait être rejetée car les moyens, de même que les pièces à l'appui, ne se rapportaient ni à la survenance de faits nouveaux, ni à la découverte de documents de nature à établir la non-responsabilité de la requérante, au sens des dispositions de l'article L. 315-3 du CJF. Cette décision de rejet est conforme à la jurisprudence de la CDBF qui retient une interprétation stricte de l'article L. 315-3 susmentionné (cf. CDBF, 23 mars 2004, CCMSA, Recueil 2004, p. 136). Cet arrêt a fait l'objet d'un pourvoi en cassation.*

5- Cas de la faute de gestion en matière des ressources humaines

***Commentaire** : Les faits examinés par la CDBF sont intervenus lors de la mise en place de la réforme de la tarification à l'activité, dite « T2A ». La Cour n'a constaté que la dégradation de la situation financière du groupe hospitalier a essentiellement résulté de l'augmentation des charges de personnel et du recrutement d'agents au-delà des crédits budgétaires. Or, lesdites créations d'emplois ont été décidées sans aucune réflexion préalable, en méconnaissance des règles et principes élémentaires de gestion. Ainsi, le directeur des ressources humaines a-t-il cessé de produire, à compter de février 2006, les documents et tableaux de bord qui auraient permis de constater les anomalies de gestion et d'y mettre un terme. La Cour a qualifié ici une infraction aux règles d'exécution des dépenses de l'établissement (article L. 313-4 du code des juridictions financières), largement fondée sur le défaut général de surveillance et sur la méconnaissance des obligations de bonne gestion qui s'imposent aux gestionnaires. Le directeur délégué ainsi que le directeur des ressources humaines ont été condamnés à l'amende. En revanche le directeur de l'établissement, qui assumait concomitamment la gestion des deux groupes hospitaliers du département (un à Saint-Denis, l'autre, ici en cause, à Saint-Pierre) a bénéficié de circonstances absolutoires justifiant sa relaxe.*

6- Sur le défaut de vigilance, ou de surveillance, du chef de service, cf. CDBF,

Réf. 9 décembre 1986, DDE d'Ajaccio, Journal officiel, 11 juillet 1987, p. 7809 et CDBF, 11 juillet 2007, SILT, Recueil 2007, p. 93 et AJDA, 2007, p. 2431.

Autres exemples[221]

7- Sur le caractère de juridiction administrative répressive de la Cour de discipline budgétaire et financière

Cette qualification reprise par le rapport annuel de la CDBF de 2006 est inspirée de la qualification retenue par E.Oliva qui présente la CDBF en tant que « juridiction de l'ordre administratif à caractère répressif » cité par Lascombe et Vandendriessche in : chronique de la revue de trésor, été 2007, p 714.

8- Sur la procuration d'avantage injustifié à autrui
Exemple du paiement d'heures supplémentaires fictives (CDBF, 11 décembre 1981, Courtillot, Dufour et Donadieu : JONC du 10 juin 1982, p. 5460 ; Rec. CDBF, tome I, 192).

9- Sur le non-respect des règles en matière de contrôle
Exemple de l'attribution de subvention aux associations sans obtenir ni réclamer des comptes (CDBF, 4 décembre 1979, Crespin : JONC du 29 juillet 1980, p. 6836 ; Rec. CDBF, tome I, 175).

10- Sur le non-respect de la règle de spécialité de crédits
Exemple de dépenses de fonctionnement et d'équipement imputées, par le truchement d'associations, sur des crédits affectés à des interventions publiques (CDBF, 30 avril 1985, M.Blanc, services des Haras et de l'équitation du ministère de L'agriculture : JO du 7 décembre 1985, p.14257 ; Rec. CDBF, Tome II.10).

11- Sur les circonstances atténuantes
Exemple de défaillance grave des services de contrôle interne, laissant croire dans une certaine mesure que les pratiques litigieuses ont reçu l'aval des autorités de tutelle (CDBF, 20 décembre 1982, Gouet et

Andrau : JONC du 16 octobre 1983, p. 9393 ; Rec. CDBF, Tome I.211 ; GAJF, Quatrième édition, n°55). Autre exemple de la compétence et des mérites des agents poursuivis, qui sont pris en considération dans l'atténuation de la sanction ; cité également par Lascombe et Vandendriessche.

Notes du chapitre premier

104- A noter que le code des juridictions financières du Maroc comporte trois livres : livre premier : la Cour des comptes ; deuxième livre : les Cours régionales des comptes et troisième livre : le statut particulier des magistrats des juridictions financières.

105- En vertu de l'article 55 (on y expliquera ultérieurement).

106- Article 34 du règlement général de la comptabilité publique n°336.66 du 21 avril 1967, Bulletin officiel du 26 avril 1967 tel qu'il a été modifié et complété.

107- Instruction du trésorier général du royaume du 11 octobre 1979 p 34. Doc. Ministère des finances, 1979.

108- Il faut souligner que les marchés publics sont régulés au Maroc par décret, ce qui ne cesse d'alimenter le débat sur le pourquoi de leur non soumission à la loi, notamment à cause et à l'occasion des modifications successives qui ont touché le décret des marchés publics depuis 1998.

109- Article 19 du décret des marchés publics n° 2-98-842 du 30 décembre 1998, tel qu'il a été modifié et complété ultérieurement plusieurs fois.

110- Nous avons précédé à classifier la jurisprudence de la Cour des comptes en matière de discipline budgétaire et financière, par thématiques, le premier thème a été consacré aux marchés publics, voir section 3 : jurisprudence en matière de discipline budgétaire et financière ; I- Jurisprudence de la Cour des comptes ; A-Jurisprudence de la chambre de discipline budgétaire et financière (publiée en 2015).

111- Dahir n°008-58-1 du 24 février 1958, il est considéré comme étant le droit commun.

112- Décret n° 2-63-164 du 14 novembre 1963 (BO. n° 2666 du 29 novembre 1963) tel qu'il a été modifié et complété notamment en 1973.

113- Circulaire n° 31 FP du 22 aout 1967.

114- Décret n° 738.77.2 du 27 septembre 1977.

115- Un ordre ou une déclaration de recette. Mais il existe des cas ou les recettes sont perçues sans ordre préalable de recettes, elles seront régularisées ultérieurement par des ordres de recettes de régularisation.

116- Loi n° 15-97 du 3 mai 2000.

117- Cette infraction est l'une des innovations du code des juridictions financières par rapport à l'ancienne loi 12.79 portant création de la Cour des comptes.

118- Les procédures de virement ont été allégées, notamment entre les lignes d'un même paragraphe et ce, dans le cadre de la déconcentration administrative et financière des crédits délégués, voir à ce propos la circulaire du premier ministre n°12/2001 du 25 décembre 2001.

119- CC. Nicolle, 12-7-1907.

120- La procuration d'avantage à soi-même ne figure pas comme pour le cas marocain parmi les infractions sanctionnables en France, elle est pénalement qualifiable. Elle le peut au Maroc. Si l'élément moral est établi, il peut conduire à une poursuite pénale.

121- L'affaire CIH (révélée par une commission d'enquête parlementaire en 1998), qui peut être rapprochée à l'affaire crédit lyonnais en France avec des nuances, laquelle a donné lieu à l'émergence de la faute de gestion non caractérisée, constitue le contexte historique de l'introduction de cette infraction relative au contrôle interne parmi les infractions sanctionnables en matière de discipline budgétaire et financière au Maroc. Le CIH (crédit immobilier et hôtelier) a été victime de pertes financières dues à des prêts octroyés et non recouvrés suite à l'absence de garanties de recouvrement, notamment la négligence des règles prudentielles (ratio Cook en l'occurrence).

122- Jusqu'en 1996 sur 90 cas, 87 ont fait l'objet de l'application de cette infraction générale, cité par Gastinel (J.P) in : « Cour de discipline budgétaire et financière », JCL, fasc 1265, mis à jour en 1997.

123- C'est l'article 6 de la loi du 13 juillet 1971 qui a introduit la tentative en tant que fait appréhensible en matière de discipline budgétaire et financière en France.

124- Des exemples tirés de la pratique de la Cour des comptes du Maroc.

125- Le crédit budgétaire est « une autorisation de dépense accordée à un service précis, pour un objet précis, pour un montant précis, et pour une durée précise. C'est une autorisation juridique accordée à une autorité administrative lui permettant de prendre certaines décisions financières.

Toutefois, un chapitre spécial est réservé aux dépenses imprévues », cf. Zemrani. (A.B) op.cit p 110.

126- Le nouveau décret sur les engagements des dépenses n°2678-1-2 du 31 décembre 2001 qui a remplacé l'ancien décret n°839-75-2 du 30 décembre 1975 a introduit une innovation en ce sens en insistant, dans son article 11, 5ème alinéa, sur l'incidence financière de la régularité juridique de l'engagement à contrôler par le contrôleur d'engagement de dépenses.

127- Article 35.

128- Voir la thématique : 2- « En matière des bons de commande » dans la section relative à la jurisprudence de la Cour des comptes en matière de discipline budgétaire et financière.

129- Par l'article 13 de la loi de finances n° 38-07 pour l'année budgétaire 2008 promulguée par le dahir n° 1-07-211 du 27 décembre 2007 ; B.O. n° 5591 bis du 31 décembre 2007.

130- Voir à ce propos l'arrêt CDBF, 04-12-1979, Crespin.

131- En France, les nouvelles adaptations de la jurisprudence financière de la cour des comptes après les modifications de 2008 sont allées jusqu'à qualifier de paiement indu et donc causant un préjudice financier le paiement d'une dépense sans l'habilitation de l'ordonnateur puisque touchant de plein fouet la validité de la créance. (Voir la mise en œuvre de deux réformes majeures de 2008, in rapport public annuel, 2015. France).

132- Voir à ce sujet : Collin (P) : « Etendue et limites de la responsabilité des comptables publics » Doc. Ministère de l'économie et des finances française ; p 365.

133- Voir également l'article 10 du décret n° 330.66 portant règlement général de la comptabilité publique tel qu'il a été modifié et complété.

134- Comparer infra, avec la position de la jurisprudence française, selon laquelle la Cour de discipline budgétaire et financière n'est pas liée par la décision de la cour des comptes.

135- Par l'article 13 de la loi de finances n° 38-07 pour l'année budgétaire 2008 promulguée par le dahir n° 1-07-211 du 27 décembre 2007 ; B.O. n° 5591 bis du 31 décembre 2007.

136- Article 17 sur les intérêts moratoires.

137- Article 26 sur la responsabilité des comptables et article 2 du décret n°2-04-797 (24 décembre 2004) modifiant le décret royal n°336-66 (21 avril 1967) portant règlement général de la comptabilité publique.

138- Voir ultérieurement dans le chapitre II relatif à la responsabilité pécuniaire personnelle des comptables publics, section 1 : les règles juridiques ; C- Commentaire sur le nouveau régime de responsabilité des comptables publics, consigné dans le rapport annuel relatif à l'année 2007, publié en 2009 de la Cour des comptes, allant jusqu'à qualifier ces modifications de cavaliers budgétaires !

139- Article 66 du code des juridictions financières.

140- Même article ; Il s'agit de l'une des grandes innovations du code des juridictions financières. A notre avis, le législateur vise plusieurs oiseaux par une seule pierre : récupérer les fonds publics sans pour autant déférer les intéressées à la justice pénale ou si ces derniers ne sont pas manifestement pénalement sanctionnables ; sans besoin que l'organisme public se constitue en partie civile, et infliger un remboursement à l'instar du débet à l'encontre du comptable public en application du principe d'équilibre des responsabilités et enfin dissuader les auteurs des dilapidations des fonds publics. C'est pourquoi, il est significatif que ce remboursement et non pas l'amende qui fasse l'objet d'une demande de décharge ou de remise gracieuse de l'ordonnateur au même titre que le comptable public pour le débet.

141- CE. Mazer, 30-06-1961, le procureur général près la Cour des comptes contre Mazer, GAJF, Dalloz 1996 pp 471 et ss.

142- CE. 07-07-1978.

143- Parmi les fonctions du premier président après avis de la formation toutes chambres réunies, mais avec l'avènement de la constitution 2011 et les amendements fondamentaux qui ont touché le titre relatif à la Cour des comptes, la publication des arrêts est devenu obligatoire (cf. article 148 de la constitution 2011).

144- « Conformément au 4ème alinéa de l'article 148 de la Constitution, la Cour publie l'ensemble de ses travaux y compris les rapports particuliers et les décisions juridictionnelles. Le premier président fixe, par décision, les conditions et les modalités de publication desdits travaux et ce, après avis conforme de la formation toutes chambres réunies ». cf. Article 113 : (réf. B.O du 3 octobre 2002, abrogé et remplacé par la loi n° 55-16 du 25 août 2016 - 21 kaada 1437 promulguée par le dahir n° 1-16-153 ; B.O. n° 6506 du 6 octobre 2016).

145- Selon la Cour des comptes, c'est parce que les premières affaires sur lesquelles elle s'est prononcée dans ce sens (remboursement des pertes) sont toujours pendantes devant cette Cour car ayant fait l'objet de recours en appel devant elle. Cf. introduction du recueil des arrêts de la Cour des comptes en matière de discipline budgétaire et financière. Site web : www.courdescomptes.ma ; 2015.

146- Article L.314-20 du code français des juridictions financières.

147- Voir à ce propos, Groper Nicolas le chapitre relatif à la publication au journal officiel, in : « Responsabilité des gestionnaires publics devant le juge financier », Dalloz, 2009, première édition, pp 392-396.

148- Moliner (J) : « Jurisprudence de la Cour de discipline budgétaire et financière » in : mélanges dédiés à Gabriel Marty, Espic, Toulouse, 1978, p 850.

149- Rapport annuel 2008 de la Cour des comptes. Doc. Cour des comptes du Maroc.

150- Texte de référence : Loi n° 61-99 relative à la responsabilité des ordonnateurs, des contrôleurs et des comptables publics promulguée par le Dahir du 19 moharrem 1423 (3 avril 2002). Publiée en langue arabe au Bulletin officiel n° 4999 du 15 safar 1423 (29/04/ 2002).

151- Ibid.

152- Réf. Rapport annuel de la Cour des comptes française 2015. Doc Cour des comptes française ; la mise en œuvre des nouvelles modifications de 2008.

153- Berraou Mohammed : « Précis d'interprétation du code des juridictions financières » Tome I : les attributions juridictionnelles, en arabe, TOP Press ; 2004 ; première édition pp : 184-2017 ; « Interprétation intégrale du code des juridictions financières » ; les trois livres ; en arabe. Darassalam ; 2012 ; première édition ; pp 201-233.

154- En France, les agents des entreprises concessionnaires sont soumis au contrôle en matière de discipline budgétaire et financière. Cf. article 90-II de la loi 588-87 en date du 30 juillet 1987.

155- Voir supra, la liste des infractions, I-Règles juridiques ; A-Infractions.

156- CDBF, 4 octobre 1984, Cuer et Attzeinhoffer. Voir aussi d'autres exemples dans la section consacrée à la jurisprudence française dans ce chapitre. Section 3 : jurisprudence en matière de discipline budgétaire et financière, III- Bref aperçu sur la jurisprudence française.

157- Harakat Mohamed, économiste et chercheur spécialiste de la gouvernance et du contrôle supérieur des finances publiques a réitéré cette réclamation, in : Berraou Mohammed « Règles de discipline budgétaire et financière à l'égard des responsables, fonctionnaires et agents publics », en arabe, 2017, Darassalam, première édition, Préface de Mohamed Harakat.

158- Voir la jurisprudence de la Cour de cassation ; section 3 : jurisprudence en matière de discipline budgétaire et financière, II-Jurisprudence de de la Cour de cassation.

159- Avant l'entrée en vigueur de ce découpage régionale, 9 Cours régionales des comptes pour 12 régions, certains Cours comme celle de Rabat coiffaient deux régions, à titre transitoire, maintenant la période transitoire est terminée, le Maroc dispose de 12 cours régionales des comptes pour 12 régions.

160- Il est à noter, que depuis l'entrée en vigueur du code des juridictions financières, aucun cas de poursuite de l'un ou de l'autre n'a été enregistré ou du moins publié, que ce soit devant la Cour des comptes ou devant les Cours régionales des comptes.

161- Article 224 du code pénal.

162- Voir à ce propos : CDBF, 22 janvier 1992, Cuvalier et Gonzalez, la CDBF française a rejeté l'invocation des deux agents poursuivis selon laquelle, ils n'avaient que des délégations de signature et que la poursuite devrait être dirigée contre le détenteur du pouvoir de délégation.

163- Berraou Mohammed : « Interprétation intégrale du code des juridictions financières », les trois livres, en arabe, 2012, Darassalam ; première édition, pp 210-2011.

164- Ibid. pp 215-216.

165- En France elle figure dans l'article L313-9.

166- CDBF, 15 décembre 1993, Général A. le cas de la subordination contraignante.

167- Cf. section 3 : l'effectivité de la responsabilité ; A-Décharge de responsabilité.

168- Article 66 du code des juridictions financières.

169- Article 54, dernier alinéa.

170- Arrêt n°18/2011/DBF du 03-03-2011 ; Affaire n°104/2006/DBF) (Etablissement public) ; ils figurent parmi les éléments à considérer par la formation de jugement lors de l'appréciation de la sanction (Arrêt n°18/2011/DBF du 03-03-2011 ; Affaire n°104/2006/DBF) (Etablissement public).

171- Arrêt n°29/2012/DBF du 20-06-2012 ; Affaire n°117/2010/DBF (Service de l'Etat) et Arrêt n°53/2012/DBF du 17-11-2012 ; Affaire n°112/2010/DBF (SEGMA).

172- Arrêt n°27/2013/DBF du 28-06-2013 ; Affaire n°121/2010/DBF (Etablissement public).

173- Voir : supra, A-Infractions.

174- Article 58.

175- Article 59.

176- Article 51.

177- Voir à ce propos, le texte presque intégral de quelques arrêts de la Cour des comptes en matière de discipline budgétaire et financière dans les annexes.

178- En vertu de la loi 564-71 du 13 juillet 1971, soit 23 ans après la création de la CDBF française.

179- L'article 12 dispose : « Le premier président peut faire procéder à toute enquête préliminaire dans les matières soumises au contrôle de la cour sous réserve des dispositions de l'article 58 de la présente loi. Il peut convoquer tout fonctionnaire ou agent d'un organisme soumis au contrôle de la Cour ou toute personne susceptible de fournir à la Cour les informations qu'elle estime nécessaires, après avoir informé son supérieur hiérarchique ».

180- A l' occasion de la promulgation du code des juridictions financières français en date du 24 juillet 1995, à l'initiative de l'assemblée nationale.

181- En effet, le parquet général ne doit pas être vu comme « une boite postale », dont le rôle est le transfert matériel les affaires à la Cour. Il est fondé d'exercer son plein pouvoir discrétionnaire, pourvu que la décision de classement, le cas échéant, soit motivée (article 58) et notifiée à qui de droit.

182- CE. 20-04-1959 (à propos du pouvoir de saisine de la CDBF).

183- Il est significatif de noter que la procédure de la poursuite a été fondamentalement modifiée par rapport à l'ancienne loi 12.79 portant création de la Cour des comptes et par rapport à la législation française. En effet, la décision de poursuite est exclusivement du ressort du parquet général sans condition préalable d'une enquête, suite au recueil de l'avis du ministère dont relève l'agent poursuivi comme c'était le cas selon l'article 64 de la loi 12.79 susvisée ou suite au recueil de l'avis de la commission administrative paritaire comme c'est le cas en France.

184- Article 139 du code des juridictions financières (deuxième livre).

185- Article 59 du code des juridictions financières.

186- Même article.

187- Selon les dispositions de l'article 69 « Si, au cours de l'instruction, l'intéressé et les témoins ne répondent pas aux demandes formulées par le conseiller rapporteur, ce dernier soumet un rapport au premier président: La personne concernée et les témoins qui ne répondent pas dans le délai imparti par la Cour aux demandes de communication de pièces et documents ou aux convocations qui leur sont adressées par la cour, ou refusent de prêter serment ou de témoigner, peuvent être condamnés par ordonnance du premier président à une amende de cinq cents (500) à deux mille (2000) dirhams ».

188- Article 60.

189- Article 61.

190- Article 63.

191- Article 64.

192- Même article.

193- Voir à ce sujet, nos notes sous arrêts sur certains arrêts de la Cour de cassation portant sur les arrêts définitifs de la Cour des comptes ; Berraou Mohammed : « Les grands arrêts de la jurisprudence financière au Maroc » ; en arabe ; Daralkalam ; 2009 ; première édition.

194- CE. 16-05-1980, Melki.

195- Article 61.

196- Tiré de la pratique du greffe près la Cour des comptes : Berraou Mohammed : « Interprétation intégrale du code des juridictions financières », les trois livres, en arabe, Darassalam, 2012, première édition. p 271 et ss.

197- Groper Nicolas : « Responsabilité des gestionnaires publics », op.cit. p 430, note de bas de page n° 2.

198- Article 21 : « La formation inter-chambres statue sur les appels formés contre les arrêts rendus définitivement en premier ressort par les chambres ou les sections de chambres de la cour en matière de jugement des comptes et de discipline budgétaire et financière ». Voir également, l'article 70 qui dispose clairement que « les arrêts de la cour en matière de discipline budgétaire et financière peuvent faire l'objet d'un recours en appel devant la formation inter-chambres ».

199- « Cette formation inter-chambres se voyant également confiés les appels contre les jugements des cours régionales des comptes » in : « Responsabilité des gestionnaires publics…», op.cit. p 430. À cet effet, nous conseillons de rectifier cette petite omission dans la prochaine édition de l'excellent ouvrage de monsieur Niicolas Groper. En réalité, c'est la chambre d'appel qui en est compétente, selon les dispositions de l'article 23 : « La composition et la répartition des compétences des chambres de la cour sont fixées par arrêté du premier président. Une chambre exerce les attributions de la Cour en matière de discipline budgétaire et financière ; une deuxième chambre statue sur les appels formés contre les jugements définitifs rendus par les Cours régionales ». Voir également, l'article 72 qui dispose clairement que « les jugements des Cours régionales en matière de discipline budgétaire et financière peuvent faire l'objet d'un recours en appel devant la chambre compétente de la Cour » qui n'est autre que la chambre d'appel selon la lecture combinée avec l'article 23, et non pas la formation inter-chambres.

200- L'article 71 pour la Cour des comptes et l'article 140 (deuxième livre du code) pour les Cours régionales des comptes.

201- L'article 73, la procédure se déroule conformément aux dispositions de l'article 354 du code de procédure civile relatives au recours en cassation.

202- Cf. note de présentation de la loi portant institution des Cours administratives d'appel. Op.cit.

203- Selon la pratique jurisprudentielle de la Cour de cassation, les recours ont été tous portés par les intéressés, aucun cas n'a été enregistré pour les autres parties ayant le droit de recours : Voir : Berraou Mohammed : « Les grands arrêts de la jurisprudence financière au Maroc ». Op.cit.

204- L'article 74 pour la Cour des comptes et l'article 141 (deuxième livre du code des juridictions financières) pour les Cours régionales des comptes.

205- Il s'agit donc de la notion du « recours alternatif ».

206- Article 108 : « Les pièces justificatives produites à l'appui des comptes pourront être détruites, par décision du premier président, après un délai de dix (10) ans, à compter de la date où l'arrêt les concernant est devenu définitif ».

207- Voir note n° 197, ci-dessus.

208- Nicolas Groper qualifie la discipline budgétaire et financière comme étant « le régime général de responsabilité en droit public financier ». Cf. Intitulé du livre 1 de son ouvrage. op.cit. p 21 et ss.

209- Article 29.

210- Visé à l'article 28.

211- Arrêt de la Cour de cassation n°1218 B/L du 8-12-2004, Berraou Mohammed : « Les grands arrêts ...... » op.cit. pp 32-34.

212- Article 38.

213- Article 69.

214- Article 104. Le deuxième alinéa de l'article 111 dispose que si la cour relève des faits de nature à justifier une sanction disciplinaire, le procureur général du roi signale ces faits à l'autorité ayant pouvoir disciplinaire à l'égard de l'intéressé. Mais la question se pose, à notre sens, de savoir s'il ne s'agit pas également d'un fait pouvant justifier une action pénale. L'entrave à l'exercice des missions de la Cour ne peut-il pas être assimilée à une obstruction à la justice ?

215- Article 44.

216- Article 38.

217- Article 103.

218- Berraou Mohammed : « Règles de discipline budgétaire et financière à l'égard des ordonnateurs, contrôleurs et comptables publics », version française, Darassalam ; 2017 ; première édition.

219- Adaptée et traduite à partir de notre ouvrage : « Les grands arrêts de la jurisprudence financière au Maroc » (en arabe) ; Darassalam ; 2009, première édition. pp 127-174.

220- Recueil des arrêts de la Cour des comptes et des CRTC, 2011. Doc. Cour des comptes française.

221- Chronique de Michel Lascombe et Xavier Vandendriessche, Revue du trésor, juillet 2007, pp 714-73.

Chapitre II
Responsabilité en matière de gestion de fait

« Les deniers publics brulent les doigts de ceux qui les manipulent »
Célèbre adage en comptabilité publique

Définition

La gestion de fait est une transgression à l'un des principes fondateurs du droit de la comptabilité publique, à savoir : le principe de séparation des fonctions des ordonnateurs gestionnaires publics et des comptables publics chargés d'exécuter les ordres de paiement ou de recettes. Elle consiste, en général, en l'immixtion des premiers dans les fonctions dévolues exclusivement aux derniers. Ou lorsqu'une personne quelconque manie les deniers publics sans titre légal.

Aux termes des dispositions de l'article 41 du code des juridictions financières (CJF), est gestionnaire (=comptable) de fait, « toute personne qui effectue sans y être habilitée par l'autorité compétente, des opérations de recettes, de dépenses, de détention et de maniement de fonds ou de valeurs appartenant à l'un des organismes publics soumis au contrôle de la cour, ou qui, sans avoir la qualité de comptable public, procède à des opérations portant sur des fonds ou valeurs n'appartenant pas auxdits organismes, mais que les comptables publics sont exclusivement chargés d'exécuter en vertu des lois et règlements en vigueur ».

Généralement, sont concernés par la gestion de fait, les ordonnateurs, gestionnaires publics qui doivent s'abstenir à s'immiscer dans les fonctions du comptable. En fait, ce sont eux qui sont tentés soit intentionnellement soit sous la pression des contraintes procédurales de l'élaboration et de l'exécution du budget à enfreindre la ligne rouge qui sépare leur fonction de celle des comptables publics en vue de décaisser ou encaisser « directement » les deniers publics en essayant de les compenser ou les dissimuler par la technique de la régularisation postérieure.

La gestion de fait est une matière d'une grande particularité, elle est communément décrite comme étant relativement compliquée et difficilement intelligible, ces deux caractères de particularité et de difficulté nous les retrouvons dans ses éléments constitutifs, mais surtout dans ses modalités procédurales devant le juge des comptes. Il n'est pas donc très surprennent que jusqu'à maintenant, la Cour des comptes du Maroc n'a fait écho d'aucun cas de gestion de fait finalisé et mentionné dans ses rapports annuels, ou ayant acquis le caractère définitif et publié dans ces deux récentes publications historiques des arrêts en 2015 et en 2017.

SECTION I : ELEMENTS CONSTITUTIFS DE LA GESTION DE FAIT

Ce sont la jurisprudence et la doctrine financières françaises qui ont pu développer ces éléments[222] que l'on va exposer après les avoir adaptés à la législation marocaine ainsi qui suit :

A- Habilitation

Le défaut d'habilitation à manier les deniers publics implique non seulement le défaut de la qualité de comptable public, mais aussi plus généralement l'absence de toute autorisation de les manier. Sont habilités à manier les deniers publics sans avoir la qualité de comptable public :

- Les régisseurs de recettes ou de dépenses
- Les ordonnateurs ayant l'habilitation exceptionnelle de percevoir les deniers publics au lieu et place des comptables publics
- Les comptables dits « intérimaires » au sens de la jurisprudence de la Cour des comptes.[223] Il s'agit des comptables désignés par le ministre des finances mais qui n'ont pas accompli une des obligations de la prise de fonction, notamment la caution ou le serment.[224]

B- A propos de l'étendue organique de la qualité de comptable public

La formulation de la deuxième partie du premier paragraphe de l'article 41 exige la qualité de comptable public non seulement à l'égard des fonds et valeurs des organismes soumis au contrôle des juridictions financières mais également pour les organismes non soumis au contrôle desdites juridictions. Il en résulte que, tout organisme se dotant d'un comptable public, qu'il soit soumis ou non au contrôle des juridictions financières, est assujetti à la gestion de fait, le cas échéant. *A contrario* la gestion de fait est exclue si l'organisme public n'est pas doté d'un comptable public.[225]

C- Fonds et valeurs

Ce sont les montants en espèce et en valeur dont les organismes publics soumis au contrôle des juridictions financières (Cour des comptes ou Cours régionales des comptes) sont autorisés d'y gérer. Ils sont, à cet effet, des deniers publics.
Mais il existe une autre catégorie de deniers assimilés à des deniers publics mais qui ne le sont pas de par leur origine et leur nature intrinsèque. Il s'agit des fonds et valeurs déposés par des particuliers ou des parties autres que les organismes publics, comme les dons et legs ; les fonds des pensions ; les divers dépôts et consignations. Ces deniers sont qualifiés « des deniers privés réglementés ». Ils sont à l'origine des deniers privés, mais ils sont assimilés à des deniers publics et traités en tant que tels.
Il en résulte que les deniers exclusivement privés sont exclus du champ d'application de la procédure de gestion de fait. Cette exclusion ne s'étend pas aux organismes privés ou aux particuliers s'ils participent au montage de la gestion de fait.[226]

D- Opérations de gestion de fait

Ce sont les opérations de perception des recettes et de paiement des dépenses, de détention ou de maniements des fonds et valeurs.
Pour la perception des recettes et le paiement des dépenses, elles sont deux opérations classiques qui ne soulèvent aucune équivoque. Effectuer ses deux opérations ou l'une d'elles sans avoir l'habilitation ou la qualité de comptable public, veut dire décaisser ou encaisser des deniers publics en s'immisçant dans les fonctions de comptable public et de ce fait, assumer les responsabilités qui en résultent .
Quant à la détention ou le maniement ce sont deux notions qui méritent une brève explication. La détention des deniers publics n'exige pas de procéder aux opérations de perception ou de paiement, la jurisprudence française conditionne la gestion de fait pour la détention de deniers publics, à une durée raisonnable.[227] Au Maroc et dans en l'absence d'une jurisprudence en la matière, le texte, dans sa la lecture littérale, ne pose aucune condition de temps.

Quant au maniement *stricto sensu*, il implique des opérations de recettes ou de dépense ou encore des opérations de trésorerie se rapportant aux comptes particuliers comme celui des dépôts ou de prêts…etc.

E- Participation dans les opérations de gestion de fait

Est considéré comme coauteur responsable d'une gestion de fait, aux termes des dispositions du deuxième paragraphe de l'article 41 du code des juridictions financières «tout fonctionnaire ou agent ainsi que tout titulaire d'une commande publique, qui en consentant ou en incitant soit à exagérer les mémoires et factures, soit à en dénaturer les énonciations, s'est prêté sciemment à l'établissement d'ordonnances de paiement, de mandats, de justifications ou d'avoir fictifs».
Cette participation prend généralement deux formes : la participation directe qui consiste en la participation dans le décaissement ou l'encaissement, les coauteurs sont des responsables de « brève main », selon la formulation doctrinale. Comme elle peut prendre la forme indirecte, et c'est cette forme qui est dangereuse et en même temps difficile à détecter, c'est celle des coauteurs dits de « longue main », c'est-à-dire les organisateurs, ingénieurs des opérations de gestion fait, qui donnent des ordres sans s'afficher directement sur la scène de l'exécution des opérations.[228] Il s'agit généralement de hauts responsables : directeurs, présidents de communes, secrétaires généraux voire mêmes ministres.[229]
La participation vise très souvent à monter des mandats fictifs en dépenses, en exagérant les factures ou en créant des justifications fictives comme pour le cas des comptes de dépenses à des fins électorales ou pour encaisser des recettes illégales. Ces opérations sont généralement découvertes par les inspecteurs des finances en externe ou par les magistrats financiers dans leurs missions de contrôle administratif de la gestion en interne.

F- Exemples [230]:

1- Gestion de fait en recettes

- Un chef de service dans l'administration centrale qui vend des fournitures ou matériels utilisés et en alimente une caisse noire
- Un agent d'une collectivité territoriale qui perçoit des taxes ou des droits relatifs à l'exploitation d'une piscine ou d'un terrain municipal sans avoir l'habilitation de ladite collectivité territoriale.
- Recettes d'un festival réalisé par une commune et conservées par l'organisateur des spectacles.

2- Gestion de fait en dépenses

- Un fonctionnaire public qui établit des mandats de paiement pour des fournitures d'essence ou de réparation pour la voiture de service en apparence, alors que les dites fournitures d'essence et les réparations étaient destinées en réalité à sa voiture personnelle.
- Un organisme public qui procure un concours à une association, mais en réalité il s'accapare le montant totalement ou partiellement pour l'achat de voitures somptueuses en détournement du contrôle d'engagement.
- Subvention votée pour une association mais l'objet réel est le règlement d'indemnités du personnel.

Dans ce deuxième cas il s'agit de « mandats de paiement fictifs » qui visent à extraire illégalement de la caisse publique des fonds publics. Selon Francis Fabre,[231] le mandat fictif est un mandat légal en l'apparence, il est établi en vue d'extraire des fonds d'une manière légale de la caisse publique alors que ces fonds sont destinés à des fins autres que les fins annoncées.

SECTION II : RESPONSABILITE DU GESTIONNAIRE DE FAIT

A- Principe

Aux termes des dispositions de l'article 16 du règlement général de la comptabilité publique marocain, le gestionnaire (ou comptable) de fait est soumis aux mêmes obligations et contrôles que ceux du comptable patent, il encourt les mêmes responsabilités. C'est la même logique juridique en droit financier français.[232] La responsabilité de l'un et de l'autre est appréciée dans les mêmes conditions s'agissant du compte vicié.

La gestion de fait dans le contexte français

«La gestion de fait est une construction juridique permettant la répression d'irrégularités qui présentent une réelle gravité allant de la mise en place d'associations para-administratives à seule fin de contourner les règles de rémunération de la fonction publique jusqu'au détournement de fonds publics en passant par la constitution de « caisses noires » ou la prise en charge d'emplois fictifs ».[233]

B- Spécificités par rapport au comptable patent

Une fois la gestion de fait est découverte, la personne ou les personnes responsables sont soumis aux mêmes procédures que celles du comptable patent, leur compte est vérifié et jugé dans les mêmes conditions, la sanction par le débet est déclarée le cas échant. Cela est la règle générale, mais il existe trois nuances à prendre en considération :

En matière de la justification des dépenses : le juge du compte du comptable de fait en matière de dépenses tient compte dans l'appréciation de la production des pièces justificatives établissant notamment le service fait et le caractère libératoire du paiement, des circonstances atténuantes pour juger l'insuffisance des pièces justificatives, il s'en inspire du principe d'équité.

En matière de la justification des recettes : la Cour procède au forcement en recettes pour le cas des restes à recouvrer, il ne peut pas être responsable desdits montants puisqu'il est anormal de lui demander de continuer à manier les deniers publics pour recouvrer les restes à recouvrer.

En matière des sanctions : le comptable de fait à la différence du comptable patent, peut encourir une amende pour gestion de fait en sus du jugement des comptes qui peut déboucher sur un débet dont il sera ordonné de rembourser le montant y correspondant. La poursuite pénale peut être engagée contre le comptable de fait dont les manœuvres peuvent s'avérer frauduleuses et donc pénalement qualifiables et sanctionnables. Notamment pour détournement des deniers publics.

SECTION III : PROCEDURE

Comme déjà mentionné, la procédure de gestion de fait est d'une grande particularité, elle se caractérise par sa complication relative et par l'étendu de la responsabilité qui peut aller au-delà de la sphère publique. La procédure est identique à celle applicable au comptable patent sauf une seule nuance, celle de la possibilité de la sanction disciplinaire à condition que la poursuite pénale ne soit pas engagée. En France des innovations importantes ont été introduites marquant une particularité procédurale par rapport à la procédure de jugement des comptes.

A- Saisine

1- **L'auto saisine :** La saisine en matière de gestion da fait en interne de la Cour ou de la Cour régionale des comptes se caractérise par l'existence de la possibilité d'une évocation ou d'une auto saisine, à l'occasion de la vérification des comptes des comptables publics.[234]

2- **Les autres pouvoirs de saisine :**

- Le ministère public près la Cour des comptes à son initiative.
- Le ministre chargé des finances, le ministre concerné, le trésorier général du royaume ou les comptables publics par le biais du ministère public près la Cour des comptes[235].
- Pour les Cours régionales des comptes : le ministre de l'intérieur, le Wali ou le gouverneur, le ministre des finances, le trésorier régional, provincial ou préfectoral ou le représentant légal de la collectivité territoriale ou le groupement et les comptables publics.[236]

Bien entendu le parquet général et sa représentation régionale ont le pouvoir de discrétion pour apprécier l'opportunité et la régularité de la saisine.

En pratique, ce sont les missions de contrôle administratif de la gestion et non les missions de vérification des comptes qui regorgent de cas de gestion de fait, notamment dans les collectivités territoriales.

Une fois la saisine est enclenchée soit d'office par la formation de jugement des comptes soit par le biais du parquet général, la procédure de vérification et de jugement de la gestion de fait est ouverte par une déclaration de gestion de fait assortie d'une injonction de produire le compte.

B- Déclaration de la gestion de fait

La procédure du contradictoire est appliquée à la procédure de vérification et de jugement des comptes de la gestion de fait après sa production.[237] Elle ne s'étend pas à la phase déclarative de la gestion de fait en droit marocain. La France a supprimé la double déclaration à compter du premier janvier 2009.
En droit marocain, si la Cour ou la Cour régionale considère qu'une personne, qu'elle soit physique ou morale, est gestionnaire de fait, elle la déclare en tant que telle par arrêt déclaratif et l'ordonne immédiatement dans le même arrêt de produire le compte dont est déclaration de gestion de fait.[238]
Comme on le constate la personne déclarée gestionnaire de fait n'a aucune chance de contester cette déclaration avant sa prononciation par la Cour, or en France la jurisprudence a montré[239] que les personnes déclarées gestionnaire de fait à titre provisoire recourent le plus souvent à contester cette déclaration provisoire. La Cour a la latitude de se rétracter ou confirmer sa déclaration en tout ou en partie.

C- Vérification et jugement des comptes de la gestion de fait

Aux termes des dispositions du deuxième paragraphe de l'article 43 du code des juridictions financières, la procédure est soumise aux dispositions prévues pour la vérification et le jugement des comptes des comptables patents.

1- Production du compte

La production du compte et des pièces justificatives des opérations, qu'il soit un compte d'une gestion de fait ou un compte d'un comptable public patent, est une règle contraignante d'ordre public, que nulle procédure ou question préjudicielle ne peut immobiliser ou suspendre y compris la procédure pénale [240]; le délai fixé pour la production du compte est de deux mois au minimum.[241]

Si on se trouve devant l'éventualité très rare d'une production volontaire du compte et la restitution de son solde à l'initiative de l'auteur de la gestion de fait, la procédure peut être clôturée par un seul arrêt.[242]

Le fait que le compte de la gestion de fait soit produit et signé par celui qui l'a produit est une reconnaissance implicite de son acquiescement de la qualité de gestionnaire de fait. Si le compte implique plusieurs gestionnaires de fait, chacun d'eux vise la partie qui lui revient par une mention ou un visa.

S'il s'agit d'une personne morale, la signature du représentant légal est requise, s'il s'agit d'une association celle de président actuel.[243]

Si le comptable de fait ne produit pas le compte dans le délai prescrit, il pourra faire l'objet d'une astreinte puis d'une amende pour retard de production du compte à l'instar du comptable patent.

Si le comptable de fait refuse de produire le compte, la Cour requiert au ministre des finances de désigner un comptable intérimaire qui aura un délai raisonnable pour confectionner et produire le compte.[244]

2- Fixation du seuil des recettes

Le seuil des recettes qui sera fixé par la Cour peut être différent de celui produit par le comptable ou gestionnaire de fait. Si les dépenses sont supérieures aux recettes, le solde des dépenses sur les recettes ne peut s'afficher au solde du compte car il sera considéré comme une avance sur des fonds privés que la Cour n'est sensée connaitre.

Le compte des recettes ne peut afficher que les recettes en espèce, considération non prise des recettes en nature. La fixation de la ligne de compte ne tient compte que des deniers encaissés en espèce et des deniers décaissés en espèce, les opérations de trésorerie sont écartées.

Le juge des comptes n'est pas tenu de faire restituer les recettes en surplus, il va procéder à un « forcement en recettes », comme déjà

mentionné, en le motivant par le fait que les recettes inscrites au compte de la gestion de fait sont au-dessous des recettes réelles.
Le compte peut contenir les intérêts des montants déposés ou investis mais il ne peut contenir des virements ordinaires. S'il s'avère qu'une partie ou catégorie du compte n'est pas produite, la Cour peut ordonner la production d'un compte supplémentaire sur lequel elle va statuer ultérieurement.

3- Dépenses allouées

Pour accepter l'allocation des dépenses présentées par le comptable de fait, cette allocation doit être justifiée par toutes les pièces nécessaires. Ces pièces dans tous les cas vont être réclamées par la cour même après le remboursement par le comptable de fait du solde du compte de la gestion de fait. Le compte et son solde ne peuvent être fixés à titre définitif qu'après la vérification et le jugement des pièces justificatives.[245]
En tout cas, la Cour doit considérer les circonstances exceptionnelles en l'état d'espèce, notamment s'agissant des pièces justificatives comme on va le voir ci-après.

4- Problème des pièces justificatives de la gestion de fait

En principe, ce sont les mêmes pièces requises par la réglementation en vigueur, or en fait, il est difficile qu'une gestion de fait soit justifiées par toutes les pièces requises, généralement, et selon la jurisprudence française, le principe d'équité l'emporte sur la régularité pour apprécier la plénitude des pièces justificatives.[246]

5- Fixation du solde du compte

Le solde du compte est l'excédent des recettes par rapport aux dépenses inscrites dans le compte, ce solde doit être remboursé par le ou les gestionnaires de fait, ce solde aura été fixé par arrêt préliminaire. Si le comptable de fait répondrait à l'injonction de la Cour dans cette phase, l'arrêt définitif, au niveau de sa la ligne de compte affichera donc un solde Zéro. Le débet (correspondant au montant du solde non remboursé) ne sera plus prononcé, il sera soldé.

Si les montants remboursés s'avèrent supérieurs à ceux fixés par la Cour, la Cour procèdera, alors, à la technique du forcement en recettes.

D- Amende, le cas échéant et clôture de la procédure

1- Base légale

Le code des juridictions financières prévoit dans son article 44 l'application éventuelle de l'amende pour gestion de fait en sus du débet le cas échéant, résultant de la vérification et de l'apurement du compte.

L'amende pour gestion de fait peut être appliquée à titre optionnel et conditionnée par l'absence d'une poursuite pénale, en sus du jugement du compte de la gestion de fait suivant les modalités applicables aux comptables publics patents, prévues par l'article 37 et suivants relatifs à la vérification et au jugement des comptes des comptables publics patents. Le gestionnaire de fait déclaré responsable des opérations irrégulières peut se voir infligé une amende disciplinaire et un débet cumulés, à raison du degré et de la gravité de l'immixtion dans les fonctions du comptable public et ce, pour atteinte à l'un des principes fondamentaux de la comptabilité publique, à savoir le principe de séparation des fonctions des ordonnateurs et des comptables publics et par extension à l'ordre public financier. Si le débet répare le dommage causé à la caisse publique, l'amende, elle sanctionne l'irrégularité en ce qu'elle cause à l'organisme public non pas un préjudice financier mais un préjudice moral.[247]

C'est une sanction optionnelle, en ce sens qu'elle ne peut être prononcée qu'en l'absence de la poursuite pénale, le cas échéant, si l'immixtion dans les fonctions du comptable public se révèle de nature criminelle, ou assortie d'un détournement ou de faux ou usage de faux....etc.

L'amende est appréciée selon l'importance et la durée de la détention ou du maniement des fonds et valeurs, sans que le montant de cette amende puisse excéder le total des sommes indûment détenues ou maniées.[248]

C'est au budget de l'organisme public concerné que le montant de l'amende va être imputé. Son recouvrement demeure soumis aux mêmes modalités que celles relatives au recouvrement, et à la poursuite du recouvrement des débets.

2- Procédure

Si la Cour décide d'infliger l'amende pour gestion de fait, elle l'annonce dans l'arrêt provisoire de jugement du compte de la gestion de fait, dans ce cas l'arrêt provisoire contiendra deux décisions, une relative à la vérification et le jugement du compte et une deuxième décision relative à la prononciation de l'amende. Mais aucune disposition n'interdise la Cour de différer le prononcé de l'amende jusqu'à la décision définitive relative au jugement du compte.
L'amende en France est soumise à la contradiction y compris le droit à la réponse aux conclusions du parquet général et le droit à l'audition du gestionnaire de fait. Au Maroc toutes ces garanties ne sont pas prévues. L'amende n'est soumise à aucune procédure claire et expresse. Elle s'applique selon les modalités du jugement des comptes à notre sens, sur la base du principe de l'unité de la procédure. C'est la règle du double arrêt qui doit être applicable pour l'amende, en l'état actuel du droit marocain.

3- Proportionnalité de l'amende

Les éléments qui peuvent être prises en considération dans la proportionnalité de l'amende sont généralement les suivants[249] :

- La gravité des faits incriminés par rapport à l'atteinte à l'ordre public financier ;
- L'étendue et le degré d'implication des personnes assujetties ;
- Leur comportement pendant le déroulement de la procédure ;
- Celui qui a manié les fonds publics sera sanctionné par une amende supérieure que celle qui sera infligé au caissier ;
- La responsabilité de l'auteur organisateur « de longue main » est appréciée plus sérieusement que son ou ses complices dans le montage de la gestion de fait (les coauteurs).

La proportionnalité de l'amende vise à délimiter les confins des responsabilités des uns et des autres, ainsi le montant de l'amende peut être ramené à la baisse entre l'arrêt provisoire et l'arrêt définitif, si la Cour décide de la déclarer provisoirement dans un arrêt provisoire avant de la prononcer définitivement dans l'arrêt définitif. Cette éventualité d'atténuation de l'amende se décide suite au bon comportement de la personne concernée et sa bonne foi traduite par son intention affichée de vouloir rembourser les montants déclarés à titre provisoire.

4- Effet du recours

Le juge d'appel de l'arrêt prononcé en premier ressort peut décider une révision considérable à la baisse du montant de l'amende dans les cas suivants :

- Une erreur de motivation du dispositif de l'arrêt en premier ressort de la Cour ou du jugement de la Cour régionale ;
- Un partage plus équitable entre les personnes impliquées, s'il s'avère que les responsabilités n'étaient pas équitablement délimitées, ou si des faits nouveaux ont été portés devant le juge d'appel ;
- Si plusieurs gestions de fait ont été déclarées concernant le même organisme public, en même temps et pour les mêmes personnes, une amende globale peut être prononcée en statuant sur ces affaires.

5- Cas du non-lieu concernant l'amende

A la différence de l'apurement et du jugement du compte du comptable de fait ou patent, l'amende n'est pas d'ordre public, le juge peut, donc, déclarer un non-lieu pour défaut de « l'intérêt pratique » dans les cas suivants[250] :

- Si les montants en question s'avèrent dérisoires ;
- S'il n'existe aucun cas d'irrégularité de dépenses ou de détournement des fonds publics ;
- Si la durée des opérations irrégulières était courte et les irrégularités ont été rapidement régularisées ;
- S'il n'y a pas de mauvaise foi ou aucune atteinte à la probité ;
- Si les faits ont fait l'objet de fortes condamnations par d'autres instances judiciaires.

E- Rôle du parquet général

La mission du parquet général doit généralement être conduite par une tendance vers l'aggravation de la sanction ; il doit considérer l'amende comme le principe et la relaxation comme une exception, cette tendance reçoit l'appui de la doctrine, notamment en France.

F- Clôture de la procédure

La Clôture dépend du caractère définitif de l'arrêt, en ce sens qu'il n'a pas fait l'objet d'un recours en appel, au cas contraire, l'exécution est suspendue jusqu'au prononcé de l'arrêt d'appel ; l'arrêt d'appel ne peut être suspendue en principe en cas du recours en cassation.
La Cour n'est pas fondée d'apprécier la solvabilité des gestionnaires de fait, cette compétence revient au ministre chargé des finances dans l'Etat actuel du droit,[251] cette situation bien que justifiée par des considérations pratiques, notamment chez les techniciens de l'argentier du royaume elle est critiquée par la doctrine à l'unanimité selon l'adage : « le juge de l'action est le juge de l'atténuation ».

G- Simulation d'un cas pratique de jugement d'une gestion de fait selon le modèle marocain [252]

Arrêt (ou jugement) n°1 : la déclaration de la gestion de fait et l'injonction de produire le compte y afférent
La Cour (ou la Cour régionale)
Considérant que l'objet réel des dépenses ne correspond pas à l'objet établi par les pièces annexées au mandat de paiement (l'ordre de paiement), bien que les paiements étaient réguliers dans la forme ;
Considérant que messieurs X et Y ont activement participé dans l'organisation des opérations de gestion de fait, monsieur X en signant les ordres de paiement et monsieur Y en bénéficiant du paiement de salaires dont le caractère fictif ne peut être ignoré par lui ;
Considérant, qu'il en résulte que les deux personnes concernées sont tenues de produire un compte des opérations effectuées par elles à la Cour (ou à la Cour régionale) ;
Par ces motifs :
Déclare :

1- Les deux personnes X et Y sont considérées comptables (=gestionnaires) de fait des fonds de l'organisme public (ou de la collectivité territoriale) concerné ;

2- Les deux personnes sont enjointes de produire un compte unique de leurs opérations dans le délai de trois (3) mois à compter de la date de la notification de cet arrêt (ou jugement de la Cour régionale, le cas échéant), ainsi que les pièces justificatives nécessaires pour justifier lesdites opérations.

Arrêt (ou jugement) n°2 :

La Cour (ou la Cour régionale)

…………………………….

……………………

…………………………….

…………………………….

Sur l'injonction adressée aux personnes concernées par l'arrêt (ou le jugement) n°1 :

Considérant qu'aucune des deux personnes concernées n'a répondu à l'injonction de la Cour (ou la Cour régionale) qui leur a été adressée malgré l'établissement de la preuve de leur réception de ladite injonction ;

Sur la gestion de fait

Considérant que les recettes de la gestion de fait sont constituées par des salaires indument payés par monsieur Y à monsieur X ;

Considérant que le montant total des recettes peut être fixé à 479.338,00 dh au vu des pièces justificatives ;

Considérant que le montant des dépenses relatives à la gestion de fait est égal à 0 ;

Sur la fixation du solde du compte et la couverture du solde

Considérant que la ligne de compte arrêtée au niveau des recettes à 479.338,00 dh ;

Et au montant de 0 au niveau des dépenses, fait dégager un solde de 479.338,00 dh ;

Qu'il incombe, de ce fait, à messieurs X et Y de couvrir le solde de leur propre deniers.

Sur l'amende pour gestion de fait

Considérant que messieurs X et Y ont procédé de façon régulière à l'extraction de fonds dont la valeur totale est estimée à 479.338,00 dh de la caisse de l'organisme public (ou de la collectivité territoriale) ;

Considérant que ces irrégularités justifient l'application de l'amende prévue par l'article 44 du code des juridictions financières ;

Considérant que la Cour (ou la Cour régionale) est fondée à fixer le montant de l'amende selon l'importance et le délai de détention et de

maniement des fonds publics, et qui ne doit pas dépasser le montant total des fonds détenus ou irrégulièrement maniés ;
Considérant qu'il est nécessaire lors de la fixation du montant proportionnel de l'amende d'apprécier les différents rôles joués par messieurs X et Y dans l'organisation et le déroulement des opérations de la gestion de fait.

Par ces motifs

Déclare :

A titre provisoire :

1- La fixation de la ligne de compte au niveau des recettes à 479.338,00 dh, au niveau des dépenses à 0 et au niveau du solde à 479.338,00 dh ;
2- Enjoint aux intéressés de rembourser le montant correspondant au solde ou produire les justifications écrites nécessaires ;
3- La condamnation de monsieur X par une amende fixée au montant de 50.000,00 dh ;
4- La condamnation de monsieur Y par une amende fixé au montant de 20.000,00 dh.

Arrêt (ou jugement) n°3 :

Sur la couverture du solde

Considérant que les intéressées n'ont pas répondu à l'injonction qui leur a été notifiée malgré l'établissement de la preuve de leur réception de ladite injonction ;

Sur l'amende pour gestion de fait

(Confirmation du contenu de l'arrêt n°2 relatif au montant de l'amende)
Or, vu les explications présentées par monsieur Y, il a été révélé qu'il n'a pas été en connaissance du caractère irrégulier des paiements dont il a bénéficiés, en ce sens qu'ils ont été extraits de la caisse de l'organisme public (ou de la collectivité territoriale) en tant que rémunérations correspondantes à un service réellement fait, alors qu'ils étaient utilisés au profit de monsieur X et pour ses fins personnelles.

Par ces motifs

La Cour (ou la Cour régionale)

Déclare

A titre définitif :

1- La fixation du solde du compte à : 479.338,00 dh ;

2- Messieurs X et Y sont débiteurs solidairement et en commun à l'organisme public (ou la collectivité territoriale) du montant susvisé ;
3- La condamnation de Monsieur X par une amende d'un montant de 50.000 ,00 dh ;
4- La levée de l'amende fixée à 20.000,00 dh infligée à titre provisoire à monsieur Y.

Arrêt (ou jugement n°4)
Sur le paiement du solde du compte
Décharge des intéressés après avoir payé le montant correspondant au solde.
Rappel :
Avant d'arriver à la phase de l'arrêt définitif, le déroulement de la procédure doit obéir à partir de la déclaration de la gestion de fait jusqu'à la fixation définitive de la ligne de compte à la procédure contradictoire telle que prévue pour la vérification et le jugement des comptes des comptables publics patents par les articles 37 et suivants du code des juridictions financières notamment le droit à la réponse et le dépôt des conclusions du parquet général.

H- Effectivité de la responsabilité

1- Décharge de responsabilité

Texte de référence : Loi n° 61-99 relative à la responsabilité des ordonnateurs, des contrôleurs et des comptables publics.[253]
Selon l'article 16 du règlement général de la comptabilité publique, le comptable de fait encourt les mêmes responsabilités et donc les mêmes procédures de décharge et de remise gracieuse, cela va de soi, même si ce n'est pas clairement prévu par la loi 61.99 susmentionnée.

Le comptable de fait mis en débet peut présenter une demande de décharge au chef du gouvernement. Cette demande peut, le cas échéant, être présentée par leurs ayants droit.[254]
Conditions requises : Le comptable de fait peut à sa demande, être déchargé de sa responsabilité en cas de force majeure, à la condition

toutefois que l'acte ayant été à l'origine de la décision du débet ne lui ait pas procuré un avantage personnel.[255]

Procédure : La demande en décharge de responsabilité, présentée par le comptable de fait est instruite par le supérieur hiérarchique et transmise au ministre des finances. Si le comptable de fait était une personne physique ou moral qui n'appartient pas à l'administration publique, le rôle de supérieur hiérarchique ne peut être, à notre sens, rempli que par le supérieur hiérarchique du réseau des comptables publics, à savoir le trésorier général du royaume.

2- Effet de la décharge

La décharge de responsabilité accordée par le chef du gouvernement, libère totalement ou partiellement le demandeur concerné du montant mis à sa charge et lui permet d'obtenir, s'il y a lieu, la restitution des sommes déjà versées en atténuation dudit montant.

Information de la Cour des comptes et suites à donner

Une ampliation de ladite décision est notifiée dans les 30 jours à la Cour des comptes compétente[256] ; bien entendu la Cour tire les conséquences et va solder le débet, une fois la preuve du versement du montant de de la décharge lui parvient.

Le rejet de la décharge ne fait pas obstacle à la demande de la remise gracieuse

Le rejet, selon le cas, par le chef du gouvernement ou du ministre des finances, de la demande en décharge de responsabilité ne fait pas obstacle à la demande de remise gracieuse.[257]

3- Remise gracieuse

Le comptable public (patent ou de fait) mis en débet ou déclaré débiteur, peut demander la remise gracieuse des sommes mises où demeurées à sa charge dans les conditions fixées par le règlement général de comptabilité publique, sous réserve des dispositions prévues à l'article 15 de la loi 61.99. Cette demande peut, le cas échéant, être présentée par leurs ayants droit selon les dispositions de l'article 14 de la loi susdite. A noter que les ayants droits sont dispensés du remboursement du débet selon l'article 10 nouvellement modifié du règlement de la comptabilité publique.

Conditions requises
Pour bénéficier de la remise gracieuse, le demandeur doit justifier sa requête par des circonstances tenant à sa situation financière, à la condition toutefois que l'acte ayant été à l'origine de la décision du débet ne lui ait pas procuré un avantage personnel et qu'il n'ait pas organisé son insolvabilité.[258] Pour les collectivités locales, leurs groupements et les établissements et entreprises publics soumis au contrôle financier de l'Etat, la demande de remise gracieuse doit avoir recueilli au préalable l'avis favorable de l'organe délibérant.[259]

Information de la Cour des comptes
Une ampliation de ladite décision est notifiée dans les 30 jours à la Cour des comptes compétente.[260] Bien entendu la Cour tire les conséquences et va solder le débet, une fois la preuve du versement du montant de la décharge lui parvient.

4- Effet de la remise gracieuse

La remise gracieuse accordée par le ministre des finances libère totalement ou partiellement le demandeur concerné du montant mis à sa charge et lui permet d'obtenir, s'il y a lieu, la restitution des sommes déjà versées en atténuation dudit montant.

Imputation budgétaire des sommes allouées en décharge ou en remise gracieuse
Les sommes allouées en décharge de responsabilité ou en remise gracieuse sont supportées par le budget de l'organisme concerné.[261]
Attention : le gestionnaire de fait ne bénéfice de la décharge ou de la remise gracieuse qu'à raison des remboursements dues et non pas à raison de l'amende. Celle-ci ne bénéficie d'aucune éventualité de décharge ou de remise ou même d'amnistie dans l'état actuel du droit.

I- Gestion de fait et poursuite pénale

Les faits pouvant justifier la mise en mouvement de l'action en gestion de fait peuvent être qualifiés sur le plan pénal, notamment pour usurpation de la fonction de comptable public prévue et

sanctionnée en vertu du code pénal. L'article 44 du code des juridictions financières a prévu l'éventualité de la poursuite pénale mais en utilisant une formulation plus générale par rapport à l'article 41 de l'ancienne loi 12.79 portant création de la Cour des comptes, abrogée et remplacée par la loi 62.99 formant code des juridictions financières. En effet, l'article 41 renvoi exclusivement à l'article 380 de l'ancienne loi pénale, tandis que l'article 44 renvoi à la poursuite pénale peu importe la qualification qui sera donnée aux faits appréhensibles pénalement par le juge judiciaire. En revanche, si l'apurement du compte de la gestion de fait n'est pas tributaire de l'existence ou non d'une action pénale parallèle, puisque l'apurement des comptes est d'ordre public, l'amende pour gestion de fait, quant à elle est tributaire de l'absence d'une poursuite pénale pour les mêmes faits.
La question qui se pose maintenant : quelle sera la position de l'un ou de l'autre ordre juridictionnel si une Cour répressive pénale poursuit une personne d'usurpation de la fonction de comptable public en l'absence d'une déclaration définitive d'une gestion de fait ou d'un grief imputé à la comptabilité de l'intéressé ? deux avis doctrinaux avancent deux positions opposés,[262] l'un opte pour la nécessité que le juge pénal se saisisse d'office de l'affaire peu importe l'existence ou non d'une déclaration du juge des comptes , et c'est l'avis prépondérant, confirmé par le droit positif et la jurisprudence , l'autre avis défend le droit et la compétence professionnelle du juge des comptes de déclarer en premier le caractère irrégulier de la comptabilité de l'intéressé avant que le juge pénal ne se saisisse de l'affaire.[263]

J- Remarques sur le cadre législatif et la pratique de la gestion de fait au Maroc

1- Etendue de la responsabilité en matière de gestion de fait

Si le principe d'ordre public relatif à la production et au jugement du compte est tributaire de la qualité de comptable public, et si l'action publique en matière de discipline budgétaire et financière n'est pas d'ordre public, elle est soumise à la discrétion du parquet général, et ne concerne que les personnes ayant un lien avec l'organisme public.

C'est-à-dire justiciables devant la Cour des comptes en matière de la discipline budgétaire et financière conformément aux éléments de compétence dans cette matière. La responsabilité en matière de gestion de fait, quant à elle s'étend à toute personne qui s'immisce dans les fonctions du comptable public, qu'il soit physique ou moral, qu'il soit fonctionnaire public ou un particulier ou une société privée et qu'il soit un simple agent ou un ministre. En effet, le ministre qui s'implique dans la gestion de fait ou dans la constitution d'une caisse noire est assujetti au contrôle de la Cour en matière de gestion de fait.[264] L'amende peut également être prononcée à son encontre puisqu'elle fait partie intégrante de la procédure du jugement du compte de la gestion de fait.

2- Absence de la phase de déclaration provisoire de la gestion de fait

Dans le modèle marocain, si la Cour décide qu'il y a lieu de déclarer la gestion de fait, elle enjoint dans le même arrêt au gestionnaire de fait présumé de produire le compte, il doit se soumettre, quoi qu'il conteste cette qualité.

3- Prescription

Le code des juridictions financières ne prévoit pas la prescription de la déclaration de la gestion de fait, c'est le droit commun qui s'applique dans ce cas, à savoir la prescription de l'engagement telle que prévue par l'article 387 du code des obligations et contrats marocain, qui fixe le délai de prescription des engagements à quinze (15) ans. En France, le droit civil prévoit trente ans, avant que cette disposition ne soit abrogée pour la Cour des comptes française et remplacée par une prescription décennale.[265]

4- Absence de la jurisprudence marocaine en matière de la gestion de fait

A l'exception d'une information sur le commencement de la procédure relative à un seul cas de gestion de fait, mentionné dans un rapport annuel, Aucun rapport annuel publié jusqu'à maintenant n'a fait échos d'une gestion de fait jugée et finalisée. La même observation s'applique aux deux premiers lots historiques d'arrêts publiés en 2015 et 2017.

5- Gestion de fait dans le contexte marocain (la)

« Dans le cadre de leurs attributions en matière de vérification et de jugement des comptes des comptables publics, les Cours régionales des comptes peuvent vérifier et instruire les comptes des personnes déclarées par elles comme étant des comptables de fait. A ce titre, ces juridictions peuvent déclarer comme comptable de fait toute personne qui effectue, sans y être habilitée par l'autorité compétente, des opérations de recettes, de dépenses, de détention et de maniement de fonds ou de valeurs appartenant à l'un des organismes publics soumis au contrôle de la Cour des comptes ou qui, sans avoir la qualité de comptable public procède à des opérations portant sur des fonds ou valeurs n'appartenant pas auxdits organismes, mais que les comptables publics sont exclusivement chargés d'exécuter en vertu des lois et règlements en vigueur. Dans ce cadre, et en application de l'approche du «contrôle intégré», la Cour régionale des comptes de Rabat, suite aux résultats du contrôle de la gestion d'une collectivité locale, a été saisie par le Ministère Public de deux affaires pouvant constituer une gestion de fait en raison de l'émission de mandats fictifs en faveur de deux entrepreneurs. L'instruction, qui est en cours, a pour but de s'assurer de l'existence des éléments matériels et juridiques constitutifs de la gestion de fait, avant de mettre en œuvre la procédure légale qui pourrait, le cas échéant, déboucher sur des débets et des amendes à l'encontre des auteurs et leurs complices y compris les entrepreneurs».[266]

Le bilan des juridictions financières marocaines en matière de gestion de fait conduit à un constat difficilement compréhensible, parce que la gestion publique en générale et la gestion publique locale en particulier regorge de cas et situations de gestion de fait. De surcroit c'est la vie quotidienne au Maroc qui ne cesse de montrer la preuve des irrégularités constantes et abondantes dans cette matière ; à titre d'exemples : les parcs ou stations des véhicules ou des personnes qui font la loi en percevant des droits et taxes sans fondement. Des gens qui se prennent comme des percepteurs de fonds publics dans les forêts ou piscines municipales ; les musées ....etc, ne sont pas tous habilités ou ne respectent pas les tarifs officiels ....etc

L'attention des juridictions financières marocaines est attirée à cet effet, pour repenser la mise en œuvre de cette compétence, certes difficilement intelligible et parfois contraignante à mettre en application. Mais qui constitue l'une des trois attributions juridictionnelles à ne pas perdre de vue, sinon les irrégularités vont continuer à sévir et les gestionnaires de fait, notamment au niveau des collectivités territoriales, ne cesseront pas de pratiquer leur jeu dangereux et indiscutablement nocif pour l'ordre public financier dont la Cour de comptes en est garante.

SECTION IV : APERÇU SUR LA JURISPRUDENCE FRANÇAISE

La jurisprudence d'appel[267]

1- ***Le paiement d'indemnités indues*** *(de fonction ou de déplacement),* ***n'est pas une gestion de fait****, il s'agit de paiement injustifié, un ordre de remboursement doit être émis par l'ordonnateur soit à son initiative soit à la demande du comptable public.*
2- ***La détention irrégulière des fonds publics à elle seule ne peut justifier une gestion de fait,*** *à moins que cette détention perdure dans le temps.*
3- ***Les banques ne peuvent être déclarées gestionnaires de fait ou coauteurs*** *dans les opérations de gestion de fait, elles ne sont que des « dépositaires physiques ».*
4- ***L'amende pour gestion de fait n'est pas une réparation d'un préjudice financier****, c'est une sanction d'un fait entrainant un préjudice moral à l'organisme public.*

Autres exemples [268]

5- Sur le sursis à exécution en matière de la gestion de fait

Une personne déclarée comptable de fait d'une commune demandait, à l'appui de son appel, le sursis à exécution du jugement de déclaration de gestion de fait en invoquant l'insuffisance de ses ressources. Constatant que le jugement attaqué ne prononçait pas de débet, le président de la quatrième chambre a rejeté la demande en considérant que le requérant n'apportait pas la preuve que l'exécution de la décision de prise d'hypothèque lui causerait un préjudice grave et difficilement réparable. ***(10 janvier 2011. –4 e chambre. – Ordonnance no 60028. – Commune d'Hénin-Beaumont (Pas de Calais).***

6- *Sur l'entrée en vigueur de la procédure en matière de gestion de fait dans le temps*

Une chambre territoriale des comptes avait, avant l'entrée en vigueur de la loi du 28 octobre 2008, définitivement déclaré une gestion de fait et ordonné la production du compte. Après cette entrée en vigueur, elle avait directement, après audience publique, rejeté une partie des dépenses, constitué le comptable de fait en débet pour le montant rejeté et prononcé une amende. La Cour, considérant que, en application du principe de l'unicité de la procédure de gestion de fait, toute procédure de ce type engagée avant le 1er janvier 2009 demeure régie par les règles antérieures, a annulé cette dernière décision au motif, soulevé d'office, que le jugement définitif n'avait pas été précédé d'un jugement provisoire ouvrant la contradiction. ***(24 mars 2011. –4 e chambre. – Arrêt d'appel no 60456. – Collectivité d'outre-mer de Polynésie française).***

7- *Sur la question prioritaire de constitutionnalité en matière de gestion de fait*

La Cour des comptes avait confirmé en appel un jugement de déclaration définitive de gestion de fait prononcé à l'encontre de diverses personnes. Sur pourvoi d'un des comptables de fait, le Conseil d'État avait annulé l'arrêt et renvoyé l'affaire devant la Cour. A l'occasion du réexamen de l'appel par les chambres réunies, le requérant a soulevé une question prioritaire de constitutionnalité, à laquelle s'est associé un autre comptable de fait. La Cour a admis la recevabilité de cette dernière demande, en reconnaissant à l'intéressé la qualité de partie du fait de son intervention volontaire dans l'instance. Sur le fond, elle a décidé de transmettre au Conseil d'État le moyen tiré de ce que le paragraphe XI de l'article 60 de la loi du 23 février 1963 serait contraire au principe de nécessité et de proportionnalité des peines, tout en rappelant qu'une éventuelle méconnaissance de l'objectif d'intelligibilité et d'accessibilité de la loi ne pouvait, en elle-même, être invoquée à l'appui d'une question prioritaire de constitutionnalité (QPC). ***(5 mai 2011. – Chambres réunies. – Arrêt no 61147. – Office du tourisme de l'Alpe d'Huez (OTAH) (Isère).***

8- *Sur l'ingérence dans le recouvrement des recettes*

L'ancien directeur général d'un musée, sans disposer d'une délégation de compétence ou de signature, avait conclu un contrat de mandat avec une SARL prestataire de services, lui confiant la mise en œuvre de plusieurs activités, relevant des missions statutaires de service public de ce musée. Il avait fait valoir qu'aucun crédit budgétaire public n'avait été alloué à cette société, que les missions confiées le lui étaient en toute autonomie et que les autorités étaient informées de ce contrat. La Cour, considérant l'incompétence juridique de l'ancien directeur, la qualité de missions de service public des activités concernées et l'absence de fondement juridique du contrat, le déclare comptable de fait. ***(26 mai 2011. –3 e chambre. – Arrêt no 61032. – Musée national du sport (MNS).***

9- Sur le mandat fictif

Un département avait recruté comme agent d'entretien et affecté aux services généraux une personne qui exerçait en fait les fonctions de personnel de maison au domicile de fonction de la directrice générale des services. La chambre régionale des comptes avait constitué cette directrice comptable de fait. En appel, tant le département que cette dernière arguaient du fait que le conseil général avait effectivement décidé de mettre du personnel de maison au service sa directrice générale, décision dont l'éventuelle illégalité ne relevait pas de la compétence du juge des comptes. Constatant que la déclaration de gestion de fait résultait, non pas d'une éventuelle illégalité, mais de la dissimulation, notamment au comptable public, de l'objet réel de la dépense, la Cour a rejeté la requête. ***(9 juin 2011. –4 e chambre. – Arrêt d'appel no 61375. – Département de la Martinique).***

10- Sur les droits de la défense

Une chambre régionale des comptes avait déclaré comptables de fait, pour extraction irrégulière de deniers publics, le maire d'une commune, le premier adjoint, une société et un tiers, en raison du paiement, sur le budget municipal, de vingt déplacements en avion-taxi dépourvus de lien avec les affaires communales. En appel devant la Cour, le maire alléguait l'inégalité des armes entre l'accusation et la défense, la première ayant eu, selon lui, un accès privilégié à des pièces du dossier pénal. Au fond, il articulait une série de moyens pour contester sa qualité de gestionnaire de fait, notamment sa méconnaissance du caractère irrégulier des opérations. De son côté, le tiers soutenait notamment que la seule qualité de bénéficiaire des opérations litigieuses ne suffisait pas à le déclarer gestionnaire de fait. La Cour, sans contester cette dernière remarque, observe que le tiers a participé aux opérations irrégulières. Elle rejette point par point les autres moyens du maire et du tiers. ***(8 septembre 2011. –4 e chambre. – Arrêt d'appel no 61910. – Commune d'Hénin-Beaumont (Pas-de-Calais).***

Commentaire : Sur un sujet similaire, cf. CC, 9 juin 2011, département de la Martinique, p. 63 du présent recueil.

Sur le maniement de « brève main » des deniers publics en gestion de fait cf. CC, 17 décembre 2009, collectivité d'outre-mer de Polynésie française, Recueil 2009, p. 64.

La seule qualité de bénéficiaire d'un mandat fictif n'entraîne pas à elle seule la qualification de comptable de fait, cf. CC, 12 mars 1998, commune de Levallois-Perret, Recueil 1998, p. 39.

Dès le dépôt de sa requête en appel, le comptable de fait avait sollicité un sursis, rejeté par ordonnance du président de la 4e chambre.

11- Sur le principe d'égalité des armes

Une association ayant octroyé, sur fonds communaux, des prêts et secours à des personnels de la commune, ainsi qu'à des tiers, la chambre régionale des comptes avait constitué comptables de fait l'ancien maire, la présidente et l'ancien trésorier de l'association. Les appelants contestaient notamment la régularité du jugement au regard du principe d'égalité des armes posé par la Cour européenne des droits de l'homme, prétendant une asymétrie d'information entre eux et le procureur financier. La Cour a rejeté ce point de leurs requêtes, considérant qu'ils disposaient d'un accès suffisant à la jurisprudence des juridictions financières. ***(15 décembre 2011. –4 e chambre. – Arrêt d'appel no 62592. – Amicale du personnel communal de Saint-André (La Réunion).***

12- Sur la gestion de fait et les chèques en blanc

Une association ayant octroyé, sur fonds communaux, des prêts et secours à des personnels de la commune ainsi qu'à des tiers, la chambre régionale des comptes avait constitué comptables de fait l'ancien maire, la présidente et l'ancien trésorier de l'association. En appel, ce dernier exposait pour sa défense qu'avant de démissionner de fait en cours d'exercice, il avait signé des « chèques en blanc » utilisés ensuite frauduleusement par la présidente. S'appuyant sur la jurisprudence civile qui confirme la validité des chèques en blanc et la responsabilité de leurs signataires, et réaffirmant que doivent être constitués comptables de fait toutes les personnes ayant participé à la gestion de fait sauf les subordonnés sans aucune initiative, la Cour a rejeté ce moyen. ***(15 décembre 2011. –4 e chambre. – Arrêt d'appel no 62592. – Amicale du personnel communal de Saint-André (La Réunion).***

Notes du chapitre II

222- Cf. Jacques Magnet, les gestions de fait, L.G.D.J, première édition 1998 et deuxième édition, 2001 (même éditeur). Voir aussi du même auteur : la gestion de fait des deniers publics locaux, même éditeur ; 2000. Et Christian Descheemaeker ; la gestion de fait ; JSC ; fascicule 1265, 2001.

223- Avis de la formation des chambres toutes réunies du 7-7-1988.

224- Cette situation exceptionnelle n'a pris fin qu'en 2005, date de la constitution par tous les comptables publics d'une caution /assurance.

225- Cette définition qui prône le rattachement d'un comptable public reste, à notre sens, discutable, car les fonds publics peuvent être mis en danger de gestion de fait, même en l'absence d'un comptable public. A cet égard, si cette absence n'est qu'un oubli, nous pensons que la gestion de fait doit être déclarée et le ministère des finances doit être rappelé à l'ordre pour désigner un comptable public. Pour les organismes publics qui ont un régime financier et comptable spécifique et ne disposant pas, par convention, d'un comptable public, la question de la gestion de fait demeure ouverte à notre sens. Et pour cause, est-ce que la gestion de fait vise également le rétablissement des formes comptables ou elle vise la protection des fonds publics de toute indiscipline qui peut frôler la dérive pénale ?

226- Ils sont considérés des coauteurs au sens du deuxième paragraphe de l'article 41. Voir infra, le paragraphe relatif à la participation à la gestion de fait.

227- Cf. jurisprudence d'appel de la Cour des comptes. Doc Cour des comptes francaise.1992. Voir l'exemple en question in : Section 6 : bref aperçu sur la jurisprudence française.

228- Ils sont appelés également « les tireurs de ficelle ».

229- Cas du ministre Nucci en France.

230- Martin (Philippe) : « Règles de la comptabilité publique », mise à jour : mai 2001. Doc. Ministère de l'économie et des finances. France.

231- Cité par : Martin Philippe : « Les règles de la comptabilité publique ».Ibid.

232- Loi du 23 février 1963.

233- Voir l'introduction du recueil des arrêts de la Cour des comptes 2015 ; Doc Cour des comptes française.
234- Article 42 du code des juridictions financières.
235- Même article.
236- Article 132 du deuxième livre du code des juridictions financières.
237- Article 43, deuxième paragraphe.
238- Article 43, premier paragraphe.
239- Bertucci (J.I) et Doyelle (A) : « La déclaration des gestions de fait », AJDA, 20 novembre 1997.
240- Mbohou Max : « Les gestions de fait à coloration pénale », la revue du trésor, n° 8-9, aout-septembre 2003 pp 518-524.
241- Article 43, premier paragraphe.
242- Bertucci (J.Y) et Doyelle (A) : « L'apurement des gestions de fait », AJDA, 20 mars 1998.
243- Bertucci (J.Y) et Doyelle (A) : « La déclaration des gestions de fait » op.cit.
244- 3 mois au minimum.
245- D'ailleurs dans la contexture de l'arrêt en matière de jugement de comptes, la fixation de la ligne du compte vient après l'appréciation des opérations d'exécution des recettes et des dépenses et de leurs justifications.
246- Pour plus de détails sur ce point : Descheemaeker (Christian) : « Egalité et équité devant la Cour des comptes ». Doc. Cour des comptes. 1998. France. Voir également à ce propos : la jurisprudence d'appel de la Cour des comptes française. Op.cit.
247- La jurisprudence d'appel de la Cour des comptes française. Op.cit.
248- Article 44.
249- Bertucci (J.Y) et Doyelle (A) : « L'apurement des gestions de fait », op.cit.
250- La jurisprudence d'appel de la Cour des comptes française. Op.cit et Bertucci (J.Y) et Doyelle (A) : « L'apurement des gestions de fait », op.cit.
251- La loi 61.99 sur la responsabilité des ordonnateurs, contrôleurs et comptables publics.
252- Berraou Mohammed : « Précis d'interprétation du code des juridictions financières, en arabe, Tome I : les attributions juridictionnelles, Top press, 2004, première édition. pp 157-

159. Ou encore : « Interprétation intégrale du code des juridictions financières », les trois livres, Darassalam, 2012, première édition, pp 176-179.

253- Promulguée par le dahir du 19 moharrem 1423 (3 avril 2002). Le texte en langue arabe a été publié dans l'édition générale du bulletin officiel n° 4999 du 15 safar 1423 (29/04/ 2002). Voir la version française du texte dans les annexes.

254- Attention ! L'article 10 nouvellement formulé du décret n° 330-66 règlement général de la comptabilité publique tel qu'il a été modifié et complété dispense les ayants droits du remboursement des débets.

255- Article 10 de la loi 61.99.

256- Article 12 de la loi 61.99.

257- Article 13 de la même loi.

258- Au sens de l'article 84 de la loi n° 15-97 formant code de recouvrement des créances publiques.

259- Article 15 de la loi 61.99.

260- Article 12 de la même loi.

261- Article 16 de la même loi.

262- Voir à ce propos, Mbouhou (M) : « Les gestions de fait à coloration pénale », op.cit.

263- Voir d'autres détails dans le chapitre V : « Relations entre la Cour des comptes et l'ordre judiciaire ».

264- Cf. Arrêt Nucci : CC 30-09-1992 ; Nucci et autres, confirmé par le Conseil d'Etat : CE ; 06-01-1995 Nucci.

265- En vertu de la loi modificative du code des juridictions financières français en date du 21 décembre 2001.

266- Mention de la gestion de fait dans le rapport annuel relatif à l'année 2007, page 736 publié en 2009. Site web de la Cour des comptes du Maroc.

267- La jurisprudence d'appel de la Cour des comptes ; Doc. Cour des comptes française ; 1992 ; op.cit.

268- Jurisprudence sélectionnée et adaptée à partir du recueil des arrêts de la Cour des comptes et des jugements des CRTC ; 2011. Doc. Cour des comptes française.

Chapitre III

Responsabilité pécuniaire et personnelle des comptables publics

« Le comptable public ne l'est plus, s'il ne rend pas compte »
M. BERRAOU

Dans ce chapitre on va passer en revue analytique les règles juridiques, les règles procédurales et la jurisprudence marocaine en matière de la responsabilité pécuniaire et personnelle des comptables publics.
Le chapitre sera appuyé par un aperçu sur la jurisprudence française en la matière.

SECTION I : REGLES JURIDIQUES

A- Nature et étendue de la responsabilité des comptables publics

Lorsque Napoléon a créé la Cour des comptes en France, il a instauré un régime fondé sur l'entière responsabilité des seuls comptables publics dans la gestion des fonds publics [269]; Par voie de conséquence logique, le régime de responsabilité qui en a résulté recouvre et le caractère personnel et le caractère financier et ne fait aucune dissociation entre la faute personnelle et la faute de service.
Au Maroc, ou la Cour des comptes a succédé à la commission nationale des comptes qui n'était que l'héritière de la commission marocaine des comptes instaurée par le protectorat français comme un prolongement périphérique de la Cour des comptes française, le législateur national a adapté le même régime français de contrôle supérieur des finances publiques et de la responsabilité des acteurs de la gestion publique en général et de celui des comptables publics en particulier, à celui de la France. Mais avec des différences et des nuances, plus ou moins, importantes.
S'agissant des comptables publics, objet de notre propos dans ce chapitre, la nature et l'étendue de la responsabilité a fait l'objet d'un grand toilettage entre la loi 12.79 (14 septembre 1979) créant la Cour des comptes et le code des juridictions financières (loi 62.99, 15 aout 2002). Des modifications fondamentales ont été introduites et qui seront revues et complétées ultérieurement en 2008, suite aux modifications législatives et règlementaires intervenues, notamment entre l'année 2004 et l'année 2007.
Le texte général de la responsabilité financière des acteurs de la gestion publique est la loi 61.99 relative à la responsabilité des ordonnateurs, contrôleurs et comptables publics, qui consacrent

l'article 6 à la responsabilité relative aux comptables publics. Il ressort des dispositions de cet article que les comptables publics sont responsables pécuniairement et personnellement (devant la Cour des comptes et devant le ministre des finances) [270]- sauf s'ils produisent un ordre de réquisition en bonne et due forme- de veiller au respect des obligations suivantes :

- la conservation des fonds et valeurs dont ils ont la garde ;
- la position des comptes externes de disponibilités qu'ils surveillent ou dont ils ordonnent les mouvements ;
- l'encaissement régulier des recettes dont le recouvrement leur est confié ;
- le contrôle de la validité de la dépense portant sur l'exactitude des calculs de liquidation, l'existence de la certification ou du visa préalable d'engagement lorsque cette certification ou ce visa est requis et le caractère libératoire du règlement ;
- les paiements qu'ils effectuent.

Ils sont en outre tenus de s'assurer :

- de la qualité de l'ordonnateur ;
- de la disponibilité des crédits ;
- de la production des pièces justificatives réglementaires.

Quant aux agents comptables des établissements et entreprises publics soumis au contrôle financier de l'Etat, ils sont personnellement et pécuniairement responsables des contrôles, expressément prévus par les lois et règlements en vigueur ou par les instructions particulières du ministre des finances, qu'ils exercent sur les actes qu'ils ont visés, en vue de s'assurer:

- De la présentation de pièces justificatives régulières établissant la réalité des droits du créancier et du service fait ;
- Du visa préalable du contrôleur financier lorsque ce visa est requis ;
- Du paiement au véritable créancier ;
- Du recouvrement des recettes lorsque ledit recouvrement leur est confié en vertu de la réglementation en vigueur.

Il faut rappeler, qu'ils sont responsables, le cas échéant, de la production d'une réquisition régulière établie par la direction de l'organisme concerné.

A noter que l'article 6 du dahir n° 1-02-25 du 03-04-2002 est modifié par l'article 26 du dahir n° 1-04-255 du 29-12-2004.[271]

Il ressort de la lecture combinée des dispositions de l'article 6 de la loi 61.99 et les dispositions afférentes à la responsabilité des comptables publics dans le code des juridictions financières selon l'article 37 et suivants, que l'article 6 constitue le fondement commun de la responsabilité des comptables publics et devant le ministre des finances et devant la Cour des comptes. Selon la doctrine et la jurisprudence françaises, la compétence du ministre des finances constitue un phénomène résiduel du phénomène du ministre juge.[272] A cet effet, le ministre des finances peut déclarer le comptable public responsable pécuniairement et personnellement et le mettre en débit[273] ; alors que le juge financier peut le mettre en débet ou le cas échéant le poursuivre en matière de discipline budgétaire et financière. Or, si la nature de la responsabilité est la même ou presque, l'étendue et les modalités de mise en jeu ainsi que les conséquences de cette responsabilité sont considérablement différentes.
Devant la Cour des comptes (ou les Cours régionales des comptes, selon le cas), la responsabilité pécuniaire et personnelle est régie par l'article 37 du code des juridictions financières tel qu'il a été modifié en 2008. C'est au même article que renvoi le deuxième livre relatif aux Cours régionales des comptes.[274]
Quelles sont maintenant, les irrégularités pouvant faire engager la responsabilité pécuniaire personnelle des comptables publics et comment cette responsabilité est mise en œuvre sur le plan pratique et procédural.

B- Irrégularités appréhensibles

«Lorsque la Cour établit l'existence d'irrégularités dues à l'absence de diligences que le comptable public doit faire en matière de recouvrement des recettes ou à l'occasion de l'exercice du contrôle de validité de la dépense que le comptable public est tenu d'effectuer en vertu des lois et règlements en vigueur, la Cour lui enjoint par un arrêt provisoire de produire par écrit ses justifications ou à défaut, de reverser les sommes qu'elle déclare comme étant dues… ».[275]

Selon cette nouvelle formulation, telle qu'elle a été mise à jour par le législateur en 2008, le comptable public est désormais responsable pécuniairement et personnellement en matière de jugement des comptes des irrégularités :

- Dues à l'absence de diligences en matière de recouvrement des recettes ;
- A l'occasion du contrôle de la validité de la dépense qu'il est tenu d'effectuer en vertu des lois et règlements en vigueur.

1- Diligences en matière de recouvrement des recettes

En règle générale, les comptables publics sont les seuls habilités à prendre en charge les ordres de recettes qui leurs sont transmis par les ordonnateurs, sous ordonnateurs ou toute personne habilitée à les émettre en vertu des lois et règlements en vigueur, ou des créances établies par des contrats ou titres de propriété ou tout autre titre dont ils ont la garde, suite à quoi ils sont tenus du recouvrement desdites recettes et aussi de la perception des droits en espèce.[276]

Par voie de conséquence, le comptable public est responsable devant la Cour des comptes de l'absence du recouvrement des recettes prises en charge et des recettes sur titre, soit suite à des ordres de recettes ou des déclarations de recettes soit avant cette émission mais qui doit impérativement intervenir postérieurement en régularisation des recettes recouvrées (les ordres de recettes de régularisation).

Le comptable public peut différer le délai de perception en contrepartie de garanties déterminées par lui et sous sa responsabilité.

L'obligation du comptable public en matière de diligences du recouvrement des recettes est une obligation de moyens et non pas une obligation de résultat[277], il n'est responsable que de l'absence ou de l'insuffisance de ces diligences et non pas du recouvrement effectif des recettes prises en charge, tant qu'il a effectué toutes les mesures de recouvrement amiables et forcés telles que prévues par le code de recouvrement des créances publiques.[278]

Aussi, le juge financier ne peut-il décharger la responsabilité du comptable public que lorsque ce dernier produise des preuves à l'appui de son compte ou en réponse aux demandes de justifications qui lui sont envoyées par le conseiller rapporteur en cours d'instruction du compte. Ces preuves sont généralement des mises en demeure, des avis d'imposition, des commandements, voire des pièces de dossiers de contentieux judicaires telles que les requêtes, les mémoires, les arrêts etc.[279]

Les diligences sudistes doivent intervenir avant que les recettes ne soient atteintes par la prescription. Pour ce faire, le comptable public doit être très prudent et très prompt dans ses mesures. En effet, selon la célèbre jurisprudence Dupis de la Cour des comptes française,[280] les diligences doivent réunir trois caractéristiques pour qu'elles soient suffisantes et déclarées recevables et acceptables par le juge financier : à savoir, des diligences : appropriées ; complètes et rapides.

- Les diligences doivent être **appropriées**

Les diligences prises doivent être mesurées selon la nature de la créance à recouvrer et selon les circonstances qui entourent l'opération de perception. C'est le juge financier qui va apprécier le caractère approprié de ces diligences dans le cas d'espèce.

- Les diligences doivent être **complètes**

Le comptable public doit faire toute les diligences requises et prouver la réalité de ces mesures prises par lui telles que prévue par la loi, notamment les actes du recouvrement amiable et tous les actes du recouvrement forcé y compris les actes du contentieux du recouvrement, le cas échéant.

- Les diligences doivent être **rapides**

Le comptable public doit intervenir dans un délai raisonnable pour rappeler le redevable récalcitrant, l'objectif étant d'épuiser toutes les mesures amiables dans un espace temporel suffisant bien avant l'atteinte de la créance par la prescription.[281]

Cette obligation vise à contenir les pratiques de certains comptables qui attendent jusqu'à la date limite de la prescription pour procéder à l'envoi du commandement juste avant cette date en vue d'interrompre le délai de prescription, sans pour autant passer à la procédure du recouvrement forcé.[282] Cette pratique tombe sous le coup de la troisième caractéristique de cette jurisprudence, le comptable sera déclaré responsable pour insuffisance de diligences, équivalente à leur absence.

Remarque

Les circonstances qui peuvent prouver l'existence et surtout l'insuffisance des diligences sont des circonstances qui se rapportent au comportement personnel du comptable d'une part et des conditions objectives ayant trait au poste comptable, notamment l'organisation, le personnel …etc.

Ce sont des éléments qui renvoient aux difficultés de recouvrement qui sont des difficultés dissociées objectivement des éléments matériels du compte, pourtant le législateur a préféré ne pas transférer cette infraction personnelle vers la discipline budgétaire financière. A notre sens, pour mettre en garde les comptables contre tout atermoiement ou hésitation dans la prise des diligences de recouvrement au profit du trésor public. Pourtant la jurisprudence française est constante sur l'interprétation du manque ou de l'insuffisance de diligences de recouvrement comme faisant partie de l'appréciation, par le juge des comptes, des éléments matériels du compte.[283]

Cas de l'admission en non-valeur des créances irrécouvrables

Lorsque les recettes deviennent des créances irrécouvrables malgré la prise de toutes les diligences prévues par la loi en vue de leur recouvrement, le comptable est fondé de demander leur annulation et leur suppression de la liste des recettes prises en charge par lui.

C'est le ministre des finances qui est fondé à apprécier cette demande dans un délai d'une année à partir de sa présentation, il va devoir étudier la nature et le sérieux des diligences prises par le comptable public. Cela dénote une nouvelle « immixtion » autorisée (!) selon l'état actuel du droit à l'instar de la mise en débit administratif, du ministre des finances dans les fonctions du juge financier. En revanche le juge financier qu'il soit de la Cour des comptes ou de la Cour régionale des comptes selon le cas, n'est pas tenu d'attendre le prononcé de la décision du ministre des finances , ou même de l'accepter même si cette décision intervient avant l'intervention du juge financier. En toute logique, la compétence du juge financier en matière de jugement des comptes est une compétence d'ordre public,

encore faut-il le rappeler. Elle est indépendante et souveraine et non optionnelle ou conservatoire. D'autant plus que le comptable aura l'occasion de revenir vers son « ministre juge» : le ministre des finances par la voie des modes d'atténuation de la responsabilité dévolues par la loi au ministre des finances, encore une autre manifestation de « la justice retenue », et ce en application des dispositions y afférentes de la loi 61.99 relative à la responsabilité des ordonnateurs, contrôleurs et comptables publics.
Sur un autre registre, s'agissant des restes à recouvrer et pour dégager sa responsabilité, le comptable successeur doit minutieusement veiller en cas de gestion scindée à émettre par écrit ses réserves sur le procès-verbal de passation de consignes si des montants relatifs à des créances prescrites et non annulées reviennent à la gestion de son prédécesseur, au moment de ladite passation de consignes.[284] Les situations relatives aux restes à recouvrer doivent être présentées selon les modalités et les délais prescrits en mentionnant les références du dernier acte pris dans le cadre des diligences de recouvrement.[285]
Rappel : L'admission en non-valeur ne lie pas, à notre avis, l'office de la Cour des comptes, en ce sens qu'elle ne constitue pas une circonstance absolutoire de la responsabilité du comptable.[286]

2- Contrôle de la validité de la dépense

« Lorsque la Cour établit l'existence d'irrégularités à l'occasion de l'exercice du contrôle de validité de la dépense que le comptable public est tenu d'effectuer en vertu des lois et règlements en vigueur… »
Cette formulation a été introduite en 2008, en effet, et à notre avis, bien que le règlement général de la comptabilité publique ait introduit cette notion à compter de 2005, la notion de « la validité de la dépense » dans le sens et l'étendue de la formulation mise à jour en 2008 , ne s'applique pas devant la Cour des comptes entre la date d'entrée en vigueur du code des juridictions financières (aout 2002) et la date de la nouvelle modification législative, à compter du 1er janvier 2008.[287]

Commençons d'abord par les irrégularités relatives au contrôle de la validité de la dépense qui étaient en vigueur entre 2002 et 2008. Sans citer expressément la notion du contrôle de validité de la dépense,[288] l'ancienne formulation du code des juridictions financières en détermine l'étendue comme suit :

- Non justification du service fait ;
- Inexacte calcul de liquidation ;
- Absence du visa préalable à l'engagement ;
- Non-respect des règles de prescription et de déchéance ;
- Inexistence du caractère libératoire du paiement.

Alors que la nouvelle formulation introduite en 2008 renvoi aux lois règlements pour déterminer l'étendue de la notion du contrôle de la validité de la dépense.

En effet, à partir de 2005 et surtout à partir du premier janvier 2008 devant les juridictions financières, le comptable public s'est vu chamboulée sa mission de contrôle de la dépense, notamment en revisitant la notion de la validité de la dépense et par extension la notion de responsabilité au titre du contrôle de la validité de la dépense. Aussi le nouveau texte renvoi-t-il aux lois et règlements en vigueur pour déterminer l'étendue du contrôle, or ces lois et règlements ont subi plusieurs modifications à compter de l'année 2004, notamment les modifications introduites par la loi de finances pour l'année 2005.[289]

Les modifications introduites redéfinissent la notion et le champ de contrôle de la validité et de la régularité de la dépense en y retranchant certains faits générateurs de responsabilité, aussi le contrôle de la validité (article 37) ne portera-t-il plus sur la justification du service fait et sur les règles de prescription et de déchéance.

A notre avis, et comme nous l'avons déjà noté lors de l'étude de la responsabilité du comptable public en matière de discipline budgétaire et financière, la direction de la comptabilité publique, relevant du ministère des finances, initiatrice de la modification législative, persiste et signe sur sa ligne de conduite. Et ce, en confirmant son intention de supprimer presque définitivement le débet dit « sans préjudice » du champ de la responsabilité pécuniaire et personnelle des comptables publics, ainsi le champ du contrôle de la validité de la dépense ne recouvrera plus, si on exclut le contrôle du visa préalable à

l'engagement de dépenses, que l'exacte calcul de liquidation et le contrôle du caractère libératoire du règlement , c'est-à-dire les dépenses dites par convention «indues».
L'assouplissement renforcé du contrôle externe de la dépense au profit d'une responsabilisation accrue des services de contrôle interne des ordonnateurs est le motif invoqué par les techniciens du droit de la comptabilité publique relevant de la direction de la comptabilité publique.[290]
Le contrôle de la validité de la dépense ne recouvre, à compter du premier janvier 2008, que les trois irrégularités suivantes (en gras) :

- Non justification du service fait ; (supprimée)
- **Inexactitude de calcul de liquidation** : (maintenue)
- **L'absence du visa préalable à l'engagement** (maintenue)
- Non-respect des règles de prescription et de déchéance (supprimée)
- **Inexistence du caractère libératoire du paiement** (maintenue)

Inexactitude de calcul de liquidation
Le comptable public est tenu de contrôler l'exactitude de calcul de liquidation, en cas de calcul inexact opéré par les services liquidateurs relevant de l'ordonnateur, il doit refuser d'apposer son visa sur le titre de paiement sous peine d'engager sa responsabilité pécuniaire et personnelle, au cas où le juge financier retient une erreur dans la liquidation de la dépense payée.
Cette liquidation s'opère au vu des critères fixés par les lois et règlements financiers et comptables en vigueur,[291] notamment relatifs aux marchés publics et aux dépenses du personnel ; le contrôle de l'exactitude de calcul de liquidation se combine en pratique par le contrôle du service fait (supprimé par la modification introduite en 2008), puisque les pièces justificatives du service fait établissent en même temps les droits acquis du créancier y compris les bases de liquidation.
En effet, le service liquidateur doit s'assurer d'abord de la réalité de la créance et arrêter ensuite le montant de la dépense.
La liquidation a donc deux volets, un volet juridique et un volet comptable et c'est le deuxième volet qui est concerné à priori par l'obligation du contrôle de l'exact calcul de liquidation visé par l'article 37 du code des juridictions financières.

A titre illustratif, pour les dépenses relatives au matériel, au titre du premier volet le service liquidateur s'assure des droits des créanciers soit par la certification du service fait, soit par un état comptable qui contient la quantité et le montant en espèce du matériel réceptionné ou des travaux réalisés pour ce genre de dépenses.[292]

Pour les dépenses du personnel, un état contenant chaque agent et son grade ...et notamment le calcul des sommes à payer. Alors que pour les dépenses de fournitures c'est sur la base des factures et mémoires que la liquidation s'opère.[293]

Le rôle du comptable public est de vérifier l'exactitude de calcul de liquidation au vu des bases de liquidation, non seulement inscrites dans les pièces justificatives [294] mais également au vu des lois et règlements qui prévoient le cas échéant ces bases. (Confusion entre régularité comptable et régularité juridique) !

Si le comptable détecte une erreur de calcul de liquidation, il doit suspendre le paiement et attirer l'attention de l'ordonnateur par écrit, faute de quoi, sa responsabilité sera engagée devant la Cour des comptes.

Absence du visa préalable à l'engagement

A ce titre, le rôle du comptable se limite désormais à contrôler l'existence matérielle du visa, il ne s'étend pas à s'assurer de la régularité de l'engagement par rapport aux lois et règlements, mission dévolue exclusivement au contrôleur d'engagement des dépenses.[295]

En cas d'absence du visa, le comptable doit impérativement suspendre le paiement et en informer l'ordonnateur, si l'engagement est irrégulier en l'existence du visa, la responsabilité est transférée au contrôleur de l'engagement qui sera poursuivi en matière de discipline budgétaire et financière en vertu de l'article 55 déjà passé en revue dans le chapitre relatif à la discipline budgétaire et financière.

A noter enfin, que l'existence du visa préalable à l'engagement devient une règle d'ordre public concernant trois cas : celui

De l'absence de crédit disponible ou

Du poste budgétaire vacant ou

Lorsqu'il y a une infraction aux dispositions législatives

L'ordonnateur ne peut l'outrepasser même en utilisant l'ordre de réquisition prévu par l'article 93 du règlement général de la comptabilité publique, adressé par le ministre concerné au contrôleur général des engagements de dépenses.[296]
Le ministre des finances ne doit pas viser la dépense s'il est requis par le ministre suite au refus du trésorier général agissant en tant que contrôleur général d'engagement des dépenses et doit invoquer les trois griefs susmentionnés. Par contre, le ministre des finances ne peut subroger à la place du contrôleur avant que celui ne se prononce sur l'affaire, selon une jurisprudence de chambre de discipline budgétaire et financière.[297]
Reste le chef du gouvernement comme dernier ressort , il ne peut lui-même et par son initiative outrepasser le refus du comptable s'il est justifié par l'absence de crédit disponible ou du poste budgétaire vacant ou lorsqu'il y a une infraction aux dispositions législatives qu'après avoir requis l'avis préalable de la commission des marchés pour les marchés publics ou d'une commission présidée par le secrétariat général du gouvernement s'il s'agit de dépenses du personnel.[298]

Inexistence du caractère libératoire du paiement
Le caractère libératoire du paiement est une autre règle d'ordre public de la dépense publique à ne pas transgresser dans toutes les circonstances ; la responsabilité pécuniaire et personnelle du comptable est engagée en l'absence du caractère libératoire du paiement.
Ce caractère est assuré lorsque le paiement est effectué au profit du véritable créancier ou à son représentant légal. Pour ce faire, le comptable doit s'assurer de l'identité du bénéficiaire de la dépense ou de la production d'une procuration légale si son représentant se présente pour recevoir le montant de la dépense.
L'acte frauduleux généralement pratiqué est lorsqu'une personne travaillant sous l'autorité du comptable public détourne le montant du mandat de paiement en établissant de fausses références du bénéficiaire ou de son compte bancaire ou postal.[299]

L'exception à la règle du paiement directe aux bénéficiaires par le comptable public[300] est lorsqu'il délègue cette mission à un payeur délégué en cas de paiement en espèce d'agents publics relevant d'un organisme public en contrepartie d'un compte d'emploi. Le payeur délégué doit justifier par des émargements le paiement aux véritables créanciers avec des pièces justificatives à l'appui, le comptable doit vérifier le compte d'emploi et les pièces justificatives sous peine de voir sa responsabilité engagée même si c'est le payeur délégué qui aurait commis l'irrégularité, sauf s'il présente des justifications du contrôle et des mesures prises contre le payeur délégué qui sera subrogé au lieu du comptable.[301]

A notre avis :
La responsabilité du comptable public sera engagée devant la Cour des comptes pour défaut du caractère libératoire du règlement ou pour non production des pièces justificatives, le cas échéant, s'il n'existe pas de préjudice financier :
Le premier scénario : Si le comptable public a détecté l'irrégularité de son subordonné et a pris les mesures nécessaires, c'est son subordonné qui sera mis en débet ou poursuivi en matière de discipline budgétaire et financière, selon le cas.
Le deuxième scénario : s'il n'a pas pris les mesures nécessaires et n'a pas constaté l'irrégularité de son subordonné, c'est lui qui sera mis en débet ou traduit devant la Cour en matière de discipline budgétaire et financière selon le cas. Son subordonné également dans le deuxième cas. La formulation du premier paragraphe de l'article 56 du code des juridictions financières est claire dans ce sens.[302]

C- Commentaire sur le nouveau régime de responsabilité des comptables publics

La lecture combinée des dispositions relatives à la responsabilité des comptables publics en matière de jugement des comptes et en matière de discipline budgétaire et financière conduit à déduire que le système de responsabilité a été radicalement revue en profondeur en 2002 date d'entrée en vigueur du code des juridictions financières et en 2008 date des modifications introduites par le législateur relatives à cette responsabilité. Les innovations tendent à assainir également le climat tendu qui régnait entre les comptables publics et l'institution de la rue Ettoute (siège actuel de la Cour des comptes). Deux traits marquants caractérisent la philosophie de la nouvelle configuration des faits imputables aux comptables publics :

1- La délimitation du champ de responsabilité
2- Le redéploiement des faits générateurs de responsabilité

1- **Délimitation du champ de responsabilité**

L'article 37 dans sa formulation de 2002 (loi 62.99) marque un terme à la formulation générale de l'article 38 de l'ancienne loi 12.79 portant création de la Cour des comptes. En effet, les dispositions du dernier article entendaient par l'irrégularité de la dépense «toute dépense injustifiée ou insuffisamment justifiée» et délimitait le champ de la responsabilité en matière de jugement des comptes, sanctionnée par un débet pour des faits appréhensibles précis. Une liste limitative a été prévue par le législateur du texte de 2002, barrant ainsi la route à toute velléité d'extension du champ de responsabilité par le juge financier. Ce dernier, en interprétant, auparavant, la notion de la validité de la créance telle que prévue par l'article 11 du règlement général de la comptabilité publique[303] pour cerner l'étendue de la dépense injustifiée ou insuffisamment justifié, a épousé une acception très large de la responsabilité pécuniaire et personnelle dans cette matière qui n'a pas manqué d'attiser les critiques des comptables publics. Cette nouvelle formulation précise de l'article 37 qui a délimité la liste des actes appréhensible vise deux objectifs[304] :

- La clarification et la simplification du texte pour le rendre mieux intelligible et donc mieux applicable et par les comptables publics et par le juge financier.
- L'assouplissement : la liste comprend désormais (avant le premier janvier 2008) six cas de responsabilité : cinq en matière des dépenses et un en matière des recettes ; l'assouplissement concerne également la reformulation du fait relatif au contrôle de l'engagement parmi les cinq faits relatifs à la dépense. En effet, l'ancienne formulation prévue par l'article 11 du règlement général de la comptabilité à laquelle

se référait le juge financier pour appréhender la dépense injustifiée au vu de l'absence de la validité de la créance telle que délimitée par l'article 11 du règlement général de la comptabilité publique susvisé, était, pour le contrôle de l'engagement, comme suit : « le contrôle de l'intervention des contrôles préalables ». Cette formulation a été extensivement interprétée par le juge financier comme étant une autorisation de vérifier si le comptable public s'était assuré de la régularité de l'engagement lui-même ! La nouvelle formulation met fin à cette confusion et assoupli en même temps le contrôle du comptable sur l'engagement en le limitant à un contrôle matériel de l'existence du visa préalable à l'engagement et rien d'autre.

Le législateur de 2008 a enfoncé le clou en supprimant deux autres faits appréhensibles dans cette matière, il s'agit du contrôle du service fait et des règles de prescription et de déchéance.

Les modifications apportées au régime de responsabilité

Le 24 décembre 2004 : le décret n° 2-04-797 est légiféré en modification des articles 11 et 91 bis et les articles 92 et 93 du décret royal du 21 avril 1967 portant règlement général de la comptabilité publique. Cette modification concerne la suppression du contrôle de l'imputation budgétaire, du service fait et des règles de prescription et de déchéance du champ du contrôle de la validité des dépenses dont la responsabilité incombe aux comptables publics. Aussi, l'expression «l'intervention des contrôles préalables» a été remplacée par « l'existence du visa préalable à l'engagement ».

En vertu de la loi de finances de l'année 2005 (loi n° 26-04 du 29 décembre 2004), l'article 6 de la loi n° 61-99 (3 avril 2002) relatif à la responsabilité des ordonnateurs, des contrôleurs et des comptables publics a été modifié pour l'adapter avec les dispositions précitées.

En vertu de la loi de finances de l'année 2006 (loi n° 35-05 du 26 décembre 2005), le même article 6 de la loi précitée a été à nouveau modifié, en ce sens que l'expression «contrôle de la déchéance » a été supprimée de la liste des éléments de la validité de la dépense et l'expression « contrôle de régularité préalable » a été remplacée par « l'existence du visa préalable d'engagement lorsque ce visa est requis ».

Le 19 octobre 2006 : publication du décret n° 2-05-1227 portant modification des articles 26, 66, 67, 117 et 118 du décret du 30 septembre 1976 portant règlement de la comptabilité des collectivités locales et de leurs groupements. Les modifications de l'article 66 précité ont précisé la nature des contrôles que les trésoriers et receveurs communaux sont tenus d'exercer avant l'apposition du visa pour paiement et ce, en limitant les éléments qui doivent être contrôlés à l'exactitude du calcul de liquidation et au caractère libératoire du règlement.
Enfin, et en vertu de la loi de finances 2008 (loi n° 38-07 du 27 décembre 2007), des modifications ont été apportées aux articles 37, 55 et 56 du code des juridictions financières, concernant respectivement la responsabilité des comptables publics en matière de jugement des comptes et celle des contrôleurs et comptables publics en matière de discipline budgétaire et financière.
La loi de finances en question a modifié et complété les dispositions de l'article 5 (relatif à la responsabilité des contrôleurs) et celles de l'article 6 (concernant la responsabilité des comptables publics) de la loi n° 61-99 relative à la responsabilité des ordonnateurs, des contrôleurs et des comptables publics. En vertu de ces modifications, il a été renoncé à l'énumération des cas constituant des infractions en matière de jugement des comptes et de la discipline budgétaire. Laquelle énumération a été remplacée par l'expression générale suivante : « les contrôleurs et les comptables publics sont personnellement responsables des contrôles qu'ils sont tenus d'exercer sur les actes d'engagement de dépenses en vertu des lois et règlements en vigueur ».

Commentaire critique de la Cour des comptes sur les modifications intervenues entre 2004 et 2008[305]

Il ressort de l'analyse des textes précités que le régime de responsabilité des comptables publics et des contrôleurs a subi, en une courte durée, des modifications et aménagements importants qui se traduisent par l'allègement de la responsabilité de ces acteurs en matière de jugement des comptes et de discipline budgétaire et financière.

La plupart de ces modifications ont été introduites comme cavaliers budgétaires dans les lois de finances des années 2004, 2005 et 2008, au lieu de recourir à la procédure normale qui est la modification de la loi n° 61-99 relative à la responsabilité des ordonnateurs, des comptables publics et des contrôleurs et de la loi n° 62-99 portant code des juridictions financières par d'autres lois ordinaires. A cet effet, il est important de rappeler que la loi de finances est une loi générale, alors que les lois précitées sont des lois spéciales et, par conséquent, une loi particulière ne doit être modifiée en principe que par une loi de même nature. Il faut ajouter aussi qu'outre le caractère général de la loi de finances, celle-ci est élaborée dans des délais très courts ne permettant pas l'examen serein et approfondi des dispositions concernant le régime de responsabilité des acteurs de la gestion des finances publiques. Ce régime qui revêt une importance extrême doit être le résultat de larges concertations entre les différentes parties concernées par le dispositif du contrôle des finances publiques. En conséquence, il aurait été plus judicieux de procéder à la modification des textes régissant le régime de responsabilité et celui portant code des juridictions financières par d'autres lois, tout en s'inscrivant dans le cadre d'une réforme globale et intégrée du contrôle des finances publiques.

Par ailleurs, il faut noter que les aménagements opérés par les lois de finances durant la période allant du 1er janvier 2005 au 31 décembre 2007 n'ont pas pris en compte les dispositions du code des juridictions financières, ce qui a entraîné des conflits de lois au niveau de leur contenu et de leurs dates d'entrée en vigueur. De plus, les modifications introduites n'ont touché que le régime de responsabilité des comptables publics et des contrôleurs alors que celui des ordonnateurs demeure consacré par les dispositions des lois n° 61-99 et n° 62-99. Certes, les modifications apportées par le biais des lois de finances ont été basées sur l'interprétation des dispositions de l'article 3 de la loi organique des finances qui stipulent que « la loi de finances ne peut contenir que des dispositions concernant les ressources et les charges ainsi que le contrôle de l'emploi des fonds publics ». Cependant, la question qui se pose est de savoir si ces contrôles contribuent effectivement à l'amélioration des contrôles exercés sur les finances publiques.

Dans l'état actuel des choses, la Cour estime que les aménagements apportés par les lois de finances et les autres textes sont de nature à vider le dispositif du contrôle de sa substance et à créer un déséquilibre entre le régime de responsabilité des ordonnateurs (régi par la loi) et celui des contrôleurs et des comptables publics (régi par des textes réglementaires). En effet, en ce qui concerne le jugement des comptes, l'article 37 du code des juridictions financières ne précise plus les éléments de la validité de la dépense publique servant comme base pour engager la responsabilité personnelle et pécuniaire du comptable public. Il se contente désormais de renvoyer aux dispositions réglementaires pour la détermination des éléments en question. En se référant au décret royal de 1967 et au décret n° 2-76-576 tels qu'ils ont été modifiés, on remarque que les modifications introduites ont vidé le contrôle de la validité de la dépense publique de sa substance en le limitant au contrôle de l'exactitude des calculs de liquidation, à l'existence du visa préalable d'engagement et au caractère libératoire du paiement. Par la suppression du contrôle de la justification du service fait, du respect des règles de prescription et de déchéance, le jugement des comptes devient désormais une pure formalité. Or, il est à rappeler que la vérification de la justification du service fait est une règle fondamentale de la comptabilité publique qui permet d'abord de s'assurer sur pièces de l'effectivité du service objet de la dépense publique avant tout règlement et d'apprécier ensuite la liquidation de la dépense correspondante par rapport aux travaux ou services réalisés. Il en est de même des règles de prescription et de déchéance qui constituent une garantie de la stabilité des transactions publiques et le cumul des crédits budgétaires engagés, d'une année à l'autre, sans pouvoir les employer pour des projets d'intérêt général.

Il résulte de ce qui précède que la suppression des contrôles précités a transformé le contrôle du comptable public d'un contrôle effectif à un contrôle formel limité à l'enregistrement de ces opérations et à leur exécution, sans s'assurer des conditions légales et réglementaires de la validité des créances les concernant. A cet égard, et à titre de comparaison, il est important de noter que sur le plan international, les réglementations des pays ayant un système comptable et financier similaire à celui adopté par notre pays, continuent de considérer les contrôles supprimés comme relevant de la responsabilité du comptable public. Par exemple, en France, le décret n° 1587-62 de 1962 portant règlement général de la comptabilité publique, tel qu'il a été modifié et complété, consacre dans ses articles 12 et 13, le contrôle du respect de l'exacte imputation budgétaire, la justification du service fait et le respect des règles de prescription et de déchéance comme éléments au regard desquels la responsabilité du comptable public peut être engagée. Nonobstant les réformes en cours du cadre de la comptabilité et des finances publiques visant la redéfinition des responsabilités des intervenants dans la gestion des finances publiques au niveau de ce pays.

En matière de discipline budgétaire et financière, la même démarche réductrice des responsabilités des contrôleurs et des comptables publics a été adoptée. Ainsi, les modifications apportées aux articles 55 et 56 du code des juridictions financières suppriment respectivement l'énumération des contrôles que ces acteurs (contrôleurs et comptables) doivent exercer et renvoient à la réglementation en vigueur pour fixer la teneur de ces contrôles.

Concernant la responsabilité du comptable public en matière de discipline budgétaire et financière, le contrôle de la qualité de l'ordonnateur, de la disponibilité des crédits et de l'exacte imputation budgétaire ainsi que le contrôle des pièces justifications ont été exclus de son champ d'intervention et ce en application de l'article 56 du code des juridictions financières tel qu'il a été modifié. Cette modification introduit une formule générale qui renvoie aux textes réglementaires en vigueur pour la détermination des prérogatives de contrôle exercé par le comptable public.

Parallèlement, le même article maintient l'obligation pour le comptable public, en matière de discipline budgétaire et financière de contrôler la régularité du recouvrement et de l'imputation des recettes, de la dissimulation et de la production à la Cour des pièces falsifiées ou inexactes ou la procuration à soi-même ou à autrui d'un avantage injustifié en espèces ou en nature.

Il résulte donc que les infractions susceptibles d'engager la responsabilité des comptables publics et des contrôleurs en matière de discipline budgétaire et financière sont désormais consignées dans des textes réglementaires (décrets, décisions, arrêts, circulaires...) alors qu'elle doit relever du domaine de la loi.

De ce qui précède il parait clairement que les réformes entreprises au sujet du régime de la responsabilité des trois acteurs précités, ne s'inscrivent pas dans le cadre d'une vision et d'une logique globale et intégrée ayant comme souci la délimitation claire de leur responsabilité dans le processus d'exécution des opérations financières et comptables et l'harmonie et la complémentarité des réglementations relatives au contrôle des finances publiques en vue de garantir l'efficacité et la transparence dans la gestion financière publique.

Enfin, il convient de préciser que la Cour des comptes a déjà adressé aux autorités compétentes (Secrétariat Général du Gouvernement, Ministère des Finances...) ses observations se rapportant aux différentes modifications des textes afférents au régime de la responsabilité en question, ***mais ces propositions n'ont pas été prises en considération lors de l'introduction des modifications apportées au régime en question*** *».*

Les innovations de 2008 en France, relatives à la relation entre la notion de préjudice financier et la notion de service fait[306]

Le juge des comptes français a précisé la notion de préjudice financier, notamment en relation avec celle de service fait :

La jurisprudence a évolué sur ce point et s'est progressivement précisée. Si le juge a pu parfois considérer qu'il n'y avait pas préjudice financier, en raison de l'exécution du service fait, même si un avenant n'était pas fourni par le comptable, aujourd'hui le juge considère, pour qu'il y ait absence de préjudice financier, qu'il doit y avoir non seulement service fait mais encore existence de pièces justificatives nécessaires au contrôle de la validité de la créance. Ainsi, même si le service fait est allégué en raison de l'exécution des fonctions d'adjoint au maire, « l'absence d'arrêtés de délégation en bonne et due forme indispensables pour prouver l'exercice effectif » de telles fonctions entraîne un préjudice financier. Le juge considère que « des dépenses qui ne peuvent être régulièrement financées par un établissement public lui portent un préjudice financier lorsqu'elles sont payées » : cette formule a concerné un paiement où l'objet de la manifestation n'apparaissait ni sur les mandats, ni sur les factures, cette irrégularité entraînant un préjudice financier, même si la prestation avait été réalisée. Dans ce contexte, le juge fait assez souvent référence, en dépenses, à la notion de paiement indu. Il considère que, même si des prestations ont été réalisées, un paiement sans base juridique est un indu constituant un préjudice financier (remboursement de frais sans ordre de mission, ou absence de décision de l'autorité compétente). De même, le juge estime que le versement de « primes qui n'étaient prévues par aucun texte, a constitué des paiements indus et, par le fait même, entraîné un préjudice. » (CC 10 mars 2014, Grand port maritime de Dunkerque). Il en va de même d'un double paiement. En recettes, l'annulation d'un titre de recettes, sans contrôler sa régularité et sans production des pièces justificatives nécessaires, cause un préjudice à la collectivité. Une solution similaire est retenue par le juge, même si l'autorité compétente a manifesté la volonté de remettre la dette du redevable par la suite, l'intervention d'un mandat d'annulation de créance, sans disposer de la délibération de l'autorité compétente, étant « non seulement irrégulier, mais aussi indu ». Dans la mise en œuvre de cette importante réforme, le juge financier a ainsi, conformément à sa tradition, élaboré une jurisprudence appliquant fermement le droit tout en restant pragmatique.

Conclusion à retenir

Au Maroc, le texte de 2008 a renvoyé aux lois et règlements pour délimiter le champ de la validité de la dépense, or ces lois et règlements, comme on l'a déjà vu ont supprimé les deux faits générateurs susvisés et ont gardé trois seulement : l'exact calcul de liquidation ; le caractère libératoire du paiement et l'existence du visa préalable à l'engagement, pour les recettes reste une seule celles du contrôle des diligences de recouvrement.

A partir du premier janvier 2008 ce sont quatre et non plus six faits générateurs de responsabilité du comptable public en matière de jugement des comptes :

- L'exact calcul de liquidation
- Le caractère libératoire du paiement
- Le visa préalable à l'engagement
- Les diligences de recouvrement

2- Redéploiement des faits générateurs de responsabilité

La révision à la baisse des faits générateurs de responsabilité en matière de jugement des comptes à cinq seulement en 2002 puis à trois seulement en matière de dépenses en 2008 et qui qui étaient au nombre de huit dans l'article 11 du règlement général de la comptabilité publique avant sa modification, auquel se référait le juge financier pour interpréter le champ de la dépense injustifiée ou insuffisamment injustifiée prévue par l'article 38 de la loi 12.79 portant création de la Cour de comptes, ne signifie pas leur suppression intégrale du champ de la responsabilité du comptable public. Il veut dire seulement leur redéploiement en grande partie vers le champ de la responsabilité disciplinaire (art 56) déjà explicité dans le chapitre relatif à la discipline budgétaire et financière.

Les faits relatifs à la régularité sauf celui de l'existence du visa préalable à l'engagement, ont été transférés vers le champ de la discipline, ceux de la validité de la dépense ont été maintenus dans le champ de responsabilité pécuniaire et personnelle en matière de jugement des comptes.

Le comptable public est responsable du contrôle de la validité de la dépense (en matière de jugement des comptes) et de sa régularité (en matière de discipline budgétaire et financière). De ce fait, tout ce qui incombe aux comptables publics en matière du contrôle des dépenses autres que les faits mentionnés en matière de jugement des comptes peuvent faire l'objet d'une poursuite disciplinaire, si ces contrôles figurent dans les lois et règlements notamment les instructions du ministre des finances ou du trésorier général du royaume pour l'Etat et les collectivités territoriales et de la DEPP (direction des établissements et participations publics pour les trésoriers payeurs et agents comptables des derniers organismes). Sauf à prouver que lesdits contrôles sont en contradiction avec une norme juridique supérieure.

En recettes, c'est un peu plus nuancé, les comptables publics sont responsables des diligences du recouvrement en matière de jugement des comptes et de la régularité de la perception de la recette et de son exacte imputation en matière de discipline budgétaire et financière.

Ils sont en outre, responsables, en matière de discipline budgétaire et financière, s'ils commettent les deux infractions spéciales suivantes relatives à la probité :

- S'ils ont dissimulé des pièces, ou produit à la Cour des pièces falsifiées ou inexactes ;

- S'ils ont procuré à eux-mêmes ou à autrui un avantage injustifié en espèces ou en nature.
Reste à signaler, qu'il est communément prescrit en doctrine et en jurisprudence comparée, notamment française, qu'il n'est pas responsable dans trois cas :
L'opportunité de la dépense ; la matérialité de la dépense ; et la légalité de l'acte administratif,[307] Par ailleurs, la jurisprudence, selon le célèbre arrêt (Zudzendorf, 1988), distingue entre la légalité externe de l'acte administratif qui relève du champ de contrôle du comptable public et la légalité interne de l'acte administratif qui rentre lui dans le champ de la compétence exclusive du juge administratif.
En pratique l'exercice du contrôle notamment sur les pièces justificatives, en matière de liquidation par exemple, peut outrepasser la ligne rouge et déborder indirectement sur légalité interne de l'acte administratif. En effet, le juge financier est un juge de droit public auquel on ne peut lui opposer le principe de la séparation entre l'ordre financier et l'ordre administratif.
Remarque : Les modifications n'apportent aucune nouvelle garantie pour les comptables publics, notamment s'agissant du contradictoire, comme c'est le cas en France[308]. Cela dénote les nuances relatives à chaque modèle pour des considérations contextuelles liées au corps normatifs et leurs sources internes et externes propres à chaque pays.

D- Cas particulier de la responsabilité du comptable public, gestionnaire de fait

Le comptable public, même en cette qualité peut faire l'objet d'une mise en jeu de sa responsabilité en matière de la gestion de fait, s'il s'immisce dans les fonctions d'un comptable public. C'est apparemment et théoriquement confus, mais dans la pratique, des situations peuvent survenir dans ce sens, à titre d'exemples : le comptable qui continue à exercer sa fonction alors qu'il a été soit muté d'un poste à un autre, ou mis à la retraite ou encore le cas d'un comptable public assigné au budget d'un organisme public donné qui gère le budget d'un autre en remplacement d'un comptable public absent mais sans y être habilité par l'autorité compétente. Ou encore le comptable public qui joue le rôle de caissier d'une caisse noire dans l'organisme au budget duquel il est assigné.

SECTION II : PROCEDURE DE VERIFICATION ET DE JUGEMENT DES COMPTES

La procédure en matière de vérification et de jugement des comptes des comptables publics est une procédure d'ordre public, elle commence par la production du compte et se termine par son apurement, en passant par la vérification du compte et son instruction. Le caractère d'ordre public recouvre toutes les phases principales de la procédure, notamment la production du compte et son jugement.

A- Production du compte

Obligation de production
La production du compte par le comptable public est une obligation d'ordre public, même en cas d'absence du comptable concerné ou de son décès. Le ministre des finances par le biais de la trésorerie générale du royaume ou de la direction des entreprises et participations publiques (DEPP) doit prendre les mesures nécessaires pour assurer la production du compte.

Définition du compte
Le compte est le cadre dans lequel est inscrite la situation financière générale chez le comptable à l' égard de l'organisme public dès le premier jour de l'exercice budgétaire jusqu'à la clôture de l'exercice, incluant le détail des diverses opérations de recettes et de dépenses exécutées durant le même exercice. Le compte doit distinguer les opérations relatives au budget des opérations relatives aux comptes spéciaux ou aux comptes hors budget (le cas échant) ou des opérations spéciales. Le Compte selon le nouveau code des juridictions financières est un compte de service et non plus un compte du comptable.

Composition du compte
Le compte se compose des pièces générales et de pièces justificatives.[309] Des instructions spéciales du ministre chargé des finances déterminent pour chaque catégorie de comptables la composition et les modalités de production du compte.

Cas de la gestion scindée

En cas de gestion scindée, le compte ou la situation comptable (pour les établissements publics) fait apparaître distinctement les opérations propres à chacun des comptables publics qui se sont succédés. Chaque comptable public certifie le compte pour la partie qui le concerne ou donne procuration à son successeur, s'il accepte, pour le certifier en son nom.[310]

Un compte non assorti d'une réserve par le comptable entrant comporte un acquiescement de la responsabilité pour les opérations décrites dans le compte en question.

1- Pièces générales

Les pièces générales permettent de s'assurer de la situation juridique et administrative du comptable, de contrôler les soldes généraux et de justifier les opérations spéciales. Elles peuvent être subdivisées selon la lecture des instructions y afférentes comme suit :

Les pièces relatives à la situation juridico-administrative du comptable

- La décision de nomination ;
- Le PV de prestation de serment ;
- La constitution de la caution.

Les pièces relatives au compte

- PV de passation de consignes en cas gestion scindée ;
- Liste des régies de recettes et de dépenses et leurs décisions de création ainsi que les décisions de nomination des régisseurs de recettes et de dépenses ;
- Balance générale des comptes ;
- Développement des opérations de recettes et de dépenses ;
- Situation des restes à recouvrer ;
- Situation de chaque compte spécial ou de trésorerie ;
- Situation du portefeuille, le cas échant.

Etats annexes

Les états annexes retracent le détail des opérations de dépenses et de recettes de chaque compte ou rubrique budgétaire, ils font dégager notamment :

- En dépenses : le montant des crédits budgétaires ouverts et le montant des crédits réintégrés ;
- En recettes : le montant des émissions ;
- Le montant des crédits qui vont être annulés ou reportés.

Etats de développement des soldes
Ces états doivent être certifiés par le comptable, le juge des comptes s'assurera si les montants généraux correspondent sur le plan arithmétique aux montants généraux portés sur la balance générale.

2- Pièces justificatives

Les pièces justificatives produites à l'appui du compte ou mises à la disposition du juge des comptes sur place, sont les pièces prévues par les lois et règlements et notamment par des nomenclatures spéciales prescrites par le ministre chargé des finances.
Ces nomenclatures de pièces justificatives concernent les quatre catégories d'opérations relatives aux services suivants :

- Nomenclature des opérations de recettes et de dépenses de l'Etat[311] ;
- Nomenclature des opérations de recettes et de dépenses des SEGMA : services de l'Etat gérés de manière autonome[312] ;
- Nomenclature des opérations de recettes et de dépenses des collectivités territoriales et leurs groupements [313] ;
- Nomenclature des opérations de recettes et de dépenses des missions diplomatiques et des chancelleries.[314]

Observations émises, le cas échéant, par les comptables, les ordonnateurs et les contrôleurs

En outre, les comptables publics, les ordonnateurs et les contrôleurs peuvent faire parvenir à la Cour, par la voie hiérarchique, toutes observations qui leur paraissent propres à l'éclairer dans l'examen des comptes.[315]

Délais de production des comptes

Les comptes des services de l'Etat sont produits annuellement à la Cour des comptes dans le délai prescrit par les textes règlementaires, en règle générale, avant le 31 juillet de l'année suivant l'exercice objet du compte. En pratique, le comptable doit produire le compte à ses chefs hiérarchiques pour effectuer les contrôles et ou les centralisations nécessaires avant l'expiration du mois de mars.[316]

Les comptes des collectivités territoriales et leurs groupements sont produits dans les mêmes conditions aux Cours régionales des comptes. Pour les comptes des autres organismes publics, en l'occurrence les établissements publics, ils sont produits sous forme de situations comptables des opérations de recettes et de dépenses ainsi que des opérations de trésorerie avant le 30 juin.
Bien entendu ne sont concernés par la production des comptes ou des situations comptables que les organismes disposant d'un comptable public.

Le service qui veille à la production des comptes au sein des juridictions financières

C'est le secrétariat général près la Cour ou la Cour régionale (le greffe lui est rattaché) selon le cas qui est chargé de veiller à la production régulière des comptes et des situations comptables dans les délais réglementaires. Il avise le ministère public de tout retard constaté.

Cas de refus ou d'impossibilité de production

Lorsque le comptable public refuse de produire son compte ou sa situation comptable ou que les circonstances l'empêchent de produire le compte ou de collecter les pièces destinées à satisfaire aux décisions prises à son égard, le ministre chargé des finances en charge expressément le successeur ou commet un autre comptable en leur fixant, le cas échéant, un délai supplémentaire.[317]

Les suites données en cas de retard de production des comptes, des situations comptables ou des pièces justificatives

Dans ce cas, aux termes des dispositions de l'article 29 du code des juridictions financières, et sur réquisition du ministère public (après en avoir été avisé par le secrétaire général comme déjà mentionné) le premier président de la Cour ou le président de la Cour régionale selon le cas, peut lui enjoindre de présenter les documents susvisés et à défaut, prononcer à son encontre une amende dont le montant peut atteindre au maximum mille (1.000) dirhams.
Selon le même article, le premier président (ou le président de la Cour régionale), peut en plus prononcer une astreinte dont le maximum est de cinq cents (500) dirhams par mois de retard.

Le comptable public commis d'office,[318] est passible de l'amende et de l'astreinte dans les mêmes conditions.

B- Vérification et instruction du compte

La procédure de vérification et d'instruction du compte se caractérise dans le modèle marocain par une spécificité marquante, il s'agit de la notion du « contrôle intégré », une approche de contrôle prévue par des termes contraignants. Elle permet au conseiller rapporteur d'effectuer un examen global de toutes les opérations relatives à l'exécution des dépenses et des recettes sur pièces mais aussi sur place y compris les aspects organisationnels et managériaux qui constituent les soubassements et les supports de l'exécution de ces opérations.
Cette nouvelle approche permet également de relever des observations non seulement sur les opérations effectuées par le comptable public, l'assujetti principal à la procédure de vérification et d'instruction mais également, le cas échéant sur les opérations exécutées par l'ordonnateur et sur les diligences du contrôleur d'engagements de dépenses ; lesquels ont le même délai imparti au comptable pour répondre aux observations relevées à leur encontre.
Le contrôle intégré doit être systématiquement couronné par l'élaboration de deux rapports l'un relatif à la vérification et à l'instruction du compte et l'autre relatif au contrôle de la gestion.

1- Vérification du compte

Distribution des travaux : Après la production des comptes à la Cour, ils sont enregistrés par le greffe central et distribués aux chambres (pour la Cour et aux sections pour les Cour régionales) ; le président de chambre procède ensuite à la distribution des comptes ou des situations comptables aux Conseillers rapporteurs désignés par lui, au vu du programme annuel élaboré par le comité des rapports et programmes en coordination avec le procureur général du roi.
La même procédure est applicable aux Cours régionales des comptes. A ce titre, le président exerce des pouvoirs similaires au premier président, le procureur du roi exerce des pouvoirs similaires à ceux du procureur général et les sections de la Cour régionale exercent des pouvoirs similaires à ceux des chambres de la Cour des comptes.

2- Vérification formelle

La mise en état d'examen du compte

A ce stade, le conseiller rapporteur peut confier cette mission à un vérificateur, bien entendu sous son contrôle et sa responsabilité, notamment en ce qui concerne les vérifications de l'existence matérielle des composantes du compte et des rapprochements arithmétiques relatifs aux totaux généraux portés notamment sur la balance générale et les états de développement de soldes. Ainsi que les contrôles de la régularité procédurale des opérations financières.

Exemples d'observations relatives à la phase de vérification de la qualité du comptable et de la régularité de la production des comptes[319] :

Observations :

Sur la responsabilité en cas d'une gestion scindée *: Il y a lieu de constater qu'il existe une gestion scindée, du premier du mois ... au 17 du mois .... Il s'agit de la période de gestion du comptable précédent (Monsieur X). Du 22 du mois ... au 31 du mois ... correspond à la période de gestion du comptable successeur (Monsieur Y), qui a produit les situations comptables objet de cette vérification ;*

Monsieur Y n'a pas produit le PV de passation de consigne entre lui en tant que comptable entrant et Monsieur X, comptable sortant en ce qui concerne la gestion pour la période du premier janvier .... au 17 du mois ... ; il est considéré comme ayant acquiescé à prendre à sa charge la responsabilité éventuelle résultant de l'exécution des opérations de ladite gestion, notamment de recouvrement.

Sur la prestation de serment *: Monsieur Y a prêté serment devant la Cour d'appel de ... en date du 28 du mois de .... en tant que trésorier payeur adjoint de la ville de .... et non pas en tant que Trésorier Payeur de l'établissement public.*

Le PV de prestation de serment s'appuie parmi ses considérants sur une autre décision de nomination du ministère des finances n° ... du ... et non pas sur la décision de nomination sus-référenciée ;

Sur la constitution de la caution / assurance *: pour la période objet de la vérification (de ..... à .....), Monsieur Y n'a constitué aucune caution, il n'a non plus contracté aucune assurance.*

***De ce qui précède**, il est à constater que Monsieur Y n'a pas produit le PV de prestation de serment en tant que comptable assignataire du budget de l'établissement public.... et il n'a pas constitué la caution ou contracté une assurance pour la période objet de la vérification.*

Sur la régularité de la production des comptes

À l'exception des deux dernières situations (... et .....), toutes les situations comptables ont été produites en retard par rapport au délai règlementaire ;

***Observation** : Non production à la Cour des comptes de la situation relative à l'exercice .... la situation en question a été produite et vérifiée sur place ; le comptable a été enjoint de produire la situation comptable susdite à la Cour des comptes.*

3- Vérification de fond

Après avoir été assuré de la mise en état d'examen du compte et après l'examen de la conformité des totaux, le Conseiller rapporteur procède aux diligences de fond, concernant les pièces générales et les pièces justificatives.

Examen des pièces générales

L'exactitude du report des soldes

Le conseiller rapporteur s'assure de l'exactitude du report des soldes à la balance générale de l'année objet de la vérification et des soldes portés dans les situations comptables annuelles, y compris, le cas échéant, les soldes déterminés par des décisions juridictionnelles. Si des discordances sont relevées, le comptable doit être enjoint à présenter ses justifications.

L'examen de l'exactitude des reports étant une diligence de fond car elle permet la fixation de la ligne de compte, le conseiller rapporteur propose des enregistrements de régularisation suite à des reports des restes déterminés par des décisions juridictionnelles, conformément au principe de l'intangibilité du compte.

Si le conseiller rapporteur n'est pas en mesure de s'assurer de l'exactitude du report des soldes à cause de l'indisponibilité d'une pièce générale donnée ou pour des erreurs d'enregistrement des comptes ou de non-conformité des totaux généraux avec les totaux des développements de soldes, le comptable est enjoint de produire les pièces manquantes ou à défaut, le conseiller rapporteur examinera le compte avec réserves. Cela permet de passer à la phase de l'examen des pièces justificatives.

Examen des pièces justificatives

Les pièces justificatives doivent être des pièces originales, ou certifiées conformes aux pièces originales (note : le comptable ne garde que les pièces certifiées conformes par l'ordonnateur). L'appréciation de ces pièces s'effectue au moment de l'exécution des opérations quant au fond, mais avant cela, le conseiller rapporteur s'assure de l'existence matérielle des pièces selon la nomenclature réglementaires des pièces justificatives et selon les lois et règlements en vigueur. La nomenclature ne lie pas l'office du juge des comptes si elle se révèle insuffisante au vu des lois et règlements.

L'appréciation de fond des opérations décrites dans les pièces justificatives s'effectue au vu des obligations de contrôle dévolues au comptable public en vertu des règles de droit public financier. Notamment le règlement général de la comptabilité publique et au vu des dispositions de la loi formant code des juridictions financières en ce qui concerne les faits générateurs de responsabilité (déjà passés en revu supra : irrégularités pouvant mettre en jeu la responsabilité du comptable et dans le chapitre relatif à la discipline budgétaire et financière concernant les faits générateurs transférés à ce chapitre et relatifs aux comptables publics). Mais, également au vu de la loi 61.99 relative à la responsabilité des ordonnateurs, contrôleurs et comptables publics (voir les deux textes en annexes).

Vérification des opérations de dépenses

Vérification du contrôle du service fait (avant le premier janvier 2008)

Le comptable doit contrôler la certification du service fait par l'agent habilité à la faire, ce contrôle vise l'existence de la certification et non pas le service fait du point de vue de sa matérialité. Cette diligence a été supprimée devant les juridictions financières, à compter du premier janvier 2008 par la loi de finances pour l'année 2008.[320]

Le contrôle de l'exactitude de calcul de liquidation

Le comptable est tenu juste de s'assurer de l'exactitude arithmétique des calculs de liquidation, son contrôle ne s'étend pas à la régularité de la liquidation, sauf si des taux ou des pourcentages ou des chiffres sont prévus par les lois et règlements, notamment les textes relatifs à la commande publique ou aux dépenses du personnel.

Ces calculs figurent généralement sur des états comme les états de sommes dues pour les dépenses de personnel ou les factures des fournisseurs ou encore les mémoires.
Toute erreur de liquidation relevée par le comptable doit faire l'objet d'une rectification de l'ordonnateur. Et ce, par l'émission d'un titre d'annulation ou de réduction ou de dégrèvement en matière des recettes tout en faisant mention des motifs d'annulation ou de dégrèvement. Ou par un ordre de remboursement établi par l'ordonnateur en cas de paiement en surplus. Faute de quoi le juge financier demande au comptable de se justifier sous peine d'engager sa responsabilité pécuniaire et personnelle.

Contrôle du visa préalable à l'engagement
Aux termes de l'article 37, le comptable doit contrôler l'existence matérielle du visa préalable à l'engagement, ce contrôle ne s'étend pas au contrôle de la régularité de l'engagement, il n'est pas tenu de refaire le travail du contrôleur d'engagement. En pratique pour le cas des opérations relatives à l'Etat et aux collectivités territoriales, il va le faire puisqu'il est habilité à exercer le rôle de contrôleur d'engagement, mais il ne sera pas appréhendé au titre du jugement des comptes mais au titre de la discipline budgétaire et financière, non pas en sa casquette de comptable mais en sa casquette de contrôleur d'engagement de dépenses.[321]
Autre observation, si l'existence du visa suffit à elle seule, à notre sens, la date du visa doit indiscutablement être antérieure à la date du visa du comptable, faute de quoi la date du visa préalable à l'engagement postérieure à la date du visa du comptable public est assimilée, de notre point de vue à un visa inexistant. D'où l'éventualité d'une mise en jeu de la responsabilité pécuniaire et personnelle pour défaut de contrôle du visa préalable à l'engagement bien que le visa existe mais portant une date postérieure à la date du visa du comptable public. Si le visa préalable à l'engagement n'était pas préalable à l'engagement mais préalable au visa du comptable public, c'est-à-dire un visa de régularisation due par exemple à un retard d'approbation du budget, dans ce cas c'est le comptable en sa qualité de contrôleur d'engagement de dépenses qui sera responsable de cette infraction en matière de discipline budgétaire et financière, pour les services de l'Etat et les collectivités territoriales.

Bien entendu le contrôleur financier des établissements et entreprises publics qui appose un visa irrégulier sera appréhendé à part, en matière de discipline budgétaire et financière, puisque cette fonction est assurée par une personne autre que le comptable public (trésorier payeur ou agent comptable, selon le type de contrôle auquel l'établissement public est assujetti).
L'existence du visa est une règle d'ordre public, elle ne peut être outrepassée que suivant une procédure longue et progressive qui peut monter jusqu'au chef de gouvernement et sous des conditions (voir l'explication de cette irrégularité dans le paragraphe relatif à l'interprétation de l'article 37 du code des juridictions financières).

Contrôle de la prescription et de la déchéance (avant le premier janvier 2008)

Avant le dépôt de son visa le comptable public doit s'assurer que la créance n'est pas atteinte par la prescription quadriennale, en règle générale.
La créance dans le sens du contrôle de la prescription veut dire non seulement les droits financiers à la charge de l'organisme public au profit de ses créanciers, mais également toutes les actions et réclamations pouvant engendrer une situation débitrice pour ces organismes publics. Peu importe le statut juridique des personnes créditrices, ayant la capacité juridique ou non, vivantes ou décédées.
Enfin, la prescription quadriennale ne s'étend pas aux droits réels et aux dépôts dans les caisses publics, dans ces deux derniers cas c'est la règle de droit commun (15ans) prescrite par le code des obligations et contrats qui est applicable.[322]
Les créances relèvent de l'exercice au titre duquel les services ont été réalisés ou les droits ont été acquis, aussi la date à considérer pour déterminer le montant de la naissance de la créance est la date de la réception des travaux ou des fournitures, de l'exécution des services ou encore la date de l'établissement de la décision administrative qui procure un droit , ou la date de la notification de la décision judiciaire qui confirme ou créée le droit au profit du créancier.
En matière de dépenses du personnel, c'est la date au cours de l'année au titre de laquelle les fonctions ont été exercées ou de la survenance du fait générateur du droit au profit du fonctionnaire ou agent.

Selon l'instruction du trésorier général du royaume citant le règlement général de la comptabilité publique, les délais de prescription sont interrompus dans les trois cas suivants :

1- La demande de paiement : c'est un acte qui s'inscrit dans le cadre des actes de droit commun,[323] l'acte doit être effectué en bonne et due forme et appuyé par les informations nécessaires et adressé à l'ordonnateur par le créancier demandeur du paiement.

2- Le recours en justice : la base du recours doit être la base relative à la créance menacée de prescription, le délai reprendra à courir à compter du premier janvier de l'exercice budgétaire au cours duquel la décision judiciaire a été prononcée et notifiée.

3- le fait de l'administration : le délai ne court plus s'il est établi que c'est l'administration qui est à l'origine du non réception du créancier de ses droits dus à une faute imputée à l'un de ses services. Dans ce cas le ministre des finances ou son délégué, généralement, le trésorier général du royaume,[324] peut prendre la décision de levée de la prescription sur la demande de l'ordonnateur, suite à cette décision l'ordonnateur est habilité à émettre un ordre de paiement au courant de l'année en cours.

Le comptable public est donc, tenu de veiller au respect de ces diligences relatives à l'interruption de la prescription avant de procéder au paiement de la créance menacée de prescription.

Le juge des comptes met en jeu la responsabilité pécuniaire et personnelle du comptable en cas de non-respect des règles de prescription et de déchéance telles qu'explicitées ci-dessus.

Attention ! A compter du premier janvier 2008 cette irrégularité à été supprimée de la liste des faits générateurs de responsabilité en matière de jugement des comptes. Mais il va de soi que payer une créance déchue est un paiement injustifié, or en vertu de l'article 56 relatif à sa responsabilité en matière de discipline budgétaire et financière, il pourra s'exposer aux sanctions disciplinaires s'il n'assure pas les contrôles des dépenses qu'ils est tenu d'exercer en vertu des lois et règlements en vigueur, lesquelles dispositions obligent le comptable public de ne pas payer une dépense injustifiée ou insuffisamment justifiée. Le paiement d'une dépense déchue est manifestement une

infraction caractérisée de l'article 56 relatif à la discipline budgétaire et financière qui peut déboucher, le cas échéant, sur la réclamation du remboursement du préjudice.
Bien entendu, le juge des comptes en vérifiant les pièces justificatives, désormais sur pièces et sur place, fait attention à toutes les faits générateurs de la responsabilité du comptable public qu'ils soient en matière de jugement des comptes ou en matière de discipline budgétaire et financière, qu'ils soient relatifs à des opérations de dépenses ou de recettes, et enfin qu'ils soient financiers ou de probité. En l'occurrence :

- La dissimulation de pièces ou la production de pièces fausses ou falsifiées
- La procuration d'avantages injustifiés à autrui.

4- Instruction du compte

En vertu de l'article 30 du code des juridictions financières, la procédure est « écrite et contradictoire », le caractère écrit est un caractère commun avec la procédure civile, son importance est justifiée en surplus, par le fait que le comptable n'est pas tenu de comparaitre personnellement pour défendre sa cause, c'est le caractère contradictoire particulier de la procédure de l'instruction qui va lui permettre de répondre aux griefs constatés sur son compte. Ce caractère s'étendra à la phase de jugement comme on va le voir ultérieurement.

Le contradictoire en phase d'instruction

Sous-phase 1 : collecte des éléments de preuve et demande d'explication

Démarche opérationnelle adoptée [325]

La démarche adoptée pour la vérification des comptes produits par le comptable public au titre des exercices vérifiés est généralement une démarche à deux rythmes, la première consiste en une vérification des échantillons représentatifs (risque et importance) composés des opérations de dépenses et des recettes dans le cadre des situations comptables relatives aux années ou aux postes comptables non retenues comme zones de risque. La deuxième consiste en une vérification systématique de presque l'intégralité des opérations financières décrites dans les exercices ou les postes retenus comme zones de risque. La même logique existe en France avec des nuances en ce qui concerne la démarche, le principe retenu est que la vérification est modulée selon l'importance et le volume des comptes...

Les principaux axes de vérification concernent la régularité des opérations. Ils portent sur les différents types de dépenses et de recettes, notamment celles qui portent sur la commande publique ; les régies, les contrats et conventions et les différents types de recettes. La vérification porte également sur les dépenses spécifiques aux personnels technique et administratif comme les frais pour heures supplémentaires ou les indemnités de déplacement.

L'instruction se déroule dans le respect d'une méthode participative au moyen des entrevues, des questionnaires et des demandes d'informations et de renseignements, en bénéficiant de la collaboration positive des trois acteurs de la gestion financière de l'organisme concerné, à savoir : l'Ordonnateur,[326] le comptable et le Contrôleur en cas d'un établissement public.

La démarche adoptée consiste également en des investigations sur place qui portent sur le contrôle de la matérialité de certaines opérations de dépense et sur la sauvegarde du patrimoine. Ces investigations s'effectuent généralement par une équipe de contrôleurs dédiés à cette phase particulière de contrôle.

Sous forme d'une note d'observations, le conseiller rapporteur invite le comptable public à présenter toutes les éclaircissements ou justifications jugées nécessaires par lui, il peut compléter ou dégager ces observations à partir des investigations sur place, et c'est là l'une des grandes innovations de la loi 62.99 formant code des juridictions financières. La vérification du compte est désormais sur pièces et sur place. Il pourra même se servir du pouvoir d'investigation appuyée par les dispositions de l'article 29 ; à savoir l'amende et l'astreinte pour défaut ou retard de production des éléments de réponse aux questions sur place ou à la note d'observation écrite dans laquelle il va transcrire les résultats de la vérification sur pièces et sur place.

L'autre innovation importante c'est que le conseiller rapporteur va exercer sa vérification du compte dans le cadre de l'approche du contrôle intégré, à ce titre il a le droit de demander à l'ordonnateur et au contrôleur d'engagement de dépenses les réponses à des observations qui les concernent mais dégagées à partir de la vérification sur pièces ou sur places du compte. Bien entendu grâce et selon le degré d'accès du conseiller rapporteur aux informations. Par ailleurs, le Contrôle intégré est essentiellement concrétisé par des observations de gestion qui seront rapporté dans un deuxième rapport autre que celui relatif à la vérification du compte.

Sous-phase 2 : la note d'observations destinée au comptable et le droit à la réponse du comptable ou toute autre personne concernée

Le comptable ou toute autre personne concernée ont un délai de deux mois pour répondre à la note d'observations, à compter de la date de sa notification, le délai peut être prorogé exceptionnellement sur avis conforme du président de chambre au sein de la Cour,[327] ou du président de la Cour régionale des comptes selon le cas.

Le contradictoire est entaché d'une irrégularité si le comptable public ou la personne concernée n'ont pas pu être notifiés pour des raisons hors de leur volonté. La notification et par extension le droit à la réponse est une règle d'ordre public, la Cour peut l'invoquer d'office, sous peine d'annulation de la procédure soit en appel, soit en cassation le cas échéant.

Vu cette importance de la réponse du comptable, le législateur a porté le délai d'un mois à deux mois par rapport à l'ancienne loi portant création de la Cour des comptes.[328]

Exemples d'observations adressées au comptable [329]

La vérification des pièces justificatives relatives à l'exécution des opérations financières de l'organisme public X a abouti aux observations suivantes :

Cas des Dépenses par Bons de commande

Observation : Il a été constaté le fractionnement du marché par les bons de commande suivants : (montant total : .... Dh en dépassement du seuil légal d'achats par bons de commande) dont l'objet est la réalisation des travaux d'entretien : BC n°.... du .... ; OP .... Montant : ...dh et BC en dépassement, n°... du ...... OP .... ; Montant : ... dh.

Observation : La vérification des bons de commande suivants a permis de constater que les dépenses effectuées pour l'entretien et réparation de bâtiments administratifs les concernant ont été fractionnées (montant total de ces bons de commande…... est au-dessus du seuil autorisé pour les achats par bons de commande) : BC n° …. ; OP …... montant : …. dh ; BC n° …. ; OP …. Montant : …. dh ; BC …. ; OP …. ; montant : …..dh ; BC n° …; OP …; montant : … dh ; BC n° …; OP …. ; Observation : Il a été constaté que le fournisseur des objets portés sur le BC n°…. (OP …. montant : ….. dh) est hébergé par un atelier d'entretien.
Observation : Le fournisseur du matériel de bureau objet du BC …. en date du … d'un montant de …. dh est la Sté …. est spécialisée dans les constructions et les aménagements.

Cas des Marchés publics

Observation : la date de notification de l'ordre de service (date :……) est avant la date d'enregistrement (date :……).
Observation : Le contrôle du marché n° … d'un montant de … dh , a permis de constater que la date d'enregistrement :date…… est avant la date d'approbation ……...
Observation : Le contrôle du marché n°…. dont l'objet est l'acquisition du matériel informatique, matériel d'enseignement et mobilier de bureau : acquisition de mobilier de bureau d'un montant de … dh , a permis de constater que la date de publication aux journaux (date :……..) est après la date d'ouverture des plis (date :……..).
Observation : La vérification du marché n° … dont l'objet est l'achat de produits ….d'un montant de … dh, a permis de constater que la date d'enregistrement (date :…….) est après la date de notification de l'ordre de service (date :…….).

Cas des Dépenses par régies

Observation : Le contrôle a permis de constater que la décision du directeur n°… du …... est sans date, l'ordre de paiement établi et visé au profit du régisseur de dépenses n'est pas joint par une situation de caisse.
La plupart des régisseurs ne tiennent pas des registres, d'où le manque ou l'insuffisance de la traçabilité de leurs opérations ; aucune mission de contrôle sur place n'a été effectuée par le comptable comme l'exige la règlementation relative aux régies, réf.…

Cas des Indemnités de déplacement

Les observations suivantes ont été relevées :

Observation : L'examen des pièces justificatives relatives aux OPs suivants (numéros , montants et dates) relatifs aux paiements des frais de déplacement vers plusieurs villes , a permis de constater la non précision de l'objet de ces déplacements.

Observation : L'examen des pièces justificatives jointes à l'OP n° .... a permis de constater que la date de cet OP date : .... est avant la date de l'ordre de mission date : ....

Observation : L'examen des pièces justificatives de l'OP n° .... a permis de constater que la date de paiement (date :.........) est avant la date de l'ordre de paiement (date :........) .

Observation : Il a été constaté que les états de sommes dues joints aux ordres de paiement (numéros, montants et dates) ne sont pas signés par les bénéficiaires.

Note d'observations adressée à l'attention de l'ordonnateur le cas échéant

La même approche s'applique si le conseiller rapporteur relève à partir du compte ou des investigations sur place, des observations à l'égard de l'ordonnateur ou du contrôleur, dans ce cas il établira deux autres notes d'observations en sus de celle relative à la vérification du compte et les enverra dans les mêmes conditions, l'une à l'ordonnateur et l'autre au contrôleur.

Exemples d'observations adressées à l'ordonnateur[330]

La vérification des pièces justificatives relatives à l'exécution des opérations financières exécutées par le comptable .... a abouti à des observations se rapportant à l'ordonnateur et aux sous ordonnateurs, dont ci-après des exemples :

Cas des Bons de commande

Observation : Il a été constaté le non recours à la concurrence pour tous les bons de commande des prestations de repas qui ne sont pas joints par des lettres de consultation et des devis contradictoires. Réf...........

Observation : Il a été constaté le fractionnement du marché par les des bons de commande suivants dont l'objet est la réalisation des travaux d'aménagement. Réf..............

Marchés publics :

Observation : Le contrôle du marché n° ... relatif aux travaux de construction d'immeubles .... d'un montant de .... dh, a permis de relever que le délai contractuel de réception qui était le .... n'a pas été respecté, aucun ordre d'arrêt n'a été établi. Le délai de retard accusé est de ... mois.

Observation : Absence du rapport d'achèvement : marché n° ....

Cas des Dépenses par régie

Observation : l'examen des pièces justificatives des dépenses par régie a permis de constater que vous avez octroyé une indemnité forfaitaire de caisse de ......dh pour le régisseur; alors que l'indemnité de caisse, effectivement payée est de .... dh.

Justifiez la base réglementaire de la décision d'octroi du montant forfaitaire de ..... dh et la différence entre le montant engagé et ordonnancé d'une part et le montant effectivement payé d'autre part.

Cas des Indemnités de déplacement

Observation : justifiez les déplacements suivants, apparemment fictifs, suite au rapprochement avec les décisions de congé des bénéficiaires.

-OP n° .... du .... ; montant : .... dh ; (périodes de déplacements : du .... au .... et du .... au .... pour l'année ...., alors que la ,période du congé coïncide avec la période du ...... au ...... pour l'année ....(même période).

Cas des Marchés publics

Observation : Marché n° ...... objet : Travaux de construction de 11 immeubles de.... montant : ....DH. Le projet objet de ce marché se trouve dans un état de non achèvement et d'arrêt qui perdure depuis plus de (......ans) sans aucune justification ni motivation écrites et aucun ordre d'arrêt des travaux n'est ni sollicité par l'entreprise titulaire du marché ni émis par le maitre d'ouvrage.

Cas de la gestion du Patrimoine

Observation : Des registres et des fiches de stocks relatifs aux produits et fournitures acquis par l'organisme ne sont pas tenus ;

-Certains matériels et mobiliers ne portent pas les numéros d'inventaires. En voici les références :....

Cas des modalités de Paiement

Observation : Il a été constaté que le paiement du service rendu en matière de .... par l'organisme s'effectue par chèque quoi que les contrats de .... stipulent que les paiements au profit des établissements concernés doit être effectué par virement.

Aboutissement du contrôle intégré : deux rapports

En vertu de la loi, le contrôle intégré[331]effectué par le conseiller rapporteur débouche sur l'établissement de deux rapports, le premier est relatif à la vérification et l'instruction du compte, alors que le deuxième est relatif au contrôle de la gestion, et ce après l'expiration du délai prévu par l'article 31 du code des juridictions financières.

5- Rapport relatif à la vérification et l'instruction du compte

Après la réception des réponses du comptable public à la note d'observations, le conseiller rapporteur établit son rapport relatif à la vérification et l'instruction du compte dans lequel il a le choix de consigner pour chaque observation, la réponse du comptable et la conclusion du conseiller rapporteur assortie d'une proposition sur la mise en jeu ou non de la responsabilité pécuniaire et personnelle du comptable , ou de sa responsabilité disciplinaire (financière) ou en matière de gestion de fait. Ou de ne consigner que les observations retenues après l'instruction. Et c'est ce dernier choix que nous appuyions.

Pour l'ordonnateur et/ou le contrôleur le cas échéant, il va également faire la même démarche et ne consigner que les faits dont il propose la mise en jeu de la responsabilité disciplinaire (financière) ou en matière de gestion de fait de l'un et/ou de l'autre de ces deux acteurs.

Si la réponse du comptable ou des deux autres intervenants dans l'exécution des opérations financière s'avèrent suffisante, le conseiller rapporteur lève l'observation (il ne la consigne pas dans le rapport, à notre avis). Pour les observations retenues, sa proposition ne lie pas, bien entendu, le contre rapporteur, la formation de jugement ou le parquet général qui peuvent prendre une position différente.

6- Rapport relatif au contrôle de la gestion

Dans le deuxième rapport, le conseiller rapporteur va consigner les observations dégagées de la vérification sur pièces et sur place du compte et de la matérialité des opérations, mais qui ne peuvent recevoir une qualification ayant un effet juridique. La procédure y efférente est celle du contrôle (administratif) de la gestion.

Note sur le sens et l'étendu à donner au deuxième rapport

Cela ne doit pas amener à déduire, à notre avis, que le deuxième rapport est un rapport d'une mission de contrôle de la gestion au sens du chapitre relatif au contrôle administratif de la gestion, bien qu'il va obéir à sa procédure. Car dans pareil cas, le risque est de tomber dans le double emploi ; ce n'est pas l'intention du législateur à notre sens, le deuxième rapport n'est qu'un recueil des observations relevées lors de la mission fondamentale de vérification et d'instruction du compte dans le cadre du contrôle intégré. Ce sont des observations qui vont toucher juste le périmètre objectif et temporel de la vérification du compte, c'est-à-dire le circuit administratif et financier qui constitue le cadre et le support de l'élaboration, de l'exécution et du suivi des opérations financières décrites dans le compte objet du contrôle de départ.[332] En tout cas, l'exhaustivité ou non du deuxième rapport relatif au contrôle de la gestion dépend des choix organisationnels de la Cour des comptes et comment les attributions sont distribuées entre ses structures ainsi que les secteurs qui leur sont confiés. La disponibilité des ressources humaines peut constituer un variable décisif à prendre en considération.

Remise du premier rapport au contre-rapporteur

Le premier rapport est remis au président de chambre par l'entremise du président de section qui va le remettre à son tour à un contre-rapporteur, ce dernier doit produire un avis sur les propositions du conseiller rapporteur dans le délai d'un mois. Ce rapport contiendra donc, en sus de l'avis du contre-rapporteur, les observations du conseiller rapporteur, les réponses du comptable et les propositions du conseiller rapporteur concernant le compte. Dans des notes à part dans le même rapport, le conseiller rapporteur va consigner les observations retenues à l'égard de l'ordonnateur et/ou du contrôleur, le cas échéant. Le contre-rapporteur doit émettre son avis les concernant également.

7- Conclusions du parquet général

Le dossier complet, y compris les pièces justificatives est transmis par le contre-rapporteur au parquet général qui a un délai d'un mois pour le dépôt de ses conclusions.[333]

C- Jugement du compte

La règle d'ordre public du double arrêt dérivée de la procédure du contradictoire devra être respectée, sauf dans le cas où la vérification et l'instruction du compte ne débouche sur la découverte d'aucune observation, dans ce cas la règle du double arrêt perdra son bienfondé logique. La formation de jugement va statuer sur le compte par un arrêt unique et définitif.[334]

1- Arrêt provisoire

Après la réception des conclusions du parquet général et la programmation de la séance de jugement par le président de chambre ou de la Cour régionale des comptes selon le cas en coordination avec le greffe, le déroulement de la séance commence par la présentation et la discussion des conclusions du rapport de vérification et d'instruction du compte, suivies par les délibérations et couronnées par le prononcé de la décision juridictionnelle.

a) Discussion

Le président de la séance, généralement, le président de section (de chambre de la Cour ou de la Cour régionale), ouvre la séance et assure sa police, il donne d'abord la parole au conseiller rapporteur qui présente un résumé du rapport y compris ses propositions, ensuite le contre-rapporteur présente ses avis sur les propositions du conseiller rapporteur. Le comptable public ne comparait pas devant la formation de jugement.

Le représentant du parquet général présentera ensuite ses conclusions et peut présenter de nouvelles observations orales. Sa présence physique n'est pas obligatoire ; En pareil cas et c'est pratiquement le cas à la Cour des comptes du Maroc, le président de la formation lira les conclusions du parquet général conformément à la loi.

b) Délibérations

Pour qu'elles soient légales, les délibérations doivent se dérouler en présence de cinq membres de la formation, et après le retrait du greffier et du représentant du parquet général, s'il est présent physiquement. La séance est secrète en dérogation au principe général de publicité des séances de jugement consacré par les deux procédures civile et pénales.

A l'issue de la discussion et la délibération de chaque observation, le président de la séance annote l'acte pris collégialement, en marge du rapport.

L'acte prend plusieurs formes et contenus, il peut s'agir de confirmer la proposition du conseiller rapporteur ou du contre-rapporteur ou de l'écarter, comme il peut s'agir d'ordonner une enquête complémentaire partielle au sujet d'une proposition ou d'un avis soit du contre-rapporteur, du parquet général ou de l'un des membres de la formation. Cela étant, tout en tenant compte du fait que la Cour doit vérifier et juger les comptes par arrêt provisoire avant l'expiration d'un délai de cinq (5) ans à compter de la date de production du compte à la Cour.[335]

c) Prononcé de la décision

Si la Cour retient des irrégularités prévues par l'article 37 (faits générateurs de la responsabilité pécuniaire et personnelle) elle enjoint au comptable public par arrêt provisoire de présenter ses justifications ou, à défaut, de reverser les montants correspondants aux irrégularités retenues au profit de l'organisme public concerné, et ce dans un délai de trois mois minimum.

d) Après l'expiration du délai de réponse : quatre probabilités[336]

La première : la formation confirme l'avis du conseiller rapporteur, du contre rapporteur et éventuellement du parquet général et engage la responsabilité du comptable en lui demandant de se justifier ou à défaut de reverser les montants correspondants aux irrégularités établies.

La deuxième : en cas de non réception de la réponse du comptable malgré l'établissement de la notification par le greffe, une injonction lui est adressée par la Cour, il peut être soumis à l'astreinte prévue à l'article 29 de la loi.[337] Mais cela ne fait pas obstacle à la prise de décision de mise en jeu de la responsabilité ou de décharge de responsabilité, si la notification a été établie.

La troisième : la Cour peut prononcer un nouvel arrêt provisoire en rectification ou en complément du premier arrêt provisoire, pour permettre au comptable de répondre aux injonctions ou observations nouvellement introduites.[338]

La quatrième : la Cour recommande une nouvelle enquête complémentaire suite aux réponses du comptable public si la conviction de la formation de jugement n'arrive pas être formée.

e) Autres infractions pouvant être relevées

Infractions en matière de discipline budgétaire et financière

Si la formation de jugement établit l'existence d'infractions en matière de discipline budgétaire et financière au vu des articles 54 pour l'ordonnateur et les agents qui lui sont subordonnés, 55 pour le contrôleur ou les agents sous son autorité et 56 pour le comptable public et tout agent sous son autorité ou travaillant pour son compte , elle prend une décision qui ne revêt pas un caractère juridictionnelle et la transmet au parquet général. Pour les Cours régionales cette transmission est assurée par le président de la Cour régionale des comptes.

Infractions en matière de gestion de fait

Dans ce cas la formation de jugement s'autosaisie d'office et juge le compte de la gestion de fait, dans les mêmes conditions que celles du compte du comptable public patent, bien entendu avec les nuances déjà passées en revue à l'occasion de l'analyse de la procédure de la gestion de fait.[339]

Infractions pénales

Il n'existe pas de passerelle prévue par la loi au moment de la procédure de l'instruction et du jugement du compte (voir notre avis dans le chapitre IV : Relations entre la Cour des comptes et l'ordre judiciaire).

Mais le principe général posé par l'article 111 du code des juridictions financières s'applique par défaut. La formation de jugement est tenue d'informer le parquet général qui transmet le dossier après l'avoir instruit au ministre de la justice jusqu'au 31 décembre 2016, la saisine est devenue directe entre le parquet général près la Cour des comptes et le parquet général près la Cour de cassation depuis le premier janvier 2017. Cela n'a pas été prévu pour les saisines issues des Cours régionales comptes, le ministre de la justice reste toujours destinataire des affaires relevées au niveau régional selon la formulation maintenue de l'article 162 du deuxième livre du code des juridictions financières. Sans doute une omission de taille !

f) Formalités après le prononcé de l'arrêt provisoire

L'arrêt rendu par la formation est rédigé par le conseiller rapporteur et signé par le président de la formation et le greffier. En cas d'empêchement du président, le plus ancien conseiller membre de la formation signe à sa place.[340] Il est ensuite notifié au comptable public. Une copie de l'arrêt provisoire est transmis au parquet général en compagnie du rapport d'instruction afin d'arrêt définitif et des réponses du comptable public à l'arrêt provisoire. Le tout constitue le dossier à juger par jugement définitif.

2- Arrêt définitif

Avant de décider de la date du prononcé de l'arrêt définitif[341] la Cour s'assure d'abord que le délai d'un an après la date de l'arrêt provisoire n'pas expiré, faute de quoi l'arrêt définitif ne sera pas exécutoire à l'encontre du comptable public.[342] Elle doit se réassurer également si le délai de cinq ans maximum séparant la date de production du compte enregistré par le greffe de la Cour ou de la Cour régionale selon le cas, et la date du prononcé de l'arrêt provisoire n'a pas été compromis.

L'arrêt définitif doit respecter le droit à la défense du comptable public, il s'agit d'une règle d'ordre public que la formation doit relever d'office sous peine d'annulation ou de cassation de l'arrêt en question.

En vertu de l'article 40 du code des juridictions financières, l'arrêt définitif n'apporte aucun changement au résultat général de chaque compte ou situation comptable. Toutefois, en cas d'inexactitude dans le report du reliquat fixé par un arrêt précédent, la Cour charge le comptable public de passer les écritures de régularisation au compte ou à la situation comptable de la gestion en cours.

L'arrêt définitif établit si le comptable public est [343]: quitte ; en avance ou en débet.

Dans le cas du quitte, l'arrêt emporte la décharge définitive du comptable public et, si celui-ci a cessé ses fonctions, autorise, le cas échéant, le remboursement de son cautionnement et la radiation des inscriptions prises sur ses biens.

Dans le cas de l'avance, l'arrêt produit le même effet. Si l'avance résulte de sommes qui auraient été versées par le comptable public pour combler un déficit présumé, il l'autorise à se pourvoir auprès des autorités administratives pour obtenir, après justification, le remboursement de ces sommes.

Dans le cas du débet, l'arrêt fixe le montant du débet qui est exigible dès sa notification. En France à compter de la date du fait générateur.[344]

a) Notification de l'arrêt définitif

Pour les arrêts de la Cour des comptes,[345] l'arrêt définitif est notifié au comptable public, au ministre chargé des finances, au ministre intéressé, au procureur général du roi, au trésorier général du royaume et aux représentants légaux des organismes publics concernés.

Pour les jugements des Cours régionales des comptes,[346] le jugement définitif est notifié au comptable public, aux autorités de tutelle, au procureur du roi au trésorier régional, préfectoral ou provincial et aux représentants légaux des organismes publics locaux concernés.

Enchainement de la procédure

1- Vérification
2- Instruction
3- Etablissement du rapport
4- Avis du contre rapporteur
5- Conclusions du parquet général
6- Arrêt (jugement) provisoire
7- Réponse du comptable public
8- Etablissement du rapport afin d'arrêt (jugement) provisoire
9- Avis du contre rapporteur
10- Conclusions du parquet général
11- Arrêt (jugement) définitif

NB : Un deuxième rapport relatif au contrôle de la gestion doit être établi après l'expiration du délai de réponse à la note d'observations adressée au comptable.

b) Recouvrement du débet

Le recouvrement du débet se fait conformément aux dispositions législatives et réglementaires en vigueur au profit du Trésor concernant les sévices de l'Etat et les collectivités territoriales.

S'agissant des entreprises ou établissements publics concernés, le recouvrement du débet se fait au profit de leurs caisses respectifs.

Toutefois, sauf si l'exécution provisoire de l'arrêt est décidée par la Cour, l'appel a un effet suspensif, cette suspension s'étend à l'évidence au recouvrement du débet. Cela nous ramènera, en toute logique, à aborder les voies de recours. Mais après la note suivante sur le deuxième rapport.

3- Note sur l'aboutissement et la finalité du deuxième rapport[347]

Le deuxième rapport relatif au contrôle de la gestion[348] qui sera rédigé, à notre sens, dans les limites mentionnées ci-dessus (supra : note sur l'étendue et le sens à donner au deuxième rapport) est soumis à la procédure prévue pour le contrôle (administratif) de la gestion.[349]

Sa finalité étant de servir comme support d'appui consultatif pour l'amélioration des conditions d'organisation et de fonctionnement du circuit administratif et comptable dans lequel les opérations décrites dans le compte du comptable sont exécutées. Notamment les services financiers de l'ordonnateur et le poste du comptable ainsi que les moyens mis en œuvre pour mener à bien les missions des uns et des autres. Ce rapport servira également à la Cour des comptes dans ses missions de contrôle global de la gestion, notamment sur les fonctions dites « supports ».

D- Voies de recours

Les voies de recours dans le modèle marocain sont au nombre de trois : le recours en appel, le recours en cassation (deux voies ordinaires) et le recours en révision (une voie extraordinaire).

1- Recours en appel

Comme nous l'avons vu dans le chapitre relatif à la discipline budgétaire, la législation et la pratique au Maroc se caractérisent, par rapport au modèle français, par l'existence du deuxième degré de recours dirigé contre les arrêts en premier ressort de la Cour et contre les jugements des Cours régionales des comptes dans les trois matières juridictionnelles : Jugement des comptes ; Gestion de fait et Discipline budgétaire et financière.

C'est la formation inter cambre au sein de la Cour des comptes, non pas la chambre d'appel, compétente elle à l'égard des seuls jugements en premier ressort des Cours régionales des comptes, qui connait des recours en appel contre les arrêts en premier ressort de la Cour des comptes. Bien entendu dans les trois matières susdites.

La requête est déposée, dans le délai de 30 jours suivant la date de notification de l'arrêt ou du jugement définitif au greffe de la Cour ou de la Cour régionale dans le dernier cas, la requête va être transmise à la Cour.

Le droit du recours en appel est ouvert pour le comptable public soit à titre personnel soit par le biais d'une personne mandatée par lui, pour le ministre des finances, le ministre concerné, le procureur général du roi, le trésorier général du royaume ou les représentants légaux des organismes publics concernés.

En ce qui concerne les Cours régionales, il est ouvert aux mêmes parties auxquelles le jugement définitif a été notifié.[350]

Une fois la requête enregistrée, le premier président désigne un conseiller rapporteur qui va être chargé d'instruire le dossier sous la supervision du président de la formation inter-chambre, ou un Conseiller rapporteur au sein de la chambre d'appel en ce qui concerne les appels formés contre les jugements des cours régionales des comptes.

La requête est ensuite notifiée sur instruction du conseiller rapporteur, aux autres parties concernées, ce sont les parties ayant le droit de recours, lesquelles parties peuvent déposer leurs mémoires de réponse dans le délai de 30 jours suivant la date de notification y compris les pièces justificatives à l'appui. Le conseiller rapporteur jouit des mêmes pouvoirs d'investigation et d'accès à l'information dans les mêmes conditions déjà mentionnées lors du passage en revue de la procédure de vérification et de jugement des comptes.

Le conseiller rapporteur rédige son rapport et le transmet muni des pièces justificatives et des mémoires de réponses (et de répliques le cas échéant) des parties au président de la formation inter chambre pour les arrêts de la Cour et au président de la chambre d'appel pour les appels formés contre les jugements des Cours régionales des comptes. Le président de la formation inter chambre ou le président de la chambre d'appel le cas échéant, transmet le dossier au contre rapporteur selon le cas. Ensuite la procédure d'instruction se poursuit conformément aux dispositions des articles 34 et 35 du code des juridictions financières déjà explicitées.

La formation de jugement qu'elle soit la formation inter-chambre (pour les arrêts de la Cour) ou la chambre d'appel (pour les jugements des cours régionales) statue d'abord sur la forme. En cas de recevabilité du recours elle statue sur le fond.

Le jugement du recours en appel se fait selon les règles connues, notamment les deux effets dévolutif et suspensif.

La règle de l'effet suspensif n'est pas une règle absolue, il se peut que l'exécution provisoire de l'arrêt soit décidée par la Cour.[351]

Même constatation pour l'effet dévolutif, qui s'applique sous deux conditions :

- Dans la mesure des demandes du requérant selon l'adage célèbre : il est dévolu (aux juges d'appel) autant qu'il été appelé, c'est-à-dire que l'effet dévolutif de l'appel ne se produit que dans la mesure des requêtes comprises dans l'acte d'appel.[352]
- l'acte d'appel ne peut viser des points non jugés en première instance.[353]
-

2- Trois remarques :

- Le code des juridictions financières ne prévoit pas expressément le renvoi d'un recours non mis en état d'être jugé à la formation ayant jugé l'affaire en premier ressort. En procédure civile elle est prévue dans l'article 146. Cet article est applicable à la Cour des comptes sur la base du droit procédural commun auquel renvoie le code des juridictions financières.

- S'il est convenu que l'appel ne peut être intenté pour porter préjudice à l'appelant, le ministère public par contre peut requérir l'aggravation de la sanction par un appel dit incident.[354]
- S'agissant du recours contre les amendes et les astreintes en matière de jugement des comptes, la Cour de cassation marocaine a pris une position différente de celle de la Cour des comptes française, en motivant cette position par le fait que les amendes et les astreintes ne sont pas des jugements définitifs. Selon elle, elles ne revêtent qu'un caractère préliminaire.[355]

3- Recours en cassation

En attendant l'institution du Conseil d'Etat, prévue par la note de présentation du projet de loi portant institution des Cours administratives d'appel, c'est la chambre administrative au sein de la Cour de cassation (ex Cour suprême), qui est toujours compétente à connaitre des recours en cassation contre tous les arrêts définitifs de la Cour des comptes.

Le recours en cassation est ouvert dans un délai de 60 jours à compter de la date de notification de l'arrêt définitif prononcé en appel , soit par la formation inter chambre en ce qui concerne les appels formés contre les arrêts en premier ressort de la Cour des comptes , soit par la chambre d'appel, en ce qui concerne les appels formés contre les jugements des Cours régionales des comptes.

Les parties ayant le droit de recours en cassation sont les mêmes parties ayant le droit de recours en appel déjà citées.

Les motifs du recours en cassation

En vertu de l'article 49 du code des juridictions financières, le recours doit être fondé sur, au moins, l'un des motifs suivants[356] :

- Violation de la loi,
- Vice de forme,
- Défaut de motivation ou
- Incompétence

L'instruction et le jugement de l'affaire se déroulement selon les conditions et modalités prévues par l'article 354 et suivant du code de procédure civile. La requête est déposée au greffe de la Cour des comptes qui la transmet au greffe de la Cour de cassation.[357]

4- Recours en révision

La recevabilité du recours en révision est tributaire de la survenance d'un fait nouveau, or le législateur n'a pas explicité la portée et l'étendue de ce fait nouveau, à notre sens, il peut s'agir essentiellement de pièces nouvellement découvertes, ou de pièces exactes par rapport aux pièces produites dont les pièces exactes ont prouvé leur inexactitude.[358]

Le terme nouveau renvoi à la date du prononcé de l'arrêt ou du jugement, il doit s'agir d'une découverte survenue effectivement après la date du prononcé de l'arrêt ou du jugement.

Le comptable public (en plus des parties ayant le droit de recours, à savoir : le procureur général du roi, le ministre chargé des finances, le ministre concerné et le trésorier général du royaume). Pour les Cours régionales : le procureur du roi, le ministre de l'intérieur, le Wali , le gouverneur, le ministre chargé des finances, le trésorier régional , préfectoral ou provincial et le représentant légal des organismes publics locaux, a le choix entre le recours en cassation et le recours en révision dans le délai de 60 consacré au recours en cassation , il s'agit donc, d'un recours dit « alternatif ».

Le recours en révision est instruit selon la procédure décrite par l'article 50 et déjà explicitée dans le chapitre relatif à la discipline budgétaire et financière. Pour les Cours régionales des comptes selon les dispositions de l'article 135.[359]Le recours en révision, si le délai du recours en cassation a expiré, peut être intenté contre les arrêts définitifs d'appel.

Pour les Cours régionales, il est important de souligner que le recours est porté devant la Cour régionale des comptes après l'expiration du délai imparti au recours en appel.

C'est la nature de l'affaire qui permet de déterminer le choix à prendre entre le recours en révision et le recours en appel, par exemple et à l'évidence, des pièces novelles ne peuvent être présentées à l'appui d'un recours en en appel.[360]

5- Trois spécificités procédurales du recours en révision

La première concerne le délai du recours. En matière d'appel, le délai est d'un mois sous peine d'irrecevabilité. En matière du recours en révision, le délai est ouvert jusqu'à quatre ans s'il n'est pas en faveur du comptable et jusqu'à dix ans s'il est en sa faveur.

La deuxième réside dans le fait que l'effet suspensif qui caractérise le recours en appel n'est pas applicable en cas du recours en révision.

La troisième spécificité du recours en révision par rapport au recours en appel, réside dans le fait que c'est la formation qui a prononcé la décision qui va l'examiner à nouveau, elle va statuer par arrêt provisoire puis définitif. Il est évident que ce n'est pas le cas dans le recours en appel.

SECTION III : EFFECTIVITE DE LA RESPONSABILITE

A- Décharge de responsabilité et remise gracieuse

Texte de base : Loi n° 61-99 relative à la responsabilité des ordonnateurs, des contrôleurs et des comptables publics.[361]

Décharge de responsabilité
Le comptable public mis en débet (ou mis en débit : par le ministre des finances) ou déclaré débiteur, ainsi que tout fonctionnaire ou agent placé sous les ordres d'un comptable public ou agissant pour son compte, peut demander une décharge de responsabilité s'il justifie la force majeur, sauf s'il est établi que la faute commise est imputable au fonctionnaire ou agent placé sous ses ordres ou agissant pour son compte.[362]
Les ayants droit : Cette demande peut, le cas échéant, être présentée par leurs ayants droit.[363]

Conditions requises
Selon l'article 10 la recevabilité de la demande est conditionnée par le fait que l'acte ayant été à l'origine de la décision du débet ou l'ayant déclaré débiteur ne lui ait pas procuré un avantage personnel.

Procédure
La demande en décharge de responsabilité, présentée par le comptable public, le fonctionnaire ou l'agent placé sous les ordres d'un comptable public ou agissant pour son compte, est instruite par le supérieur hiérarchique et transmise au ministre des finances.

B- Effet de la décharge

La décharge de responsabilité accordée par le ministre des finances libère totalement ou partiellement le demandeur concerné du montant mis à sa charge et lui permet d'obtenir, s'il y a lieu, la restitution des sommes déjà versées en atténuation dudit montant.

Information de la Cour des comptes et suites à donner
Une ampliation de ladite décision est notifiée dans les 30 jours à la Cour des comptes compétente[364] ; Bien entendu la Cour tire les conséquences et va solder le débet ou le remboursement, une fois la preuve du versement du montant de de la décharge lui parvient.

Effet du rejet de la décharge sur la demande de remise gracieuse
Le rejet, par le ministre des finances, de la demande en décharge de responsabilité ne fait pas obstacle à la demande de remise gracieuse.[365]

C- Remise gracieuse

Le comptable public mis en débet ou déclaré débiteur, ainsi que le fonctionnaire ou l'agent placé sous son ordre ou agissant pour son compte peuvent demander la remise gracieuse des sommes mises ou demeurées à leur charge dans les conditions fixées par le règlement général de comptabilité publique, sous réserve des dispositions prévues à l'article 15 de la loi 61.99.[366]

Ayants droit : cette demande peut, le cas échéant, être présentée par leurs ayants droit. A noter la nouvelle reformulation de l'article 10 du règlement général de la comptabilité publique qui dispense les ayants droit du remboursement du montant du débet.

Conditions requises
Pour bénéficier de la remise gracieuse, le demandeur doit justifier sa requête par des circonstances tenant à sa situation financière, à la condition toutefois que l'acte ayant été à l'origine de la décision du débet ou l'ayant déclaré débiteur ne lui ait pas procuré un avantage personnel et qu'il n'ait pas organisé son insolvabilité au sens de l'article 84 de la loi n° 15-97 formant code de recouvrement des créances publiques.
Pour les collectivités locales, leurs groupements et les établissements et entreprises publics soumis au contrôle financier de l'Etat, la

demande de remise gracieuse doit avoir recueilli au préalable l'avis favorable de l'organe délibérant.[367]

D- Effet de la remise gracieuse

La remise gracieuse accordée par le ministre des finances libère totalement ou partiellement le demandeur concerné du montant mis à sa charge et lui permet d'obtenir, s'il y a lieu, la restitution des sommes déjà versées en atténuation dudit montant.

Information de la Cour des comptes et suites à donner
Une ampliation de ladite décision est notifiée dans les 30 jours à la Cour des comptes compétente [368] ; Bien entendu la Cour tire les conséquences et va solder le débet, une fois la preuve du versement du montant de de la décharge lui parvient.

Imputation budgétaire des sommes allouées en décharge ou en remise gracieuse
Les sommes allouées en décharge de responsabilité ou en remise gracieuse sont supportées par le budget de l'organisme concerné.[369]

E- Pour une responsabilité effective : La remise gracieuse réaménagée en France[370]

Le régime de responsabilité des comptables publics, qui peut conduire à des débets de montant important, explique l'existence d'un pouvoir de remise gracieuse. Celui-ci permet au ministre des finances de dispenser les comptables de régler tout ou partie des sommes dont ils ont été déclarés débiteurs et de faire prendre ces sommes en charge, selon les cas, par l'État ou par l'organisme public. Les textes d'application de la loi du 23 février 1963 ont longtemps confié le pouvoir de remise au ministre des finances, sans condition ni limite. La pratique a parfois tendu à dénaturer l'exercice de cette prérogative, pour en faire une modalité du pouvoir hiérarchique, voire disciplinaire. Dans nombre de cas, les comptables constitués en débet par le juge des comptes ont obtenu une remise quasi-intégrale en principal et en intérêts par décision ministérielle non motivée. Au milieu des années 2000, le taux de remise représentait ainsi entre 99,7 % et 99,9 % du montant des débets. La Cour des comptes comme la doctrine ont pu voir dans une telle attitude une atteinte à l'autorité de la chose jugée. Depuis l'entrée en vigueur de la loi du 28 décembre 2011, le ministre ne peut plus faire remise des sommes mises à la charge du comptable lorsque la méconnaissance de ses obligations n'a pas causé de préjudice à l'organisme public. En cas de préjudice, les possibilités de remise des débets sont également limitées puisque le ministre ne peut plus en faire remise gracieuse intégrale sauf en cas de décès ou de mise en œuvre des règles de contrôle sélectif des dépenses.

1 - La situation antérieure

Dans la période antérieure à 2011, et réserve faite des amendes pour retard dans la production des comptes (ou des amendes pour gestion de fait), la responsabilité pécuniaire et personnelle des comptables était nécessairement sanctionnée par le prononcé d'un débet, à savoir l'obligation pour le comptable de reverser dans la caisse publique le montant de la somme litigieuse. Cette solution avait les avantages d'une certaine simplicité, et relevait de considérations objectives : le montant à reverser était celui de la somme irrégulièrement payée, de la recette non recouvrée, ou du manquant en caisse ou en valeurs. Un tel reversement « apurait » les comptes viciés et « rétablissait » la caisse. Ce dispositif de contentieux purement objectif rencontrait néanmoins plusieurs limites : dans un contexte de « justice retenue », la loi prévoyait la possibilité d'obtenir une remise gracieuse de ces débets de la part du ministre en charge du budget ; et le montant du débet était toujours celui de la somme litigieuse, que le manquement du comptable ait été purement formel ou qu'il revête un caractère de gravité plus marqué.

2 - Les principes de la réforme

L'article 90 de la loi du 28 décembre 2011 a modifié l'article 60 de la loi du 23 février 1963 qui fixe le régime de responsabilité des comptables devant les juridictions financières. Le principal apport de cette réforme repose sur les notions, nouvelles pour le juge des comptes, de manquement et de préjudice financier. Le principe retenu est a priori simple. Deux cas se présentent. Si le manquement n'a pas causé de préjudice financier à la collectivité ou à l'organisme considéré, le juge financier peut mettre à la charge du comptable fautif une somme non susceptible de remise gracieuse, dans la limite d'un plafond fixé par décret. (Actuellement 1,5 pour mille du montant du cautionnement du poste comptable en application du décret du 10 décembre 2012 portant application du deuxième alinéa du VI de l'article 60 de la loi de finances de 1963 modifié, dans sa rédaction issue de l'article 90 de la loi n° 2011-1978 du 28 décembre 2011 de finances rectificative pour 2011). En cas de préjudice financier, le régime applicable est celui, classique, du débet. La loi introduit toutefois une limite qui n'existait pas auparavant, puisqu'elle prescrit que le ministre, s'il entend accorder au comptable une remise gracieuse, doit alors laisser à la charge de ce dernier un montant d'au moins le double du plafond fixé en cas d'absence de préjudice financier (soit 3 pour mille). Cette limitation de la remise gracieuse n'existe toutefois pas dans les cas où le juge constate que le comptable a respecté les règles de contrôle sélectif des dépenses (lorsqu'existe un contrôle, de type « partenarial » ou « hiérarchisé). L'office du juge des comptes comporte désormais des éléments « subjectifs ». D'une part, l'appréciation de l'existence ou non d'un préjudice financier est confiée par la loi au juge lui-même ; les cas de manquements avec ou sans préjudice ne sont déterminés ni par la loi, ni par les règlements. Il revient ainsi aux juridictions financières, sous le contrôle du juge d'appel pour les chambres régionales et territoriales des comptes et du juge de cassation, d'apprécier souverainement si chaque manquement cause ou non un préjudice à la collectivité. D'autre part, la loi invite le juge, en cas de manquement sans préjudice, à fixer la somme irrémissible en fonction des circonstances de l'espèce.

F- Enseignements à tirer pour le Maroc

Droit de regard incontournable de la Cour des comptes

La décision qu'elle soit de décharge ou de remise gracieuse doit avoir recueillie l'avis préalable de la Cour des comptes, selon la règle doctrinale unanimement reconnue : «le juge de l'action est juge de l'atténuation». Ainsi, s'agissant de la décharge, elle doit être du seul ressort du juge des comptes au lieu et place du chef du gouvernement. Quant à la remise gracieuse, elle doit être réaménagée de façon à la rendre conjointement décidée par le ministre des finances et le juge des comptes. Le temps du « ministre juge » et de « la justice retenue » est révolu. L'évolution législative et institutionnelle au Maroc moderne ne supporte plus cet état de droit et de fait.

Par ailleurs, s'agissant du cas particulier du décès du débiteur : les ayants droit exerceront le droit de demande de la décharge ou de la remise gracieuse. Or, l'article 10 du nouveau règlement de la comptabilité publique décharge les ayants droits du remboursement du débet, à notre sens cela ne doit pas lier l'office de la Cour, c'est au niveau de leur demande de la remise gracieuse que les ayants droit peuvent invoquer les dispositions de cet article devant le ministre des finances dans l'état actuel des textes, et non pas devant le juge financier.

Il est temps, à notre sens, de réfléchir à un réaménagement sur les conditions de la décharge et surtout de la de remise gracieuse en tirant profit, tout en les adaptant au contexte marocain, des acquis de la Cour des comptes française, d'une part et des principes de légalité, justice et équité dont le juge financier doit en avoir au moins un droit de regard d'autre part.

Enfin, il faut toujours se référer dans les réaménagements souhaités aux principes directeurs du régime de responsabilité des acteurs de la gestion publique, issus des textes fondateurs, à savoir les deux lois 61.99 et 62.99 relatives, respectivement, à la responsabilité des ordonnateurs, des contrôleurs et des comptables publics et au code des juridictions financières, notamment les deux principes de cohérence et d'équilibre. Une réforme intégrée et cohérente des dispositions relatives à la décharge et à la remise gracieuse est vivement souhaitable.

SECTION IV : JURISPRUDENCE DE LA COUR DES COMPTES[371]

NB : règles reformulées, adaptées, traduites et annotées par l'auteur

1- Recettes prescrites versées volontairement - effet sur la fixation du montant du débet

La Cour estime que Les recettes prescrites mais versées volontairement par les redevables peuvent être prises en considération dans la fixation du montant du débet ; CC ; arrêt d'appel n° 02/2010 du 19 mars 2010 ; Aff. n°04/2009

Note : (voir infra, jurisprudence analogue française, section 6 : bref aperçu sur la jurisprudence française).

2- Opportunité de la dépense- responsabilité du comptable

La Cour considère que le comptable est tenu de contrôler la dépense selon les règlements y afférents, il n'est pas responsable, lors de l'examen des pièces justificatives, de s'assurer du degré d'opportunité de la dépense : CC ; arrêt d'appel n° 02/2010, op.cit. (Point n° 1)

Note : il est convenu en doctrine que les trois interdits pour le contrôle des comptables publics sont : le contrôle de la légalité ; le contrôle de l'opportunité et le contrôle de la matérialité.

3- Nullité de l'effet des commandements adressés pour sauver des recettes prescrites

La Cour estime que les commandements adressés pour sauver des recettes atteintes par la prescription sont nuls et sans effets juridique. CC ; arrêt d'appel n°01/2011 du 31-12-2010 ; Aff. n°05/2010. Voir aussi (arrêt n° 07/2011 du 10 février 2011, Aff. n° 07/2010).

4- Prescription des diligences de recouvrement et son effet sur l'extinction de la créance

La prescription des diligences de recouvrement ne signifie pas l'extinction de la créance, le comptable doit percevoir les créances prescrites si le redevable se présente **volontairement** pour payer ses

créances. CC ; arrêt d'appel n°01/2011 du 31-12-2010 ; Aff. n°05/2010.
Note : droit du trésor versus droit du citoyen ? (période entre prescription des diligences et admission en non-valeur.

5- **Circonstances et contraintes objectives des irrégularités**

La Cour considère que les circonstances et contraintes objectives des irrégularités **ne** sont pas prises en compte en matière de vérification et jugement des comptes (arrêt n° 07/2011 du 10 février 2011, Aff. n° 07/2010)
Note : il faut nuancer : les deux cas des diligences de recouvrement et le retard de production des comptes, même s'ils ne dérogent pas de ce principe peuvent constituer des éléments d'atténuation de la responsabilité.

6- **Justification du service fait - exact calcul de liquidation-validité de la dépense**

La Cour considère que le comptable public est responsable de la non justification du service fait et l'exact calcul de liquidation, à raison des travaux non réceptionnés (frais d'hébergement en date du 18 et 19 novembre 2004)) et donc de la validité de la dépense au sens de l'article 6 de la loi 61.99 du 3 avril 2002. (Arrêt n° 08 /2011 du 03 mars 2011, Aff. n° 08/2010)
Note : avant la modification de 2008 et le renvoi à la loi 61.99 en ce qui concerne la notion du contrôle de la validité de la dépense et l'article 66 du règlement de la comptabilité des collectivités locales sur les devoirs de contrôle du comptable public, notamment la réalité de la créance y compris notamment la justification du service fait et l'exact calcul de liquidation.

7- **Irrecevabilité de la requête – requête assimilée à une demande de remise gracieuse**

La Cour a déclaré irrecevable une requête pour absence de la qualité du requérant, de la mention de son domicile et de son adresse de correspondance après sa mise à la retraite. Par ailleurs la requête est considérée comme étant une **demande gracieuse**, car ne comprenant pas des demandes claires et précises notamment l'exposé des faits et des motifs invoqués... (Arrêt n° 12/2011 du 17 juin 2011, Aff. n° 06/2011).

Note : il est souhaitable que l'arrêt, dorénavant, indique que la demande assimilée à une remise gracieuse devrait être adressée au ministre des finances dans les conditions prévues par la loi 61.99.

8- Probabilité de la prescription des recettes- la motivation du dispositif de l'arrêt

La Cour a rejeté la motivation du jugement en premier ressort selon laquelle le comptable est responsable pécuniairement et personnellement du non recouvrement des recettes menacées par la prescription, elle considère que la prescription doit être établie et certaine. (Arrêt n° 13/2011 du 28 septembre 2011, Aff. n° 07/2011)

Note : toutefois, les diligences de recouvrement doivent revêtir trois caractéristiques selon la jurisprudence Dupis, (op.cit. Passage relatif à l'analyse des diligences de recouvrement dans la section relative aux règles juridiques, irrégularités appréhensibles) avant que les créances ne soient atteintes par la prescription. Mais dans le cas d'espèce et selon la réponse du comptable, les redevables ont reconnu leur redevabilité ; il n'a pas jugé approprié de recourir au recouvrement forcé. En effet, les recettes ont été finalement recouvrées à une date postérieure à la date de prescription 2004.

9- Interruption du délai de la prescription

La Cour considère que la seule demande de la révision de la situation fiscale n'est pas un acte d'interruption du délai de la prescription selon l'article 382 du DOC (Arrêt n° 02/2012 du 08 mai 2012, Aff. n° 10/2011).

Note : voir les cas d'interruption dans le code des obligations et contrats, article 381.

10- Non recours au recouvrement forcé

La Cour considère que la seule diligence consistant à adresser des commandements sans passer au recouvrement forcé engage la responsabilité du comptable public (Arrêt n° 02/2012 du 08 mai 2012, Aff. n° 10/2011).

11- Responsabilité de l'ordonnateur et non pas du comptable en matière des diligences de recouvrement

La Cour considère que les contrats de loyer à des fins commerciales ou d'exploitation professionnelle conclus par la commune procure à la commune en cas d'atermoiement ou de non-paiement des personnes intéressées de leurs créances de résilier le contrat, de saisir le montant de l'avance ou de recourir à la justice, le comptable n'est pas responsable de la non prise de ces diligences de recouvrement (Arrêt n° 02/2012 du 08 mai 2012 , Aff. n° 10/2011). C'est l'ordonnateur qui en est responsable.

Note : Distinction de responsabilité entre l'ordonnateur et le comptable public en matière de prise de diligences de recouvrement ; comparer avec la jurisprudence française en matière de responsabilité de non mise en recouvrement : le comptable est tenu de de relancer l'ordonnateur, ce qui n'est pas prévu par la règlementation comptable marocaine.

12- Admission en non-valeur – responsabilité du comptable

la Cour considère que le comptable public n'est pas responsable de la non production de la décision de l'admission en non-valeur s'il a est établi qu'il avait adressé une demande d'admission en non-valeur et il n'avait pas reçu une réponse du ministre des finances dans le délai d'une année à compter de la date de réception de ce dernier de la communication de la liste des créances objet de la demande.(Arrêt n° 03/2012 du 23 octobre 2012 ,Aff. n° 12/2011)

Note : voir pour plus de détails, le passage sur l'admission en non-valeur dans la section relative aux règles juridiques, irrégularités appréhensibles. **Attention** ! L'admission en non-valeur ne décharge pas le comptable de sa responsabilité et ne conduit pas à l'extinction de la créance.

13- Non recouvrement de la taxe d'édilité (prescription) – responsabilité du comptable communal – défaut de compétence

La Cour estime que tant que c'est la trésorerie générale et non pas le comptable communal qui est chargée de la liquidation et de la perception de la taxe d'édilité, à l'instar de la taxe urbaine, bien qu'il s'agit d'une taxe communale, le comptable communal ne peut être responsable pécuniairement et personnellement de la prescription de ces taxes pour défaut de compétence. (Arrêt n° 04/2012 du 23 octobre 2012, Aff. n° 09/2010).

Note : n'y aura –t-il pas dans ce cas, une responsabilité présumée du trésorier général du royaume et que la Cour devrait en tirer les conséquences ?

14- Exacte imputation de la recette- responsabilité du comptable

La Cour estime que bien qu'il a été établi que la recette avait été imputée sur une rubrique inexacte, le comptable public ne peut être responsable pécuniairement et personnellement de cette mauvaise imputation de la recette. (Arrêt n° 07/2013 du 23 juillet 2013, Aff. n° 09/2012).

Note : la Cour n'a pas jugé opportun de renvoyer l'infraction à la discipline budgétaire et financière (article 56).

15- Calcul du délai effectif de la réalisation des travaux

La Cour considère que le délai effectif de la réalisation des travaux est celui allant de la date de l'ordre de service de commencer les travaux à la date de la réception provisoire des travaux et non pas à la date du décompte provisoire et définitif du marché. (Arrêt n° 11/2013 du 10 octobre 2013, Aff. n° 32/2012).

16- Saisie du montant de la caution provisoire- responsabilité du comptable

La Cour estime qu'en l'absence d'un ordre de recouvrement de l'ordonnateur, le comptable n'est pas pécuniairement et personnellement responsable de la saisie du montant de la caution provisoire (Arrêt n° 02/2014 du 07 mars 2012, Aff. n° 23/2012)

17- Discussion des réponses du comptable- motivation insuffisante- - annulation de l'arrêt

La Cour considère que le jugement qui ne discute pas les réponses du comptable et ne contient pas la réplique de Cour régionale des comptes à ses réponses, conduit à le déclarer comme insuffisamment motivé ce qui l'expose à l'annulation (Arrêt n° 05/2014 du 15 mai 2014, Aff. n° 36/2012).

18- Indemnités annuelles au profit du régisseur de recettes et du régisseur de dépenses en l'absence de l'état des montants perçus et payés. Exact calcul de liquidation

La Cour estime que le comptable ne peut pas contrôler l'exact calcul de liquidation de l'indemnité annuelle au profit du régisseur de recettes et du régisseur de dépenses en l'absence de l'état des montants perçus et payés. Le comptable est responsable pécuniairement et personnellement pour défaut de contrôle de l'exact

calcul de liquidation. (Arrêt n° 07/2014 du 19 juin 2014, Aff. n° 30/2012)
Note : le comptable doit en tout cas produire la situation de caisse pour permettre au juge financier de contrôler la base de liquidation. Certains ordonnateurs se contentent, en pratique, d'octroyer des montants forfaitaires !

19- Saisine d'office de l'irrégularité relative à la prescription
La Cour estime dans cet arrêt de principe que le juge financier se saisie d'office de l'irrégularité relative à la prescription des recettes lorsque le comptable n'aura pas fait les diligences pour sauver les recettes prescrites (Arrêt n° 09/2014 du 18 septembre 2014, Aff. n° 38/2012).
Note : il s'agit là d'un arrêt de principe. Saisine d'office par le juge financier de l'irrégularité tenant à la prescription des recettes.

20- Responsabilité objective
La Cour considère que la responsabilité du comptable est objective, elle s'engage du seul fait de constater et prouver sa commission de l'une des irrégularités prévues par l'article 37 du code des juridictions financières. (Arrêt n° 09/2014 du 18 septembre 2014, Aff. n° 38/2012)
Note : **Arrêt de principe** : la «responsabilité objective» n'est pas tributaire d'un préjudice à mesurer, ou du rapport de causalité entre le préjudice et le fait préjudiciable (art 78 du Dahir des obligations et contrat). Par ailleurs, la motivation de l'arrêt a été fondée sur l'article 17 du décret n°2.76.576 portant règlement de la comptabilité des collectivités locales « obligation de prendre les diligences nécessaires de recouvrement » susceptibles d'empêcher la prescription et la déchéance du droit à la perception. Mais la Cour l'a motivé également par l'article 6 de la loi 61.99 sur la responsabilité pour la perception légale des recettes. Cela est de nature à créer une confusion entre l'irrégularité tenant à la régularité de la perception (article 56 : amende DBF pour le comptable public) et l'irrégularité tenant au défaut de diligences de recouvrement (débet : article 37 du code des juridictions financières).

21- Calcul du délai de prescription
La Cour estime que le délai de prescription est calculé à compter de la date de la prise en charge de l'ordre de recouvrement, la responsabilité du comptable ne peut est engagée qu'au titre de l'exercice budgétaire

relatif au compte. (Arrêt n° 11/2014 du 18 septembre 2014, Aff. n° 11/2011)

Note : Arrêt de principe. Fait générateur de la responsabilité du comptable *rationae temporis* au titre de l'exercice relatif au compte produit et jugé. En France, « *Le juge peut cumuler plusieurs sanctions sur un même exercice .La nouvelle rédaction de l'article 60 de la loi du 23 février 1963 ne tranchait pas clairement le point de savoir si un ou plusieurs manquements pouvaient être sanctionnés sur un même exercice. Se fondant sur divers éléments tirés de la rédaction du texte, la Cour des comptes a considéré que le juge des comptes avait la faculté de retenir plusieurs manquements et d'arrêter, donc, plusieurs sommes non susceptibles de remise gracieuse, sur un même exercice contrôlé, en cas de manquements n'entraînant pas un préjudice financier* » rapport de la Cour 2015.

22- Action en justice - interruption de la prescription

La Cour estime que la requête en référé portée devant le tribunal administratif contre une décision d'imposition émanée du président de la commune est un acte susceptible d'interrompre le délai de la prescription (Arrêt n° 11/2014 du 18 septembre 2014, Aff. n° 11/2011).

23- Recours au recouvrement forcé après la prescription de la créance – responsabilité du comptable

La Cour estime que le comptable est pécuniairement et personnellement responsable du non recouvrement des recettes avant leur prescription bien qu'il avait fait recours à un acte de recouvrement forcé par la communication d'une saisie à tierce détenteur pour le recouvrement d'une créance prescrite. (Arrêt n° 11/2014 du 18 septembre 2014, Aff. n° 11/2011).

24- Invocation de la force majeure

La Cour a rejeté l'invocation de la force majeure devant elle en matière de jugement des comptes

Note : les diligences se rapportent au comportement personnel, (Arrêt n° 11/2014 du 18 septembre 2014, Aff. n° 11/2011) : il est souhaitable que l'arrêt mentionne, dorénavant que la force majeure doit être invoquée devant le chef du gouvernement selon les dispositions de la loi 61.99 relative à la responsabilité des ordonnateurs, contrôleurs et comptable.

25- Créances versées après la prescription

La Cour estime que les créances versées volontairement après la prescription peuvent être prises en considération pour la fixation du montant du débet.

__Note__ : voir arrêt précédent dans ce sens (Arrêt n° 07/2015 du 10 février 2015, Aff. n° 05/2013) le recouvrement après la prescription doit être poursuivi ; Tant que la créance n'a pas été considérée comme créance irrécouvrable admise en non-valeur.

26- Diligences de recouvrement – responsabilité du comptable

La Cour estime que le comptable est pécuniairement et personnellement responsable de non prise de diligences de recouvrement en vue d'interrompre la prescription des créances relatives aux taxes sur le lieu de vente de boissons (Arrêt n° 12/2015 du 10 décembre 2014, Aff. n° 06/2013).

27- Difficultés de recouvrement (invocation des) – responsabilité du comptable

La Cour estime que les difficultés de recouvrement (invocation du personnel insuffisant, non disponibilité des agents de poursuite, ressources limitées pour faire face aux difficultés et risques de recouvrement) sont des invocations rejetées et ne peuvent exonérer la responsabilité pour le défaut de recouvrement les créances prescrites. (art 30 de la loi n° 15-97 formant code de recouvrement des créances publiques dispose que les comptables sont habilités de recourir au recouvrement forcé envers les créanciers qui n'ont pas payé leurs créances, art 125 qui dispose que si les créances qui se prescrivent, leur droit envers les créanciers deviennent déchus, mais ils restent responsables devant les organismes publics concernés (Arrêt n° 12/2015 du 10 décembre 2014, Aff. n° 06/2013).

__Note__ : Difficultés de recouvrement, voir le passage relatif aux diligences de recouvrement dans la section : règles juridiques, irrégularités appréhensibles.

28- Mise en recouvrement – responsabilité du comptable- droits de loyer

La Cour estime que tant que le comptable ait avisé l'ordonnateur de la nécessité de faire évacuer les locataires qui n'ont pas payé leur loyer destinés à l'habitat ou à l'exploitation commerciale ou professionnelle et a communiqué aux intéressés des sommations en vue de payer leur créances, il n'est pas responsable pécuniairement et personnellement du recouvrement de ces créances (Arrêt n° 12/2015 du 10 décembre 2014, Aff. n° 06/2013).

Note : Ce sont des diligences de recouvrement qui s'apparentent à des actes de mise en recouvrement, or en l'état actuel du droit le comptable public n'est pas responsable de la mise en recouvrement comme c'est le cas en France.

Par ailleurs, les loyers sont régis par des clauses contractuelles ; les diligences de recouvrement forcées ne sont pas appropriées. (Droit public versus droit privé).

29- Irrégularité d'un ordre de paiement – montant indu – responsabilité du comptable

La Cour estime que bien que le mandat de paiement était irrégulier, la responsabilité pécuniaire et personnelle ne peut être engagée qu'à raison du montant indu (Arrêt n° 12/2015 du 10 décembre 2014, Aff. n° 06/2013)

Note : l'arrêt ne mentionne pas si la responsabilité pécuniaire est calculée à raison du montant du bon de commande qui vient en dépassement du seuil d'achat par bons de commande ou bien du montant du mandat de paiement dans son intégralité.

30- Irrégularité d'une pièce justificative – responsabilité du comptable

La Cour estime que bien que la pièce justificative s'avère non conforme quant à la forme aux prescriptions règlementaires, cela ne justifie pas l'engagement de la responsabilité pécuniaire et personnelle du comptable, tant qu'aucune des irrégularités de l'inexact calcul de liquidation ou du défaut du caractère libératoire de paiement n'étant pas établie (arrêt n° 22/2015 du 17 septembre 2015, Aff. n° 10/2013).

Note : la Cour a bien fait d'opter pour cette distinction objective et équitable, mais n'y aurait-il pas une responsabilité en matière de discipline budgétaire et financière à raison de la production de pièces inexactes ? il apparait selon plus d'un cas que le juge financier ne s'est pas encore habitué à sa nouvelle casquette de juge disciplinaire des comptables publics.

31- Modification de la date de l'ordre de service de commencer les travaux

La Cour estime que la date à prendre en considération dans le calcul du délai de réalisation des travaux commence à compter de la date modifiée et reçue par l'entrepreneur et non pas la date initiale (Arrêt n° 23/2015 du 14 mai 2015, Aff. n° 02/2013).

32- Non production de l'ordre de poursuite des travaux – responsabilité du comptable

La Cour estime que le fait de ne pas produire l'ordre de poursuite des travaux ne justifie pas l'engagement de la responsabilité pécuniaire personnelle, tant qu'il ne s'agit pas d'un fait relatif à la validité de la créance (Arrêt n° 23/2015 du 14 mai 2015, Aff. n° 02/2013).

Note : juge des comptes oui mais aussi juge disciplinaire du comptable public : la non production d'une pièce justificative, s'il ne justifie pas le débet, il est susceptible d'une poursuite disciplinaire. il apparait, à notre sens, selon plus d'un cas, que le juge financier ne s'est pas encore habitué à sa nouvelle casquette de juge disciplinaire des comptables publics. Bien entendu le fait pourrait être porté devant le parquet général pour décider de l'opportunité et la régularité de la poursuite ou du moins signaler cette éventualité dans l'arrêt.

33- Exercice objet de la vérification et du jugement- appréciation de la responsabilité

La Cour réitère sa position de principe, selon laquelle la responsabilité pécuniaire et personnelle du comptable doit être appréciée à raison de l'exercice budgétaire au titre duquel le compte est vérifié et jugé, cette responsabilité ne peut s'étendre aux exercices postérieurs (Arrêt n° 23/2015 du 14 mai 2015, Aff. n° 02/2013).

SECTION V : JURISPRUDENCE FINANCIERE DE LA COUR DE CASSATION [372]

1- Sur la recevabilité du pourvoi contre l'amende et l'astreinte pour retard dans la production du compte

La Cour de cassation considère que ***l'ordonnance du premier président portant application de l'amende et de l'astreinte en matière de jugement des comptes n'est pas susceptible de faire l'objet du pourvoi en cassation*** en ce que l'ordonnance n'est qu'un acte préliminaire et procédural, il n'est pas un arrêt définitif au sens de la loi. (Cour cass ; arrêt n° 1218 B/L du 08-12-2004)

Note : voir notre commentaire, dans lequel il est mentionné que la jurisprudence financière française en la matière épouse une position différente, car l'amende étant prononcée par un jugement définitif (BERRAOU Mohammed : les grands arrêts de la jurisprudence financière au Maroc (en arabe) ; Darassalam ; 2009, pp 33- 34).

2- Sur la qualification du certificat administratif en matière des marchés publics

La Cour de cassation considère que ***le certificat administratif produit par le requérant à la Cour des comptes est assimilé à une «déclaration écrite» émise par l'ordonnateur***, il fonde l'exonération de la responsabilité du comptable public. (Assimilé sans le dire à un ordre écrit au sens du chapitre relatif à la discipline budgétaire et financière du code des juridictions financières) ; voir à ce propos (Cour cass ; Arrêt Bakkali n°375 du 28-09-1995) ; Voir aussi (Cour cass ; Arrêt n°389 du 07-05-1998). Cités et commentés dans notre ouvrage ; les grands arrêts... ; Op.cit.

Note : voir notamment notre commentaire : pp 44- 45 ou l'on a précisé les différents cas de figures de «déclarations écrites» en droit public financier marocain.

3- Sur le caractère urgent de la dépense

La Cour de cassation considère que ***la qualification fondée sur l'existence du caractère urgent de la dépense pour rejeter le certificat administratif est une qualification erronée***, qui n'a aucun fondement dans le règlement général de la comptabilité publique. (Cour cass ; arrêt Bakkali.op .cit).

4- Fractionnement du marché public

La Cour de cassation considère que ***le fractionnement du marché public est une atteinte à une règle d'ordre public*** (protection du fondement du marché public) (arrêt n° 89 du 04-02-1999).

Note : notre commentaire, le fondement sur l'article 51 de l'ancien décret des marchés publics (1976) dénote un penchant vers le contrôle de la légalité administrative du marché. Notre ouvrage : Les grands arrêts, op.cit. pp 49-50.

5- Pièces justificatives

La Cour de cassation considère que l'ordre de mission est une pièce justificative de la dépense du personnel : Cour cass ; Arrêt n°389 du 07-05-1998) ; Rejet d'une pièce de régularisation (produite après la réalisation du service) ; (arrêt n° 389 ; op.cit.)

Note : voir jurisprudence française à partir de 2008 : paiement de **l'indu**, une notion élastique ! dans la section relative à la jurisprudence française.

6- Exactitude des pièces justificatives et l'office du juge de cassation

Le juge de cassation ***n'est pas fondé de connaitre des litiges relatifs à l'exactitude des pièces justificatives*** (arrêt n°455 B/L du 01-06-2005).

7- Invocation d'une pièce justificative devant la Cour de cassation pour la première fois

La Cour de cassation ***rejette l'invocation d'une pièce justificative devant elle pour la première fois*** : Cour cass ; Arrêt n°1172 du 24-11-2004.

8- Rectification d'une facture après le visa du comptable

La Cour de cassation ***rejette la rectification d'une facture après le visa du comptable*** : Cour cass ; Arrêt n° 564 du 20-05-1999.

9- Contestation de la conformité des dates des pièces justificatives :

La Cour de cassation estime que ***la contestation de la conformité des dates des pièces justificatives n'est pas un motif de cassation*** : Cour cass ; arrêt n° 1166 du 24-07-1997.

10- Visa d'engagement après visa du comptable et l'invocation de l'absence du préjudice au trésor

*La Cour de cassation estime que **le défaut du contrôle du visa préalable à l'engagement est une irrégularité établie puisque la date du visa du contrôle de l'engagement est postérieure à la date du visa du comptable***, l'invocation du défaut de préjudice au trésor est rejetée : Cour cass ; Arrêt n° 426 du 22-04-1999. Voir aussi Cour cass ; Arrêt n° 1141 du 10-07-1997.

Note : l'établissement de l'irrégularité tenant au défaut du visa préalable à l'engagement n'est pas tributaire du préjudice subi par le trésor, il est justifié à notre sens par la notion d'ordre public, si le visa est absent et le crédit également, et ne serait qu'une irrégularité procédurale si le visa est apposé après le paiement au vu de la disponibilité du crédit, à ce titre il serait judicieux de déplacer l'irrégularité vers le champ de la discipline budgétaire et financière.

11- Visa préalable à l'engagement et date de certification du service fait

*La Cour estime que **le visa préalable à l'engagement à une date postérieure à la date du service fait est assimilé à un visa inexistant**.*

Note : Attention ! La modification introduite par la loi 62.99 a apporté un changement notable, selon ce qui se dégage de la nouvelle formulation du texte, on peut déduire sans hésitation que la responsabilité du comptable en matière du débet ne peut être engagée que lorsque la date du visa est postérieure à la date du paiement ou si le visa n'existe pas, cela va de soi dans ce dernier cas.

SECTION VI : BREF PERÇU SUR LA JURISPRUDENCE FRANÇAISE[373]

NB : jurisprudence sélectionnée et adaptée par l'auteur

Exactitude des pièces justificatives

Pièces fausses *: l'établissement du caractère de fausses pièces est une opération qui doit être indépendante de l'appréciation du juge des comptes.*

Pièces irrégulières : *les pièces produites par des autorités incompétentes sont des pièces irrégulières.*

Nature des pièces et étendue du contrôle du juge des comptes : *si les opérations ne sont pas prévues par les nomenclatures des pièces justificatives, les pièces produites doivent dans tous les cas établir la validité de la créance et la régularité du paiement. Mais le juge des comptes ne peut requérir des pièces justificatives de sa propre initiative, c'est-à-dire non prévues par les lois et règlements et par les nomenclatures.*

Contrôle de la liquidation *: en exerçant les contrôles qui lui sont obligatoire, le comptable public peut être amené à vérifier l'application de l'une des dispositions du code des marchés publics, c'est-à-dire la légalité de l'acte.*

Mais la Cour avait considéré que le comptable était en droit de payer des dépenses ordonnancées, même si l'acte sur lequel cet ordre de paiement était illégal. Il s'agit d'un tableau de paiement prévu par des contrats passés entre l'hôpital et les intéressés comprenant des montants supérieurs à ceux fixés par un décret du 08 mars 1978.

Degré d'exactitude des pièces *: la Cour a considéré que le comptable, en payant des indemnités sur la seule base d'un état établi par l'ordonnateur a méconnu les dispositions du décret du 13-01-1983 relatif aux pièces justificatives.*

Principe de non rétroactivité des actes administratifs *: ce principe s'oppose à l'éventualité d'une délibération prise après le paiement d'une dépense irrégulière, en général après la décision de l'assemblée imposant au comptable public de se faire rembourser les montants correspondants. La Cour a utilisé cet argument plusieurs fois pour refuser des pièces justificatives nouvelles (certification du préfet,* *délibération de l'assemblée....etc.) tentant à régulariser postérieurement des situations irrégulières au départ.*

Appréciation des diligences de recouvrement

La Cour constate que le comptable a pris les diligences effectives nécessaires pour le recouvrement des montants dus, même s'il a été remarqué que lesdites diligences n'étaient pas efficaces, la responsabilité dans pareilles circonstances n'incombe pas au comptable public.

Questions juridiques

***Nécessité de distinction de responsabilités** entre des comptables successifs.*

***Nécessité de tenir compte les réserves** émises par les comptables publics.*

***Nécessité de mettre à jour les dossiers** portés en appel.*

***Effet dévolutif de l'appel** : la Cour est un juge d'appel (en matière de jugement des comptes) et non pas un juge de cassation, il ne statue pas sur le jugement de la chambre régionale des comptes, mais il statue à nouveau sur l'affaire.*

***Diligences de recouvrement** : la Cour a considéré que les diligences prises par le comptable public pour le recouvrement des créances étaient insuffisantes et la chambre régionale des comptes a jugé à bon droit en déclarant un débet dans le compte du comptable public par ce motif, néanmoins , et puisque le recouvrement effectif des créances a été effectué entre la date du jugement en premier ressort et la date du prononcé de l'arrêt d'appel, la Cour a annulé le jugement en premier ressort.*

Principe du contradictoire

***La règle** : tout arrêt de débet doit être précédé obligatoirement par une injonction ferme invitant le comptable public à rembourser les montants dont les chiffres doivent être exactement fixés.*

***En matière du recouvrement des créances** : si l'injonction ferme s'est contentée de réclamer la production des preuves de diligences de recouvrement des créances , il est nécessaire de prononcer une deuxième injonction ferme établissant l'insuffisance des diligences et réclamant la production par le comptable de la preuve du remboursement objet de l'injonction ferme. En ne donnant pas l'occasion au comptable public pour produire ses observations sur les montants à sa charge ; la chambre régionale des comptes a méconnu le principe du contradictoire.*

***En cas de comptables successifs** : la chambre régionale des comptes a adressé une injonction ferme à deux comptables pour la production de la preuve du recouvrement du même montant et a prononcé un débet dans le compte de l'un d'entre eux pour le même montant, la Cour a considéré que la chambre régionale a enfreint au principe du contradictoire, car ladite chambre n'a pas permis au comptable de formuler ses observations sur le montant à sa charge à titre individuel.*

***Des paiements irréguliers** : la chambre régionale ne peut sans méconnaitre le principe du contradictoire, fixer directement par jugement définitif le montant des impôts irrégulièrement payés et dont la liquidation doit être effectuée par jugement provisoire notifié au comptable.*

Amende pour retard de production du compte

***Notion du compte** : l'amende doit être prononcée en cas de non production du compte ou de pièces essentielles sans lesquelles, la vérification du compte ne peut être effectuée, ou si les pièces n'ont pas été produites malgré des multiples rappels.*

***Circonstances atténuantes** : la Cour a constaté que le retard est partiellement dû au trésorier payeur général dont les services n'ont pas pris les diligences nécessaires pour mettre en examen les comptes et les envoyer à la chambre régionale des comptes, d'autre part il a remis au comptable successeur une procuration qui n'a fait l'objet d'aucune objection de sa part, de ce fait, le comptable est responsable du retard imputé à la période de sa gestion.*

Questions procédurales en matière d'appel

***Irrecevabilité d'un recours en appel** dirigé contre une disposition provisoire ; le recours en appel ne peut être intenté que contre un jugement définitif.*

***La Cour a déclaré recevables des dispositions définitives et irrecevables des dispositions provisoires** s'agissant d'un seul jugement.*

***Irrecevabilité d'un recours** non motivé.*

***Irrecevabilité des recours ne comprenant pas l'exposé** des faits et motifs et aucun argument juridique.*

***Le remboursement d'une dépense irrégulière après le prononcé du débet** est imputé sur le montant du débet.*

Mention non obligatoire de l'existence de la voie d'appel

La requête d'appel a été déclarée ***irrecevable pour dépassement de délai****, mais la Cour n'a pas considéré l'argument selon lequel,* ***le jugement en premier ressort n'a pas mentionné l'existence de la voie d'appel,*** *le code des juridictions financières français ne prévoit aucune disposition en ce sens contrairement au code de procédure civile.*

Recours en révision et recours en appel

*Malgré le silence des textes****, le recours en révision ne peut être intenté qu'après l'expiration du délai d'appel***

Autres exemples :[374]

Sur l'effet de l'admission en non-valeur sur la responsabilité du comptable

Un trésorier payeur général avait laissé prescrire une créance à l'encontre d'une commune. La Cour avait donc prononcé une injonction. Cependant, le comptable avait obtenu du ministère créancier une admission en non-valeur du fait qu'il s'était trouvé dans l'impossibilité de saisir les biens d'un débiteur public. Observant que cette impossibilité ne privait pas le comptable de tout moyen d'action et que l'admission en non-valeur ne le déchargeait pas de sa responsabilité pour absence de diligences dans les délais utiles, la Cour l'a constitué débiteur. ***20 janvier 2011. –1re chambre. – Arrêt no 59957. – Trésorier-payeur général (TPG) des Yvelines.***

Sur le paiement irrégulier

L'agent comptable d'un établissement public avait été mis en cause pour avoir payé sur décision du seul directeur du budget, ayant reçu délégation du ministre, une indemnité au-delà des plafonds fixés par arrêté interministériel. Le comptable exposait que l'autorité ministérielle était compétente et qu'il ne pouvait pas remettre en cause sa décision. Réfutant ces arguments, la Cour, l'a constitué en débet. ***26 janvier 2011. –6 e chambre. – Arrêt no 59668. – Fonds de financement de la protection complémentaire de la couverture universelle du risque maladie (Fonds CMU).***

Sur la responsabilité de mise en recouvrement et l'invocation du non-respect du contradictoire

Mis en cause par le réquisitoire du procureur financier en raison du solde anormalement débiteur que présentait un compte d'attente, l'agent comptable d'un lycée avait été constitué en débet par la chambre régionale des comptes pour n'avoir pas sollicité de l'ordonnateur l'émission du titre qui aurait permis à l'établissement de rentrer dans ses fonds. Dans ses conclusions sur l'appel du comptable, le procureur général avait fait valoir que le jugement entrepris ne découlait pas du réquisitoire du procureur financier et que la procédure n'avait pas été contradictoire. La Cour a confirmé le jugement en estimant que le déroulement de l'instance devant la chambre régionale des comptes avait permis d'assurer le caractère contradictoire de la procédure. ***3 février 2011. –4 e chambre. – Arrêt d'appel no 60005. – Lycée d'enseignement professionnel agricole Angers-***

Sur l'incompétence à l'effet de signer des bons de commande
Une chambre régionale des comptes avait constitué en débet un comptable qui avait payé, d'une part, une subvention à trois associations sans disposer de la convention prévue par la loi, et d'autre part, cinq mandats relatifs à un marché à bons de commande dont les bons avaient été signés par une personne incompétente. En appel, le comptable soutenait d'une part que les divers éléments qui lui avaient été fournis lui avaient permis de conclure, à défaut de convention, que les engagements réciproques des parties étaient clairs, et d'autre part que le bon de commande n'est pas une pièce constitutive d'un marché. La Cour a rejeté ces arguments et confirmé le jugement. ***3 février 2011. –4 e chambre. – Arrêt d'appel no 59998. – Commune de Monistrol sur Loire (Haute Loire).***

Sur l'irrégularité du double paiement
Constitué en débet en raison du double paiement d'une dépense, le comptable d'un établissement financier relevait appel en exposant que l'ordonnateur avait émis un ordre de reversement à l'encontre du bénéficiaire qui avait commencé à rembourser l'indu. Constatant que l'émission d'un titre de recette ne fait pas disparaître l'irrégularité du double paiement, la Cour a confirmé le débet tout en précisant que les remboursements devraient s'imputer sur le principal du débet (laissant les seuls intérêts à la charge du comptable). ***3 février 2011. – 4 e chambre. – Arrêt d'appel no 60003. – Crédit municipal de Paris.***

Sur le défaut de la contradiction
Engagé sous l'empire des procédures entrées en vigueur le 1er janvier 2009, un contrôle avait donné lieu, sur conclusions conformes du ministère public, à une ordonnance de décharge dont l'ordonnateur élevait appel, en raison de griefs qu'il n'avait pas développés devant la chambre régionale des comptes. Estimant que la formulation de la notification du contrôle n'avait pas permis à l'ordonnateur de comprendre qu'il pouvait faire connaître ses observations au cours même du contrôle, la Cour a estimé, contrairement aux conclusions du parquet, qu'il y avait eu défaut de contradiction. Elle a donc annulé l'ordonnance, évoqué et, sur le fond, rejeté la requête, les griefs articulés concernant le recouvrement de titres prescrits au cours d'une période antérieure pour laquelle décharge avait déjà été donnée. ***3 février 2011. –4 e chambre. – Arrêt d'appel no 60083. – Centre hospitalier de Compiègne (Oise).***

Sur la nécessité d'un titre de réduction et non pas un certificat administratif
Un titre émis par un ministère pour recouvrer la participation d'un établissement public à des programmes de travaux avait fait l'objet d'un paiement partiel. Le président de l'établissement avait demandé la réduction du titre du fait que les débiteurs publics ultimes lui opposaient la prescription quadriennale. Le préfet s'était borné à établir un certificat administratif que le comptable avait joint à ses comptes. La Cour a rejeté ce certificat et constitué le comptable en débet en l'absence d'un titre de réduction de recette. ***23 février 2011. –1 re chambre. – Arrêt no 59710. – Trésorier-payeur général (TPG) du Loiret.***

Sur l'irrecevabilité d'un recours en révision
Un comptable demandait la révision d'un arrêt définitif l'ayant constitué débiteur pour créance non recouvrée. A l'appui, il faisait valoir qu'il n'avait jamais reçu la convocation à l'audience publique, et produisait diverses pièces justificatives. Rejetant le premier moyen et constatant que les pièces ne correspondaient pas à la qualification de « justifications recouvrées depuis l'arrêt », qui ne peuvent s'appliquer qu'à des pièces antérieures à l'arrêt mais non produites par le comptable par suite de circonstances indépendantes de sa volonté, la Cour a déclaré sa demande irrecevable. ***23 février 2011. –***

1 re chambre. – Arrêt no 60011. – Direction des services fiscaux de Seine-Saint-Denis – Recette principale de Montreuil-Ouest.

Sur la responsabilité pour la prescription d'une créance
Un organisme de coopération intercommunale détenait sur un établissement public de l'État à caractère industriel et commercial une créance toujours non recouvrée plus de dix ans après sa constatation. La chambre régionale des comptes avait constitué le comptable en débet, pour prescription de la créance en application de la loi du 31 décembre 1968 relative aux créances sur les personnes de droit public (prescription d'assiette) malgré la prise en compte, comme interruptif de prescription, d'un commandement de payer inapproprié. En appel, le comptable contestait d'une part le fondement juridique de la décision, le texte approprié étant en l'espèce l'article L. 1617-5 du code général des collectivités territoriales, qui institue une prescription de recouvrement, et sur le caractère irrégulier, et donc la nullité, du commandement. La Cour a fait droit au premier moyen, infirmé en conséquence le jugement entrepris, mais rejeté le second moyen et donc prononcé le débet. ***9 mars 2011. –4 e chambre. – Arrêt d'appel no 60129. – Syndicat d'agglomération nouvelle (SAN) de Sénart-ville-nouvelle (Seine et Marne).***

Sur la réquisition du comptable
Le comptable d'un établissement public de coopération intercommunale avait été constitué en débet pour avoir donné suite à une réquisition de l'ordonnateur et payé en conséquence, sur des crédits d'investissement, une dépense de fonctionnement, tout en rectifiant de son propre chef l'imputation budgétaire du mandat. En appel, le comptable invoquait la nécessité d'un paiement rapide et le fait que, au bout du compte, l'opération aurait été régularisée par le vote du compte administratif. Se référant au principe que la validité d'un paiement s'apprécie à la date à laquelle il intervient et qu'un comptable ne saurait, même sur réquisition, payer une dépense irrégulièrement imputée, la Cour a confirmé le débet. ***9 mars 2011. –4 e chambre. – Arrêt d'appel no 60134. – Syndicat intercommunal pour la réalisation des travaux d'aménagement de la vallée de l'Armançon (SIRTAVA) – Yonne***

Sur la remise gracieuse

Un comptable avait été constitué en débet pour avoir payé, sans disposer des conventions légalement prévues, des subventions à deux associations. La Cour lui accorde une large remise gracieuse au motif qu'au moment du paiement, la fourniture des conventions à l'appui du paiement ne résultait pas d'une disposition explicite du CGCT. ***28 mars 2011. – Chambres réunies. – Avis sur remise gracieuse no 60818.***

<u>Extraits :</u>

Considérant que le projet de remise gracieuse du ministre prévoit une remise gracieuse, en principal et intérêts, sous réserve du versement de 300 € ;

Considérant que, dans la version en vigueur au moment des paiements, la liste des pièces justificatives de dépenses annexée à l'article D 1617-19 du CGCT ne faisait aucune référence à la loi du 12 avril2000 et au décret du 6 juin 2001, ce qui a pu induire en erreur le comptable ;

Considérant néanmoins que la non production de la convention constitue un manquement aux obligations de contrôle du comptable et a pu causer, en ce sens, un préjudice à la collectivité, qu'en effet l'absence de convention nuit à la formalisation des objectifs de la collectivité quant au soutien du monde associatif, qui est un préalable au bon suivi des organismes bénéficiaires et à la nécessaire évaluation des actions menées sur fonds publics ; (...) [Remise gracieuse, laissé à charge de 500 euros 1].

(1) Le débet en cause s'élevait à quelque 88 000 euros.

Commentaire : *Pour un arrêt de la Cour concernant une espèce de même type, cf. CC, 18 mars 2010, commune de Pacé, Recueil 2010, p. 23. Les avis rendus par la Cour sur des débets identiquement motivés, mais portant sur des périodes postérieures à l'entrée en vigueur de la modification de la liste annexée à l'article D 1617-19 du CGCT (décret du 25 mars 2007) sont moins indulgents, le comptable ne pouvant se prévaloir de l'ambiguïté ici relevée.*

Sur la notion du préjudice financier

Une chambre régionale des comptes avait constitué un comptable en débet en raison du paiement d'indemnités sans disposer de l'arrêté fixant le taux individuel applicable à chaque agent. La Cour rejette l'argument relatif à la responsabilité des comptables en cas de contrôle hiérarchisé de la dépense, inapproprié en l'espèce, mais retient la très probable absence de préjudice pour la collectivité et l'appréciation favorable de la hiérarchie du comptable. ***28 mars 2011. – Chambres réunies. – Avis sur remise gracieuse no 60847. Mme Seyvet, conseiller maître, rapporteur, et M. Cardon, conseiller maître, contre-rapporteur.***

Sur l'incompétence de la Cour des comptes au sujet de la remise gracieuse
La Cour était saisie d'une demande d'avis sur une demande de remise gracieuse faisant suite à une injonction notifiée avant la date à partir de laquelle elle est devenue, à la place du Conseil d'État, compétente pour formuler un tel avis. Elle décide donc de transmettre la requête au Conseil. ***28 mars 2011. – Chambres réunies. – Avis sur remise gracieuse no 60878.***

Sur l'insuffisance des diligences de recouvrement
Une chambre régionale des comptes avait constitué en débet un comptable communal pour insuffisance de diligences dans le recouvrement d'une recette. Cependant, ce titre, du fait de la prescription quadriennale de recouvrement opposable aux comptables publics, était devenu irrécouvrable au cours d'un exercice qu'il n'appartenait plus à la chambre de juger du fait de la prescription acquisitive quinquennale opposable au juge des comptes. En appel, la Cour a donc infirmé le jugement entrepris. ***5 mai 2011. –4 e chambre. – Arrêt d'appel no 60689. – Commune de Charleville-Mézières (Ardennes).***

Sur la régularité des diligences de recouvrement
Afin de justifier de l'absence de production d'une créance fiscale lors d'une procédure collective, une comptable alléguait avoir remis deux avis de recouvrement au mandataire liquidateur dans le délai légal. La Cour, précisant que l'admission des créances à titre définitif devait être demandée non au mandataire mais au juge-commissaire, l'a constituée débitrice. ***25 mai 2011. –1re chambre. – Arrêt no 60462. – Direction des services fiscaux (DSF) des Deux-Sèvres – Service des impôts des entreprises de Thouars.***

Sur l'avis à tiers détenteur et l'interruption de la prescription

Un comptable avait émis, pour recouvrer la dette fiscale d'une société, des avis à tiers détenteur qui, infructueux, n'avaient pu interrompre la prescription. La responsabilité du comptable en poste au temps de l'échéance de celle-ci était donc en cause. Cependant, par la suite, un autre avis à tiers détenteur avait permis un recouvrement partiel. La Cour, suivant en cela le Conseil d'État, a considéré qu'un avis à tiers détenteur, même fructueux, n'interrompt pas la prescription d'assiette et que la responsabilité du comptable était donc bien engagée. ***25 mai 2011. –1re chambre. – Arrêt no 60490. – Direction des services fiscaux (DSF) de la Martinique – Service des impôts des entreprises (SIE) du Marin.***

Sur l'invocation de la force majeure en matière de diligences de recouvrement

Le comptable d'un établissement public local avait été constitué en débet en raison de deux titres de recette non apurés, prescrits sous sa gestion. En appel, l'intéressé, exposant qu'il lui avait été impossible de retracer les écritures passées lors du paiement allégué par le débiteur, la sauvegarde informatique s'étant révélée inopérante, invoquait la force majeure. La Cour rejette ce moyen en constatant que le fait invoqué n'était apparu que postérieurement à la prescription des créances. ***9 juin 2011. –4 e chambre. – Arrêt d'appel no 61313. – Centre départemental de gestion de la fonction publique territoriale (CDFPT) de l'Allier.***

Sur l'infirmation d'un jugement au titre des diligences de recouvrement

Un comptable avait été constitué débiteur par la chambre régionale des comptes pour ne pas avoir, faute de diligences, procédé au recouvrement d'une créance que son prédécesseur avait déclarée à titre provisionnel lors de la procédure de redressement judiciaire de la société débitrice. L'appelant exposait que la déclaration aurait dû être effectuée par son prédécesseur du premier coup à titre définitif et, surtout, que cette créance était éteinte au terme du délai ouvert par la publication du jugement d'ouverture de la procédure, bien avant sa prise de fonction. Suivant ces arguments, la Cour a infirmé le jugement, sur conclusions contraires du parquet. ***9 juin 2011. –4 e chambre. – Arrêt d'appel no 61304. – Commune de Calvi (Corse).***

Sur l'absence de base juridique de paiement de primes
Mis en cause par le réquisitoire du ministère public en raison du versement de primes exceptionnelles en l'absence de tout fondement juridique, le comptable d'un port invoquait la nécessité de maintenir l'exploitation de celui-ci dans un contexte social difficile et le fait que la décision de l'ordonnateur s'imposait à lui. La Cour, considérant que le comptable avait payé sans disposer des moyens de vérifier la liquidation, l'a constitué débiteur. ***20 juin 2011. –7 e chambre. – Arrêt no 61490. – Port autonome de La Rochelle (PALR).***
Sur l'absence de pièces justificatives
Le comptable d'une agence avait payé des loyers de bureaux sans que les baux aient fait l'objet d'un avis préalable de France Domaine et du contrôleur financier. La Cour, considérant que ni l'absence de mention de cette formalité obligatoire dans l'instruction comptable applicable ni la fixation tardive du seuil requérant l'avis du contrôleur financier n'exonèrent le comptable de sa responsabilité, le déclare débiteur. ***27 juin 2011. –7 e chambre. – Arrêt no 61557. – Agence des aires marines protégées (AAMP).***

Sur les circonstances difficiles du recouvrement
*La Cour avait constitué en débet un TPG pour non recouvrement d'amendes avant leur prescription, pour paiement de mandats sans mention du service fait et pour remboursement de frais de mission non accompagnés de l'ordre de mission. A l'appui de sa demande, le comptable, appuyé par sa hiérarchie, faisait état des progrès réalisés par lui dans le recouvrement des amendes et dans le contrôle des ordres de mission, ainsi que de ses difficiles rapports avec une direction départementale de l'État. Compte tenu des différents éléments à décharge, notamment de l'absence de préjudice financier, mais aussi de l'importance des fautes constatées, la Cour propose un laissé à charge supérieur à celui envisagé par le ministre.****27 juin 2011. – Chambres réunies- Avis sur remise gracieuse no 61752.***

Sur la primauté de la loi sur une instruction administrative
La Cour avait constitué en débet un comptable pour une créance qui n'avait pas été produite à titre définitif, dans le cadre d'une procédure collective, après avoir été déclarée à titre provisionnel. A l'appui de sa demande de remise gracieuse, l'intéressé faisait valoir qu'il était établi que le Trésor n'aurait rien recouvré et qu'il avait agi en stricte conformité avec les instructions de sa hiérarchie, ce que celle-ci

confirmait. Écartant cet argument, une instruction administrative ne pouvant avoir pour effet de dispenser quiconque de respecter la loi, la Cour propose un laissé à charge plus élevé que celui envisagé par le ministre. ***27 juin 2011. – Chambres réunies. – Avis sur remise gracieuse no 61752.***

Sur la primauté de l'instruction juridictionnelle sur une mission de certification

Constitué débiteur par un arrêt antérieur de la Cour, un comptable alléguait d'une part que celle-ci ne pouvait prononcer de nouvelles charges à son encontre sur les mêmes exercices et d'autre part que ces nouvelles charges étaient consécutives à une mission de certification et non à une instruction juridictionnelle. La Cour, considérant que la décharge du comptable n'était pas encore intervenue faute de paiement du débet ou du laissé à charge et constatant la réalité du contrôle juridictionnel, a rejeté les moyens du comptable et prononcé le débet. ***6 juillet 2011. –1 re chambre. – Arrêt no 60912. – Trésorier-payeur général (TPG) des Alpes-Maritimes.***

Sur l'appréciation de la responsabilité au moment du paiement (l'invocation de la régularisation rejetée)

Une chambre régionale des comptes avait constitué en débet un payeur départemental en raison de l'imputation irrégulière de dépenses de fonctionnement en section d'investissement. En appel, le comptable invoquait la régularisation ultérieure de la situation par le département, laquelle aurait eu pour effet de couvrir le débet prononcé. La Cour rejette son recours au motif qu'au moment du paiement le comptable n'avait pas vérifié l'exacte imputation de la dépense, la régularisation pourrait seulement être invoquée à l'appui d'une demande de remise gracieuse. ***21 juillet 2011. –4 e chambre. – Arrêt d'appel no 61517. – Département de la Dordogne.***

Sur la responsabilité de défaut de diligences même en cas d'admission en valeur

Une facture correspondant à une convention avait été émise par un port à l'encontre d'une région. La comptable avait ***obtenu l'admission en non-valeur*** *en faisant valoir l'impossibilité de recouvrer la créance. La Cour rejette le moyen tiré de l'existence d'erreurs dans le recensement des créances, et à défaut de diligences a constitué la comptable débitrice pour cause de prescription.* ***29***

juillet 2011. –7 e chambre. – Arrêt no 61727. – Grand port maritime de Marseille.

Sur le défaut de vérification de l'exact calcul de liquidation

Un comptable communal avait payé aux élus de la commune des indemnités de fonction dont le total cumulé excédait le total des indemnités maximales susceptibles d'être allouées au cours de l'exercice. Il invoquait une délibération municipale qui affirmait que l'enveloppe globale prévue par le code général des collectivités territoriales n'avait pas été dépassée. Considérant que la délibération, faute de fixer le nombre maximal de bénéficiaires, ne permettait pas au comptable de vérifier la liquidation, la chambre régionale le constitue débiteur. **20 septembre 2011. – CRC Guadeloupe. – Jugement. – Commune de Petit-Bourg (Guadeloupe).**

Sur le contrôle des pièces justificatives et du visa préalable à l'engagement

L'agent comptable d'un établissement public avait payé des traitements des mois de juillet et août d'agents contractuels sur le fondement de contrats signés postérieurement à leur mise en œuvre par une personne non nommée et sans visa préalable du contrôleur financier. Le comptable ayant précisé qu'il ne disposait pas d'éléments susceptibles d'atténuer sa responsabilité, la Cour l'a constitué débiteur. ***26 octobre 2011. –7 e chambre. – Arrêt no 62199. – Parc national de la Réunion.***

Sur les circonstances d'une remise gracieuse non exonérant le comptable devant le juge

La comptable d'un établissement public avait annulé les titres de recettes correspondant à vingt-sept mandats, qui relevaient d'une situation comptable désastreuse dont elle avait hérité sans disposer d'aucune pièce justificative et notamment d'ordres d'annulation, lesquels n'avaient jamais été émis. La Cour, tout en soulignant les circonstances exceptionnelles pouvant être invoquées à l'appui d'une demande de remise gracieuse, ne pouvait juridiquement que la constituer débitrice. ***14 décembre 2011. –3 e chambre. – Arrêt no 62537. – Centre international d'études pédagogiques (CIEP).***

Innovations récentes sur la responsabilité des comptables publics en France[375]

Question particulières

L'appréciation de la responsabilité du comptable en cas de défaut du préjudice

Dans le cas où l'irrégularité n'aurait pas causé de préjudice financier à la personne publique, le juge met à leur charge une somme d'argent dont le montant est plafonné à un montant modeste. Cette responsabilité n'exige pas la preuve d'une faute. Afin de pouvoir y faire face, les comptables sont tenus, avant d'entrer en fonctions, de constituer des garanties pouvant prendre la forme d'un cautionnement bancaire ou d'une affiliation à l'association française de cautionnement mutuel. Leur régime de rémunération et de pension tient compte de ces sujétions spécifiques.

L'effet de la certification et l'appréciation de la responsabilité du comptable devant le juge des comptes

La certification des comptes, même si elle était exprimée sans réserve, ce qui n'a jamais été le cas jusqu'à présent, signifie que les états financiers sont globalement fidèles, sincères et réguliers, mais elle n'implique pas que chacune des opérations retracées dans les comptes est exempte d'irrégularité au regard des contrôles qui incombent au comptable. En pratique, le contrôle des comptes est dissocié de la certification7 et souvent conduit en même temps que l'examen de la gestion de l'organisme. Il a en effet été constaté que les difficultés de gestion, évoquées dans des communications administratives à l'ordonnateur, s'accompagnaient fréquemment d'irrégularités dans la tenue des comptes. Nombre des observations formulées sur la gestion des organismes publics trouvent alors leur sanction dans la mise en jeu de la responsabilité des comptables qui n'auraient pas effectué l'ensemble des contrôles qui leur incombent.

Pour une responsabilité effective : réaménagement de la remise gracieuse

Depuis l'entrée en vigueur de la loi du 28 décembre 2011, le ministre ne peut plus faire remise des sommes mises à la charge du comptable lorsque la méconnaissance de ses obligations n'a pas causé de préjudice à l'organisme public. En cas de préjudice, les possibilités de remise des débets sont également limitées puisque le ministre ne peut plus en faire remise gracieuse intégrale sauf en cas de décès ou de mise en œuvre des règles de contrôle sélectif des dépenses (cf. infra).

Le juge des comptes contribue à consolider la base légale

Le juge a rappelé qu'une instruction du ministre ou un simple contrat organisant le service facturier passé entre le ministre chargé de l'écologie et le directeur général de la comptabilité publique ne pouvait déroger au décret du 29 décembre 1962 portant règlement général sur la comptabilité publique10. Le service facturier est un élément de modernisation de l'administration puisqu'il est chargé de recevoir et d'enregistrer les factures et titres de créances. Toutefois, la Cour a rappelé que l'organisation en mode facturier, au sein de laquelle l'ordonnateur constate et certifie le service fait et où l'ordre de payer n'est plus matérialisé par un document, mais par une transaction de certification dans un outil informatique, ne pouvait déroger aux principes de la comptabilité publique, en particulier à la nécessité pour le comptable de vérifier la qualité de l'ordonnateur. Désormais, le décret du 7 novembre 2012 sur la gestion budgétaire et comptable publique prévoit dans son article 41 que, dans le cadre du service facturier, « [la certification du service fait] constitue l'ordre de payer».

Le juge des comptes conduit à mettre en place des procédures informatiques permettant le contrôle de l'habilitation de l'ordonnateur

Le juge des comptes exige que le comptable vérifie que l'ordonnateur est bien habilité : il a considéré que le comptable manquait à ses obligations en ne s'assurant pas de la qualité de la personne ayant ordonnancé informatiquement la dépense, alors qu'il n'y avait pas de publication régulière de la délégation de signature au profit de cette personne (CC, 26 juillet 2012, Contrôleur budgétaire et comptable ministériel du ministère de l'outre-mer, rec. p. 132.

Le juge des comptes rappelle le nécessaire respect des principes fondamentaux de la comptabilité publique dans les procédures dématérialisées

Le juge des comptes accompagne le processus de dématérialisation mais celui-ci doit respecter les grands principes de la comptabilité publique : c'est ainsi qu'un logiciel comptable d'un établissement public, commun à l'ordonnateur et au comptable, impliquait un enchaînement inverse de celui exigé par les règles de la comptabilité publique. Se succédaient la liquidation, la certification du service fait, le visa du comptable puis, seulement à ce moment, l'édition du mandat signé par l'ordonnateur. Le juge a considéré que le comptable avait commis un manquement en payant des dépenses sur le fondement de procédures informatiques directement contraires aux règles de l'enchaînement prévu par la comptabilité publique (CC 8 juillet 2013, Établissement public d'aménagement Seine Arche à Nanterre, rec. p. 104 17 CC 27 mars 2013, Trésorier-payeur général de l'Allier).

II - La mise en œuvre des deux réformes majeures de 2008

La profonde évolution des procédures du juge financier : le renforcement du contradictoire et du rôle du Parquet

La séparation des fonctions d'instruction, de poursuite et de jugement

La loi du 28 octobre 2008 relative à la Cour des comptes et aux chambres régionales des comptes a profondément modifié la procédure. ***L'ancienne règle du double arrêt a laissé la place à un dispositif reposant sur la mise en mouvement de l'action publique par le ministère public.***

Désormais la Cour – et avec elle les chambres régionales et territoriales – ne s'autosaisit plus de charges provisoires qu'elle formulerait en examinant le compte : les présomptions de charges sont énoncées non plus dans un arrêt provisoire de la Cour, mais à la diligence du Parquet. Dans une première phase, non contentieuse, un magistrat examine les comptes et remet un rapport. Au vu de ce rapport, transmis par le président de la formation de jugement au ministère public, ce dernier saisit le juge des charges par voie de réquisitoire auquel les parties, dont le comptable, sont invitées à répondre. Un rapporteur instruit l'affaire, analyse les réponses, émet des propositions, et la formation de jugement décide. Lorsque le Parquet ne retient aucun élément de nature à mettre en jeu la responsabilité du comptable, la décharge de celui-ci est prononcée par une simple ordonnance du président de la formation de jugement prise par un juge unique. ***Le Parquet, qui se voit ainsi conférer par la loi le monopole des poursuites, joue un rôle accru dans la procédure.***

Au-delà, la même loi cristallise les évolutions précitées en termes de garanties du contradictoire : elle confirme que l'arrêt doit être motivé et doit discuter les dires des parties, ***et l'audience publique est généralisée****. La mise en œuvre de cette réforme a conduit à préciser la portée de la saisine du juge par le Parquet. La Cour a fixé l'ouverture de la procédure contradictoire à la réception par l'intéressé de la notification du réquisitoire19. Il restait à définir sur quoi portait exactement la contradiction relative aux « éléments » relevés par le Parquet dans son réquisitoire. La Cour, dans le souci de ménager les droits du comptable mis en cause, a jugé que la contradiction devait porter sur la pré- qualification juridique des faits telle qu'elle apparaît au réquisitoire : dans la logique d'une règle protectrice dégagée à la faveur des anciennes procédures20, la Cour estime en effet qu'elle ne peut engager la responsabilité du comptable sur une argumentation qui n'a pas été contredite en raison de son absence au réquisitoire21 ; a contrario, si la Cour estime qu'elle peut, sans autre formalité, substituer un motif à un autre sans manquer au contradictoire, c'est que ledit motif, présent au réquisitoire, a pu être soumis à la contradiction des parties22. La procédure devant les juridictions financières, depuis 2008, s'est ainsi rapprochée de celle des juridictions judiciaires, avec la montée en puissance du Parquet. Quelques années plus tard, en 2011, c'est une réforme du régime de la responsabilité des comptables qui a, en donnant un pouvoir d'appréciation accru au juge, rapproché son office au fond de celui d'un juge administratif de droit commun.*

La notion de préjudice financier causé à la collectivité : un pouvoir d'appréciation accru

Le juge des comptes peut cumuler plusieurs sanctions sur un même exercice

La nouvelle rédaction de l'article 60 de la loi du 23 février 1963 ne tranchait pas clairement le point de savoir si un ou plusieurs manquements pouvaient être sanctionnés sur un même exercice. Se fondant sur divers éléments tirés de la rédaction du texte, la Cour des comptes a considéré que le juge des comptes avait la faculté de retenir plusieurs manquements et d'arrêter, donc, plusieurs sommes non susceptibles de remise gracieuse, ***sur un même exercice contrôlé, en cas de manquements n'entraînant pas un préjudice financier****.*

Une solution pragmatique : les irrégularités de même nature peuvent constituer un manquement unique

*Le juge des comptes constate souvent, en matière financière, des irrégularités similaires et répétitives****. Il considère alors, de façon prétorienne, selon les circonstances de l'espèce, que ces irrégularités de même nature commises au cours d'un même exercice par un comptable peuvent constituer un manquement unique****. Ainsi, la Cour a considéré, « en tenant compte des circonstances de l'espèce », comme l'y invite la loi, que des paiements irréguliers de rémunérations intervenues au cours d'un même exercice constituaient un manquement unique25. Il en est de même, pour une irrégularité identique sur sept mandats, un manquement unique a été retenu26. À l'inverse, plusieurs manquements peuvent être retenus pour un même paiement.* ***Le juge considère en effet que la loi lui donne une marge d'appréciation afin de tenir compte des circonstances de l'espèce. Ainsi, il a pu sanctionner plusieurs manquements sur un même paiement (défaut de vérification de la qualité de l'ordonnateur, absence de justificatifs, etc.)*** *et prononcer, pour chaque manquement, une somme qui n'est pas susceptible d'une remise gracieuse.*

Le juge des comptes a précisé la notion de préjudice financier, notamment en relation avec celle de service fait : *Si le juge a pu parfois considérer qu'il n'y avait pas préjudice financier, en raison de l'exécution du service fait, même si un avenant n'était pas fourni par le comptable, aujourd'hui le juge considère, pour qu'il y ait absence de préjudice financier, qu'il doit y avoir non seulement service fait mais encore existence de pièces justificatives nécessaires au contrôle de la validité de la créance.*

Notes du Chapitre III

269- Desheemaeker (Ch) :« La responsabilité personnelle des ordonnateurs des collectivités locales » ; RFFP ; n° 43 ; 1993 ; P 55.

270- Article 8 de la loi 61.99 relative à la responsabilité des ordonnateurs, des contrôleurs et des comptables publics.

271- BO n° 5278 bis du 30-12-2004. Date d'effet : 01-07-2005.

272- Voir à ce sujet le commentaire de l'arrêt : CC, 19-09-1963, Caron, percepteur de la Saussaye, in : GAJF, Dalloz, édition de 1996.

273- Il doit envoyer dans les trente jours qui suivent une copie de la décision à la Cour des comptes ou à la Cour régionale compétente selon le cas (article 8 de la loi 61.99)

274- Article 128 du deuxième livre du code des juridictions financières.

275- Art 37 du code des juridictions financières.

276- Article 9 du décret portant règlement général de la comptabilité publique et article 8 du règlement de la comptabilité publique des collectivités territoriales et leurs groupements.

277- Cette responsabilité proportionnelle peut être rapprochée à notre sens, à la notion d'« assurance raisonnable » dans le domaine des diligences d'audit.

278- Le chapitre III du titre II du code de recouvrement des créances publiques du premier juin 2000.

279- BERRAOU Mohammed : « Précis d'interprétation du code des juridictions financières ». Tome I : les attributions juridictionnelles, op.cit. p109.

280- CC, 27 février 1964, Dupis.

281- Selon l'article 123 du code de recouvrements des créances publiques, les droits et taxes se prescrivent à l'expiration de quatre ans suite à la date de leur prise en charge. La prescription est interrompue selon les conditions prévues par les articles 381 et 382 du code des obligations et contrats.

282- Voir à ce propos la jurisprudence de la chambre d'appel de la Cour des comptes publiée au début de l'année 2017 : Section IV : Jurisprudence de la Cour des comptes, 10- non recours au recouvrement forcé.

283- Une tendance confirmée d'ailleurs par le Conseil d'Etat : CE, 27-10-2000, Devigne. Par ailleurs, cette infraction particulière montre à quel degré la formule célèbre selon laquelle, le juge des comptes juge le compte et non le comptable n'est qu'une formule « simpliste et trompeuse ».

284- Article 73 du règlement général de comptabilité publique.

285- Instruction du trésorier général n°21 du 7 septembre 1981.

286- Voir : Section VI : bref perçu sur la jurisprudence française en matière de jugement des comptes ; à propos de la remise gracieuse.

287- Par l'article 13 de la loi de finances n° 38-07 pour l'année budgétaire 2008 promulguée par le dahir n° 1-07-211 du 27 décembre 2007 ; B.O. n° 5591 bis du 31 décembre 2007 ; c'est évident puisqu'une disposition règlementaire ne peut pas abroger et remplacer une disposition législative.

288- Tout en citant ses composantes, le code des juridictions financières ne prévoit expressément la notion de « validité de la dépense » qu'à partir de l'année 2008, mais cette notion a été expressément citée par la loi 61.99 sur la responsabilité des ordonnateurs, des contrôleurs et des comptables publics (article 6). Et ce, depuis sa promulgation en 2002.

289- Article 26 sur la responsabilité des comptables et article 2 du décret n°2-04-797 (24 décembre 2004) modifiant le décret royal n°336-66 (21 avril 1967) portant règlement général de la comptabilité publique.

290- Voir à ce propos : « La redéfinition du contrôle de la validité de la dépense ....dans le sens de plus d'assouplissement » ; Revue ALKHAZINA (Alkhazina est la traduction arabe du terme Trésor : donc revue du trésor) éditée par la trésorerie générale du royaume, n°5 décembre 2005, p8.

291- Voir à ce propos, Collin (P) : « Etendue et limites des pouvoirs de contrôle des comptables publics » ; Revue administrative, n°322, p 363. Comparer avec l'article 31 du décret n°330-66 portant règlement général de la comptabilité publique.

292- Article 62 du décret n°576-76-2 portant règlement de la comptabilité publique des collectivités territoriales.

293- Article 63 du même règlement.

294- Article 64.

295- BERRAOU Mohammed : « Interprétation intégrale du code des juridictions financières », les trois livres, op.cit. p 133.

296- Le trésorier général du royaume à compter de l'année 2006, date de la fusion de l'ancienne direction de contrôle des engagements de dépenses avec la trésorerie générale du royaume.

297- L'exercice par le ministre des finances de son autorité de visa préalable des dépenses au lieu du contrôleur financier avant le refus de visa par ce dernier du projet de la convention est un acte irrégulier. (Arrêt n°27/2013/DBF du 28-06-2013 ; Affaire n°121/2010/DBF) (Etablissement public). Voir : Section III : Jurisprudence en matière de discipline budgétaire et financière : Jurisprudence de la Cour des comptes ; A- La jurisprudence de de la chambre de discipline budgétaire et financière ; 8- à propos de certaines questions juridiques et procédurales.

298- Cf. décret du 31 décembre 2001 sur le contrôle des engagements de dépenses.

299- Cité par Benzidiya Abdellatif : « Contrôle des finances locales et développement économique et social au Maroc » ; thèse de doctorat d'Etat, université Mohammed V, Rabat, 1999, p 93.

300- Article 41 du décret n° 330-66 portant règlement général de la comptabilité publique et l'article 76 du décret n° 576-76-2 portant règlement de la comptabilité publique des collectivités territoriales et leurs groupements.

301- Pour plus de détails, voir la décision du ministre des finances du 20 octobre 1970 sur les payeurs délégués.

302- « Tout comptable public ainsi que tout fonctionnaire ou agent placés sous ses ordres ou agissant pour son compte, sont passibles des sanctions prévues au présent chapitre si, dans l'exercice de leurs fonctions, ils n'assurent pas les contrôles des dépenses qu'ils sont tenus d'exercer en vertu des lois et règlements en vigueur ».

303- Il est significatif de noter que le règlement de la comptabilité publique a été légiféré pendant la période d'exception constitutionnelle au Maroc (1965-1977) par décret royal. A la question de savoir est ce qu'il relève du domaine législatif ou réglementaire, la chambre constitutionnelle a émis un avis le considérant comme faisant partie du champ du règlement : avis du 3 mai 1973, Bulletin officiel n° 3483 (premier aout 1979).

304- BERRAOU Mohammed : « Précis d'interprétation du code des juridictions financières » Tome I : les attributions juridictionnelles, op.cit. pp 111-114.

305- Rapport annuel de la Cour des comptes relatif à l'année 2007 publié en 2009, pp 285 et ss.

306- Rapport annuel de la Cour des comptes française. 2015.

307- CE ; 08 décembre 2000, Kaeremer.

308- Les années 1990-2000 ont été marquées par le renforcement des garanties offertes aux parties. Le principe de l'audience publique a été introduit en matière d'amendes et de gestion de fait devant la Cour des comptes et les chambres régionales et territoriales. Puis, notamment sous l'influence des jurisprudences du Conseil d'État (Labor Métal, 23 février 2000 ; Razel Frères et Le Leuch, 6 avril 2001) et, plus généralement, des règles du procès équitable consacrées par la Cour européenne des droits de l'Homme, la Cour des comptes française a relevé ces exigences en matière d'impartialité de la formation de jugement. En particulier, elle s'attache à ne pas se disqualifier en «préjugeant » dans une communication publique d'une décision qu'elle serait ultérieurement susceptible de prendre dans une instance juridictionnelle. Cf. pour plus de détails, le rapport annuel de la Cour des comptes 2015. Doc. Cour des comptes française.

309- Article 26 du code des juridictions financières.

310- Article 28.

311- Mise à jour en date du 28 septembre 2001.

312- Mise à jour en 1996.

313- Mise à jour en date du 19 mai 1993.

314- Mise à jour en date du premier mars 1993.

315- Article 27, deuxième paragraphe.

316- Selon les prescriptions de l'instruction du trésorier général n° 212 du 7 septembre 1981.

317- Article 28, cinquième paragraphe.

318- Même article, même paragraphe.

319- Exemples réels dégagés de la pratique.

320- Voir supra les modifications du code juridictions financières intervenues en 2008.

321- Article 55, voir le chapitre relatif à la discipline budgétaire et financière.

322- Voir à ce sujet, l'instruction du trésorier général du royaume du 11 octobre 1979, pp 17 et 18.

323- Article 381 du code des obligations et contrats.

324- Pour les collectivités territoriales, c'est le trésorier régional.

325- Tirée de la pratique.

326- Et les sous ordonnateurs, le cas échéant.

327- Cf. Article 31 applicable également pour les Cours régionales des comptes.

328- Article 37 de la loi 12.79 portant création de la Cour des comptes.

329- Tirés de la pratique.

330- Ibid.

331- Terme utilisé par la note de présentation du projet de loi formant code des juridictions financières, mais non cité expressément par la loi. À noter que le législateur français bien que mentionnant la possibilité du contrôle intégré, il n'utilise pas des termes contraignants. (Voir : code des juridictions financières français ; partie réglementaire ; vérification intégrée).

332- BERRAOU Mohammed : « Note sur l'étendu et le sens à donner au deuxième rapport dans le cadre du contrôle intégré des comptes ». Doc. Interne : Cour des comptes du Maroc. Juin 2016.

333- Attention ! le rapport à transmettre au parquet général ne contiendra pas les observations relatives à la gestion de fait. La formation de jugement est habilitée à s'y autosaisir d'office.

334- Article 37, premier paragraphe.

335- L'article 107 (deuxième paragraphe).

336- BERRAOU Mohammed : « Précis d'interprétation du code des juridictions financières » Tome I : les attributions juridictionnelles, op.cit. pp 129-130.

337- Article 38.

338- Cour cass ; arrêt Sebti ; Octobre 2007, non publié. Il a été cassé et renvoyé à la Cour des comptes (formation toutes chambres réunies), qui s'est alignée complètement sur la position de la Cour de cassation.

339- Voir supra, chapitre II : Responsabilité en matière de gestion de fait.

340- Article 39.

341- C'est la même date que celle des délibérations, à la différence de la procédure du prononcé de l'arrêt en matière de discipline budgétaire et financière.

342- Il s'agit d'un exemple de dispositions exceptionnelles dans le modèle marocain, l'arrêt doit être prononcé, mais il ne sera pas exécutoire dans deux cas, le premier : si le délai de cinq ans entre la date de production du compte et la date du prononcé de l'arrêt provisoire aura expiré ! et le deuxième cas : si le délai d'un an entre la date du prononcé de l'arrêt provisoire et la date du prononcé de l'arrêt définitif aura expiré !

343- Article 40.

344- Art 60, huitième paragraphe de la loi 63.156 du 23 février 1963.

345- Article 39, troisième paragraphe.

346- Article 130 du deuxième livre du code des juridictions financières.

347- BERRAOU Mohammed : « Note sur l'étendu et le sens à donner au deuxième rapport … », op.cit.

348- Rappelons que le contrôle des comptes est un contrôle intégré (= concomitant avec le contrôle- administratif - de la gestion).

349- Code des juridictions financières, livre premier : Chapitre III : Contrôle de la gestion et de l'emploi des fonds ; Section I : Contrôle de la gestion.

350- Ces parties sont citées par l'article 48 ainsi qui suit : « Le comptable public ou de ses ayants droit, à titre personnel ou par l'intermédiaire d'un mandataire, le ministre de l'intérieur, le wali ou du gouverneur dans la limite des compétences qui leur sont déléguées en application des textes législatifs et réglementaires en vigueur, le ministre chargé des finances ou du trésorier régional, préfectoral ou provincial, le procureur du roi, le représentant légal de la collectivité locale, du groupement, de l'établissement ou entreprise public concerné ».

351- Article 40. Cela étant, l'intéressé peut demander un sursis à exécution, rien ne l'empêche à notre sens. Dans le silence du texte c'est le droit procédural commun qui s'applique (code de procédure civile en l'occurrence).

352- Tantum dévolutum quantum apellatum.
353- Tantum dévolutum quantum judicatum.
354- En France, cette éventualité peut être applicable également contre les amendes et les astreintes, cf. CE. 06-01-1995, Gouazé.
355- La Cour de cassation considère que l'ordonnance du premier président portant application de l'amende et de l'astreinte en matière de jugement des comptes n'est pas susceptible de faire l'objet de recours (du pourvoi en cassation dans le cas d'espèce) du fait que l'ordonnance n'est qu'un acte préliminaire et procédural, il n'est pas un arrêt définitif au sens de la loi. (Cour cass ; arrêt n° 1218 B/L du 08-12-2004).
356- A comparer avec l'article 359 du code de procédure civile.
357- Pour plus de détails, voir infra la jurisprudence de la Cour de cassation. Nos notes sous arrêts sont consignés dans notre ouvrage : BERRAOU Mohammed : « les grands arrêts… », op.cit.
358- Selon la pratique jurisprudentielle française, il peut aussi s'agir d'erreurs matérielles, voir un exemple à la section VI : bref perçu sur la jurisprudence française en matière de jugement des comptes.
359- Voir le texte intégral des dispositions relatives aux voies de recours dans les annexes.
360- Cf. CC 27-07-1990, quatrième chambre, comité des fêtes de la commune de Caromb Vancluse.
361- Promulguée par le Dahir du 19 moharrem 1423 (3 avril 2002). Le texte en langue arabe a été publié dans l'édition générale du «Bulletin officiel » n° 4999 du 15 safar 1423 (29/04/ 2002).
362- Article 10 de la loi 61.99 sur la responsabilité des ordonnateurs, des contrôleurs et des comptables publics.
363- Attention ! La nouvelle formulation de l'article 10 du nouveau règlement général de la comptabilité publique dispense les ayants droits du remboursement du montant du débet.
364- Article 12 de la loi 61.99.
365- Article 13 de la même loi.
366- Article 14.
367- Article 15.
368- Article 12.

369- Article 16.

370- Réf. Rapport annuel de la Cour des comptes 2015. Doc Cour des comptes française.

371- Réf. Arrêts de la chambre d'appel (publiés au courant du mois de février 2017) ; site web : www.courdescomptes.ma.

372- Cf. BERRAOU Mohammed : « Les grands arrêts de la jurisprudence financière au Maroc » (en arabe) ; Darassalam ; première édition. 2009.

373- Réf. « La jurisprudence d'appel de la Cour des comptes » ; Doc. Cour des comptes française, 1992. France.

374- Sélectionnés et adaptés à partir du recueil des arrêts de la Cour des comptes et jugements des CRTC ; 2011. Doc. Cour des comptes française.

375- Rapport public annuel 2015. Doc. Cour des comptes française. 2015.

Chapitre IV

Relations entre la Cour des comptes et l'ordre judicaire

Gestion publique et risque pénal

Infractions relatives à la gestion des deniers publics
Conformément aux dispositions du code pénal, et sauf une circonstance absolutoire justifiée par un ordre émis de ses supérieurs hiérarchiques dans un domaine de leur compétence, pour lequel il leur devait obéissance, tout acteur de la gestion publique (responsable ou fonctionnaire ou agent) est susceptible d'être traduit devant la juridiction pénale en matière de la gestion des deniers publics pour :
Détournement et dissipation des deniers publics : S'il détourne, dissipe, retient indûment ou soustrait des deniers publics (ou privés), des effets en tenant lieu ou des pièces, titres, actes, effets mobiliers qui étaient entre ses mains, soit en vertu, soit à raison de leurs fonctions. (Article 241)
S'il détruit ou supprime les pièces, titres, actes ou effets mobiliers, dont il était dépositaire en cette qualité ou qui lui ont été communiqués à raison de ses fonctions, avec l'intention de nuire ou frauduleusement (Article 242)
Prise illégal d'intérêt : S'il prend ou reçoit quelque intérêt dans les actes, adjudications, entreprises ou régies dont il a, au temps de l'acte, en tout ou en partie, l'administration ou la surveillance, soit ouvertement, soit par acte simulé, soit par interposition de personne (Article 245).
S'il prend un intérêt quelconque dans une affaire dont il est chargé d'ordonnancer le paiement ou de faire la liquidation. (Article 245)
Concussion : S'il sollicite, reçoit, exige ou ordonne de percevoir ce qu'il sait n'être pas dû, ou excéder ce qui est dû, soit à l'administration, soit aux parties pour le compte desquelles il perçoit, soit à lui-même. (Article 243)
Ordonne la perception de contributions directes ou indirectes autres que celles prévues par la loi, ainsi que tout fonctionnaire public qui en établit les rôles ou en fait le recouvrement.
S'il accorde, sans autorisation de la loi, des exonérations ou franchises de droits, impôts ou taxes publics, ou effectuent gratuitement la délivrance de produits des établissements de l'Etat ; le bénéficiaire est puni comme complice. (Article 244)
Trafic d'influence : S'il sollicite ou agrée des offres ou promesses, sollicite ou reçoit des dons, présents ou autres avantages, pour faire obtenir ou tenter de faire obtenir (.....), des marchés, entreprises ou autres bénéfices résultant de traités conclus avec l'autorité publique ou

avec une administration placée sous le contrôle de la puissance publique. Ou, de façon générale une décision favorable d'une telle autorité ou administration, et abuse ainsi d'une influence réelle ou supposée. (Article 250)

Corruption passive et active (Articles 248 et 249)

Faux (et son usage) : S'il opère une altération frauduleuse de la vérité, de nature à causer un préjudice et accomplie dans un écrit par un des moyens déterminés par la loi (Article 351).

Quelques infractions spécifiques aux responsables et gestionnaires des Entreprises publiques sous forme de sociétés anonymes (loi n° 17.95 relative aux SA)

Usage abusif des biens ou du crédit de la société à des fins personnelles (Article 384) ;

Usage abusif des pouvoirs ou des voix à des fins personnelles (Article 381) ;

Distribution de dividendes fictifs (Article 384) ;

Publication ou présentation aux actionnaires des états de synthèse ne donnant pas une image fidèle des comptes de la société (Article 384) ;

Emission d'actions avant l'établissement du certificat du dépositaire ou avant l'accomplissement des formalités préalables à l'augmentation du capital (Article 395) ;

Négociation d'actions en numéraire pour lesquelles le versement du quart n'a pas été effectué (Article 381) ;

Détention directe ou indirecte par les dirigeants de la société d'actions à dividendes prioritaires (Article 408) ;

Emission d'obligations alors que le capital n'est pas intégralement libéré sauf pour les obligations bénéficiant de la garantie de l'Etat ;

NB : Ces infractions spécifiques sont citées à titre indicatif seulement. Par ailleurs, les dirigeants et les gestionnaires des entreprises publiques (sous forme de SA) restent soumis aux autres dispositions citées ci-dessus du code pénal le cas échéant.

SECTION I : PRINCIPE DU CUMUL DES POURSUITES ET DES SANCTIONS

A- L'assistance au sens du code des juridictions financières : déférés sans réciprocité (avant le premier janvier 2017)

Selon la pratique de la Cour des comptes du Maroc et conformément aux dispositions de l'article 111 du code des juridictions financières, pour que la poursuite pénale soit engagée, les faits susceptibles de revêtir un caractère pénal et dont la Cour relève dans le cadre de l'exercice de ses compétences, font l'objet de rapports soumis à la discrétion du procureur général du roi près la Cour des comptes qui apprécie l'opportunité de les déférer à la Justice.[376] Ces déférés sont instruits par le ministre de la Justice (avant le premier janvier 2017) en sa qualité antérieure de chef du parquet général près l'ordre judicaire qui décide de saisir les parquets généraux compétents relevant de l'ordre judicaire.

Le nombre d'affaires dont le procureur général du roi près la Cour des comptes a saisi le ministre de la Justice, depuis l'entrée en vigueur du code des juridictions financières en 2003, jusqu'en 2015, s'élève à 50.[377] Le ministère de la Justice a rapporté quant à lui qu'entre 2001 et juillet 2015 parmi 83 affaires portées à sa connaissance par le parquet général près la Cour des comptes, la Justice a statué définitivement sur 10 seulement, deux affaires ont été classées, 16 en cours, et 45 sont toujours en phase de l'enquête préliminaire.[378]

L'article 111 susvisé a instauré le principe de cumul des poursuites devant les deux ordres et des sanctions y afférentes. Cela s'explique par le fait que les faits générateurs de la responsabilité devant les juridictions financières sont, en principe, distincts de ceux générateurs de la responsabilité pénale. En effet, cette dernière au-delà du périmètre de la gestion des fonds publics, débouche sur la répression de l'inobservation des obligations de probité, tandis que la responsabilité financière *lato sensu* n'est pas tributaire de caractère intentionnel ou de ce qui est considéré comme étant l'élément moral en matière de la responsabilité pénale. La discipline budgétaire et financière et le jugement des comptes *lato sensu* visent, à travers des

sanctions spécifiques, à sauvegarder un ordre public spécifique régi par des règles juridiques spécifiques.
Les relations entre les juridictions financières (la Cour des comptes et les Cours régionales des comptes) d'une part, et l'ordre judicaire d'autre part, est un sujet d'actualité de haute importance au Maroc, qui mérite de marquer un arrêt afin de réflexion pour amorcer une refonte nécessaire de la part des pouvoirs publics et des parties prenantes en vue d'éclaircir, rationaliser et renforcer cette relation, dans le but de l'encadrer et de la fluidifier ...
Une première tentative mais insuffisante et un peu précipitée à notre sens a été amorcée en 2016.

B- Assistance au sens de l'innovation législative de 2016 : élargissement de l'assistance et réciprocité concernant les jugements et documents

Le législateur des modifications du code des juridictions financières intervenues en 2016 (entrent en vigueur à partir du premier janvier 2017) a certes fait, même si un peu en retard,[379] un effort d'adaptation de la nouvelle disposition constitutionnelle prévue par l'article 148 de la constitution 2011 relative à l'assistance que doit porter la Cour des comptes aux instances judiciaires. Or, l'expérience pratique au Maroc et aussi en France, a montré que l'assistance doit être mutuelle, des juridictions financières vers l'ordre judicaire mais également de l'ordre judicaire vers les juridictions financières. Ainsi la nouvelle modification a instauré une assistance mutuelle à deux sens même si limitée aux jugements et arrêts. Et pour cause, la complémentarité et la collaboration entre les deux ordres financier et judiciaire sont une condition fondamentale pour une mise en œuvre effective et concertée des principes de reddition des comptes et de la redevabilité assorties de sanctions répressives effectives de part et d'autre dans le cadre de la légalité, la clarté, la justice et l'équité.

SECTION II : DES JURIDICTIONS FINANCIERES VERS L'ORDRE JUDICAIRE

A- Pour la Cour des comptes

Texte de base : Article 111 modifié [380]: « Les poursuites devant la Cour ne font pas obstacle à l'exercice de l'action disciplinaire et de l'action pénale. (…….) S'il s'agit de faits qui paraissent de nature à justifier une sanction pénale, le procureur général du roi, de sa propre initiative ou à la demande du premier président, saisit le procureur général du roi près la Cour de cassation pour la prise des mesures qu'il juge appropriées et en avise l'autorité dont relève l'intéressé. Le procureur général du roi près la Cour de cassation fait connaître à la Cour, les mesures qu'il a prises ».
L'article 148 de la nouvelle constitution prévoyant l'assistance de la Cour des comptes aux instances judiciaires, a été confortée par l'adaptation du code de juridictions financières, intervenue en 2016, qui a remplacé le ministre de la justice par le procureur général près la Cour de cassation en tant que destinataire des déférés du parquet général près la Cour des comptes tout en déterminant les modalités de cette assistance ainsi qui suit :
Les nouvelles modalités d'assistance
Conformément au 2ème alinéa de l'article 148 de la Constitution, la Cour assiste les instances judiciaires, notamment, comme le précise la modification intervenue en 2016, dans l'instruction des affaires en rapport avec les finances publiques, c'est-à-dire au-delà des saisines classiques. Le procureur général du roi près la Cour supervise en coordination avec le procureur général du roi près la Cour de cassation, les échanges de jugements et de documents relatifs aux dossiers en cours devant les juridictions du Royaume[381]. Nous remarquons que le législateur a introduit le terme « échange » de documents et informations traduisant la conscience issue de la pratique que la collaboration doit être dans les deux sens. Mais, sans pour autant prévoir les modalités opérationnelles de cet échange, le règlement doit, à notre sens, pallier à ce vide. Tout en élargissant le périmètre de la collaboration et d'échange.

B- Pour les Cours régionales des comptes

Texte de base : Article 162 (du deuxième livre du code des juridictions financières) : « Les poursuites devant la Cour régionale ne font pas obstacle à l'exercice de l'action disciplinaire et de l'action pénale. (…….) S'il s'agit de faits qui paraissent de nature à justifier une sanction pénale, le procureur du roi en avise le procureur général du roi qui, de sa propre initiative ou à la demande du premier président, **saisit le ministre de la justice** en vue de prendre les mesures qu'il juge appropriées et en avise l'autorité dont relève l'intéressé. Le ministre de la justice fait connaître à la Cour, les mesures qu'il a prises ».

Nous remarquons avec stupéfaction que la modification du code des juridictions financières intervenue en 2016 qui s'est alignée sur la nouvelle loi organique relative à l'autorité judicaire consacrant l'indépendance du parquet général près l'ordre judicaire du ministre de la justice, n'a eu aucun effet sur la formulation d'origine de l'article 162 du deuxième livre du code des juridictions financières. Très vraisemblablement une omission ! On y reviendra ultérieurement.

SECTION III : DE L'ORDRE JUDICAIRE VERS LES JURIDICTIONS FINANCIERES

A- Infractions et irrégularités financières relevées par les juridictions judicaires

En effet, les juridictions judicaires en instruisant et jugeant les affaires pénales relatives aux fonds publics, peuvent rencontrer des faits pouvant engager les personnes concernées soit en matière de discipline budgétaire et financière, soit en matière de la gestion de fait. La logique juridique et procédurale et la bonne administration de la justice veulent que ces dossiers soient déférés à la Cour ou à la Cour régionale compétente , non seulement pour éviter l'impunité mais également pour des raisons de bonne procédure de récupération des fonds publics, car avec le droit de remboubrement prévu, notamment en matière de discipline budgétaire et financière, la même personne peut faire l'objet de deux sanctions de remboursement des pertes financières l'une pénale et l'autre disciplinaire. La même observation concerne la gestion de fait.

B- Echange des jugements et documents

L'échange des jugements et documents intéresse donc les deux ordres de juridiction et non seulement l'ordre judicaire, En effet, les juridictions judicaires bénéficiaient à titre officieux de la collaboration des juridictions financières. La nouvelle formulation des modifications introduites en 2016 comporte une officialisation de telle collaboration, mais le terme « échange » est prévue pour la première fois, les juridictions financières et judicaires doivent tirer les conséquences qui s'imposent pour que les juridictions financières bénéficient elle aussi, en pratique, de cet échange (voir infra : Section V : Remarques à propos des modifications intervenues en 2016).

SECTION IV : REVUE DES PASSERELLES LEGALES ENTRE LES JURIDICTIONS FINANCIERES ET L'ORDRE JUDICAIRE

A- l'occasion des procédures relatives aux attributions extra juridictionnelles

Contrôle de la gestion et poursuite pénale
Si les faits relevés (à l'occasion du contrôle administratif de la gestion) sont de nature à justifier une sanction pénale ou disciplinaire, il est fait application des dispositions de l'article 111.[382]

Contrôle des déclarations obligatoires du patrimoine et poursuite pénale
Pour la Cour des comptes : Particularité de la saisine
Article 96 bis : Lorsqu'il apparaît, au vu des procédures d'investigation des déclarations de patrimoine des présomptions graves et concordantes de commission d'une infraction par le déclarant, son conjoint, ses ascendants ou descendants, **le procureur général du roi, à la demande du premier président, saisit l'autorité judiciaire compétente** après en avoir informé les intéressés. L'autorité judiciaire compétente informe le président de la Cour des comptes de toute décision judiciaire rendue par elle à l'encontre des personnes assujetties à la déclaration obligatoire du patrimoine (8).
Il faut remarquer que cette disposition sur les déclarations obligatoires du patrimoine a vu le jour en 2008, cinq ans après l'entrée vigueur du code des juridictions financières, le législateur n'a pas jugé opportun - on ne sait pourquoi- d'aligner la procédure de saisine de la justice sur la procédure prévue par l'article 111 (saisine du ministre de la justice) modifiée en 2016 (saisine du procureur général près la Cour de cassation). Ou tout simplement d'aligner les nouvelles modifications de 2016 (saisine directe de l'autorité judiciaire compétente) à celles de 2008 plus rapides et plus simples !
Pour les Cours régionales des comptes : même disposition et même observation
Article 156 bis 1 : Lorsqu'il apparaît, au vu des procédures prévues par la loi, des présomptions graves et concordantes de commission d'une infraction par le déclarant, son conjoint, ses ascendants ou

descendants, le procureur du roi, à la demande du président de la Cour régionale, **saisit l'autorité judiciaire compétente** après en avoir informé les intéressés. L'autorité judiciaire compétente informe le président de la Cour régionale des comptes compétente de toute décision judiciaire rendue par elle à l'encontre des personnes assujetties à la déclaration obligatoire du patrimoine.
Note : il est à remarquer que le procureur du roi près la Cour régionale, dans ce cas particulier, est habilité à saisir directement l'autorité judiciaire compétente, sans passer par son chef hiérarchique, le procureur général du roi près la Cour des comptes, comme prévu par l'article 111.

La destruction abusive des pièces justificatives
Pour la Cour des comptes
Article 114[383] : « Toute destruction abusive de pièces justificatives ou de comptes, entraîne pour son auteur, l'application des sanctions prévues par le code pénal. Le procureur général du roi près la Cour en **saisit le procureur général du roi près la Cour de cassation** pour la prise des mesures qu'il juge appropriées, sans préjudice des sanctions disciplinaires dont peut faire l'objet l'intéressé. La Cour est informée par le procureur général du roi près la Cour de cassation et par l'autorité qui a le pouvoir disciplinaire à l'égard de l'intéressé, des mesures qu'ils ont prises ».
Note : Nous remarquons que ce texte a été aligné avec la procédure prévue par l'article 111 modifié, à la différence du cas de la déclaration obligatoire du patrimoine, on ne sait pas pourquoi.
Pour les Cours régionales des comptes
Article 163 : « Toute destruction abusive de pièces justificatives ou de comptes, entraîne pour son auteur, l'application des sanctions prévues par le code pénal. **Le procureur du roi en informe le procureur général du roi qui saisit le ministre de la Justice** en vue de prendre les mesures qu'il juge appropriées, sans préjudice des sanctions disciplinaires qui pourraient être encourues par l'intéressé. Le ministre de la Justice et l'autorité ayant pouvoir disciplinaire à l'égard de la personne concernée font connaître à la Cour les mesures qu'ils ont prises ».
Nous remarquons que ce texte n'a pas été adapté et harmonisé en l'alignant sur la procédure prévue par l'article 111. Le texte garde la

même formulation que celle en vigueur avant l'introduction des modifications de 2016. Sans doute une omission !

B- A l'occasion des procédures relatives aux attributions juridictionnelles

1- Discipline budgétaire et financière

➢ **Quelques ressemblances**

Il existe des ressemblances apparentes entre les principes généraux et procéduraux devant les deux ordres de juridictions, l'ordre judicaire et l'ordre financier et entre certains faits appréhensibles et par le juge financier et par le juge judicaire.

Pour les principes généraux : Le juge financier disciplinaire applique les principes généraux du droit pénal : l'application de la loi dans le temps ; non rétroactivité de la loi répressive, applicabilité de la loi répressive la plus douce, légalité des peines ; personnalité des peines ; proportionnalité des peines.

Le juge financier disciplinaire applique les principes généraux de la procédure pénale : action mise en mouvement par le parquet général en tant que partie principale ; instruction ; audience des personnes poursuivies et des témoins ; défense … prescription des infractions financières similaire à celle des délits.

S'agissant des faits appréhensibles : Il suffit de citer les faits suivants pour dégager ces ressemblances :

Procuration d'avantage à soi-même[384] ;

Prise illégale d'intérêt dans un service sur lequel l'organisme public dont relève l'intéressé exerce un pouvoir de contrôle ou de supervision

Gestion occulte des deniers publics ;

Ordonnancement de recettes illégales ou excédant le seuil légal ;

Procuration d'avantage en matière des marchés publics ;

Emission de pièces fausses ou la fausse certification de leur exactitude.

Comme on peut le constater ces faits appréhensibles en matière de discipline budgétaire et financière se recoupent avec des faits appréhensibles en droit pénal, comme la concussion, le faux et l'usage de faux, la prise illégale d'intérêts, le trafic d'influence etc. (voir ci-dessus : gestion publique et risque pénal). Cette confusion ne peut être dissipée que suite à l'examen de l'existence ou non de l'intention criminelle (l'élément moral), ce qui n'est pas toujours facile.

- **Les divergences**

Il ne faut pas perdre de vue que d'une part, la discipline budgétaire et financière recouvre des faits autres que les faits dits de probité, il s'agit du respect des lignes de conduite et des règlements internes en matière de la gestion administrative et financière publique. Ceci englobe des aspects spécifiques comme l'organisation, le contrôle interne, la supervision et bien entendu le respect de la législation et la réglementation financières (les règles de droit public financier). Remarquons seulement que le règlement de la comptabilité publique est un règlement de contrôle interne par excellence.

D'autre part, il n'y aucune confusion à ce que les deux actions soient mises en mouvement de manière concomitante, en application des dispositions expresses de l'article 111 du code des juridictions financières.

En troisième lieu les juridictions financières ne peuvent écarter, compte tenu de l'éventualité du cumul des deux sanctions financière et pénale, surtout avec l'innovation concernant le remboursement des pertes financières subies par l'organisme public, de tenir compte du principe de la proportionnalité de la sanction et éviter ainsi l'enrichissement sans cause de l'organisme public.

2- Gestion de fait

- **Quel rapport entre l'action en gestion de fait et l'action pénale ?**

Si la gestion de fait est une transgression manifeste de l'ordre public financier, les opérations présumées constitutives de cette gestion irrégulière peuvent faire totalement ou partiellement, l'objet d'une qualification pénale et d'une action devant l'ordre judiciaire. En d'autres termes, l'extraction irrégulière des fonds publics est généralement liée à l'utilisation de moyens et techniques ou à l'aboutissement à des faits pouvant être générateurs de la responsabilité pénale, comme le faux et l'usage du faux, le détournement des fonds publics et l'immixtion dans les fonctions d'un fonctionnaire public. Ce caractère mixte et hybride était pendant longtemps, en France notamment, la source de la problématique de détermination du rapport entre l'action en gestion de fait et l'action pénale, et si la mise en mouvement de l'action en gestion de fait est préalable ou postérieure à l'action pénale suivant le célèbre adage : «

le pénal tient le civil en l'état ».[385] Etant d'ordre public, l'objet de l'action en gestion de fait est différent de celui dans le cadre de l'action pénale comme le confirme un document officiel du ministère de la justice française.[386]

La situation entre la procédure de jugement des comptes de la gestion de fait d'une part et la procédure pénale d'autre part peut se présenter selon deux cas [387]:

- **Le cas où l'action en gestion de fait est chronologiquement préalable à l'action pénale**

Au niveau de la déclaration et l'apurement du compte de la gestion de fait

La Cour déclare comptable de fait, toute personne qui effectue sans y être habilitée par l'autorité compétente, des opérations de recettes, de dépenses, de détention et de maniement de fonds ou de valeurs appartenant à l'un des organismes publics soumis au contrôle de la Cour, ou qui, sans avoir la qualité de comptable public, procède à des opérations portant sur des fonds ou valeurs n'appartenant pas auxdits organismes, mais que les comptables publics sont exclusivement chargés d'exécuter en vertu des lois et règlements en vigueur.[388]

Sur la base de ce fondement juridique clair et expresse et vu le caractère d'ordre public que revêt l'action publique en matière du jugement des comptes dans ses deux facettes, la qualité de comptable de fait peut être déclarée pour toute personne ayant commis une transgression du principe de séparation des fonctions de l'ordonnateur et du comptable public, même si cet acte peut s'avérer ultérieurement un crime d'usurpation ou de détournement de fonds publics. Après la déclaration, la Cour enjoint dans le même arrêt à la personne présumée gestionnaire de fait de produire le compte de cette gestion ; il n'a pas le choix, il doit obtempérer à l'injonction de la Cour et ne peut invoquer l'existence d'une action pénale parallèle. La Cour elle-même, n'a pas le choix, elle est tenue de statuer sur le compte, sinon elle perd sa raison principale d'être. N'est-elle pas une Cour des comptes ?

La seule nuance qui peut survenir c'est l'éventualité d'une difficulté matérielle due par exemple à ce que le jugement des comptes soit pratiquement tributaire de la vérification de pièces justificatives qui sont détenues par le juge pénal.[389]

Au niveau de l'application de l'amende

Rappelons que le juge des comptes ne peut passer à la phase de l'amende si la personne intéressée fasse l'objet d'une poursuite pénale pour les mêmes faits, la compétence disciplinaire de la Cour est une compétence optionnelle. C'est le juge pénal qui prend le dessus dans cet état de fait et de droit.

- **Le cas où l'action pénale est antérieure à l'action en gestion de fait**

Effet sur la déclaration de la gestion de fait

Si une personne est poursuivie devant le juge pénal pour détournement des fonds publics ou usurpation de la fonction d'un fonctionnaire public, la Cour doit impérativement tirer les conséquences et déclarer d'office et de droit la personne poursuivie en tant que gestionnaire de fait . Seulement elle doit en être avisée par la juridiction répressive ce qui n'est pas le cas dans l'état actuel du droit au Maroc.

Si le juge pénal considère que la personne poursuivie n'était pas en connaissance de sa situation constitutive d'une gestion de fait, la Cour des comptes ne peut pas décider autrement.

Si des personnes ont déclaré l'existence d'une gestion de fait mais qui n'étaient pas concernées par le procès pénal, cela ne suffit pas à lui seul de les déclarer par la Cour des comptes en tant que coauteurs de la gestion de fait.

Effet sur l'apurement du compte et la fixation du montant du débet[390]

Le juge des comptes doit rejeter les dépenses justifiées par des pièces dont le faux a été établi devant le juge pénal ; le juge pénal doit sursoir à l'apurement du compte pendant le déroulement du procès pénal si cet apurement est tributaire de la vérification de pièces versées dans le dossier de l'affaire pendante devant le juge pénal.

Au moment de la fixation du montant du débet, il faut tenir compte des sommes et intérêts prononcés en réparation du préjudice par le juge pénal au profit de la partie civile qui n'est autre que l'organisme public ou la collectivité territoriale, en vue d'éviter l'enrichissement sans cause de ces derniers.

Effet sur l'application de l'amende
L'amende ne peut être prononcée en cas de poursuite pénale, c'est une question expressément prévue par la loi.

En somme
La complication des conditions de mise en mouvement de l'action pénale et l'action en gestion de fait mérite une étude réfléchie de chaque cas ou situation. Cela renvoi, en général, à la nécessité d'assoir un partenariat systématique entre les deux ordres de juridiction, surtout avec l'avènement des nouvelles dispositions relatives au pouvoir judiciaire consacrant l'indépendance du parquet général près l'ordre judiciaire et sa présidence par le procureur général du roi près la Cour de cassation. S'ajoute à cela, la nouvelle disposition constitutionnelle prévue par l'article 148 de la constitution 2011, qui a été transposée récemment dans le code des juridictions financières en 2016 prévoyant la collaboration de la Cour des comptes avec l'ordre judiciaire notamment dans les enquêtes mettant en jeu les fonds publics.

3- Vérification et jugement des comptes

Silence du texte contrarié par la pratique
Les dispositions relatives au jugement des comptes ne mentionnent aucune passerelle directe à l'occasion de la vérification et du jugement des comptes d'une part et la poursuite pénale d'autre part, elles ne renvoient non plus à l'article 111 d'ordre général. Or, la pratique dans le cadre du contrôle intégré prévu par les dispositions relatives à la vérification et au jugement des comptes suite aux déplacements des conseillers rapporteurs chargés de l'instruction des comptes, a révélé plusieurs cas de faits appréhensibles sur le plan pénal, surtout à l'occasion de la vérification de la matérialité des opérations décrites dans le compte du comptable public ; parfois ce sont même des pièces comptables ou administratives fausses qui ont été découvertes.
D'où le besoin de pallier à ce vide juridique par une disposition prévoyant une passerelle procédurale entre la vérification et le jugement des comptes d'une part et la poursuite pénale d'autre part.

Sur un autre registre, mais toujours à l'occasion de cette compétence, il se peut qu'un comptable public soit poursuivi pénalement pour détournement de fonds publics, la Cour doit tirer les conséquences pour le compte en question. Là encore, le texte ne prévoit aucune passerelle avec l'ordre judicaire.
Il est judicieux de rappeler que la mise en œuvre des dispositions constitutionnelles et législatives relatives à l'assistance de la Cour à l'ordre judicaire doit prendre en considération le principe de la collaboration à deux destinations et en saisir l'occasion pour prévoir une passerelle entre la procédure de vérification et du jugement des comptes et la poursuite pénale, ceci est vrai pour le juge pénal. La pratique et la bonne administration de la justice le justifient amplement comme on vient de le prouver.

SECTION V : REMARQUES A PROPOS DES MODIFICATIONS INTERVENUES EN 2016

A- Omission de la modification de l'article 162 relatif aux saisines émanées des Cours régionales des comptes

L'article 162 du deuxième du livre relatif aux Cours régionales des comptes du code des juridictions financières n'a pas été adapté dans le sens et la lettre des dispositions adaptées de l'article 111 du premier livre relatif à la Cour des comptes du code des juridictions financières. Il dispose clairement que : « Les poursuites devant la cour régionale ne font pas obstacle à l'exercice de l'action disciplinaire et de l'action pénale. (.......) S'il s'agit de faits qui paraissent de nature à justifier une sanction pénale, le procureur du roi en avise le procureur général du roi qui, de sa propre initiative ou à la demande du premier président, saisit **le ministre de la Justice** .... »
<u>Effet :</u> L'application de l'article 111 modifié ne s'étend pas aux dossiers des Cours régionales des comptes ! C'est indiscutable. La finalité politique de la modification de 2016 [391] se trouve ainsi vidée de son essence par cette omission de taille, car ce sont les dossiers des responsables politiques locaux qui ont déferlé la chronique surtout à la veille des élections communales de 2015.

B- La particularité de la saisine et du retour d'information à l'occasion du contrôle des déclarations obligatoires du patrimoine dénote l'incohérence du texte

« Lorsqu'il apparaît, au vu des procédures d'investigation des déclarations de patrimoine des présomptions graves et concordantes de commission d'une infraction par le déclarant son conjoint, ses ascendants ou descendants, le procureur général du roi, à la demande du premier président, **saisit l'autorité judiciaire compétente ».**[392]
Par ailleurs le retour d'information sur les suites pénales données aux dossiers déférés est adressé non pas à la Cour des comptes comme c'est le cas dans les autres articles relatifs aux rapports entre la Cour

des comptes et l'ordre judicaire, mais au président de la Cour des comptes dans le cas d'espèce. Là encore on ne sait pas pourquoi?[393]

La même formulation a été maintenue pour les Cours régionales des comptes

«Lorsqu'il apparaît, au vu des procédures prévues par la loi, des présomptions graves et concordantes de commission d'une infraction par le déclarant, son conjoint, ses ascendants ou descendants, le procureur du roi, à la demande du président de la Cour régionale, **saisit l'autorité judiciaire compétente ».**[394]

C- Cas de la destruction abusive des pièces justificatives

Nous remarquons une différence de procédure de saisine par rapport au cas de la déclaration du patrimoine et une contradiction entre la Cour des comptes et les Cours régionales des comptes due au non alignement de la formulation de l'article relatif aux Cours régionales des comptes avec l'article relatif à la Cour des comptes.

Pour la Cour des comptes

Toute destruction abusive de pièces justificatives ou de comptes, entraîne pour son auteur, l'application des sanctions prévues par le code pénal. Le procureur général du roi près la Cour en saisit le procureur général du roi près la Cour de cassation pour la prise des mesures qu'il juge appropriées, sans préjudice des sanctions disciplinaires dont l'intéressé peut faire l'objet .... [395]

Pour les Cours régionales des comptes

Toute destruction abusive de pièces justificatives ou de comptes, entraîne pour son auteur, l'application des sanctions prévues par le code pénal. Le procureur du roi en informe le procureur général du roi qui **saisit le ministre de la justice** en vue de prendre les mesures qu'il juge appropriées, sans préjudice des sanctions disciplinaires qui pourraient être encourues par l'intéressé.... [396].

D- Et le cas des saisines émanées de l'ordre judicaire devant être adressées à la Cour des comptes ?

Comme on l'a déjà signalé, la logique et la bonne administration de la justice veulent que les dossiers pénaux comportant des éléments constitutifs de la responsabilité devant la Cour des comptes soient déférés à la Cour ou à la Cour régionale compétente, non seulement pour éviter l'impunité mais également pour des raisons de bonne procédure de récupération des fonds publics. Car avec le droit de remboourrement prévu en matière de discipline budgétaire et financière, la même personne peut faire l'objet de deux sanctions de remboursement des pertes financières. L'une pénale et l'autre financière. Or, le principe de la proportionnalité de la peine exige une coordination avec la Cour des comptes pour éviter toute velléité d'enrichissement sans cause par l'organisme public concerné et par l'infraction pénale et par l'infraction financière. L'échange des documents et informations intéresse donc les deux ordres de juridiction et non seulement l'ordre judicaire.

Force est de constater que l'adaptation limitée et apparemment précipitée prévue par le code des juridictions financières tel qu'il été modifié et complété en octobre 2016 comporte plusieurs insuffisances et confusions.

Il est temps de revoir le texte de ces modifications et de de mettre en place un cadre de collaboration mutuelle dans les deux destinations par voie réglementaire, en concertation entre les autorités judiciaires et les autorités de la Cour des comptes.

A bon entendeur merci.

Notes du Chapitre IV

376- Attention ! depuis le 19 septembre 2016, date de la promulgation de la version arabe des nouvelles modifications du code des juridictions financières (adaptations à la constitution de 2011) qui entrent en vigueur à compter du premier janvier 2017, le ministre de la justice sera remplacé par le procureur général du roi près la Cour de cassation en tant que destinataire des affaires déférés à la justice par le parquet général près la Cour des comptes. (Article 111 modifié).

377- Cf. introduction du recueil des arrêts de la Cour des comptes en matière de discipline budgétaire et financière ; 2016 in : www.courdesciomptes.ma.

378- Rapport d'activité du ministère de la justice pour l'année 2015. Doc. Ministère de la justice. 2015. www.justice.gov.ma.

379- L'article 148 de la constitution de 2011 n'a été transposé au niveau du code des juridictions financières qu'au mois de septembre 2016 (version arabe faisant foi). Soit cinq ans de retard. Il entre en vigueur le premier janvier 2017.

380- Article 111, 3e et 4e alinéas, a été modifié par la loi n° 55-16 du 25 août 2016 - 21 kaada 1437 promulguée par le dahir n° 1-16-153 ; B.O. n° 6506 du 6 octobre 2016 (version française), la version arabe à compter du 19 septembre 2016. C'est cette dernière date qui fait foi.

381- Article 95bis : Institué par la loi n° 55-16 du 25 août 2016 - 21 kaada 1437 promulguée par le dahir n° 1-16-153 ; B.O. n° 6506 du 6 octobre 2016 (version française).

382- Le chapitre IV bis du code des juridictions financières sur les déclarations obligatoires de patrimoine a été entièrement ajouté par la loi n° 52-06 promulguée par le dahir n° 1-07-199 du 30 novembre 2007 - 19 kaada 1428 ; B.O. n° 5680 du 6 novembre 2008.

383- Modifié par la loi n° 55-16 du 25 août 2016 - 21 kaada 1437 promulguée par le dahir n° 1-16-153 ; B.O. n° 6506 du 6 octobre 2016.

384- L'infraction de procuration d'avantage à soi-même n'est pas prévue par le code des juridictions financières français, elle est soumise à l'appréciation du juge pénal. Au Maroc elle figure parmi les infractions en matière de discipline budgétaire et financière.

385- Selon cet adage largement reconnu, si les mêmes fais sont portés devant les deux juges le juge civil doit sursoir à statuer.

386- Circulaire du garde des sceaux, ministre de la Justice relative aux « relations entre l'autorité judicaire et les juridictions financières » 25 juin 1996. Doc. Cour des comptes française. 2006.

387- Pour plus de détail sur ce point, voir : Mbouhou Max : « les gestions de fait à coloration pénale », op.cit. pp 518-524.

388- Selon les dispositions de l'article 41 (deuxième paragraphe) du code des juridictions financières.

389- BERRAOU Mohammed : « Précis d'interprétation du code des juridictions financières» Tome I, op.cit pp 160-161.

390- Ibid p 162.

391- En effet, le remplacement du ministre de la justice par le procureur général près la Cour de cassation en tant que destinataire des dossiers pénaux de la Cour des comptes ne répond pas seulement à des dispositions constitutionnelles et juridiques relatives à l'indépendance du parquet général près l'ordre judicaire, mais également et surtout à une finalité politique conjoncturelle. Il s'agit de la controverse politique qui a été enclenchée d'abord suite aux saisines directes des affaires relevés d'office par le ministre de la justice PJDiste (du parti justice et développement islamiste modéré à la tête du gouvernement depuis 2012) des rapports annuels de la Cour des comptes et la décision de poursuite des responsables politiques locaux qui ont manifesté leur opposition à ce qu'un ministre politique décide la poursuite de responsables appartenant à des partis adverses à la veille des élections communales d'octobre 2015. Sous la pression, le ministre de la justice PJDiste a décidé ultérieurement la suspension des poursuites jusqu' à la fin des élections. Ce ministre (El Mustapha Ramid) a été assigné un autre portefeuille ministériel dans le nouveau gouvernement reconduit par le PJD et installé par le roi Mohammed VI au courant du mois d'avril 2017. Il a été « promu » au grade de ministre d'Etat, chargé des droits de l'homme.

392- Article 96 bis.

393- « L'autorité judiciaire compétente informe le président de la Cour des comptes de toute décision judiciaire rendue par elle à l'encontre des personnes assujetties à la déclaration obligatoire du patrimoine », même article.

394- Article 156 bis 1 du deuxième livre du code des juridictions financières.

395- Article 114, modifié par la loi n° 55-16 du 25 août 2016 - 21 kaada 1437 promulguée par le dahir n° 1-16-153 ; B.O. n° 6506 du 6 octobre 2016).

396- Article 163 du deuxième livre du code des juridictions financières.

Chapitre V

Réflexion liminaire autour des implications de la nouvelle loi organique relative aux lois de finances sur l'office de la Cour des comptes

Il nous parait utile et opportun à la lumière des innovations majeures de la loi organique relative aux lois de finances (LOLF), promulguée en 2015[397]et qui s'appliqueront progressivement sur cinq ans jusqu'en 2020, de se pencher sur les points qu'il convient de prendre en urgence, et qui ne manqueront pas de se répercuter sur la forme, la méthode et le contenu du travail de la Cour des comptes en général et sur le régime de responsabilité des acteurs de la gestion publique en particulier.
Ci-après le résultat d'une réflexion liminaire à ce propos :

SECTION I : ECONOMIE DE LA REFORME

Les principes fondateurs de la réforme de la LOLF marocaine sont bien décrits dans sa note de présentation, ici on va, tout en considérant les lignes directrices dégagées par les initiateurs de la loi, mettre en exergue les axes de la réforme dans la perspective des missions de la Cour des comptes, notamment celles en rapport avec la responsabilité des acteurs de la gestion publique ; à ce titre, on peut citer les trois axes phares suivants :

- La performance de la gestion publique
- La transparence de la loi de finance
- Le renforcement du contrôle démocratique de la gouvernance financière publique.

A- Performance de la gestion publique

Les réformes relatives aux cadres budgétaire et comptable de l'Etat s'inscrivent dans un large mouvement international de modernisation des gestions publiques engagé depuis plusieurs années par les pays de l'organisation de coopération et de développement européenne (OCDE). Le Maroc et les pays du Maghreb n'y échappent pas. Mais chaque pays selon son rythme et son contexte particulier. Ainsi pour le Maroc une bonne partie de la réforme budgétaire a été amorcée depuis 2001. Le nouveau texte de réforme de la loi organique relative aux lois de finances régularise sur le plan législatif en les renforçant les initiatives déjà entreprises sur le plan budgétaire par le pouvoir exécutif,[398] ainsi que les différents aménagements techniques et juridiques relatifs à la modernisation de la gestion publique en général, et à la gestion et au contrôle de la dépense publique en particulier (CDMT, contrôle modulé…). Des réformes impulsées en partenariat avec les institutions financières internationales, notamment la banque mondiale.[399]

Les deux autres corollaires de la performance de la gestion publique sont d'une part l'autonomie de gestion qui se traduit par une responsabilisation accrue des acteurs de la gestion publique en leur conférant une marge plus large de liberté, d'arbitrage et de décision.

D'autre part, une responsabilité à postériori à raison des résultats et performances de ces acteurs…
Pour ce faire, les services publics auront à remplacer les rapports classiques d'activité par des rapports de performance.

B- Transparence de la loi de finances

Pour garantir la transparence de la loi de finances telle qu'internationalement reconnue, un nouveau principe de droit budgétaire a été introduit à savoir le principe de sincérité du budget ainsi que ses deux corolaires comptables : la comptabilité générale et la comptabilité analytique des couts.[400]
De nouvelles règles budgétaires et de dépense ont été prévues pour maitriser l'équilibre budgétaire et garantir la discipline dans la gestion des crédits alloués.
La visibilité et la lisibilité du budget ont été également parmi les objectifs du nouveau texte de réforme de la LOLF en l'inscrivant dans une programmation triennale d'une part et en accompagnant le document budgétaire par 16 documents annexes tendant à faciliter l'accès à la loi de finance d'autre part.
La Cour des comptes s'est vue assignée par le texte de réforme de la LOLF un rôle original de certificateur des comptes de l'Etat.[401] Cela s'ajoutera, bien entendu, sans le remettre en cause, à son rôle fondateur de juge des comptes de l'Etat.

C- Renforcement du contrôle démocratique de la gouvernance financière publique

Le nouveau texte de réforme de la LOLF vise essentiellement à mieux informer le parlement et à outiller le contrôle parlementaire par une bonne documentation sur les deux plans quantitatif et qualitatif, tout en faisant intégrer le parlement dans le processus de l'élaboration du budget dès la fin du mois de juillet.
Au-delà de ces aménagements qui visent à renforcer la démocratisation du contrôle politique sur les finances publiques et à améliorer la qualité du débat parlementaire ; ce qui importe le plus dans la perspective de la Cour des comptes c'est que les

parlementaires auront à discuter et voter le budget au titre des programmes et actions et non plus au titre des rubriques.

Cette transformation majeure appellerait une collaboration accrue entre le parlement et la Cour des comptes, cette dernière , en tant qu'instance d'appui à la démocratie constitutionnelle, sera appelée et sollicitée à mieux renseigner les parlementaires sur les performances des actions publiques et à accélérer son rythme de contrôle de performance et ses enquêtes thématiques, entre autres.

SECTION II : IMPLICATIONS SUR L'OFFICE DE LA COUR DES COMPTES

La nouvelle LOLF aura des effets directs et indirects sur la manière d'agir, les choix et fonctions de la Cour des comptes et surtout sur le régime de responsabilité des gestionnaires publics dont voici, à notre sens, les axes principaux [402]:

- La confirmation de l'approche évaluative de la Cour des comptes
- La reddition des comptes
- Les indicateurs de performance
- La certification des comptes de l'Etat
- Le réaménagement du régime de responsabilité des gestionnaires publics

A- Confirmation de l'approche évaluative de la Cour des comptes

Une tendance vers les évaluations et les enquêtes thématiques a été amorcée à juste titre par la Cour des comptes depuis l'année 2013, ce choix devra être renforcé et appelé à être qualitativement amélioré suite aux nouvelles dispositions de la Constitution et de la LOLF rénovée qui fait partie du bloc constitutionnel. La philosophie de la LOLF s'inscrit parfaitement dans la nouvelle tendance prévue implicitement et explicitement par la constitution et prônée par le management actuel de la Cour des comptes.

Encore faut-il le rappeler, la Cour des comptes en s'intéressant aux contrôles évaluatifs ne fait que remplir sa mission d'assistance aux pouvoirs publics en matière de renforcement de la bonne gouvernance des affaires publiques, notamment le rôle de conseiller technique et financier du parlement dans les trois matières de législation, de contrôle et d'évaluation des politiques publiques.[403]

B- Qualité de la reddition des comptes

La qualité du contrôle qu'il soit de régularité ou de performance dépend de la qualité de la reddition des comptes et leur bonne mise en examen par les autorités habilitées, les travaux de vérification s'en trouvent largement facilitées d'où une économie de temps en termes de vérifications préalables.

L'amère expérience de la confection du compte unique du service au lieu du compte de gestion du comptable prévu par le code des juridictions financières est une leçon à ne pas perdre de vue, s'ajoutera maintenant les exigences de la nouvelle approche budgétaire déjà amorcée et aujourd'hui légalisée en la renforçant par le nouveau texte de réforme de la loi organique relative la loi de finances. En effet, partant des nouvelles exigences induites par la LOLF sous l'optique de la recherche des résultats et des performances, continuer à produire les comptes administratifs des ordonnateurs et les comptes de gestion des comptables dans les formes actuelles n'aura plus aucun sens.

Avec la nouvelle logique exigée par la LOLF, les chapitres sous forme de crédits alloués et consommés n'est plus une base de contrôle des performances, ils doivent être accompagnés de projets d'actions annuels des ministères et de rapports annuels de performance. Les programmes de dépenses doivent correspondre aux investissements projetés, renseignés par des objectifs préétablis et des indicateurs de performance bien fixés.

A noter que le texte de réforme de la LOLF assigne au ministre des finances via l'IGF (Inspection générale des finances), et non pas à la Cour des comptes, la mission d'audit des programmes annuels.[404]

C- Indicateurs de performance

C'est une tendance mondiale aujourd'hui de recourir à des indicateurs de résultats des services publics pour allouer des dépenses publics. A titre d'exemples, pour les services sociaux tel l'enseignement, on détermine préalablement et avec précision les couts des services pour en mesurer l'efficacité aux travers d'indicateurs, tels le taux de scolarisation, le taux de réussite, le cout du redoublement … Pour la magistrature : le délai moyen de jugement des affaires, le taux d'annulation des décisions juridictionnels, le nombre d'affaires réglées par magistrat.[405]

D- Certification des comptes de l'Etat

L'article 31 de la nouvelle LOLF a assigné à la Cour des comptes le rôle original de certificateur des comptes de l'Etat, et donc de garant de la sincérité des comptes en plus de son rôle classique de contrôleur de la régularité. Cette nouvelle mission qui répond à la transition d'une comptabilité de caisse à une comptabilité d'exercice en droits constatés, devra amener la Cour des comptes à contribuer dans l'articulation des composantes de la nouvelle architecture comptable et budgétaire.

Deux autres facteurs doivent recevoir l'attention de la Cour des comptes pour mener professionnellement son rôle de certificateur des états financiers de l'Etat, à savoir : le référentiel comptable (les normes comptables à appliquer) et le dispositif de maitrise des risques (normes de contrôle interne) ; et accessoirement la typologie d'avis à émettre.

La Cour des comptes sera amenée à jouer un rôle presque semblable à celui des commissaires au compte en constatant les omissions, erreurs et irrégularités et en garantissant ainsi la sincérité et l'image fidèle des comptes de l'Etat. L'effort doit être consacré, rappelons-le, à la recherche et la détermination des critères à retenir pour cerner la qualité de l'information et l'objectif du contrôle interne.

La sanction des résultats de la certification opérée par la Cour des comptes, reviendra aux parlementaires en tant que représentants de la nation. Mais cela ne doit pas conduire à déduire que le rôle de juge des comptes de l'état sera éclipsé par le nouveau rôle attendu de certificateur. Par ailleurs, le régime de responsabilité des acteurs de la gestion publique sera lui appelé à être adapté selon les nouvelles donnes.

E- Vers un réaménagement intégré et concerté du régime de responsabilité des acteurs de la gestion publique

La modernisation de la gestion publique impulsée par la nouvelle loi organique relative aux lois de finances entrainerait à coup sûr une réorganisation de l'ensemble des services de telle manière à redéployer la responsabilité des acteurs de la gestion financière publique et permettre ainsi l'imputabilité de la responsabilité. Aussi la Cour des comptes se trouve-t-elle dans l'obligation d'adapter sa

démarche de contrôle, d'appréciation et de mise en jeu de la responsabilité des gestionnaires du budget.
Un débat est aussi nécessaire qu'urgent avec le ministère des finances pour articuler la nouvelle architecture de la gestion publique avec une refonte progressive et réfléchie du régime de responsabilité financière des acteurs de la gestion publique, notamment les notions de responsabilité de gestion par objectif, et celle sans faute légalement caractérisée, ainsi que les réaménagements et/ou exceptions aux principes classiques de droit budgétaire et aux règles correspondantes de la comptabilité publique …
Certes, la nouvelle LOLF a inscrit clairement la disposition législative relative à la responsabilité financière en tant que disposition prévisible par la loi de finances, mais l'expérience des modifications de 2004, 2005 et 2008 qui ont été introduites (en quasi cavalier budgétaire selon la Cour des comptes) dans les lois de finances n'ont pas acquis l'adhésion de la Cour des comptes. Son commentaire[406] rendu public marque un désaccord explicite en la forme et le fond avec l'approche du ministère des finances.

F- Impacts sur l'office du juge financier

Le rapport entre le juge financier et le juge administratif de cassation :
En effet les nouveaux aménagements de la gestion publique tendent à accentuer le particularisme du droit public financier par rapport au droit administratif général. Le droit public financier sur la base duquel travaille le juge financier tend à se démarquer de plus en plus du droit administratif général applicable par le juge administratif de cassation ? Certaines règles sont incorporées dans le droit administratif général ; Certaines règles sont restées de la seule sphère de la légalité budgétaire et financière ; mais il faut noter également l'existence d'actes dits mixtes ayant deux destinations et deux solutions différentes. Avec les nouveaux aménagements sur la gestion publique, la légalité financière au dépourvu de la volonté du Professeur Vedel [407]prendra une nouvelle distance de la légalité administrative. Le juge administratif de cassation n'aura pas la tâche facile pour opérer une telle distinction, qui d'ailleurs ne l'oblige pas en principe, mais à quelle mesure ? La jurisprudence de la Cour de cassation (voir nos

notes sous arrêts dans notre ouvrage les grands arrêts, op.cit.), notamment en rapport avec les deux notions de « la déclaration écrite » et de « préjudice financier » est illustrative à cet égard...
Importance des recommandations de gestion : Sur un autre registre, le juge financier doit interagir avec sa casquette de contrôleur administratif de la gestion, en bénéficiant de l'approche du contrôle intégré des comptes ; Il doit fournir des efforts de recherches intelligentes d'adaptation visant à pallier aux vides et aux confusions juridiques, en interrogeant la règle juridique elle-même (son utilité) et en proposant des alternatives au législateur au moyen des recommandations de gestion. La règle de droit ne doit-elle pas à son tour subir une évaluation de performance ?

1- Au niveau de la discipline budgétaire et financière

Avant la LOLF : C'était l'affaire CIH 1998 (corollaire de l'affaire crédit lyonnais 1995 en France) qui a amorcé un premier virage significatif dans le dispositif légal voué à la répression d'irrégularités ou de manquements à des obligations imposés aux gestionnaires publics en introduisant la faute de gestion sans la citer expressément , légiférée ultérieurement mais partiellement dans le nouveau code des juridictions financières sous forme de faute de négligence du contrôle interne . Dans la nouvelle logique de gestion par les objectifs, il reste de penser au cas de la faute de gestion non préalablement qualifiée par la loi. Autrement, la jurisprudence de la Cour des comptes aura son mot à dire, le juge financier en matière de discipline budgétaire et financière, et dans une moindre mesure en matière de la gestion de fait doit tirer les conséquences.
En France, avant 1995 la Cour de discipline budgétaire et financière a recouru à une interprétation large des deux notions de règle et d'infraction,[408] mais toujours en liaison avec un texte ou un principe de droit financier. Après la LOLF, le recours à une interprétation large des règles et des infractions pour y inclure les fautes de gestion non qualifiées par la loi a été pratiqué par la CDBF française. En effet, l'élasticité et donc l'extensibilité des infractions de la loi relative à la discipline budgétaire et financière permettent au juge financier disciplinaire de répondre aux changements induits par la modernisation de la gestion publique. Selon Nocolas Gropper, ex secrétaire général de la CDBF française, ladite modernisation accroit

la nécessité de sanctions expost et renforce potentiellement la compétence de discipline budgétaire et financière.[409] Néanmoins une réforme de la Cour de discipline budgétaire et financière parait souhaitable selon lui pour améliorer son efficacité. C'est pratiquement le cas pour le Maroc mais non pas sur le plan organisationnel, c'est surtout sur le plan du corpus juridique des règles et des infractions qu'il va falloir procéder à un réaménagement.
S'agissant des règles applicables, on se dirige vraisemblablement, notamment pour les établissements et entreprises publics vers un mariage : droit public/droit privé,[410] et vers l'émergence de la notion de « règles de bonne gestion », et par extension de « la responsabilité managériale » qui existe déjà en droit commercial, mais sous une autre signification.
En attendant une réforme juridique, le juge financier marocain aura du pain sur la planche et doit s'efforcer à dégager cette responsabilité managériale à partir du texte et du contexte de la mise en œuvre de la nouvelle gestion publique axée sur la performance à raison de la gestion des programmes et actions au lieu des encaissements et décaissements et à partir des infractions basées sur les seules règles préalablement édictées….

2- Au niveau du jugement des comptes

<u>Sur le particularisme du jugement des comptes</u> : En plus des défis imposés par le nouveau rôle de certificateur des comptes de l'Etat, la notion des « éléments matériels du compte » doit être revisitée et par extension la notion de « la responsabilité objective ». La notion de « l'intérêt pratique » en matière de gestion de fait aura un terrain d'application et peut être une nouvelle interprétation extensive vers d'autres matières. Certaines autres dérogations non acceptées par le juriste orthodoxe, mais dictées par la nouvelle réalité managériale ont été déjà amorcées au Maroc, à titre d'exemples : l'inexécution du débet après cinq ans à compter de la date de la production du compte ou un an après le prononcé de l'arrêt provisoire, prévue par le code des juridictions financières. La nouvelle formulation de l'article 10 du règlement général de la comptabilité publique selon laquelle la charge du débet ne se transfère plus aux ayants droit…le juge des comptes doit également faire face, à sa méthode et selon ses préoccupations

aux nouvelles transformations techniques et procédurales du contrôle de la régularité des opérations financières dans un contexte de dématérialisation et de responsabilisation accrue des services ordonnateur traduits par le renforcement du contrôle interne. Il pourra sans doute tirer profit dans une certaine mesure et selon le cas, des développements récents dans l'office du juge des comptes français, qui a su accompagner l'évolution de la gestion publique, sans pour autant sacrifier des principes et des règles de base qui fondent son office.

- ✓ Aussi, le juge des comptes en France a contribué à consolider la base légale. Par exemple, en rappelant que *l'organisation en mode facturier, au sein de laquelle l'ordonnateur constate et certifie le service fait et où l'ordre de payer n'est plus matérialisé par un document, mais par une transaction de certification dans un outil informatique, ne pouvait déroger aux principes de la comptabilité publique, en particulier à la nécessité pour le comptable de vérifier la qualité de l'ordonnateur ;*
- ✓ Le juge des comptes a conduit *à mettre en place des procédures informatiques permettant le contrôle de l'habilitation de l'ordonnateur ;*
- ✓ Il a rappelé le *nécessaire respect des principes fondamentaux de la comptabilité publique dans les procédures dématérialisées ;*
- ✓ Le juge des comptes a également su bien accompagner *le processus de dématérialisation en insistant sur le respect des grands principes de la comptabilité publique.*

Le juge des comptes français a dû s'adapter à la réforme du régime de responsabilité du comptable, suite à la réforme de 2008. A titre d'exemples :

- ✓ *La séparation des fonctions d'instruction, de poursuite et de jugement*
- ✓ *L'auto procuration d'un pouvoir d'appréciation accru concernant la notion de préjudice financier causé à la collectivité*
- ✓ *La cumulation, grâce à la jurisprudence, de plusieurs sanctions sur un même exercice ;*
- ✓ *La considération que les irrégularités de même nature peuvent constituer un manquement unique ;*

- ✓ *La précision de la notion de préjudice financier, notamment en relation avec celle de service fait.*[411]

En guise de conclusion

Sous la pression des mutations de la gestion publique surtout après l'avènement de la nouvelle LOLF, Ne serions-nous pas devant une substitution de règles jurisprudentielles aux incapacités et rigidités des règles juridiques classiques encadrant la responsabilité des acteurs de la gestion publique ? D'où la nécessité de repenser la matière de droit financier public vers une professionnalisation juridique et judiciaire en interaction permanente avec la réalité managériale sur le terrain ? Finalement et paradoxalement, les développements bouleversants de la gestion publique, impliquent-ils vraiment l'abandon des principes et règles classiques de droit budgétaire et comptable ayant guidé pour longtemps l'office du juge financier ou bien, il s'agit simplement de redéployer les efforts d'adaptation et de conceptualisation des modes de travail et des outils d'interprétation du juge financier ?

Notes du chapitre V

397- Dahir n°1-15-62 du 14 chaabane 1436 (2 juin 2015) portant promulgation de la loi organique n° 130-13 relative aux lois de finances.

398- En France c'est le pouvoir législatif qui a pris l'initiative des réformes budgétaires qui ont abouti à l'adoption de la nouvelle loi organique relative aux lois de finances en 2001, voir à ce propos : Adam (F) ; Ferrand (O) et Rioux (R) : « Finances publiques », 2ème édition, Po/Dalloz, 2007, pp 70-71, notamment l'encadré 1.5. «La réforme de l'ordonnance du 2 janvier 1959, un miracle législatif ? » (p 71). Les trois auteurs écrivent notamment que c'est rarissime dans le domaine des finances publiques le fait que la loi organique du 1er aout 2001 soit issue d'une initiative parlementaire conduite dans un contexte politique favorable (p70).

399- Voir à ce propos le rapport conjoint entre le ministère des finances et la banque mondiale, Mars 2007. Doc. Ministère des finances du Maroc. 2007. Cité par : BERRAOU Mohammed : « De la responsabilité financière en général et de la responsabilité dans la gestion du budget par objectifs en particulier : un diagnostic comparé » Revue IDARA, Ecole nationale d'administration de l'Algérie, numéro spécial ; volume 16, numéro 2- 2006. Numéro 32. pp 41-58.

400- Article 31 de la LOLF, deuxième, troisième et quatrième alinéa.

401- Même article, dernier alinéa.

402- BERRAOU Mohammed : « Note sur le projet de loi organique relative à la loi de finances et ses implications pour la Cour des comptes » Doc. Interne. Cour des comptes du Maroc. 2014.

403- En effet, le premier alinéa de l'article 148 de la constitution a apporté un changement considérable dans le rôle d'assistance de la Cour des comptes vis-à-vis du parlement en disposant ce qui suit : « La Cour des Comptes assiste le Parlement dans les domaines de contrôle des finances publiques. Elle répond aux questions et consultations en rapport avec les fonctions de législation, de contrôle et d'évaluation, exercées par le Parlement et relatives aux finances publiques ».

404- Alors qu'en France, c'est la Cour des Comptes qui est, à juste titre, investie de ce rôle. Voir, loi organique relative à la loi de finances du 1er aout 2001.

405- En France les derniers rapports annuels de la Cour de discipline budgétaire et financière présentés au président de la république tentent d'embrasser désormais cette logique, à travers des indicateurs de volume et de performance des travaux juridictionnels de la Cour.

406- Voir rapport annuel 2007 publié en 2009, cette position a déjà été mentionné dans le chapitre III : Responsabilité pécuniaire personnelle des comptables publics : à propos des nouvelles modifications de l'année 2008.

407- Voir son débat avec Magnet, in : « La Cour des comptes d'hier à demain ». Op.cit.

408- Voir à ce propos : CDBF : Arrêt De Grailly, 1974.

409- Groper Nicolas : « Les sanctions de droit public financier et la réforme de la gestion publique ou la CDBF et la LOLF », revue du trésor, n° 2, février 2008, PP 95-97.

410- Le code de commerce, notamment.

411- Le juge des comptes a pu parfois considérer qu'il n'y avait pas préjudice financier, en raison de l'exécution du service fait, même si un avenant n'était pas fourni par le comptable. Aujourd'hui le juge considère, pour qu'il y ait absence de préjudice financier, qu'il doit y avoir non seulement service fait mais encore existence de pièces justificatives nécessaires au contrôle de la validité de la créance. Voir à ce propos le rapport annuel de la Cour des comptes française. 2015. Doc. Cour des comptes française : sur les le juge du compte et son accompagnement des réformes de 2008.

CONCLUSION GENERALE

De l'état actuel de la Cour des comptes du Maroc en général

Un nouveau visage, un nouveau positionnement

Loin d'être un simple organe de vérification de la régularité de l'exécution de la loi de finances (définition classique française), comparée à tort à l'IGF (inspection générale des finances), la Cour des comptes est une institution prestigieuse, surveillant suprême (Watch dog) des fonds publics. Redoutable, dans le sens qu'elle doit inspirer la crainte chez les auteurs potentiels des infractions aux règles de gestion des finances publiques ; mais source de confiance chez le Citoyen / Electeur / Contribuable -CEC- et pour l'image de marque du pays, sur les plans politique, économique et financier. Elle est aujourd'hui connue et reconnue comme l'un des piliers du temple d'intégrité (système national d'intégrité, SNI)- faisant partie de l'infrastructure morale du pouvoir étatique.

À double casquette, juge/auditeur : institution supérieure de contrôle (ISC) de type juridictionnel (modèle collégial latin); Avec une mission multidimensionnelle. Auxiliaire et outil institutionnel accompagnateur du processus de «transition démocratique» ou plus modestement de la « Democracy learning » : Pouvoir autonome et contrepouvoir à la fois, mais équidistance par rapport aux trois pouvoirs, avec des nuances.

Une évolution fonctionnelle extraordinaire dans le temps : De la protection des fonds publics (appréciation rigoureuse, sur pièce, ex post) à la protection de l'intérêt public (appréciation indépendante et éclairée ; tournée vers l'avenir : les recommandations et leur suivi) ; De la fonction sociale (régulation du comportement social à travers le contrôle de la conformité aux lois et règlements : principe de la juridicité) à la fonction économique (performance et efficience de la dépense publique et des projets et programmes publics : théorie du principal/agent) à la fonction politico-institutionnelle (check and balance à la marocaine) ; Des 3 E au 5 E et du contrôle à l'évaluation….

Référentiels

Un nouveau référentiel constitutionnel (2011) : Bonne gouvernance ; reddition des comptes ; transparence et probité ; renforcement du contrôle démocratique (parlement et opinion publique) de la gouvernance. En plus du référentiel international (les lignes directrices de l'INTOSAI) et les différentes catégories de normes internationales, générales et spécifiques. Notamment les ISSAIs en attendant l'introduction progressive des IPSASs.

Des compétences diversifiées, intégrées et effectivement mises en œuvre sauf pour la pratique de la gestion de fait

Compétences juridictionnelles revues et renforcées : jugement des comptes, suite à une vérification non seulement sur pièce mais aussi et aujourd'hui sur place suivant une méthode formalisée et modulée de contrôle (y compris une fonction disciplinaire extraordinaire) ; Discipline budgétaire et financière (la fonction disciplinaire ordinaire) ; Gestion de fait (y compris une fonction disciplinaire optionnelle) dans le texte mais en l'absence de cas pratiques.

Compétences non juridictionnelles (administrative : contrôle de la gestion des organismes publics et de l'emploi des fonds publics, notamment des associations) ; (consultative : assistance et conseil au parlement et au gouvernement) ; et (moralisatrice : contrôle des finances des partis politiques y compris les dépenses des candidats aux élections et contrôle des déclarations de patrimoine) ; des rapports de contrôle et des rapports thématiques à l'initiative de la Cour, du parlement et du gouvernement ; Et interaction entre les deux pôles de compétences;

Les implications de la nouvelle loi organique des lois de finances (2015) : les défis de la certification des comptes de l'Etat ; de la réadaptation du contrôle administratif de la gestion et de l'imputabilité des actes d'une gestion axée dorénavant sur les objectifs et une responsabilité de plus en plus diluée.

Du contrôle à la reddition des comptes à la mise en jeu de la responsabilité

Les différents types de responsabilité, en interne (discipline budgétaire et financière, gestion de fait et responsabilité personnelle pécuniaire des comptables publics) et en externe (responsabilité pénale notamment) : Les passerelles sont établies par la loi (art 111) ; La responsabilité disciplinaire financière devant le juge financier : Une responsabilité spécifique au droit public financier, à ne pas confondre avec celle en droit civil, administratif ou pénal.

De la responsabilité des acteurs de la gestion publique en particulier [412]

Une spécificité constitutive de l'image de marque du modèle marocain : la fonction disciplinaire lato sensu fait partie intégrante du dispositif de la Cour des comptes dans toutes les matières, notamment juridictionnelles ; mais parmi ces matières susdites, c'est bel et bien la discipline budgétaire et financière (DBF) qui constitue la compétence proprement juridictionnelle de l'institution de la rue Ettoute;
Bien qu'étant une fonction autonome, la fonction disciplinaire stricto sensu (DBF) n'est qu'une composante d'un ensemble indissociable de fonctions et attributions, elle a pour objectif de contribuer, en interaction avec les autres fonctions, à ancrer les valeurs et les règles d'un comportement discipliné dans l'utilisation des fonds publics, à prévenir la corruption et à sauvegarder le premier grand critère d'une bonne et saine gestion : la conformité aux lois et règlements :compliance.
La discipline budgétaire et financière a la singularité de mettre en œuvre, *in concreto* la responsabilité individuelle des acteurs de la gestion publique ; Seulement, il ne faut pas la confondre avec la responsabilité pénale, bien qu'il existe des similitudes notables entre les deux modes de mise en jeu de la responsabilité.

Particularités et finalité de la compétence en matière de discipline budgétaire et financière [413]
Les personnes justiciables sont des personnes relevant d'organismes assujettis au contrôle ;
Une compétence punitive en fonction et à l'égard des seuls trois acteurs publics principaux de la gestion financière;
Les infractions : un champ très large : la notion de «la faute de gestion» ; «dans le service» : non-respect des règles applicables à l'exécution des opérations financières publiques et la protection du patrimoine public ; la notion de la faute «manifestement grave» de gestion aura sans doute dans l'avenir son terrain d'application.
Des points restent en suspens : comme la responsabilité des ministres ; la responsabilité des agents relevant des entreprises concessionnaires ;

ou encore le droit de saisine des particuliers y compris les associations de défense des fonds publics….
Prescription et exonération : une prescription quinquennale similaire à celle délictuelle en droit pénal ; l'exonération profite au producteur d'un ordre écrit établi avant la commission de l'infraction.
Décharge en cas de force majeure mais devant le chef du gouvernement.
Remise gracieuse toujours sous l'entière discrétion du ministre des finances.

De la procédure en matière de discipline budgétaire et financière
Déféré et saisine de la Cour : une liste restreinte limitée aux autorités publiques et des conditions rigoureuses ;
Particularité tenant au statut et au rôle du Conseiller rapporteur qui est membre avec voix délibérative dans la formation de jugement;
Les voies de recours : existence d'un deuxième degré au sein de la Cour des comptes ; La Cour de cassation continue à connaitre des pourvois en cassation mais elle doit éclaircir certains points obscurs (voir notre ouvrage : les grands arrêts de la jurisprudence financière au Maroc, Daralqalam, 2009 ; notes sous arrêts).

De la compétence disciplinaire extraordinaire de la Cour des comptes
Le législateur marocain, dans un saut qualitatif de marque en 2002, a expressément chargé la Cour des comptes d'une mission juridictionnelle à caractère disciplinaire non seulement à l'égard des ordonnateurs (déjà prévu par le texte fondateur de 1979) , mais également, et c'est là son originalité, à l'égard de certaines infractions particulières commises par les comptable publics.
D'autres amendes sont prévues dans plusieurs cas autres que le cas de la discipline budgétaire, comme les amendes pour retard de production des comptes, les amendes de gestion de fait et les amendes sanctionnant la non collaboration aux procédures ainsi que les amendes sanctionnant l'entrave à l'exercice des missions de la Cour des comptes.

De la gestion de fait
une matière un peu négligée que ce soit en doctrine ou en jurisprudence, la Cour des comptes gagnerait à faire un effort de mise en œuvre de cette compétence indiscutablement efficace pour

dissuader les auteurs de la gestion des fonds publics en marge de la légalité financière et comptable, surtout dans le domaine de la gestion des collectivités territoriales.

Du jugement des comptes des comptables publics

La Cour des comptes a accumulé depuis l'année 1988 une expérience riche en la matière, mais qui doit être rendu nettement plus visible aux assujettis au contrôle et au grand public dont les universitaires, par des extraits commentés ou des recueils annotés et par la modération de l'anonymisation tous azimuts des arrêts publiés. Mais aussi par des réaménagements du code des juridictions financières, relatives à la procédure du contradictoire et l'allégement des délais, ainsi que l'éclaircissement de la notion du contrôle intégré des comptes et de la gestion.

Un point sensible à ne pas négliger c'est celui de la notion de la responsabilité effective, à savoir : la décharge et surtout la remise gracieuse dont la Cour des comptes doit avoir au moins un droit de regard, car le temps de la justice retenue est révolu.

De la jurisprudence financière

S'agissant de la jurisprudence, abstraction faite de la communication historique de janvier 2000 sur la responsabilité des gestionnaires publics (discipline budgétaire et financière), la Cour a réalisé, grâce à contrainte constitutionnelle de 2011, un précédent historique en procédant à la publication de ses deux premiers lots d'arrêts en 2015 et 2017 dans les deux matières de discipline budgétaire et financière et de jugement des comptes. Mais elle gagnerait à notre sens à supprimer l'anonymisation des arrêts relatifs à la probité et au rembourrements des pertes financières subies par les organismes publics et à augmenter les prochaines publications par des commentaires et des annotations.

Des relations entre la Cour des comptes et l'ordre judicaire

Une coordination est requise entre l'ordre financier et l'ordre judicaire, s'agissant notamment des questions du renvoi des infractions pénales au juge pénal et des infractions de discipline budgétaire et financière ou de gestion de fait, au juge financier ; du cumul ; de la consultation des dossiers de la Cour des comptes ; ou encore de l'autorité des rapports de la Cour des comptes couverts par le secret de l'instruction …

Les relations entre la Cour des comptes et l'ordre judicaire gagneraient à être réglementées et les dernières modifications de 2016 à être rectifiées le plutôt possible.

Du modèle institutionnel et son impact sur l'efficacité du régime de responsabilité

S'il est internationalement convenu que la Cour des comptes comme toute autre institution supérieure de contrôle répond à un besoin de bonne gestion des dépenses publiques et d'assurance de la reddition des comptes et de renforcement des institutions (banque mondiale 2001), le rapport entre le modèle adopté (francophone ou anglo-saxon, notamment) d'une part et l'atteinte de ces objectifs d'autre part n'est ni théoriquement ni empiriquement prouvé. Cela bien entendu dans la limite de notre connaissance de l'état actuel de la littérature scientifique en la matière.

Les deux économistes allemands : Lorenz Blume et Stefan Voigt Philipps avancent dans leur étude comparée parue en 2007,[414] utilisant des variables économiques, des conclusions choquantes. Selon eux est-il vraiment justifié de créer des institutions supérieures de contrôle sous les deux critères de finalité économique et de la lutte contre la corruption ? À ce dernier titre, qui est en rapport avec l'objet de notre ouvrage, l'étude tire une conclusion surprenante selon laquelle le modèle napoléonien n'a aucun effet effectif sur la lutte contre la corruption ; c'est bien le modèle anglo-saxon ou la perception de la corruption est la moins constatée !

Justement et au courant de l'année 2007, l'année de la publication de l'article susvisé et de la commémoration du bicentenaire de la Cour des comptes française et au courant de l'année suivante, le débat en France sur l'opportunité économique de l'actuel mode institutionnel de la Cour, a déferlé la chronique, Sarkozy a ouvertement proposé de remplacer la Cour par un contrôleur général rattaché au parlement, à la britannique. Finalement, et grâce au plaidoyer de l'ancien premier président de la Cour des comptes et figure de proue de la droite, Philipe Séguin, c'est bien le sentiment de la spécificité nationale qui l'a remporté sur le pragmatisme économique, comme on l'a compris. Mais en dépit de ce sort institutionnel réservé à la Cour des comptes française du moins actuellement, le débat sur le positionnement institutionnel est toujours d'actualité, des sujets comme : pouvoir ou contrepouvoir ? Independence ou interdépendance, fusion ou non avec la Cour de discipline budgétaire et financière ? Responsabilité des ministres ? visibilité de la Cour de discipline budgétaire et financière ? sont et resteront à l'ordre du jour.

S'agissant du modèle marocain et partant des conclusions de l'étude susmentionnée et des discussions qui déferlent la chronique nationale sur l'efficacité de la Cour des comptes, soit le modèle actuel doit être maintenu en l'approchant davantage de l'ordre judicaire mais en garantissant un suivi effectif et une efficacité des passerelles et de leur outputs et c'est ce que nous proposons aux pouvoirs publics, soit il faut entamer un virage vers le système anglo-saxon. Mais là encore, il faut se placer dans une logique constitutionnelle, politique et culturel prônant un parlementarisme renforcé, or la constitution vient d'être amendée en 2011 dans le sens d'un renforcement mesuré des pouvoirs du parlement sans toutefois toucher à l'essence de l'équilibre des pouvoirs préexistant.

En somme, le type de système institutionnel de mise en jeu de la responsabilité n'est pas une fin en soi, les lois et les procédures ne suffisent pas non plus à elles seules, tout un arsenal de sous-systèmes et d'outils de transparence , de redevabilité et de lutte contre la corruption doit être réellement mis en place , évalué et renforcé d'une manière continue. Il s'agit d'un processus dynamique que la volonté politique doit amorcer et /ou sauvegarder, mais que tout le monde doit y pratiquement participer. La finalité étant de développer un modèle Maroco-marocain d'une institution progressivement et réellement indépendante et efficace.

Il est souhaitable à notre sens, que les pouvoirs publics, à travers l'instance nationale de probité, de prévention et de lutte contre la corruption (instance officielle), procède à une évaluation objective du système national d'intégrité (SNI) où la Cour des comptes n'est qu'une composante parmi d'autres. Tous les piliers du « temple d'intégrité » doivent être en mesure de fonctionner et interagir, dans le cadre de la sérénité et la synergie, en vue de réaliser, conjointement, des résultats tangibles dans la perspective d'une bonne gouvernance politique, économique et financière sur les deux plans territorial et sectoriel. A cet effet, l'instance de probité susmentionnée avait déjà proposé en 2011 plusieurs axes de réformes parmi eux « la promotion du rôle des juridictions financières et la dynamisation de leurs contrôles en parallèle avec « la redéfinition des responsabilités des institutions de contrôle financier ».[415] Seulement, il ne faut surtout pas tomber dans l'erreur populiste fatale de considérer la Cour des comptes en tant qu'organe de lutte contre la Corruption. Certes, c'est un organe qui contribue à renforcer l'aspect prévisionnel et pédagogique et dans une moindre mesure, répressif de la politique de lutte contre la corruption. Mais la Cour des comptes, surtout avec l'émergence du contrôle parlementaire et du contrôle de l'information financière suite à l'entrée en vigueur de la nouvelle loi organique relative à la loi de finances, est un pouvoir de contrôle et d'appui à la démocratie constitutionnelle qui vise l'information du citoyen sur les défaillances et les performances des administrations publiques conformément aux dispositions du fameux article 15 de la déclaration internationale des droits de l'homme. En fin de compte, il n'y a de reddition des comptes sans transparence, ils sont deux concepts jumeaux. La Cour a la mission principale de jouer son rôle de pouvoir de remontrance publique qui débouche sur la reddition des comptes et par extension sur la mise en jeu de la responsabilité individuelle financière. Mais aussi pénale (rôle de la justice), politique (rôle du parlement en interaction avec le gouvernement), administrative (rôle du gouvernement) et morale (rôle de la presse de pair avec celui de la société civile). Il ne s'agit pas d'une invention de l'auteur. C'est bel et bien le constituant marocain de 2011 qui a été clair et net en prévoyant le principe de « liaison entre l'exercice des responsabilités publiques et la reddition des comptes »[416] comme l'un des principes fondateurs de la constitution, tout en en confiant à la Cour des comptes la noble et rude mission suprême de « protection des principes et valeurs de bonne gouvernance, de transparence et de reddition des comptes de l'État et des organismes publics ».[417] Et c'est bel et bien aussi, le Chef de l'Etat (discours du trône du 29 juillet 2017, en réaction aux protestations sociales qui ont secoué la région du Rif) qui a lancé un appel, avec un ton ferme et retentissant, pour opérationnaliser, ici et maintenant, ledit principe sur les deux plans politique et administratif.

Mohammed BERRAOU
Fait à Rabat, le 30 juillet 2017

Notes de la conclusion générale

412- BERRAOU Mohammed : « De la fonction disciplinaire de la Cour des comptes », communication au colloque international, gouvernance et contrôle supérieur des finances publiques en Afrique, défis et enjeux. Rabat, 24 mars 2016.

413- Ibid.

414- SAI : supremely superflous ? op.cit.

415- Bonne gouvernance entre la situation actuelle et les dispositions de la nouvelle constitution 2011, juin 2011, p 9. Doc ICPC, www.icpc.ma . 2011.

416- Ibid. Paragraphe 4 : Responsabilité et reddition des comptes, pp 11-12.

417- Article 147, 2ème alinéa de la constitution de 2011.

Annexes

- **Nouvelles dispositions constitutionnelles (2011) relatives à la Cour des comptes du Maroc**
- **Dispositions juridiques relatives à la responsabilité des acteurs de la gestion publique au Maroc**
- **Texte presque intégral de quelques arrêts de la Cour des comptes du Maroc en matière de discipline budgétaire et financière**

Annexe I :
Nouvelles dispositions constitutionnelles (2011) relatives à la Cour des comptes du Maroc

Titre X
De la Cour des comptes

Article 147.

La Cour des Comptes est l'institution supérieure de contrôle des finances publiques du Royaume. Son indépendance est garantie par la Constitution.

La Cour des Comptes a pour mission la protection des principes et valeurs de bonne gouvernance, de transparence et de reddition des comptes de l'État et des organismes publics.

La Cour des Comptes est chargée d'assurer le contrôle supérieur de l'exécution des lois de finances. Elle s'assure de la régularité des opérations de recettes et de dépenses des organismes soumis à son contrôle en vertu de la loi et en apprécie la gestion.

Elle sanctionne, le cas échéant, les manquements aux règles qui régissent lesdites opérations.

La Cour des Comptes contrôle et assure le suivi des déclarations du patrimoine, audite les comptes des partis politiques et vérifie la régularité des dépenses des opérations électorales.

Article 148.

La Cour des Comptes assiste le Parlement dans les domaines de contrôle des finances publiques. Elle répond aux questions et consultations en rapport avec les fonctions de législation, de contrôle et d'évaluation, exercées par le Parlement et relatives aux finances publiques.

La Cour des Comptes apporte son assistance aux instances judiciaires.

La Cour des Comptes assiste le gouvernement dans les domaines relevant de sa compétence en vertu de la loi. Elle publie l'ensemble de ses travaux y compris les rapports particuliers et les décisions juridictionnelles.

Elle soumet au Roi un rapport annuel sur l'ensemble de ses activités, qu'elle transmet également au Chef du Gouvernement et aux Présidents

des deux Chambres du Parlement. Ce rapport est publié au Bulletin Officiel du Royaume.

Un exposé des activités de la Cour est présenté par son Premier président devant le Parlement. Il est suivi d'un débat.

Article 149.

Les Cours régionales des comptes sont chargées d'assurer le contrôle des comptes et de la gestion des régions et des autres collectivités territoriales et de leurs groupements. Elles sanctionnent, le cas échéant, les manquements aux règles qui régissent les opérations financières publiques.

Article 150.

La composition, l'organisation, les attributions et les modalités de fonctionnement de la Cour des Comptes et des cours régionales des comptes sont fixées par la loi.

Annexe II :
Les dispositions juridiques relatives à la responsabilité des acteurs de la gestion publique

I- Dans la loi 62.99 formant code des juridictions financières

1- Les dispositions juridiques relatives à la Cour des comptes

Livre premier : Cour des comptes

(……)

Chapitre II : Discipline budgétaire et financière

Section I : Personnes justiciables

Article 51 : La cour exerce une fonction juridictionnelle en matière de discipline budgétaire et financière à l'égard de tout responsable, de tout fonctionnaire ou agent de l'un des organismes soumis au contrôle de la cour, chacun dans la limite des compétences qui lui sont dévolues, qui commet l'une des infractions prévues aux articles 54, 55 et 56 ci-dessous.

Les organismes soumis au contrôle de la cour, au titre du présent chapitre sont :

- les services de l'Etat ;
- les établissements publics ;
- les sociétés ou entreprises dans lesquelles l'Etat ou des établissements publics détiennent séparément ou conjointement, directement ou indirectement, une participation majoritaire au capital ou un pouvoir prépondérant de décision ;
- les sociétés ou entreprises dans lesquelles l'Etat ou des établissements publics détiennent conjointement avec des collectivités locales, une participation majoritaire au capital ou un pouvoir prépondérant de décision.

Article 52 : Ne relèvent pas de la juridiction de la cour en matière de discipline budgétaire et financière, les membres du gouvernement et les membres de la Chambre des représentants et de la Chambre des conseillers, lorsqu'ils agissent es-qualité.

Article 53 : Lorsque les auteurs des infractions visées aux articles 54, 55 et 56 ci-dessous, justifient d'un ordre écrit donné préalablement à l'infraction, par leur supérieur hiérarchique, ou par toute autre personne habilitée à donner cet ordre, la responsabilité devant la cour en matière de discipline budgétaire et financière est transférée au donneur de l'ordre écrit, sous réserve des dispositions de l'article 52 ci-dessus.

Section II : Infractions

Article 54 : Sous réserve des dispositions de l'article 52 ci-dessus, tout ordonnateur, sous-ordonnateur ou responsable ainsi que tout fonctionnaire ou agent placé sous leurs ordres ou agissant pour leur compte, sont passibles des sanctions prévues au présent chapitre si, dans l'exercice de leurs fonctions, ils ont :

- enfreint les règles d'engagement, de liquidation et d'ordonnancement de dépenses publiques ;
- enfreint la réglementation relative aux marchés publics ;
- enfreint la législation et la réglementation relatives à la gestion des fonctionnaires et des agents ;
- enfreint les règles relatives à la constatation, à la liquidation et à l'ordonnancement des créances publiques ;
- enfreint les règles de recouvrement des créances publiques dont ils ont éventuellement la charge en vertu de la législation en vigueur ;
- enfreint les règles de gestion du patrimoine des organismes soumis au contrôle de la cour ;
- imputé irrégulièrement une dépense en vue de permettre un dépassement de crédits ;
- dissimulé des pièces, ou produit aux juridictions financières des pièces falsifiées on inexactes ;
- omis, en méconnaissance ou en violation des dispositions fiscales en vigueur, de remplir les obligations qui en découlent en vue d'avantager indûment des contribuables ;
- procuré à eux-mêmes ou à autrui un avantage injustifié en espèces ou en nature ;
- causé un préjudice à l'organisme public au sein duquel ils exercent des responsabilités, par des carences graves dans les contrôles qu'ils sont tenus d'exercer ou par des omissions ou négligences répétées dans leur rôle de direction.

Article 55 : (modifié à compter du 1er janvier 2008 par l'article 13 de la loi de finances n° 38-07 pour l'année budgétaire 2008 promulguée par le dahir n° 1-07-211 du 27 décembre 2007 ; B.O. n° 5591 bis du 31 décembre 2007). Tout contrôleur ou comptable public ainsi que tout fonctionnaire ou agent placé sous ses ordres ou agissant pour son compte, sont passibles des sanctions prévues au présent chapitre, s'ils n'exercent pas les contrôles qu'ils sont tenus d'effectuer, en vertu des lois et règlements en vigueur, sur les actes d'engagement des dépenses.

Tout contrôleur financier ainsi que tout fonctionnaire ou agent placé sous ses ordres ou agissant pour son compte, sont passibles des sanctions prévues au présent chapitre, s'ils n'exercent pas les contrôles qu'ils sont tenus, en vertu de la législation et de la réglementation en vigueur, d'effectuer sur les actes relatifs aux dépenses et sur les actes relatifs aux recettes lorsque lesdits actes relèvent de leur compétence, pour s'assurer de :

- la conformité du marché de travaux, de fournitures ou de services aux règles d'appel à la concurrence applicables à l'organisme concerné ;
- la régularité des actes relatifs aux acquisitions immobilières, aux conventions passées avec les tiers et aux octrois de subventions ;
- la qualité des personnes habilitées en vertu de la réglementation en vigueur à l'effet de signer les propositions d'engagement de dépenses.

Toutefois, les dispositions du 3e alinéa de l'article 66 ci-dessous, ne sont pas applicables aux contrôleurs ou aux comptables publics au titre du contrôle d'engagement de dépenses, ainsi qu'aux contrôleurs financiers.

Article 56 : (modifié à compter du 1er janvier 2008 par l'article 13 de la loi de finances n° 38-07 pour l'année budgétaire 2008 promulguée par le dahir n° 1-07-211 du 27 décembre 2007 ; B.O. n° 5591 bis du 31 décembre 2007). Tout comptable public ainsi que tout fonctionnaire ou agent placé sous ses ordres ou agissant pour son compte, sont passibles des sanctions prévues au présent chapitre si, dans l'exercice de leurs fonctions, ils n'assurent pas les contrôles des dépenses qu'ils sont tenus d'exercer en vertu des lois et règlements en vigueur.

Ils encourent en outre, les mêmes sanctions :

- S'ils n'ont pas exercé le contrôle de la régularité de la perception et de l'imputation des recettes assignées à leur caisse ;
- S'ils ont dissimulé des pièces, ou produit à la cour des pièces falsifiées ou inexactes ;
- S'ils ont procuré à eux-mêmes ou à autrui un avantage injustifié en espèces ou en nature.

Toutefois, le comptable public mis en débet en application des dispositions des articles 37 à 40 ci-dessus, ne peut pour les mêmes motifs, être poursuivi en matière de discipline budgétaire et financière.
En outre, les dispositions du 3e alinéa de l'article 66 ci-dessous ne sont pas applicables au comptable public.

Section III : Procédure

Article 57 : La cour est saisie par le procureur général du Roi agissant, soit de sa propre initiative, soit à la demande du premier président ou d'une formation de la cour.

Ont également qualité pour saisir la cour par l'intermédiaire du procureur général du Roi, sur la base de rapports de contrôle ou d'inspection, appuyés des pièces justificatives :

- le Chef du gouvernement ;
- le président de la Chambre des représentants ;
- le président de la Chambre des conseillers ;
- le ministre chargé des finances ;
- les ministres pour les faits relevés à la charge des fonctionnaires et agents placés sous leur autorité et pour les faits relevés à la charge des responsables et agents des organismes placés sous leur tutelle.

Article 58 : Sur la base des documents qu'il reçoit et des informations et autres documents qu'il peut demander aux autorités compétentes, le procureur général du Roi peut décider :

- soit la poursuite, et dans ce cas, il sollicite du premier président la désignation d'un conseiller rapporteur chargé de l'instruction ; il avise les personnes concernées selon les modalités prévues aux articles 37 à 39 du code de procédure civile, qu'elles sont l'objet de poursuites devant la cour et qu'elles sont autorisées à se faire assister par un avocat agréé près la cour suprême. Le procureur général du Roi informe également de cette poursuite le ministre ou l'autorité dont dépend ou dépendait le fonctionnaire ou l'agent mis en cause, le ministre chargé des finances et, le cas échéant, le ministre de tutelle ;
- soit le classement de l'affaire s'il lui apparaît qu'il n'y a pas lieu d'engager des poursuites ; il prend à cet effet une décision motivée qui est communiquée à la partie qui lui a soumis l'affaire.

Le procureur général du Roi peut revenir sur la décision de classement si, à travers les pièces et informations complémentaires qu'il reçoit, il lui apparaît qu'il y a des présomptions sur l'existence de l'une des infractions mentionnées aux articles 54 à 56 ci-dessous.

Article 59 : En cas de poursuite, le conseiller rapporteur chargé de l'instruction est habilité à procéder à toutes enquêtes et investigations auprès de tous les organismes publics ou privés, se faire communiquer tous documents, et entendre toutes les personnes dont la responsabilité paraîtrait engagée, ou tous témoins après qu'ils aient prêté serment selon les formes et conditions prévues par le code de procédure pénale.

Les séances d'audition sont consignées dans des procès-verbaux rédigés par le greffier. Si, au cours de l'instruction, l'intéressé et les témoins ne répondent pas aux demandes formulées par le conseiller rapporteur, ce dernier soumet un rapport au premier président en vue de statuer sur l'affaire conformément aux dispositions de l'article 69 ci-dessous.

L'instruction est secrète, le procureur général du Roi en suit le déroulement dont il est tenu informé par le conseiller rapporteur.

Article 60 : Lorsque l'instruction est terminée, le conseiller rapporteur communique le dossier, accompagné du rapport d'instruction, au procureur général du Roi, qui dépose ses réquisitions dans un délai de 15 jours à compter de la date de réception du dossier.

Article 61 : La personne concernée est informée selon les mêmes modalités prévues par l'article 58 ci-dessus, qu'elle peut dans le délai de quinze (15 jours) à compter de celui de la réception de cette notification, prendre connaissance sur place, au greffe de la cour, soit par elle-même, soit par l'intermédiaire de son avocat, du dossier la concernant. Elle peut également obtenir, à ses frais, copies des pièces de son dossier.

La date de la prise de connaissance du dossier fait l'objet d'une mention au greffe.

Le dossier doit être complet et comporter notamment les réquisitions du ministère public.

Dans le délai de trente (30) jours suivant la date de cette prise de connaissance, la personne concernée peut produire un mémoire écrit, soit par elle-même soit par son avocat.

Ce mémoire est communiqué au procureur général du Roi.

Article 62 : La personne concernée peut personnellement ou par l'intermédiaire de son avocat solliciter la citation de témoins de son choix et ce, dans le délai mentionné à l'article 61 ci-dessus.

Article 63 : Lorsque le premier président estime, après l'examen du dossier, que l'affaire est en état d'être jugée, il ordonne qu'elle soit portée au rôle des audiences de la chambre compétente en matière de discipline budgétaire et financière.

La personne est convoquée quinze (15) jours au moins avant la date de l'audience.

Article 64 : (réctif B.O du 3 octobre 2002) Le président de la formation en matière de discipline budgétaire et financière assure la direction des débats et la police de l'audience.

Il peut prendre toute décision ou ordonner toute mesure qu'il estime utiles.
Au début de l'audience, le conseiller rapporteur qui a instruit l'affaire donne une lecture résumée de son rapport. La personne concernée, soit par elle-même, soit par son avocat, est appelée à présenter ses explications et justifications.
Le président peut autoriser les témoins acceptés qui en auront fait la demande, appuyée de toutes justifications qu'il estime suffisantes, à ne pas comparaître personnellement à l'audience et à déposer par écrit. Dans ce cas, lecture est donnée par le greffier des dépositions écrites des témoins autorisés.
Le procureur général du Roi présente ses conclusions.
Des questions peuvent être posées par le président ou, avec son autorisation, par les membres de la formation, à la personne concernée ou à son avocat.
Le procureur général du Roi peut faire entendre les personnes dont le témoignage lui parât nécessaire.
Tous les témoins dont l'audition est décidée, ne peuvent être entendus que sous la foi du serment, et dans les formes et conditions prévues par le code de procédure pénale.
La personne concernée ou son avocat a la parole le dernier.
La formation délibère ; le conseiller rapporteur participe au délibéré avec voix délibérative. L'arrêt est rendu à la majorité des voix. En cas de partage égal des voix, celle du président est prépondérante.
Article 65 : La cour rend son arrêt dans un délai maximum de 2 mois à compter de la date de la mise en délibéré de l'affaire, lors d'une audience à laquelle est convoqué l'intéressé ou son représentant ; cet arrêt est notifié dans les 2 mois suivant son prononcé, à la personne concernée, au ministre chargé des finances, au ministre intéressé, au procureur général du Roi, à la partie qui a saisi la cour et aux représentants légaux des organismes concernés.

Section IV : sanctions

Article 66 : La cour prononce à l'encontre des personnes ayant commis l'une ou plusieurs des infractions visées aux articles 54, 55 et 56 ci-dessus, une amende dont le montant calculé selon la gravité et le caractère répétitif de l'infraction, ne peut être inférieur à mille (1.000) dirhams par infraction, sans toutefois que le montant de l'amende par infraction ne puisse dépasser la rémunération nette annuelle que la personne concernée a perçue à la date de l'infraction.

Toutefois, le montant cumulé des amendes précitées ne peut dépasser quatre (4) fois le montant annuel de ladite rémunération.
Si la cour établit que les infractions commises ont causé une perte à l'un des organismes soumis à son contrôle, elle ordonne à l'intéressé le remboursement à cet organisme des sommes correspondantes, en principal et intérêts. Les intérêts sont calculés selon le taux légal, à compter de la date de l'infraction.
Si elle relève des faits de nature à justifier une action disciplinaire ou pénale, il est fait application des dispositions de l'article 111 ci-après.
Article 67 : Si l'auteur des infractions visées aux articles 54, 55 et 56 ci-dessus bénéficie d'une rémunération autre que publique, l'amende dont il est passible est calculée en fonction de sa rémunération nette annuelle dans les conditions fixées à l'article précédent.
S'il n'est pas salarié, l'amende peut atteindre l'équivalent de la rémunération nette annuelle correspondant à celle d'un administrateur de l'administration centrale à l'échelon le plus élevé de l'échelle de rémunération n° 11.
Article 68 : Lorsque plusieurs personnes sont impliquées dans une même affaire, la formation peut se prononcer par un seul arrêt.
Article 69 : La personne concernée et les témoins qui ne répondent pas dans le délai imparti par la cour aux demandes de communication de pièces et documents ou aux convocations qui leur sont adressées par la cour, ou refusent de prêter serment ou de témoigner, peuvent être condamnés par ordonnance du premier président à une amende de cinq cents (500) à deux mille (2000) dirhams.

Section V : Voies de recours

Appel des arrêts rendus par la cour en matière de discipline budgétaire et financière
Article 70 : Les arrêts de la cour en matière de discipline budgétaire et financière peuvent faire l'objet d'un recours en appel devant la formation inter-chambres.
L'appel a un effet suspensif, sauf si l'exécution provisoire de l'arrêt est décidée par la cour.
Article 71 : L'appel est ouvert à la personne concernée, au ministre chargé des finances, au ministre intéressé, au procureur général du Roi et aux représentants légaux des organismes concernés.
La demande en appel est déposée au greffe de la cour dans les 30 jours suivant la date de la notification de l'arrêt.
Dès l'enregistrement de la requête en appel, le procureur général du Roi en est avisé.

A la réquisition du procureur général du Roi, le premier président désigne un conseiller rapporteur chargé de l'instruction autre que celui qui a instruit l'affaire en premier ressort.
A la demande du conseiller rapporteur, la requête en appel est notifiée aux autres parties intéressées, lesquelles peuvent déposer au greffe de la cour, dans les trente (30) jours suivant la date de cette notification, leur mémoire en réponse avec, le cas échéant, toutes pièces destinées à son appui ; la suite de la procédure d'instruction et de jugement se déroule conformément aux dispositions des articles 59 à 65 ci-dessus.
La formation se prononce en premier lieu sur la recevabilité de la demande en appel sur la forme ; si elle juge l'appel recevable, elle statue sur le fond.
Appel des jugements rendus par les cours régionales en matière de discipline budgétaire et financière
Article 72 : Les jugements des cours régionales en matière de discipline budgétaire et financière peuvent faire l'objet d'un recours en appel devant la chambre compétente de la cour.
Dès réception du dossier de recours transmis par le procureur du Roi près la cour régionale, le procureur général du Roi requiert du premier président la désignation d'un conseiller rapporteur chargé de l'instruction.
A la demande du conseiller rapporteur, la requête en appel est notifiée aux autres parties concernées, lesquelles peuvent déposer au greffe de la cour, dans les trente (30) jours suivant la date de cette notification, leur mémoire en réponse avec, le cas échéant, toutes pièces destinées a son appui ; la suite de la procédure d'instruction et de jugement se déroule conformément, aux dispositions des articles 59 à 65 de la présente loi.
La formation se prononce en premier lieu sur la recevabilité de la demande en appel ; si elle juge que la demande en appel est recevable, elle statue sur le fond.
Pourvoi en cassation
Article 73 : La personne concernée peut se pourvoir en cassation devant la cour suprême contre les arrêts définitifs rendus en appel par la cour, dans les formes et conditions prévues à l'article 49 ci-dessus.
Le même pourvoi est ouvert au ministre chargé des finances, au ministre intéressé, au procureur général du Roi et aux représentants légaux des organismes publics concernés.
Recours en révision

Article 74 : En cas de découverte d'un fait nouveau et à l'expiration du délai prévu pour le pourvoi en cassation, la personne concernée peut demander à la cour de réviser l'arrêt rendu.
Le même recours en révision est ouvert au procureur général du Roi de sa propre initiative ou à la demande du ministre chargé des finances ou du ministre intéressé ou des représentants légaux des organismes publics concernés.
Le délai de présentation de la demande en révision est fixé à dix (10) ans à compter de la date de notification de l'arrêt de la cour. Lorsque le recours n'est pas présenté dans l'intérêt de la personne concernée, ce délai est ramené à 4 ans.
La demande en révision est déposée au greffe ; elle doit comporter l'exposé des faits et moyens invoqués par le requérant et être accompagnée d'une copie de l'arrêt objet de la demande en révision ainsi que des justifications servant de base à la requête.
La suite de la procédure se déroule conformément aux dispositions des articles 59 à 65 ci-dessus.

2- Dispositions juridiques relatives à la gestion de fait

Livre premier : la Cour des comptes

Chapitre premier : Vérification et jugement des comptes

(.......)

Section III : Gestion de fait

Article 41 : La Cour juge les comptes des comptables de fait.
Elle déclare comptable de fait, toute personne qui effectue sans y être habilitée par l'autorité compétente, des opérations de recettes, de dépenses, de détention et de maniement de fonds ou de valeurs appartenant à l'un des organismes publics soumis au contrôle de la cour, ou qui, sans avoir la qualité de comptable public, procède à des opérations portant sur des fonds ou valeurs n'appartenant pas auxdits organismes, mais que les comptables publics sont exclusivement chargés d'exécuter en vertu des lois et règlements en vigueur.
En outre, peut être notamment considéré comme coauteur responsable d'une gestion de fait, tout fonctionnaire ou agent ainsi que tout titulaire d'une commande publique, qui en consentant ou en incitant soit à exagérer les mémoires et factures, soit à en dénaturer les énonciations, s'est prêté sciemment à l'établissement d'ordonnances de paiement, de mandats, de justifications ou d'avoirs fictif.
Article 42 : Les opérations de nature à constituer des gestions de fait sont déférées à la cour par le procureur général du Roi, soit de sa

propre initiative, soit à la demande du ministre chargé des finances, des ministres intéressés, du trésorier général du Royaume ou des comptables publics, sans préjudice du droit de la cour de s'en saisir d'office au vu des constatations faites à l'occasion notamment de la vérification des comptes ou des situations comptables.
Article 43 : Lorsque la cour déclare une personne comptable de fait, elle lui enjoint par le même arrêt de produire son compte dans un délai qu'elle lui fixe et qui ne peut être inférieur à deux mois.
Les dispositions des articles 29 à 40 ci-dessus s'appliquent aux comptables de fait.
Article 44 : Sans préjudice des dispositions de I 'article 37 de la présente loi, le comptable de fait peut, s'il ne fait pas l'objet de poursuites pénales, être condamné par la cour à une amende calculée selon l'importance et la durée de la détention ou du maniement des fonds et valeurs, sans que le montant de cette amende puisse excéder le total des sommes indûment détenues ou maniées.

3- Les dispositions juridiques relatives au jugement des comptes des comptables publics

Livre premier : la Cour des comptes

Chapitre premier : Vérification et jugement des comptes

Section I : Vérification et instruction

Article 25 : La cour vérifie les comptes des services de l'Etat ainsi que ceux des établissements publics et des entreprises dont le capital est souscrit exclusivement par l'Etat ou des établissements publics ou conjointement par I 'Etat, des établissements publics et des collectivités locales, lorsque ces organismes sont dotés d'un comptable public.
Les comptables publics des services de l'Etat sont tenus de produire annuellement à la cour les comptes desdits services dans les formes prévues par la réglementation en vigueur.
Les comptables publics des autres organismes publics sont tenus de produire annuellement à la cour une situation comptable des opérations de recettes, de dépenses et de trésorerie exécutées par leurs soins, dans les formes prévues par la réglementation en vigueur.
Article 26 : Les comptes sont constitués de pièces générales et de pièces justificatives.
Pour les services de l'Etat, les pièces justificatives des recettes et des dépenses sont adressées trimestriellement à la cour.

Pour les autres organismes publics, les pièces justificatives de recettes et de dépenses peuvent être vérifiées sur place.

Article 27 : Les pièces justificatives des recettes et des dépenses produites à l'appui du compte ou tenues sur place à la disposition de la cour sont celles prévues par les lois et règlements en vigueur et par les nomenclatures établies par le ministre chargé des finances.

En outre, les ordonnateurs, les contrôleurs et les comptables publics peuvent faire parvenir à la cour, par la voie hiérarchique, toutes observations qui leur paraissent propres à l'éclairer dans l'examen des comptes.

Article 28 : Sous réserve des dispositions de l'article 26 ci-dessus, Ie compte ou la situation comptable doit être produit à la cour, par le comptable public en fonction, à la date de sa présentation.

Chaque ordonnateur, contrôleur ou comptable public est responsable des actes qu'il a pris, visés ou exécutés depuis la date de sa prise de service jusqu'à celle de cessation de ses fonctions.

En cas de gestion scindée, le compte ou la situation comptable fait apparaître distinctement les opérations propres à chacun des comptables publics qui se sont succédés.

Chaque comptable public certifie le compte pour la partie qui le concerne ou donne procuration à son successeur, s'il accepte, pour le certifier en son nom.

Lorsque le comptable public refuse de produire son compte ou sa situation comptable ou que les circonstances mettent obstacle à ce que le comptable responsable produise le compte ou réunisse les pièces destinées à satisfaire aux décisions prises à l'égard du comptable, le ministre chargé des finances en charge expressément le successeur ou commet un autre comptable en leur fixant, le cas échéant, un délai supplémentaire.

Les comptables publics qui cessent définitivement leurs fonctions sont tenus, tant qu'ils n'ont pas obtenu leur quitus, de faire connaître l'adresse de leur domicile dans le procès-verbal de passation de service et d'aviser sans délai la cour de tout changement ultérieur.

Article 29 : Quand un comptable public n'a pas présenté à la cour, les comptes, les situations comptables ou les pièces justificatives dans les délais prescrits, le premier président peut, sur réquisition du procureur général du Roi, lui enjoindre de présenter les documents susvisés et à défaut, prononcer à son encontre une amende dont le montant peut atteindre au maximum mille (1.000) dirhams.

Le premier président peut en plus prononcer une astreinte dont le maximum est de cinq cents (500) dirhams par mois de retard.
Le comptable public commis d'office, visé à l'article 28 ci-dessus, est passible de la même amende et de la même astreinte.
Article 30 : Au vu du programme annuel établi selon les dispositions de l'article 8 ci-dessus, le président de chambre repartit les comptes et les situations comptables entre les conseillers rapporteurs.
Le conseiller rapporteur qui procède à l'instruction peut être assisté par d'autres magistrats et par des vérificateurs désignés par le président de la chambre.
La procédure d'instruction est écrite et contradictoire.
Le conseiller rapporteur peut exiger de l'ordonnateur, du contrôleur, du comptable public ou de tout autre responsable, toutes précisions ou justifications qu'il juge nécessaires, dans la limite des compétences de chacun et des documents qu'il est tenu de conserver en application des dispositions réglementaires en vigueur.
Tout refus de produire les justifications ou précisions demandées peut entraîner l'application de l'amende et de l'astreinte, prévues à l'article 29 ci-dessus, sur la base d'un rapport présenté par le conseiller rapporteur au président de la chambre, lequel le transmet au procureur général du Roi qui requiert du premier président l'application des dites amende et astreinte.
Le conseiller rapporteur peut effectuer sur place toutes les investigations qu'il estime nécessaires à la réalisation de sa mission.
Article 31 : Le Conseiller rapporteur communique ses observations selon le cas à l'ordonnateur, au contrôleur, au comptable public ou à tout autre responsable, qui doivent répondre dans un délai de deux mois, sauf prorogation exceptionnelle accordée par le président de la chambre compétente.
Article 32 : A l'expiration du délai prévu à l'article précédent, le conseiller rapporteur établit deux rapports.
Dans le premier rapport il présente les résultats de l'instruction du compte ou de la situation comptable présenté par le comptable public et relève, s'il y a lieu, les observations sur des faits de nature à mettre en jeu la responsabilité, notamment de l'ordonnateur, du contrôleur ou du comptable public dans les matières juridictionnelles de la cour, chacun dans la limite des compétences qui lui sont dévolues.
Dans le deuxième rapport, le Conseiller rapporteur reprend les observations relatives à la gestion du service, de l'établissement ou

entreprise public concerné et qui relèvent des compétences de la cour en matière de contrôle de la gestion.
Si le rapporteur relève des observations ou prend connaissance de documents ou renseignements qui peuvent être utiles à d'autres conseillers rapporteurs ou qui relèvent de la compétence d'autres chambres, il est tenu de les remettre au président de la chambre qui les transmet à son tour à la chambre concernée.
Article 33 : Les deux rapports accompagnés des pièces justificatives objet d'observations sont remis au président de la chambre. Le premier rapport et lesdites pièces justificatives sont remis à un conseiller contre-rapporteur désigné par le président de la chambre parmi les magistrats du même grade ou d'un grade supérieur.
Article 34 : Le conseiller contre rapporteur doit, dans un délai d'un mois, émettre son avis sur le premier rapport du conseiller rapporteur.
Il transmet l'ensemble du dossier au procureur général du Roi par un soit transmis visé par le président de la chambre.
Le dossier comprend le rapport du conseiller rapporteur, l'avis du conseiller contre-rapporteur et les pièces justificatives objet d'observations.
Le procureur général du Roi dépose ses conclusions dans le délai d'un mois à compter de la date de sa saisine.
Article 35 : Le procureur général du Roi transmet le dossier visé à l'article précédent, accompagné de ses conclusions, au président de la chambre pour inscription au rôle des audiences.
Section II : Jugement des comptes
Article 36 : Le conseiller rapporteur présente son rapport à la formation. Le conseiller contre-rapporteur fait connaître son avis sur chacune des propositions du conseiller rapporteur.
Le représentant du ministère public présente ses conclusions. En cas d'absence ou d'empêchement de celui-ci, le président donne lecture des conclusions du ministère public.
Après discussion et après retrait du représentant du ministère public, s'il est présent, et du greffier, l'affaire est mise en délibéré. La formation prend sur chaque proposition une mesure qui est notée par le président de la formation sur la marge du rapport.
La formation peut différer sa décision et ordonner une instruction complémentaire.
Le conseiller rapporteur et le conseiller contre-rapporteur assistent au délibéré avec voix consultative.
La formation se prononce à la majorité des voix de ses membres.

Article 37 :(modifié à compter du 1er janvier 2008 par l'article 13 de la loi de finances n° 38-07 pour l'année budgétaire 2008 promulguée par le dahir n° 1-07-211 du 27 décembre 2007 ; B.O. n° 5591 bis du 31 décembre 2007). Si la cour ne retient aucune irrégularité à la charge du comptable public, elle statue sur le compte ou la situation comptable par un arrêt définitif.

Lorsque la cour établit l'existence d'irrégularités dues à l'absence de diligences que le comptable public doit faire en matière de recouvrement des recettes ou à l'occasion de l'exercice du contrôle de validité de la dépense que le comptable public est tenu d'effectuer en vertu des lois et règlements en vigueur, la cour lui enjoint par un arrêt provisoire de produire par écrit ses justifications ou à défaut, de reverser les sommes qu'elle déclare comme étant dues à l'organisme public concerné, dans un délai qu'elle lui fixe et qui ne peut être inférieur à trois mois ; ce délai court à compter de la date de la notification de l'arrêt provisoire.

A l'expiration de ce délai, la cour prend toute mesure qu'elle juge utile en attendant de se prononcer par arrêt définitif, dans un délai maximum d'un an à compter de la date de l'arrêt provisoire.

Lorsque l'instruction du compte ou de la situation comptable révèle l'existence de l'une des infractions prévues aux articles 54, 55 et 56 ci-dessous, la formation prend une décision qu'elle transmet au procureur général du Roi, lequel saisit la cour en matière de discipline budgétaire et financière, conformément aux dispositions de l'article 57 de la présente loi.

Lorsque cette instruction fait apparaître des éléments constitutifs d'une gestion de fait au sens de l'article 41 ci-dessous, la cour déclare et juge ladite gestion de fait, sans préjudice des poursuites pénales.

Lorsque cette instruction révèle des faits de nature à justifier une sanction disciplinaire, il est fait application des dispositions du deuxième alinéa de l'article 111 ci-dessous.

Article 38 : Lorsqu'un comptable public ne répond pas, dans le délai fixé, à une injonction qui lui est adressée par la cour, il peut être soumis à l'astreinte prévue à l'article 29 de la présente loi.

Article 39 : L'arrêt rendu par la formation est rédigé par le conseiller rapporteur et signé par le président de la formation et le greffier.

En cas d'empêchement du président, le plus ancien conseiller membre de la formation signe à sa place.

L'arrêt provisoire est notifié au comptable public. L'arrêt définitif est notifié au comptable public, au ministre chargé des finances, au ministre intéressé, au procureur général du Roi, au trésorier général du Royaume et aux représentants légaux des organismes publics concernés.

Article 40 : L'arrêt définitif de la cour n'apporte aucun changement au résultat général de chaque compte ou situation comptable. Toutefois, en cas d'inexactitude dans le report du reliquat fixé par un arrêt précédent, la cour charge le comptable public de passer les écritures de régularisation au compte ou à la situation comptable de la gestion en cours.

L'arrêt définitif établit si le comptable public est :

1 - quitte ;

2 - en avance ;

3 - en débet.

Dans le premier cas, l'arrêt emporte la décharge définitive du comptable public et, si celui-ci a cessé ses fonctions, autorise, le cas échéant, le remboursement de son cautionnement et la radiation des inscriptions prises sur ses biens.

Dans le deuxième cas, l'arrêt produit le même effet. Si l'avance résulte de sommes qui auraient été versées par le comptable public pour combler un déficit présumé, il l'autorise à se pourvoir auprès des autorités administratives pour obtenir, après justification, le remboursement de ces sommes.

Dans le troisième cas, l'arrêt fixe le montant du débet qui est exigible dès sa notification.

Toutefois, l'appel a un effet suspensif, sauf si l'exécution provisoire de l'arrêt est décidée par la cour.

Le recouvrement du débet se fait conformément aux dispositions législatives et réglementaires en vigueur au profit du Trésor ou, le cas échéant, de l'entreprise ou de l'établissement public concerné.

4- Les dispositions juridiques relatives aux Cours régionales des comptes

Livre II : Les Cours régionales des comptes

(……)

Chapitre II : Discipline budgétaire et financière

Article 118 :

1-………………

2……………..

3-………………

4- exerce une fonction juridictionnelle en matière de discipline budgétaire et financière à l'égard de tout responsable, tout fonctionnaire ou agent :
- des collectivités territoriales et de leurs groupements ;
- des établissements publics relevant de la tutelle de ces collectivités territoriales et groupements ;
- de toutes sociétés ou entreprises dans lesquelles des collectivités territoriales possèdent séparément ou conjointement, directement ou indirectement, une participation majoritaire au capital ou un pouvoir prépondérant de décision ;

Article 136 : La cour régionale exerce une fonction juridictionnelle en matière de discipline budgétaire et financière à l'égard des personnes citées au 4e paragraphe de l'article 118 ci-dessus, qui ont commis l'une des infractions prévues aux articles 54, 55 et 56 ci-dessus.

Article 137 : Lorsque les auteurs des infractions visées aux articles 54, 55 et 56 de la présente loi justifient par un ordre écrit donné préalablement à l'infraction, par leur supérieur hiérarchique ou par toute autre personne habilitée à donner cet ordre, la responsabilité devant la cour régionale en matière de discipline budgétaire et financière est transférée au donneur de l'ordre écrit.

Article 138 : La cour régionale est saisie par le procureur du Roi agissant, soit de sa propre initiative, soit à la demande du président.

Ont également qualité pour saisir la cour régionale par l'intermédiaire du procureur du Roi et sur la base de rapports de contrôle ou d'inspection appuyés des pièces justificatives, le ministre de l'intérieur et le ministre chargé des finances.

Article 139 : Les dispositions des articles 58 à 69 de la présente loi, relatives à la procédure devant la cour et aux sanctions en matière de discipline budgétaire et financière, s'appliquent devant la cour régionale.

Les pouvoirs du premier président et du procureur général du Roi sont exercés respectivement par le président et le procureur du Roi.

Toutefois, en cas de poursuite, le procureur du Roi en informe le ministre de l'intérieur et le ministre chargé des finances.

Article 140 : Les jugements rendus par les cours régionales en matière de discipline budgétaire et financière sont susceptibles d'être portés en appel devant la chambre compétente de la cour.

Le recours en appel est ouvert à la personne concernée, au ministre de l'intérieur, au ministre chargé des finances et au procureur du Roi.

L'appel a un effet suspensif, sauf si l'exécution provisoire du jugement est décidée par la cour régionale.
La requête en appel doit être déposée par le requérant au greffe de la cour régionale dans les 30 jours suivant la date de notification du jugement.
La requête doit être présentée dans les formes et selon les modalités prévues aux articles 141 et 142 du code de procédure civile, à l'exception des dispositions de l'alinéa 3 de l'article 142 qui ne sont pas applicables.
Dès l'enregistrement de la requête au greffe, le dossier est remis au procureur du Roi qui le transmet au procureur général du Roi.
Article 141 : En cas de découverte d'un fait nouveau et à l'expiration du délai prévu pour l'appel, la personne concernée peut demander à la cour régionale de réviser son jugement.
Le même recours en révision est ouvert au procureur du Roi, de sa propre initiative ou à la demande du ministre de l'intérieur ou du ministre chargé des finances.
La demande en révision est adressée au président de la cour régionale ; elle doit comporter l'exposé des faits et moyens invoqués par le requérant et être accompagnée d'une copie du jugement objet de la demande en révision ainsi que des justifications servant de base à la requête.
A la réquisition du procureur du Roi, le président de la cour régionale désigne un conseiller rapporteur chargé de l'instruction.
La suite de la procédure se déroule conformément aux dispositions de l'article 139 ci-dessus.
Le délai de présentation de la demande en révision est fixé à 10 ans à compter de la date de la notification du jugement de la cour régionale. Lorsque le recours n'est pas présenté dans l'intérêt de la personne concernée, ce délai est ramené à 4 ans.

5- Les dispositions juridiques relatives à la gestion de fait

Livre II : Les Cours régionales des comptes

Chapitre premier : Vérification et jugement des comptes

Section II : Gestion de fait

Article 131 : Dans les limites de son ressort, la cour régionale déclare les gestions de fait, dans les conditions prévues à l'article 41 de la présente loi.
Article 132 : Les opérations de nature à constituer des gestions de fait, sont déférées, dans la limite des compétences de la cour régionale, par

le procureur du Roi, soit de sa propre initiative, soit à la demande du ministre de l'intérieur, du wali ou du gouverneur dans la limite des compétences qui leur sont dévolues conformément à la législation et à la réglementation en vigueur, du ministre chargé des finances ou du trésorier régional, préfectoral ou provincial, du représentant légal de la collectivité locale ou du groupement ou des comptables publics, sans préjudice du droit de la cour régionale de s'en saisir d'office au vu des constatations faites à l'occasion notamment de la vérification des comptes.

Article 133 : Lorsque la cour régionale déclare une personne comptable de fait, les dispositions des articles 43 et 44 ci-dessus sont applicables.

6- Les dispositions juridiques relatives au jugement des comptes des comptables publics

Livre II : Les Cours régionales des comptes

Chapitre Premier : Vérification et jugement des comptes

Section I : Vérification, instruction et jugement

Article 126 : Dans la limite de son ressort, la cour régionale vérifie et juge les comptes des collectivités locales et de leurs groupements, ainsi que ceux des établissements publics et des entreprises dont le capital est souscrit exclusivement par des collectivités locales, des groupements et des établissements publics relevant de la tutelle de ces collectivités et groupements, qui sont dotés d'un comptable public.

Les comptables publics des collectivités locales et de leurs groupements sont tenus de produire annuellement à la cour régionale les comptes desdits organismes dans les formes prévues par la réglementation en vigueur.

Les comptables des autres organismes soumis au contrôle de la cour régionale sont tenus de produire annuellement à la cour régionale une situation comptable des opérations de recettes, de dépenses et de trésorerie exécutées par leurs soins, dans les formes prévues par la réglementation en vigueur.

Article 127 : Les comptes sont constitués de pièces générales et de pièces justificatives.

Pour les opérations des collectivités locales et de leurs groupements, les pièces justificatives des recettes et des dépenses sont adressées trimestriellement à la cour régionale.

Pour les autres organismes, les pièces justificatives de recettes et de dépenses peuvent être vérifiées sur place.

Article 128 : Les dispositions des articles 27 à 40 du livre premier de la présente loi relatives à la vérification, à l'instruction et au jugement des comptes s'appliquent à la cour régionale ; les attributions de la formation sont exercées par la cour régionale ou la section, celles du premier président et du président de la chambre sont exercées par le président et les attributions du procureur général du Roi sont exercées par le procureur du Roi.
Toutefois, le programme annuel visé à l'article 30 ci-dessus est celui qui est prévu à l'article 120 de la présente loi.
Article 129 : Le jugement rédigé par le conseiller rapporteur est signé par le président de la formation et le greffier.
En cas d'empêchement du président, le plus ancien conseiller membre de la formation signe à sa place.
Article 130 : Le jugement provisoire est notifié au comptable public.
Le jugement définitif est notifié au comptable public, à l'autorité de tutelle, au procureur du Roi, au trésorier régional, préfectoral ou provincial et aux représentants légaux des organismes publics concernés

II- Dans la loi 61.99 relative à la responsabilité des ordonnateurs, des contrôleurs et des comptables publics

Dahir n° 1-02-25 du 19 moharrem 1423 (03/04/2002) portant promulgation de la loi n° 61-99 relative à la responsabilité des ordonnateurs, des contrôleurs et des comptables publics. B.O.n° 5000 du 02/05/2002.
LOUANGE A DIEU SEUL !
(Grand Sceau de Sa Majesté Mohammed VI)
Que l'on sache par les présentes — puisse Dieu en élever et en fortifier la teneur
Que Notre Majesté Chérifienne,
Vu la Constitution, notamment ses articles 26 et 58,
À DÉCIDÉ CE QUI SUIT :
Est promulguée et sera publiée au Bulletin officiel, à la suite du présent dahir, la loi n° 61-99 relative à la responsabilité des ordonnateurs, des contrôleurs et des comptables publics, adoptée par la Chambre des représentants et la Chambre des conseillers.
Fait à Agadir, le 19 moharrem 1423 (3 avril 2002).

Pour contreseing : Le Premier ministre, ABDERRAHMAN YOUSSOUFI.

1 Le texte en langue arabe a été publié dans l'édition générale du «Bulletin officiel » n° 4999 du 15 safar 1423 (29/04/ 2002).

Loi n° 61-99 relative à la responsabilité des ordonnateurs, des contrôleurs et des comptables publics

Chapitre premier : De la responsabilité des ordonnateurs, des contrôleurs et des comptables publics

I. — Dispositions générales

Article premier

La présente loi a pour objet de fixer la responsabilité des ordonnateurs, des contrôleurs et des comptables publics de l'Etat, des collectivités locales et leurs groupements ainsi que ceux des établissements et entreprises publics soumis au contrôle financier de l'Etat pour les actes qu'ils prennent, qu'ils visent ou qu'ils exécutent dans l'exercice de leurs fonctions respectives.

Sauf cas de force majeure ou de dérogations prévues par la loi, lesdits ordonnateurs, contrôleurs et comptables publics encourent une responsabilité qui peut être disciplinaire, civile ou pénale, sans préjudice des sanctions qui peuvent être prises à leur encontre par la cour des comptes ou les cours régionales des comptes.

Article 2

Au sens de la présente loi, on entend par :

- «Ordonnateur» de l'un des organismes visés à l'article premier ci-dessus : l'ordonnateur de droit, l'ordonnateur désigné, l'ordonnateur délégué, le sous-ordonnateur et leurs suppléants ;
- «Contrôleur» tout fonctionnaire ou agent chargé, en vertu de la législation et de la réglementation en vigueur :

* soit du contrôle des engagements des dépenses de l'Etat, d'une collectivité locale ou d'un groupement ;

* soit du contrôle financier de l'Etat exercé sur les établissements et entreprises publics.

- «Comptable public» , tout fonctionnaire ou agent ayant qualité pour exécuter au nom de l'un des organismes précités des opérations de recettes, de dépenses ou de maniement de titres, soit au moyen de fonds et valeurs dont il a la garde, soit par virements internes d'écritures, soit par l'entremise d'autres comptables publics ou de comptes externes de disponibilités dont il ordonne ou surveille les mouvements.

Article 3

Chaque ordonnateur, contrôleur ou comptable public est responsable des actes qu'il a pris, visés ou exécutés, depuis la date de sa prise de service jusqu'à celle de cessation de ses fonctions.

Article 4

Les ordonnateurs sont, en vertu des lois et règlements en vigueur, personnellement responsables :

- du respect des règles d'engagement, de liquidation et d'ordonnancement des dépenses publiques ;
- du respect de la réglementation relative aux marchés publics ;
- du respect de la législation et de la réglementation relatives à la gestion du personnel ;
- des ordres de réquisition dont ils ont fait usage en matière de paiement des dépenses publiques ;
- du respect des règles relatives à la constatation, à la liquidation et à l'ordonnancement des créances publiques ;
- du recouvrement des créances publiques dont ils ont éventuellement la charge en vertu de la législation en vigueur ;
- du respect des règles de gestion du patrimoine de l'organisme public en leur qualité d'ordonnateurs de recettes et de dépenses.

Toutefois, les dispositions du présent article ne s'appliquent pas en matière de discipline budgétaire et financière aux membres du gouvernement et aux membres de la Chambre des représentants et de la Chambre des conseillers lorsqu'ils exercent leurs fonctions en cette qualité.

Article 5

Les contrôleurs des engagements de dépenses sont personnellement responsables des contrôles qu'ils sont tenus d'exercer sur les actes d'engagements de dépenses conformément aux lois et règlements en vigueur, en vue de s'assurer :

-de la disponibilité des crédits ;

-de la disponibilité du poste budgétaire, du respect des règles statutaires régissant les recrutements, les nominations et les promotions de grades;

-de la conformité du projet de marché à la réglementation relative à la passation des marchés publics et notamment la production du certificat administratif ou le rapport de présentation du marché justifiant le choix du mode de passation du marché ;

-que le montant de l'engagement proposé porte sur la totalité de la dépense à laquelle l'administration s'oblige.

Les contrôleurs financiers des établissements et entreprises publics soumis au contrôle financier de l'Etat sont personnellement responsables des contrôles expressément prévus par la réglementation en vigueur ou par les instructions particulières du ministre des finances qu'ils exercent sur les actes qu'ils ont visés, en vue de s'assurer de :

- la conformité du marché de travaux, de fournitures ou de services aux règles d'appel à la concurrence applicables à l'organisme concerné ;
- la régularité des actes relatifs aux acquisitions immobilières, aux conventions passées avec les tiers et aux octrois de subventions ;
- la qualité des personnes habilitées en vertu de la réglementation en vigueur à l'effet de signer les propositions d'engagement de dépenses.

Le contrôleur financier est également responsable de la vérification de la régularité des actes relatifs aux recettes lorsque lesdits actes sont, en vertu de la réglementation en vigueur, soumis à son visa.

Article 6

Les comptables publics de l'Etat, des collectivités locales et de leurs groupements sont, sauf réquisition régulièrement prise par l'ordonnateur, personnellement et pécuniairement responsables, dans la limite des compétences qui leur sont dévolues par les lois et règlements en vigueur :

- de la conservation des fonds et valeurs dont ils ont la garde ;
- de la position des comptes externes de disponibilités qu'ils surveillent ou dont ils ordonnent les mouvements ;
- de l'encaissement régulier des recettes dont le recouvrement leur est confié ;
- du contrôle de la validité de la dépense portant sur l'exactitude des calculs de liquidation, l'existence de la certification ou du visa préalable d'engagement lorsque cette certification ou ce visa est requis et le caractère libératoire du règlement ;
- des paiements qu'ils effectuent.

Ils sont en outre tenus de s'assurer :

- de la qualité de l'ordonnateur ;
- de la disponibilité des crédits ;
- de la production des pièces justificatives réglementaires.
- Les agents comptables des établissements et entreprises publics soumis au contrôle financier de l'Etat sont personnellement et pécuniairement responsables des contrôles, expressément prévus par les lois et règlements en vigueur ou par les instructions particulières

du ministre des finances, qu'ils exercent sur les actes qu'ils ont visés, en vue de s'assurer:

- de la présentation de pièces justificatives régulières établissant la réalité des droits du créancier et du service fait ;

2 L'article 6 du dahir n° 1-02-25 du 03-04-2002 est modifié par l'article 26 du dahir n° 1-04-255 du 29-12-2004. BO. n° 5278 bis du 30-12-2004. Date d'effet : 01-07-2005.

- du visa préalable du contrôleur financier lorsque ce visa est requis ;
- du paiement au véritable créancier ;
- du recouvrement des recettes lorsque ledit recouvrement leur est confié en vertu de la réglementation en vigueur.

Ils sont en outre tenus de s'assurer, le cas échéant, de la production d'une réquisition régulière établie par la direction de l'organisme concerné.

3 Article 6 bis La responsabilité de l'ordonnateur peut être engagée au cas ou le budget de l'un des organismes visés à l'article premier ci-dessus, dont il assure l'exécution, aura supporté le paiement d'intérêts moratoires pour retard de paiement des sommes dues au titre d'un marché public tels que prévus par la réglementation, en vigueur, suite à un retard d'ordonnancement dont il se serait rendu personnellement responsable.

La responsabilité du comptable peut également être engagée au cas ou le budget de l'un des organismes visés à l'article premier ci-dessus, dont il assure l'exécution, aura supporté le paiement desdits intérêts moratoires, suite à un retard de paiement dont il serait rendu personnellement responsable.

Article 7

Tout fonctionnaire ou agent placé sous les ordres d'un ordonnateur, d'un contrôleur ou d'un comptable public ou agissant pour le compte de l'un d'entre eux, peut être rendu personnellement responsable aux lieu et place de l'ordonnateur, du contrôleur ou du comptable public, lorsqu'il est établi que la faute commise est imputable audit fonctionnaire ou agent.

Il. — Dispositions particulières aux comptables publics

Article 8

Sans préjudice des attributions de la cour des comptes et des cours régionales des comptes en matière de vérification et de jugement des comptes présentés par les comptables publics, le ministre des finances peut, au vu des constatations faites lors des contrôles qui lui sont dévolus par les lois et règlements en vigueur, déclarer débiteur le

comptable public pour le montant du déficit de caisse, du manquant en valeurs, d'omission dans le recouvrement d'une créance publique ou du paiement irrégulier d'une dépense publique, dont ledit comptable serait reconnu responsable.
Une ampliation de ladite décision est notifiée, dans les 30 jours à la cour des comptes compétente.
Le ministre des finances peut, toutefois, sur demande dudit comptable, accorder à celui-ci un sursis de versement des sommes mises à sa charge en cas de demande en décharge de responsabilité ou de demande de remise gracieuse.
3 L'article 6 du dahir n° 1-02-25 du 03-04-2002 est complété par l'article 17 du dahir n° 1-03-308 du 31-12-2003. BO.n° 5174 du 01-01-2004. Date d'effet : 01-01-2004.
Article 9
Les comptables publics sont tenus, dès leur prise de fonctions, de souscrire à titre individuel ou collectif, une police d'assurance auprès d'une entreprise d'assurance agréée, garantissant durant l'exercice de leurs fonctions, leur responsabilité personnelle et pécuniaire visée à l'article 6 ci-dessus.
Aux termes de ce contrat sont assurés les risques pouvant résulter de perte, de destruction, de vol de fonds ou valeurs dont ils ont la garde, d'arrêts ou de décisions les déclarant débiteurs.
Les primes annuelles d'assurances sont à la charge des comptables publics, auxquels une attestation est délivrée aux fins de production à la juridiction financière compétente.
Sont fixées par voie réglementaire, les modalités d'application de cet article et notamment les seuils minima devant être garantis par nature de risque et par catégorie de comptables publics.

Chapitre II : De la décharge de responsabilité

Article 10
L'ordonnateur condamné au remboursement ou le comptable public mis en débet ou déclaré débiteur, ainsi que le fonctionnaire ou l'agent visés à l'article 7 ci-dessus peuvent à leur demande, être déchargés de leur responsabilité en cas de force majeure, à la condition toutefois que l'acte ayant été à l'origine de la décision de remboursement ou du débet ou ayant déclaré l'un d'entre eux débiteur ne leur ait pas procuré un avantage personnel.
Cette demande peut, le cas échéant, être présentée par leurs ayants droit.

Article 11
La demande en décharge de responsabilité visée à l'article 10 ci-dessus, présentée par l'ordonnateur, le fonctionnaire ou l'agent visés à l'article 7 ci-dessus placés sous les ordres d'un ordonnateur ou agissant pour son compte, est instruite par le ministre concerné ou l'autorité de tutelle de l'organisme public intéressé et transmise au Premier ministre.
Pour les collectivités locales, leurs groupements et les établissements et entreprises publics soumis au contrôle financier de l'Etat, la demande en décharge de responsabilité doit avoir recueilli au préalable l'avis favorable de l'organe délibérant.
La décharge de responsabilité accordée par le Premier ministre libère totalement ou partiellement le demandeur concerné au regard du remboursement mis à sa charge et lui permet d'obtenir, s'il y a lieu, la restitution des sommes déjà versées en atténuation dudit montant.
Une ampliation de ladite décision est notifiée dans les 30 jours à la cour des comptes compétente.
Article 12
La demande en décharge de responsabilité, présentée par le comptable public, le fonctionnaire ou l'agent visés à l'article 7 ci-dessus placés sous les ordres d'un comptable public ou agissant pour son compte, est instruite par le supérieur hiérarchique et transmise au ministre des finances.
La décharge de responsabilité accordée par le ministre des finances, libère totalement ou partiellement le demandeur concerné du montant mis à sa charge et lui permet d'obtenir, s'il y a lieu, la restitution des sommes déjà versées en atténuation dudit montant.
Une ampliation de ladite décision est notifiée dans les 30 jours à la cour des comptes compétente.
Article 13
Le rejet, selon le cas, par le Premier ministre ou le ministre des finances, de la demande en décharge de responsabilité ne fait pas obstacle à la demande de remise gracieuse.

Chapitre III : De la remise gracieuse

Article 14
L'ordonnateur condamné au remboursement ou le comptable public mis en débet ou déclaré débiteur, ainsi que le fonctionnaire ou l'agent visés à l'article 7 ci-dessus peuvent demander la remise gracieuse des sommes mises ou demeurées à leur charge dans les conditions fixées

par le règlement général de comptabilité publique, sous réserve des dispositions prévues à l'article, 15 ci-après.
Cette demande peut, le cas échéant, être présentée par leurs ayants droit.
Article 15
Pour bénéficier de la remise gracieuse, le demandeur doit justifier sa requête par des circonstances tenant à sa situation financière, à la condition toutefois que l'acte ayant été à l'origine de la décision de remboursement, du débet ou l'ayant déclaré débiteur ne lui ait pas procuré un avantage personnel et qu'il n'ait pas organisé son insolvabilité au sens de l'article 84 de la loi n° 15-97 formant code de recouvrement des créances publiques.
Pour les collectivités locales, leurs groupements et les établissements et entreprises publics soumis au contrôle financier de l'Etat, la demande de remise gracieuse doit avoir recueilli au préalable l'avis favorable de l'organe délibérant.
Chapitre IV : Dispositions communes
Article 16
Les sommes allouées en décharge de responsabilité ou en remise gracieuse sont supportées par le budget de l'organisme concerné.
Article 17
Lorsque les sommes mises à la charge des personnes visées aux articles 1et 7 ci-dessus s'avèrent irrécouvrables, leur admission en non-valeur est prononcée conformément aux lois et règlements en vigueur et donne lieu à réduction de prise en charge.
Toutefois, dans le cas où l'admission en non-valeur concerne une décision déclarant débiteur un comptable public en application de l'article 8 ci-dessus, le montant correspondant donne lieu à ordonnancement ou mandatement sur le budget de l'organisme concerné.
Toute somme recouvrée ultérieurement est portée en recette au budget de l'organisme concerné.
Chapitre V : Dispositions finales
Article 18
Les dispositions de la présente loi sont applicables aux ordonnateurs et aux comptables relevant de la défense nationale et du service de l'intendance militaire sous réserve des dispositions particulières édictées par : - le dahir n° 1-58-349 du 6 kaada 1378 (14 mai 1959) portant création du service de l'intendance militaire ; - le dahir n° 1-

59-193 du 15 safar 1379 (20 août 1959) portant règlement sur la comptabilité financière du ministère de la défense nationale.

Article 19

La présente loi qui entrera en vigueur à compter de la date de sa publication au Bulletin officiel, abroge le dahir du 2 chaabane 1374 (2 avril 1955) sur la responsabilité des comptables publics et le 1er alinéa de l'article 7 du décret royal n° 799-65 du 26 kaada 1385 (18 mars 1966) portant création d'une agence comptable centrale des chancelleries diplomatiques et consulaires.

Les dispositions de l'article 9 entrent en vigueur à compter de la date de publication du texte réglementaire visé au 4e alinéa dudit article ; sont abrogées celles du dahir des 26 ramadans 1343 (20 avril 1925) sur le cautionnement des comptables de deniers publics.

Annexe III :
Texte presque intégral de cinq arrêts de la Cour des comptes du Maroc en matière de discipline budgétaire et financière (traduction officielle par la Cour)
Site web : www.courdescomptes.ma

(1)

Arrêt n° 29/2010/D.B.F. du 1er mars 2010 -Affaire n° 103/2006/DBF relative à la gestion financière d'un établissement public-

Le recrutement, à nouveau, d'un agent qui avait démissionné de son poste, sa réintégration et la prise en compte, dans son ancienneté, des années hors activités statutaires, constituent un octroi d'avantage injustifié en espèces (loi 12.79). En matière de marchés publics, le non-respect du délai de publication de l'avis d'appel d'offres constitue une infraction aux règles d'exécution des opérations de dépenses (loi 12.79).

Constitue une infraction aux règles d'exécution des dépenses (loi 12.79), l'émission de l'ordre de service pour le commencement de l'exécution des travaux objet de marchés publics avant l'approbation par l'autorité compétente, et avant le visa de la régularité de l'engagement par le contrôleur financier.

Le visa par le contrôleur financier, des actes de recrutement ne saurait dégager la responsabilité, devant la Cour des comptes en matière de DBF, de la personne de la personne ayant émis ces actes.

On ne peut infliger de sanctions que dans la limite des éléments de la poursuite décidée par le parquet général.

Royaume du Maroc

Au nom de Sa Majesté le Roi et en vertu de la loi La Cour des comptes,

Vu la loi n° 62.99 formant code des juridictions financières promulguée par le dahir n° 1.02.124 du 13 juin 2002, notamment son article 115 ;

Vu la loi n° 12.79 relative à la cour des comptes promulguée par le dahir n° 1.79.175 du 14 septembre 1979 ;

Vu le réquisitoire du procureur général du Roi près la Cour des comptes n° 101 du 22 juin 2007 sollicitant la désignation d'un conseiller rapporteur chargé de l'instruction d'un dossier de discipline

budgétaire et financière, déférée à la Cour par une formation (d'une chambre sectorielle) de la Cour, suite à sa délibération sur le projet de rapport particulier relatif au contrôle de la gestion (de l'établissement public….), conformément aux dispositions des articles 57, 58 et 84 du CJF ;
Vu la décision du procureur général du Roi n° 165 (…) de poursuivre Mme (…) , en sa qualité de directeur général (de l'établissement public …), devant la Cour, pour avoir commis
des faits susceptibles de constituer des infractions prévues à l'article 56 de la loi 12.79 et à l'article 54 de la loi n° 62.99 formant code des juridictions financières ;
(…) ;
Après délibération conformément à la loi ;
I-Sur la compétence de la Cour Considérant que, conformément aux dispositions de l'article 51 de la loi n° 62.99 formant code des juridictions financières et des articles 25 (5ème alinéa) et 56 de la loi n° 12.79 relative à la Cour des comptes, la Cour exerce une fonction juridictionnelle en matière de discipline budgétaire et financière à l'égard de tout fonctionnaire, responsable ou agent d'un organisme public et de tout responsable ou agent de tout autre organisme soumis au contrôle de la Cour ;
Considérant que, selon la loi de sa création, (l'office national …) est un établissement public(…);
Considérant que Mme (…), à l'époque des faits, directeur général (de l'office), est ordonnateur d'un organisme public soumis à la compétence de la Cour en matière de discipline budgétaire et financière ;
Considérant que les faits reprochés à l'intéressée sont susceptibles de constituer des infractions prévues à l'article 54 sus indiqué ;
Qu'en conséquence, la Cour est compétente pour statuer sur cette affaire.
II-Sur la prescription Considérant que, en application de son article 115, la loi n° 62.99 formant code des juridictions financières est entrée en vigueur le 1er janvier 2003, pour ce qui est de son livre I ;
Considérant qu'il découle de l'article 115 susvisé que la loi n° 12.79 relative à la Cour des comptes est abrogée à compter du 1er janvier 2003 et que seules les opérations financières et comptables des années antérieures à 2003 restent soumises aux dispositions de la loi 12.79, sans préjudice des dispositions de l'article 107 du CJF ;

Considérant que les infractions en matière de DBF sont prescrites si elles n'ont pas été découvertes par la Cour ou par toute autorité compétente dans un délai de cinq (5) ans révolus, à compter de la date où elles auraient été commises ;
Considérant que les faits objet de la poursuite ont été découverts le 22/11/2006 à l'occasion de la délibération sur le rapport particulier relatif au contrôle de la gestion de (l'office national) ;
Qu'en conséquence, les faits reprochés à l'intéressée et qui auraient été commis après le 22/11/2001 ne sont pas couverts par la prescription prévue à l'article 107 du CJF.
III -Sur les griefs objet de la poursuite
Concernant le premier grief Considérant que Mme (...) a été poursuivie pour recrutement, à nouveau, d'un agent qui avait démissionné de son poste, et validation, dans l'ancienneté de l'intéressé, des années de cessation de ses activités statutaires ;
Considérant qu' au vu des pièces du dossier, le nom de l'intéressé(F), inscrit sous n° 585 en date du 1er mai 1983 au grade d'inspecteur (échelle de rémunération n° 10), a été radié de la liste du personnel à compter du 1er septembre 1991 par décision n° 796 bis en date du 2 août 1991 et ce, en réponse à une demande de démission formulée par ledit agent en date du 1er août 1991 ; Considérant que (cet agent) a été recruté, à nouveau, par ledit établissement à compter du 1er octobre 1999 au grade d'inspecteur (échelle de rémunération n° 10, échelon 8) et ce, à titre contractuel par un contrat d'engagement en date du 20 avril 2000 ; que ce contrat a été visé par le contrôleur financier sous n° 030 en date du 9 novembre 2000 ;
Mais, qu'étant intervenu le 20 avril 2000, l'acte de recrutement à nouveau est tombé en prescription en application de l'article 107 du code des juridictions financières ;
Considérant, néanmoins, que (cet agent) a été réintégré dans la liste du personnel statutaire de l'établissement, au grade d'inspecteur provincial (échelle de rémunération n° 11, échelon 7 à partir du 1er décembre 2001) et ce, par décision du 10 décembre 2001 visée sous n° 8 en date du 16 avril 2002 ; que les périodes au cours desquelles il était en cessation d'activités (du 1er septembre 1991 au 1er octobre 1999) ; et que celles ou il était en activité à l'établissement, mais à titre contractuel (du 1er octobre 1999 au 1er décembre 2001), lui ont été validées dans son ancienneté;

Considérant que, par sa décision du 10 décembre 2001 sus indiquée, Mme (...) aura enfreint les dispositions de l'article 19 du décret (...) portant statut particulier du personnel de (l'office);
Considérant que, lors de la séance d'audition tenue au siège de la Cour le 16 septembre 2008, l'intéressée a déclaré que l'acte de réintégration et de validation des années hors activités statutaires est intervenu sur la base du visa du contrôleur financier ;
Que, en tout état de cause, de tels agissements équivaudraient l'octroi, audit agent, d'avantage injustifié ; que le visa, par le contrôleur financier, des actes en question ne saurait dégager la responsabilité de la mise en cause devant la Cour des comptes en matière de DBF ;
Considérant que cet acte est intervenu avant le 1er janvier 2003, date d'entrée en vigueur du livre I du code des juridictions financières ;
Qu'en conséquence, la mise en cause aura commis deux (2) infractions en matière de DBF tel que prévu à l'article 56 de la loi 12.79, à savoir la procuration à autrui d'un avantage injustifié en espèces entraînant un préjudice pour un organisme public et le non-respect des règles relatives à l'exécution des dépenses publiques;
Concernant le 2ème grief Considérant que l'intéressée a été poursuivie par le parquet général pour non-respect du règlement relatif aux conditions et formes de passation des marchés publics spécifique à (l'établissement), notamment le non-respect des délais de publication des avis d'appels d'offres ;
Considérant qu'il découle de l'instruction et des pièces relatifs aux appels d'offres n°HB/16/2002 et n°HB/20/2002 que : - S'agissant du marché n° HB/16/2002 relatif à l'aménagement du siège de l'établissement (lot n° 4), la publication, dans les journaux, de l'avis d'appel d'offres a eu lieu le 5 octobre 2002, tandis que l'ouverture des plis a eu lieu le 22 octobre 2002, soit 17 jours seulement de la date de publication ;
- S'agissant du marché n° HB/20/2002 relatif à l'aménagement du siège de l'établissement(lot n° 9), un premier avis d'appel d'offres a été publié le 13 novembre 2002, puis un 2ème avis rectificatif est intervenu le 3 décembre 2002, tandis que l'ouverture des plis a eu lieu 8 jours seulement après cette date, soit le 11 décembre 2002 ;
Considérant que la commission d'ouverture des plis relatifs aux appels d'offres sus mentionnés a été présidée par le directeur général (la mise en cause) de l'office (…);
Que les appels d'offres en question ont été basés sur le décret n° 2.98.482 du 30 décembre 1998 fixant les conditions et les formes de

passation des marchés de l'Etat ainsi que certaines dispositions relatives à leur contrôle et leur gestion, décret adopté par l'établissement en question jusqu'au 23 juin 2004 inclus (...) ;
Considérant que l'article 21 dudit décret prévoit que l'avis d'appel d'offres ouvert doit être publié dans, au moins, deux journaux et que cette publication doit intervenir vingt et un (21) jours francs au moins avant la date fixée pour la réception des offres. Toutefois, ce délai peut être ramené à quinze (15) jours en cas d'urgence dûment justifiée par le maître d'ouvrage ;
Considérant que, pour les marchés n° HB/16/2002 et n° HB/20/2002, ce délai n'a pas été respecté ; Considérant que, lors de la séance d'audition tenue au siège de la Cour le 16 septembre 2008, la mise en cause a justifié l'inobservation des dispositions de l'article 21 sus mentionné par une situation d'urgence en ce sens que, selon elle, il était impératif d'évacuer, au profit d'un ministère, le local qui constituait le siège de l'office ;
Mais, considérant que l'intéressée ne peut, dans ce cas d'espèce, se prévaloir de l'urgence, alors même que le délai réglementaire sus visé a été respecté pour les avis d'appels d'offres concernant les autres lots relatifs, eux aussi, à l'aménagement du siège de l'établissement ;
Considérant que le règlement des marchés publics adopté par l'office précise les mesures spéciales pour les travaux à exécuter selon une procédure d'urgence ;
Considérant que l'acte en question a été commis avant le 1er janvier 2003 et donc avant l'entrée en vigueur du code des juridictions financières ; qu'il est, de ce fait, soumis aux dispositions de la loi n° 12.79 sus visée ;
Qu'en conséquence, Mme(...) a commis une des infractions prévues à l'article 56 de la loi 12.79 relative à la cour des comptes, à savoir le non respect des règles relatives à l'exécution des opérations de dépenses ; Concernant le 3ème grief Considérant que l'intéressée a été poursuivie par le parquet général pour infraction au règlement des marchés publics spécifique à (l'office), notamment en matière de notification des ordres de service pour le commencement des travaux objet de certains marchés (les marchés n° HB/13/2002, HB/14/2002 et HB/20/2002) et ce, avant l'approbation par l'autorité compétente ;
Considérant que, lors de la séance d'audition tenue au siège de la Cour le 16 septembre 2008, la mise en cause a invoqué l'urgence en ce sens qu'il était, selon elle, impératif d'évacuer, au profit d'un ministère, le local qui constituait le siège de l'office ; Considérant que le 6ème

paragraphe de l'article 1er du cahier des prescriptions spéciales relatif aux marchés en question prévoit que ces marchés ne deviennent définitifs et exécutoires qu'après avoir été approuvés par l'autorité compétente ;

Considérant que le décret n° 2.98.482 du 30 décembre 1998 fixant les conditions et les formes de passation des marchés de l'Etat (décret adopté par l'établissement en question jusqu'avant le 24 juin 2004) prévoit dans son article 73 que « les marchés de travaux, fournitures ou services ne sont valables et définitifs qu'après leur approbation par l'autorité compétente » ; que cette approbation « doit intervenir avant tout commencement d'exécution des prestations objet desdits marchés » ;

Considérant que le règlement des marchés publics adopté par l'office précise les mesures spéciales pour les travaux à exécuter dans des situations d'urgence ;

Considérant que la mise en cause a signé les ordres de commencement d'exécution desdits marchés avant leur approbation par l'autorité compétente ; Considérant que cet agissement a eu lieu avant le 1er janvier 2003, date de l'entrée en vigueur du livre I du code des juridictions financières relatif à la Cour des comptes ; que, par conséquent, cet acte est soumis à la loi 12.79 sus visé ;

Qu'en conséquence, Mme(...) a commis une des infractions prévues à l'article 56 de la loi 12.79 relative à la Cour des comptes, à savoir le non respect des règles relatives à l'exécution des opérations de dépenses publiques; Concernant le 4ème grief Considérant que l'intéressée a été poursuivie par le parquet général pour infraction au règlement spécifique des marchés publics de (l'office), notamment en matière de notification des ordres de service de commencement des travaux objet de certains marchés (les marchés n° HB/13/2002, HB/14/2002 et HB/20/2002) et ce, avant le visa du contrôleur financier ;

Considérant que lors de la séance d'audition tenue au siège de la Cour le 16 septembre 2008, la mise en cause a justifié l'inobservation des dispositions du règlement susmentionné par une situation d'urgence en ce sens qu'il était, selon elle, impératif d'évacuer, au profit d'un ministère, le local qui constituait le siège de (l'office) ; Considérant qu'aux termes du 6ème paragraphe de l'article 1er du cahier des prescriptions spéciales relatif aux marchés en question, ces marchés ne deviennent définitifs et exécutoires qu'après avoir été visés par le contrôleur financier (...) ; Considérant qu'aux termes du 2ème alinéa de l'article 4 du dahir n° 1.59.271 du 14 avril 1960 relatif au contrôle financier de l'Etat sur les offices, établissements publics et sociétés concessionnaires, les marchés de travaux ou de fournitures, les acquisitions immobilières, les conventions passées avec les tiers et les subventions octroyées sont soumis au visa préalable du contrôleur financier ;

Considérant que le règlement des marchés publics (adopté par l'office) précise les mesures spéciales pour les travaux à exécuter dans des situations d'urgence ;

Considérant que, dans ce cas d'espèce, l'urgence ne peut être invoquée pour justifier le non-respect des dispositions juridiques relatives à l'exécution des dépenses publiques ;

Considérant que la mise en cause a signé les ordres de commencement d'exécution desdits marchés avant leur approbation de l'autorité compétente ; Considérant que cet agissement a eu lieu avant le 1er janvier 2003, date de l'entrée en vigueur du livre I du code des juridictions financières relatif à la Cour des comptes ; que, par conséquent, l'acte en question est soumis à la loi 12.79 sus visé ;

Qu'en conséquence, Mme(…) a commis une des infractions prévues à l'article 56 de la loi 12.79 relative à la Cour des comptes, à savoir le non-respect des règles relatives à l'exécution des opérations de dépenses publiques. Concernant le 5ème grief Considérant que l'intéressée a été poursuivie par le parquet général pour infraction au règlement des marchés publics spécifique à (l'office), en ce sens qu'elle n'a pas exigé la production de la caution provisoire ;

Considérant qu'il découle des procès-verbaux d'ouverture des plis relatifs aux marchés (n° BK/10/2004, HB/12/2002, BK/16/2004 et 1/2003DIP), que les dossiers administratifs des soumissionnaires ont été retenus sans observation ni réserve en dépit de l'absence de la caution provisoire ;

Considérant qu'il s'agit, en fait, du non recouvrement, par l'établissement, des cautions provisoires relatives aux marchés n° BK/10/2004, HB/12/2002, BK/16/2004 et 1/2003DIP et ce, bien que les titulaires de ces marchés n'aient pas constitué les cautions définitives dans les délais ;

Mais, Considérant que le parquet général n'a pas poursuivi l'intéressée pour ce fait ;

Que, de surcroît, le dossier ne comporte aucune preuve à même de justifier que, au cours de l'ouverture des plis, les dossiers

administratifs des soumissionnaires ne comportaient pas de cautions provisoires ;
Qu'en conséquence, la responsabilité de Mme(…) n'est pas établie pour ce fait ;
Par ces motifs, et compte tenu des circonstances de l'affaire, La Cour des comptes arrête, contradictoirement, en premier ressort et en audience publique, ce qui suit :
En la forme : La Cour est compétente pour statuer sur cette affaire en matière de discipline budgétaire et financière :
Au fond : Mme (...) est condamnée à une amende de dix mille (10.000,00) dirhams, pour les infractions retenues à son encontre et ce, conformément aux dispositions de l'article 57 de la loi n° 12.79 relative à la Cour des comptes ;
Le présent arrêt a été rendu par la Cour des comptes et prononcé en audience publique, au siège de la Cour, le premier mars deux mille dix.

Le président | Le greffier

(2)

Arrêt n° 73 /201 0 /D.B.F du 2 8 janvier 2010 - Affaire n°133/2002/D.B.F relative à la gestion financière d'une commune rurale –

Les investigations sur place ainsi que l'audition des personnes poursuivies et des témoins relèvent des pouvoirs d'instruction dévolus au conseiller rapporteur qui peut en user selon la nature des griefs objet de la poursuite. En conséquence, le non recours à ces actes, dans le cas d'espèces, ne peut être invoqué comme une atteinte aux droits de la défense.

La communication des observations du conseiller rapporteur et l'émission de l'avis du contre rapporteur constituent des formalités procédurales spécifiques à l'exercice de la compétence de la Cour en matière de vérification et de jugement des comptes, et ne sont pas applicables en matière de discipline budgétaire et financière.

Constitue une infraction aux règles d'engagement de dépenses publiques, tout engagement par bons de commande, pris par la personne habilitée légalement à cet effet, dans le cadre d'une année budgétaire et pour des prestations de même nature dont le montant dépasse 100.000 dirhams (Loi n° 12/79).

Royaume du Maroc
Au nom de Sa Majesté le Roi et en vertu de la loi
La Cour des comptes,

Vu la loi n° 62-99 relative au code des juridictions financières, promulguée par le dahir n°1.02.124 du 13 juin 2002, notamment son article 115 ;

Vu la loi n° 12-79 relative à la Cour des comptes promulguée par le dahir n° 1-79-175 du 22 chaoual 1399 (14 septembre 1979) ;

Vu le réquisitoire du procureur général du Roi près la Cour des comptes n° 83 du 9 décembre 2002, sollicitant la désignation d'un conseiller rapporteur chargé de l'instruction de l'affaire de discipline budgétaire et financière, déférée à la Cour des comptes suite à la demande du ministre de l'intérieur, par sa lettre n° 14843/K.M.M /2 du 30 octobre 2002, appuyée par un rapport relatif à la gestion financière de la commune rurale (…);

Vu la décision du procureur général du Roi n°65 de poursuivre M (…) en sa qualité de président de la commune (…) devant la Cour pour avoir commis des faits susceptibles de constituer des infractions prévues à l'article 56 de la loi n° 12-79 ;

(…)
Après délibération conformément à la loi ;
I-Sur la compétence de la Cour
Considérant qu'aux termes du 5ème paragraphe de l'article 25 de la loi n° 12-79 relative à la Cour des comptes, les collectivités locales sont des organismes publics(…);
Considérant que M (….), à l'époque des faits, président de la commune rurale (…), est ordonnateur d'un organisme public soumis à la compétence de la Cour des comptes en matière de discipline budgétaire et financière ;
II-Sur la prescription
(...)
Considérant qu'il résulte de la lettre du ministre de l'intérieur n° 14843/ K.M.M /2 du 30 octobre 2002, que la découverte des faits objet de la poursuite date du 30 octobre 2002 ;
Qu'en conséquence, les faits reprochés au poursuivi, et qui auraient été commis postérieurement à la date du 30 octobre 1997, ne sont pas couverts par la prescription prévue à l'article 107 du code des juridictions financières ;
III-Sur les exceptions de forme
Considérant que le mémoire en défense présenté par l'avocat du poursuivi (président de la commune) a invoqué la non conformité de la procédure d'instruction menée par le conseiller rapporteur aux dispositions de la loi n° 62-99, du fait que le conseilleur rapporteur n'a pas pris la peine de se déplacer sur les lieux pour effectuer les investigations qui s'imposent ; que la procédure d'instruction a été menée sans auditionner toutes les personnes responsables de la gestion de la commune ainsi que les témoins conformément à l'article 59 du code des juridictions financières, que le conseiller rapporteur n'a pas communiqué ses observations au poursuivi conformément à l'article 31 du code des juridictions financières, et que le conseiller contre rapporteur n'a pas émis son avis sur le rapport du conseiller rapporteur;
Considérant que le mémoire en défense de l'avocat du poursuivi a conclu, de ce qui précède, que le rapport du conseiller rapporteur, qui était à la base des conclusions du procureur général du Roi, ne répond pas aux conditions prévues par la loi n° 62-99 à cet effet, et qu'en conséquence, il a demandé l'annulation de la poursuite;
Considérant que les formalités de la poursuite concernant ce dossier se sont déroulées conformément à la procédure prévue par la loi n° 12-79

relative à la Cour des comptes, puisque le parquet général a été saisi et que le procureur général du Roi a sollicité, en date du 9 décembre 2002, la désignation d'un conseiller rapporteur, c'est-à-dire avant le 1er janvier 2003, date d'entrée en vigueur de la loi n°62-99 relative au code des juridictions financières, conformément à l'article 115 du code des juridictions financières;

Considérant que, dans le cadre de cette affaire, le conseiller rapporteur s'est conformé, dans les formalités d'instruction, aux dispositions de l'article 62 de la loi n° 12-79 susmentionné qui l'a investi de pouvoirs très étendus lui permettant de procéder à toutes les investigations qu'il juge utiles, y compris des enquêtes, des demandes de renseignements à qui de droit et de se rendre dans les services contrôlés ; qu'ainsi, le conseiller rapporteur ne peut effectuer les investigations sur place que s'il s'avère, après étude du fonds de dossier, que son déplacement sur les lieux est indispensable pour la compréhension et l'appréhension des circonstances dans lesquelles les faits objet de la poursuite ont été commis ; que sachant que le choix des procédés de l'instruction relève du pouvoir discrétionnaire du conseiller rapporteur ;

Considérant qu'il y a lieu de rappeler que les formalités relatives à la communication des observations du conseiller rapporteur et à l'émission de l'avis du contre rapport sur le rapport du conseiller rapporteur, relèvent de la procédure de vérification et de jugement des comptes prévue au 1er chapitre du titre II du code des juridictions financières, alors que le cas d'espèce relève de la compétence de la Cour des comptes en matière de la discipline budgétaire et financière prévue dans le 2ème chapitre du titre II du même code ;

Considérant que le parquet général s'est basé, dans ses conclusions, sur le rapport d'instruction du conseiller rapporteur établi conformément aux dispositions de la loi n° 12-79 relative à la Cour des comptes ;

Qu'ainsi, la formation de jugement a rejeté la demande ;

IV- Sur les griefs objet de la poursuite

S'agissant du premier grief Considérant que M (Président de la commune) est poursuivi par le procureur général du Roi pour avoir eu recours aux bons de commande dont le montant total dépasse le seuil fixé par la réglementation en vigueur ;

Considérant que, tel qu'il ressort des pièces justificatives communiquées à la Cour, les dépenses relatives à la construction de deux bureaux administratifs et à une salle de réunion, objet des bons de commande n° 15 et 17/2000 sont des prestations de même nature,

et ont été engagées à des dates très proches au cours de l'année budgétaire 1999/2000 pour un montant global qui dépasse le seuil de 100 000 dirhams ;
Considérant que l'intéressé a déclaré, lors de la séance d'audition tenue à la Cour des comptes le 26 juillet 2005, que les crédits budgétaires relatifs à cette dépense étaient répartis entre plusieurs rubriques, ce qui ne lui permettait pas de recourir au procédé de marché public ;
Considérant que selon le mémoire en défense, l'intéressé est illettré et que c'est le service technique qui s'occupait de la préparation des projets et du suivi de leur réalisation ;
Considérant que l'intéressé a déclaré, lors de l'audience de jugement, qu'il n'a jamais pris unilatéralement une décision relative à la gestion des affaires de la commune et que toutes les décisions ont été prises à l'unanimité lors des délibérations du conseil communal (...), sachant que l'autorité de tutelle a toujours été informée de toutes les mesures prises ;
Considérant que les collectivités locales sont soumises aux mêmes règles et conditions relatives à la passation des marchés de l'Etat et ce, conformément à l'article 48 du décret n°2.76.576 portant règlement de la comptabilité publique des collectivités locales et de leurs groupements du 30 septembre 1976 ;
Considérant en effet que le décret n° 2-98-482 des 11 ramadans 1419 (30 décembre 1998) relatif aux conditions et aux formes de passation des marchés publics autorise, en vertu de son article 72, le recours aux bons de commande pour l'acquisition de fournitures livrables
Immédiatement et à la réalisation de travaux ou services et ce, dans la limite de cent mille (100.000) dirhams ;
Considérant qu'aux termes du deuxième alinéa du même article, la limite de cent mille dirhams, visé ci-dessus, est à considérer dans le cadre d'une année budgétaire, en fonction de chaque personne habilitée à engager les dépenses et selon des prestations de même nature ;
Considérant, tel qu'il ressort de l'examen des pièces justificatives du dossier, que les deux bons de commande n°15 et 17/2007 relatifs à la réalisation des travaux d'aménagement des locaux ont été engagés au cours de la même année budgétaire, que leur montant global dépasse le seuil de 100.000,00 dirhams et qu'ils concernent des prestations de même nature conformément à la décision du premier ministre n°3-55-

99 du 12 juillet 1999 (fixant la liste des prestations de même nature) relative à l'application de l'article 72 susmentionné ;
Qu'en conséquence, M (...) a commis une des infractions prévues à l'article 56 de la loi n°12- 79, à savoir, le non-respect des règles d'engagement de dépenses publiques ;
(.....)
Par ces motifs,
Et compte tenu des circonstances de l'affaire, La Cour des comptes arrête, contradictoirement, en premier ressort, et en audience publique, ce qui suit :
En la forme : la Cour est compétente pour statuer sur cette affaire en matière de discipline budgétaire et financière ;
Au fond : M (...) est condamné à une amende de deux mille (2.000,00) dirhams, pour l'unique infraction retenue à son encontre et ce, conformément aux dispositions de l'article 57 de la loi n° 12-79 relative à la Cour des comptes ;
Le présent arrêt a été rendu par la Cour des comptes et prononcé en audience publique, au siège de la Cour, le vingt-huit janvier deux mille dix.
Le président Le greffier

(3)

Arrêt n°4 3 /201 0 /D.B.F du 6 mai 2010 -Affaire n°105/2006/D.B.F relative à un Office régional de mise en valeur agricole-

La conclusion d'un marché avec des clauses différentes de celles prévues par le CPS remis aux candidats, constitue une infraction aux règles d'engagement des dépenses publiques et une atteinte au principe de la concurrence et de la liberté d'accès à la commande publique.

Constitue une infraction aux règles d'engagement de dépenses publiques, la passation d'un marché ayant pour objet la réalisation de travaux sur un terrain dont la situation juridique n'a pas été régularisée, par le transfert de la propriété dudit terrain au maitre d'ouvrage et la réunion des conditions légales et objectives rendant exécutoire l'objet du contrat.

Lorsqu'un marché conclu par un établissement public renvoie aux textes réglementaires applicables aux marchés de l'Etat, les dispositions de ces textes deviennent des règles d'exécution des dépenses dudit établissement pour le marché en question.

Royaume du Maroc

Au nom de Sa Majesté le Roi et en vertu de la loi

La Cour des comptes,

Vu la loi n° 62-99 relative au code des juridictions financières, promulguée par le dahir n°1.02.124 du 13 juin 2002, tel qu'il a été modifié et complété; Vu le réquisitoire du procureur général du Roi près la Cour des comptes n° 99 du 23 février 2007, sollicitant la désignation d'un conseiller rapporteur chargé de l'instruction de l'affaire de discipline budgétaire et financière, déférée à la Cour par une formation (d'une chambre sectorielle de la Cour) suite à sa délibération sur le projet du rapport particulier relatif au contrôle de la gestion de l'Office régional de mise en valeur agricole (ORMVA) (…), conformément aux dispositions des articles 84, 57 et 58 de la loi n° 62-99 relative au code des juridictions financières;

Vu la décision du procureur général du Roi n°150 de poursuivre M (…) en sa qualité de directeur général du de l'Office régional de mise en valeur agricole (…) devant la Cour pour des faits susceptibles de constituer des infractions prévues à l'article 54 de la loi n° 62-99;

(…)

Après délibération conformément à la loi ;

I-Sur la compétence de la Cour Considérant qu'en application des dispositions de l'article premier du décret royal (portant création dudit office), l'ORMVA (…) est un établissement public doté de la personnalité morale, de l'autonomie financière et soumis à la tutelle technique du ministre de l'agriculture et de la réforme agraire ;
Considérant qu'il découle de la note du ministre de l'agriculture (…) que M (...) a été nommé directeur de l'office régional de mise en valeur agricole (…) durant la période s'étalant du (…) mars 2001 au (…) octobre 2004 ; qu' en conséquence, M (…) est, à ce titre, ordonnateur d'un établissement public soumis à la compétence de la Cour des comptes en matière de discipline budgétaire et financière, conformément à l'article 51 du code des juridictions financières ;
Considérant que les faits reprochés à l'intéressé sont susceptibles de constituer des infractions prévues à l'article 54 de la loi n° 62-99 susmentionné ;
Qu'en conséquence, la Cour est compétente pour statuer sur cette affaire ;
II- Sur la prescription
(…)
Considérant que, lors de ses délibérations sur le projet du rapport particulier relatif au contrôle de la gestion de l'ORMVA (…) en date du 22 novembre 2006, une formation (d'une chambre sectorielle de la Cour des comptes) a relevé des faits passibles de discipline budgétaire et financière ;
Qu'en conséquence, les faits reprochés au poursuivi, et qui auraient été commis postérieurement à la date du 22 novembre 2001, ne sont pas couverts par la prescription prévue à l'article 107 du code des juridictions financières ;
III- Sur les griefs objet de la poursuite Considérant que M (...) en sa qualité de directeur de l'Office régional de mise en valeur agricole (…) est poursuivi pour les faits suivants : • L'existence de certaines discordances entre les clauses du marché et celles figurant au CPS remis aux soumissionnaires,
• La conclusion de certains marchés de travaux avant l'assainissement de la situation juridique des terrains sur lesquels devaient être exécutés ces travaux ;
Concernant le premier grief Considérant qu'il a été reproché au poursuivi d'avoir conclu avec la société "B" le marché n°11/2003/DDA/CMS contenant des clauses différentes de celles

figurant au cahier des prescriptions spéciales remis aux soumissionnaires (la clause relative au délai d'exécution) ;

Considérant que le poursuivi a réaffirmé, lors de l'audience de jugement, ce qu'il avait déjà déclaré lors de la séance d'audition du 26 juin 2008, à savoir que le marché susmentionné a fait l'objet de trois appels d'offres (n° 28/02, n° 06/03 et n°12/2003) ; que le délai d'exécution a été fixé à deux mois pour les trois appels d'offres, que le taux des pénalités de retard est fixé à 0,10 % du montant total du marché pour chaque jour de retard, que le délai de garantie a été fixé à 8 mois et 12 mois respectivement pour l'appel d'offres n° 02/28 et les deux autres appels d'offres ; qu'il a ajouté que le titulaire du marché a pu réaliser les travaux dans un délai de deux mois ;

Considérant que l'intéressé a réaffirmé, également, tout ce qui a été mentionné dans son mémoire écrit ; que la discordance mentionnée n'a pas été évoquée par le responsable du service (…) et le directeur du département (…), responsable hiérarchique de ce service et que ces derniers étaient censés vérifier la conformité des clauses du marché à celles du CPS avant la signature de ce dernier et que la vérification des différentes pièces ne relève pas des compétences du Directeur de l'office mais incombe plutôt au service d'audit et contrôle de la gestion ;

Considérant que le poursuivi a mentionné dans son mémoire écrit qu'il s'agissait d'une faute de frappe qui n'a eu aucun impact sur le respect du principe de la concurrence ;

Considérant qu'il s'est avéré, après vérification des pièces justificatives du dossier, et contrairement aux déclarations du poursuivi, que les travaux ont été réalisés dans un délai de trois mois tel qu'il ressort de l'ordre de service en date du 20 janvier 2004 et du PV de la réception provisoire du 19 avril 2004 (…) ;

Qu'il s'est révélé, aussi, que la copie du CPS contenue dans le fonds de dossier comporte la signature et le cachet de l'entreprise concurrente, ce qui prouve que les deux soumissionnaires avaient consenti le contenu du CPS comme référentiel de la concurrence lors du retrait des deux copies des services de l'office (maître d'ouvrage du projet) ; que, de ce fait, la concurrence a eu lieu sur la base du CPS;

Qu'il ressort des pièces justificatives du marché que, si la concurrence a eu lieu sur la base des dispositions du cahier des prescriptions spéciales (délai d'exécution : 2 mois), l'exécution des travaux a été effectuée conformément aux clauses du marché (délai d'exécution : 3 mois) ;

Considérant que, pour la conclusion du marché avec la société B, l'office s'est référé aux dispositions du décret n° 2.98.482 du 30 décembre 1998 fixant les conditions et les formes de passation des marchés de l'Etat, ainsi que certaines dispositions relatives à leur gestion et contrôle ;
Considérant qu'aux termes de l'article 23 du décret susmentionné, le maître d'ouvrage prépare un dossier d'appel d'offres qui doit comporter, entre autres, un exemplaire du cahier des prescriptions spéciales à remettre aux soumissionnaires;
Considérant que, selon son article 4, le CPS est une pièce constitutive du dossier d'appel d'offres ;
Considérant que c'était l'intéressé qui a signé le marché en date du 2 décembre 2003 en tant qu'autorité habilitée à engager les dépenses de l'Office ;
Considérant que, en procédant à la conclusion du marché avec la société B, en dépit de certaines discordances entre les clauses du marché et celles figurant au CPS qui étaient à la base de la concurrence, l'intéressé a enfreint les règles d'engagement des dépenses publiques et a porté atteinte au principe de la concurrence et de l'égalité d'accès à la commande publique ;
Qu'en conséquence, M (...) a commis une des infractions prévues à l'article 54 du code des juridictions financières, à savoir, le non-respect des règles d'engagement des dépenses publiques;
S'agissant du 2éme grief Considérant qu'il est reproché au poursuivi d'avoir conclu le marché n°43/2003/DGR avec la société (...) pour la réalisation d'un ouvrage de prise gravitaire pour dérivation du cours d'eau de l'oued "S" à l'oued "B" avant d'assainir la situation juridique des terrains sur lesquels devait se réaliser le projet ;
Considérant que l'intéressé a déclaré, lors des séances d'audition et de jugement, que le projet mentionné a été financé par la Banque Européenne d'Investissement ; que pour bénéficier de ce financement, il fallait se conformer aux délais d'exécution du projet ; que pour éviter l'annulation des crédits en question, l'Office a conclu le marché avant l'assainissement de la situation juridique des terrains sur lesquels le projet devait être réalisé; que ces terrains relevaient du régime des « jmouaa » ; qu'il était impossible de parvenir à un accord avec la population concernée avant l'approbation du marché par l'autorité de tutelle ;
Considérant que, tel qu'il ressort des pièces constitutives du dossier, la personne poursuivie a procédé à la conclusion du marché en date du

30 juin 2004 et a notifié au titulaire du marché l'ordre du service pour commencement des travaux en date du 17 août 2004, bien que la procédure d'expropriation des terrains objet des travaux n'ait été entamée que le 3 janvier 2005, date de signature du PV de règlement à l'amiable entre le directeur successeur (de l'office) et le représentant de la population concernée;

Considérant que le poursuivi a justifié le report de l'accomplissement des formalités d'expropriation afin d'éviter l'annulation du crédit accordé à l'Office par la Banque Européenne d'Investissement ;

Considérant que le défaut d'assainissement de la situation juridique des terrains en question a entravé la réalisation des travaux objet du marché ; qu'en effet, la population concernée s'est opposée à la réalisation desdits travaux, ce qui a amené le directeur successeur (...) à émettre un ordre d'arrêt des travaux le 4 novembre 2004 ;

Considérant, qu'à la lumière de ce qui précède, l'arrêt de l'exécution des travaux objet du marché revient au non accomplissement, par le poursuivi, des formalités juridiques relatives à l'expropriation des terrains avant la conclusion du marché ;

Considérant que la raison avancée par le poursuivi (éviter l'annulation du crédit (...)) ne saurait justifier la conclusion d'un marché pour la réalisation de travaux sur des terrains appartenant à autrui en dehors de la procédure légale en la matière ;

Qu'ainsi, le poursuivi a procédé à la conclusion du marché n°43/2003/DGR avant le transfert à l'Office de la propriété des terrains en question, autrement dit, avant la réunion de toutes les conditions juridiques et objectives nécessaires pour rendre exécutoire l'objet du contrat ;

Qu'en conséquence, M (...) a commis une des infractions prévues à l'article 54 du code des juridictions financières, à savoir, le non-respect des règles d'engagement des dépenses publiques;

(...)

Par ces motifs,

Et compte tenu des circonstances de l'affaire, La Cour des comptes arrête, contradictoirement, en premier ressort et en audience publique, ce qui suit :

En la forme : la Cour est compétente pour statuer sur cette affaire en matière de discipline budgétaire et financière ;

Au fond : M (...) est condamné à une amende de dix mille (10.000,00) dirhams, pour les deux infractions retenues à son encontre et ce,

conformément aux dispositions de l'article 66 de la loi n° 62-99 relative au code des juridictions financières ;
Le présent arrêt a été rendu par la Cour des comptes et prononcé en audience publique, au siège de la Cour, le six mai deux mille dix ;

Le président Le greffier

(4)

Arrêt n°56/201 0 /D.B.F du 29 juin 2010 -Affaire n°103/2000/D.B.F-

Le décès de la personne poursuivie entraine l'extinction de l'action en matière de discipline budgétaire et financière.

Royaume du Maroc

Au nom de Sa Majesté le Roi et en vertu de la loi

La Cour des comptes,

Vu la loi n° 62-99 relative au code des juridictions financières, promulguée par le dahir n° 1-02-124 du 13 juin 2002, notamment son article 115 ;

Vu la loi n° 12-79 relative à la Cour des comptes promulguée par le dahir n° 1-79-175 du 22 chaoual 1399 (14 septembre 1979) ;

Vu le réquisitoire du procureur général du Roi près la Cour des comptes n° 29 du 25 mai 2000, sollicitant la désignation d'un conseiller rapporteur chargé de l'instruction de l'affaire de discipline budgétaire et financière, déférée à la Cour à la demande du ministre de (...) par sa lettre n° 10 /59/d du 22 novembre 2006 , appuyée d'un rapport de l'inspection générale des finances n° 3143 du 7 février 2000 sur la gestion financière de la direction au titre des exercices1996-1997, 1997-1998 et 1998-1999;

Vu la décision du procureur général du Roi n°110 de poursuivre M (...) en sa qualité de chef d'un département au sein de la direction (...) devant la Cour pour des faits susceptibles de constituer des infractions prévues à l'article 56 de la loi n° 12-79 ;

Considérant qu'un extrait du certificat de décès du mis en cause sous n°141 en date du 13 mars 2007 émis par le bureau d'état civil n°12 de l'annexe administrative n°12 relevant de la commune de (...) a été communiqué en date du 24 juin 2010 au secrétariat du greffe de la Cour des comptes;

(...)

Et suite à l'audience de jugement tenue le 1er juillet 2010 ;

Après avoir entendu le représentant du parquet général ;

Après délibération conformément à la loi ;

Considérant que, l'action en matière de discipline budgétaire et financière est déclenchée par le procureur général du Roi près la Cour des comptes aux fins de sanctionner tout ordonnateur, contrôleur ou comptable public, ainsi que tout fonctionnaire ou agent placé sous leurs ordres ou agissant pour leur compte, qui auraient commis l'une des infractions passibles de sanctions en matière de discipline budgétaire et financière;

Qu'est une action publique toute saisine d'une juridiction pour requérir l'application d'une sanction ;

Considérant, toutefois, que toute action publique s'éteint par le décès de la personne poursuivie ;

La Cour des comptes déclare, suite au décès de Monsieur (...), l'extinction de l'action publique à son encontre et la fin de l'instance concernant les griefs qui lui ont été reprochés ;

Le présent arrêt est rendu le 1er juillet deux mille dix ;

Le président Le greffier

(5)

Arrêt n°02/2011/D.B.F du 3 mars 2011 -Affaire n°103/2007/D.B.F relative à la gestion financière d'un établissement public –

Le rapport évoqué par le mémoire en défense est celui établi conformément aux dispositions des articles 99 et 100 de la loi 62-99 formant code des juridictions financières (rapport annuel de la Cour des comptes), alors que le rapport adressé au parquet général par une chambre sectorielle, et qui retrace le détail des faits objet de la poursuite, a été établi dans le cadre de l'article 84 dudit code . Ainsi, ces deux rapports sont différents quant au contenu, à la procédure et aux finalités.

Nul ne peut être condamné pour des faits dont il n'a pas été légalement poursuivi par le parquet général.

Royaume du Maroc

Au nom de Sa Majesté le Roi et en vertu de la loi

La Cour des comptes,

Vu la loi n° 62-99 relative au code des juridictions financières, promulguée par le dahir n°1.02.124 du 13 juin 2002, notamment son article 115 ;

Vu la loi n° 12-79 relative à la Cour des comptes promulguée par le dahir n° 1-79-175 du 22 chaoual 1399 (14 septembre 1979) ;

Vu le réquisitoire du procureur général du Roi près la Cour des comptes n° 100 du 26 février 2007, sollicitant la désignation d'un conseiller rapporteur chargé de l'instruction de l'affaire de discipline budgétaire et financière, déférée par une formation d'une chambre sectorielle à la Cour suite à sa délibération sur le projet du rapport particulier relatif au contrôle de la gestion de (la Caisse), conformément aux dispositions des articles 57, 58 et 84 du code des juridictions financières ;

Vu la décision du procureur général du Roi n°020...de poursuivre M (directeur général d'un établissement public) devant la Cour pour avoir commis des faits susceptibles de constituer des infractions prévues à l'article 56 de la loi n° 12-79 et à l'article 54 de la loi 62-99;

(...)

Après délibération conformément à la loi ;

I-Sur la compétence de la Cour Considérant, que (la Caisse) est un établissement public jouissant de la personnalité morale et financière, selon les dispositions de l'article 2 du dahir portant loi relative à la création de la Caisse ; que, de ce fait, la Caisse est soumise à la

compétence de la Cour en matière de discipline budgétaire et financière, conformément à l'article 51 susmentionné ;
Considérant, que M (...), à l'époque des faits, directeur de (la Caisse), est ordonnateur d'un organisme public soumis à la compétence de la Cour des comptes en matière de discipline budgétaire et financière ;
Considérant que le fait qui lui est reproché est susceptible de constituer des infractions prévues aux articles 56 de la loi 12.79 et 54 de la loi 62.99 sus visée ;
Qu'en conséquence, la Cour est compétente pour statuer sur cette affaire ;
II-Sur la prescription
Considérant que lors de sa délibération sur le projet du rapport particulier relatif au contrôle de la gestion (de la Caisse) en date du 16 novembre 2006, la formation (de la chambre sectorielle) a découvert un fait passible de discipline budgétaire et financière ;
Qu'en conséquence, le fait reproché au poursuivi, et qui aurait été commis postérieurement à la date du 16 novembre 2001, n'est pas couvert par la prescription prévue à l'article 107 du code des juridictions financières ;
III- Sur les exceptions de forme Considérant que le mémoire en défense du poursuivi a soulevé les moyens suivants :
- Les infractions se prescrivent à l'expiration d'un délai de cinq ans entre la date où elles auraient été commises et la date de saisine de la Cour, conformément à l'article 70 de la loi 12-79 et à l'article 107 de loi 62-99 ;
- L'observation citée dans le rapport annuel de la Cour des comptes, dans son chapitre 2.1.3, n'a pas fait l'objet d'un contrôle sur place des sociétés bénéficiaires de subventions. De même, l'unique observation relevée par la Cour concerne l'octroi d'indemnités d'un montant de 92.400 dirhams ;
Qu'en conclusion, la défense du poursuivi a demandé de considérer la prescription comme obstacle à l'élargissement de l'instruction au-delà du fait relatif au montant susvisé ;
Pour le premier moyen
Considérant que dans son deuxième alinéa, l'article 115 du code des juridictions financières, énonce que la loi n°12-79 est abrogée à compter de la date d'entrée en vigueur de la loi
n° 62-99 (soit le premier janvier 2003) ; que par ailleurs, le 3éme alinéa dudit article dispose que toutes les opérations financières et comptables qui concernent les exercices antérieurs à la date d'entrée

en vigueur de la loi n°62-99 restent soumises aux dispositions de la loi n° 12-79 relative à la Cour des comptes, sous réserve des dispositions de l'article 107 de la loi n°62-99 ;
Considérant, qu'en vertu des dispositions de l'article 107 suscité, les infractions susceptibles d'une poursuite en matière de discipline budgétaire et financière, se prescrivent si elles n'ont pas été découvertes par la Cour ou par toute autre autorité compétente dans un délai de cinq ans révolus à compter de la date où elles auraient été commises ;
Considérant que, suite à la délibération d'une chambre sectorielle sur le projet du rapport particulier relatif au contrôle de la gestion de (la Caisse), en date du 16 novembre 2006, le président (de la chambre sectorielle) a communiqué au procureur général du Roi , par la lettre N° 3/2007 en date du 4 janvier 2007, un rapport retraçant des faits susceptibles de constituer des infractions en matière de discipline budgétaire et financière;
Considérant que le 2émealinéa de l'article 84 susmentionné dispose que si la chambre relève des infractions pouvant justifier une poursuite en matière de discipline budgétaire et financière, elle en saisit le procureur général du Roi conformément à l'article 57 de la loi n° 62-99 ;
Qu'en conséquence, la formation a retenu le 16 novembre 2006 (date de la délibération de la chambre sectorielle sur le projet du rapport particulier relatif au contrôle de la gestion de l'établissement public en question) comme date de découverte des faits reprochés au poursuivi, conformément à l'article 84 susvisé ;
Concernant le second moyen
Considérant que le mémoire en défense a visé le rapport annuel de la Cour des comptes au titre de l'année 2006;
Considérant que l'article 99 du code des juridictions financières dispose que le comité des programmes et des rapports prépare les observations destinées à être insérées au rapport annuel ; que les projets d'insertion sont communiqués par le premier président aux autorités gouvernementales et aux responsables des institutions et des organismes publics concernés, qui sont tenus d'adresser à la Cour leurs réponses, accompagnées, éventuellement, de toutes justifications utiles ; que ces réponses sont jointes audit rapport ; que le rapport annuel est délibéré en chambre du conseil ;
Considérant, qu'aux termes de l'article 100 du code juridictions financières, le rapport annuel fait la synthèse des observations relevées

par la Cour lors des missions de contrôle de la gestion, lesquelles observations sont contenues dans les rapports particuliers établis à cet effet; que ce rapport retrace également les propositions d'amélioration de la gestion des organismes publics ayant fait l'objet de contrôle ;
Considérant que, pour engager la poursuite, le procureur général du Roi s'est basé sur le rapport établi suite à la délibération (de la chambre sectorielle) sur le projet du rapport particulier relatif à la mission du contrôle de la gestion de l'organisme en question ;
Considérant que le rapport évoqué par le mémoire en défense est celui établi conformément aux dispositions des articles 99 et 100 de la loi 62-99 formant code des juridictions financières (rapport annuel de la Cour des comptes), alors que le rapport adressé au parquet général par une chambre sectorielle, et qui retrace le détail des faits objet de l'affaire déférée, a été établi dans le cadre de l'article 84 dudit code ; qu'ainsi, ces deux rapports sont différents quant au contenu, à la procédure et aux finalités ;
Que la poursuite (de l'intéressé) au titre de cette affaire, a été engagée conformément aux articles 57 et 58 du code des juridictions financières ;
Que la jurisprudence de la Cour Suprême (Cour de cassation actuellement) a constamment consacré le principe selon lequel « nul ne peut être condamné pour des faits dont il n'a pas été légalement poursuivi par le Parquet Général » (arrêt de la Cour Suprême n° 1515 du 21/10/1982) ;
Considérant que le grief reproché au (Directeur de la Caisse), comme il ressort du réquisitoire du Parquet Général n°020(…)susmentionné, et qui a été évoqué par le mémoire en défense, concerne l'octroi d'indemnités, d'un montant de 92 400,00 dirhams, pour des missions de contrôle au profit de trois employés qui n'étaient pas membres de l'équipe de contrôle telle qu'elle était dûment constituée;
Qu'en conséquence, la formation a considéré que le grief objet du réquisitoire n°020 (..) susmentionné, n'est pas atteint par la prescription prévue par l'article 107 du code des juridictions financières car commis postérieurement à la date du 16 novembre 2001; que le montant des indemnités objet du grief (…) est de 92.400,00 dirhams ;
IV-Sur le grief objet de la poursuite
Considérant que M(…) est poursuivi par le procureur général du Roi pour l'octroi d'indemnités d'un montant de 92.400,00 dirhams à trois

employés ne faisant pas partie des membres de la commission de contrôle dûment désignée par la décision du premier ministre (…);
Considérant qu'il s'agit, selon le rapport de la formation (de la chambre sectorielle), de trois employés dudit organisme (…);
Considérant que le poursuivi a déclaré, lors de la séance d'audition tenue le 30 juin 2008, que l'organigramme de (la Caisse) compte, parmi ses services administratifs, l'entité chargée du contrôle, et que les critères de sélection des membres de cette entité sont commandés, d'une part, par le respect de la limite des dotations allouées à cet effet, et d'autre part, par la nécessité de remplacer les anciens membres par de nouveaux membres ayant une situation administrative similaire;
Considérant que l'intéressé a déclaré, lors de la séance de jugement en date du 20 janvier 2011(..), qu'il a désigné les membres de l'entité de contrôle et fixé le montant global de leurs indemnités sur la base de la décision du premier Ministre (…);
Considérant qu'au vu des conclusions du parquet général, les indemnités en question sont dépourvues de base réglementaire du fait que la décision du premier ministre a un caractère dérogatoire et temporaire, et qu'aucune décision similaire ne fut ultérieurement émise à ce sujet (…) ; que par ailleurs, l'entité de contrôle ne fut intégrée à l'organigramme qu'à partir du 20 juin 2003 par la décision n°480 (du directeur de la Caisse);
Considérant, toutefois, que l'objet du réquisitoire du parquet général ne porte pas sur le caractère irrégulier des indemnités octroyées au titre des missions de contrôle, mais sur la non appartenance des employés en question à l'équipe de contrôle ;
Considérant que nul ne peut être condamné pour des faits dont il n'a pas été poursuivi légalement par le parquet général, tel qu'il a été consacré par la Cour suprême dans son arrêt n°1515(…) ;
Considérant que l'article 2 de la décision du premier ministre précitée confère au directeur de (la Caisse) un pouvoir discrétionnaire dans le choix des membres de l'équipe de contrôle ;
Considérant qu'il ressort des décisions n°332/cc du 15 mars 1999 et n°624/cc t du 2 juillet 2002, produites par le poursuivi lors de la séance de jugement, que les trois employés concernés étaient dûment nommés par le (directeur de la Caisse), membres au sein de l'équipe de contrôle ;
Qu'en conséquence, la responsabilité du poursuivi n'est pas engagée dans le cas d'espèce ;
Par ces motifs,

La Cour des comptes arrête, contradictoirement, en premier ressort, et en audience publique, ce qui suit :

En la forme : la Cour est compétente pour statuer sur cette affaire en matière de discipline budgétaire et financière ;

Au fond : M(…) est relaxé des fins de la poursuite ;

Le présent arrêt a été rendu par la Cour des Comptes et prononcé en audience publique au siège de la Cour, le trois mars deux mille onze ;

Le président Le greffier

Références bibliographiques

Ouvrages généraux

1- ADAM (F) ; FERRAND (O) ; RIOUX (R) : « Finances publiques », Po/Dalloz, 2007.
2- KHOUDRI (D), « le contrôle des finances de l'Etat ». Ediprim, 1992.
3- ZEMRANI (A.B) : « les finances de l'Etat au Maroc », l'Harmattan, 1998.

Ouvrages spécialisés

1- BERRAOU Mohammed :
   - « Précis d'interprétation du code des juridictions financière » Tome I, les attributions juridictionnelles, Toppress , 2004
   - «Les Cours régionales des comptes ; guide juridique pratique » ; 2006, Top Press, première édition et deuxième édition 2014 ; Daralkalam.
   - «Transparence, responsabilité et contrôle supérieur des finances publiques dans le contexte de la bonne gouvernance », Dalalqalam, 2010.
   - « Interprétation intégrale du code des juridictions financières, les trois livres », Darassalm, 2012
   - « Les grands arrêts de la jurisprudence financière au Maroc » ; 2009 ; Daralkalam ; Première édition ;
   - « Règles de discipline budgétaire et financière à l'égard des responsables, fonctionnaires et agents publics », en arabe, 2017, Darassalam, première édition.
   - « Règles de discipline budgétaire et financière à l'égard des ordonnateurs, contrôleurs et comptables publics », en français, Darassalam ; 2017 ; première édition.
2- FABRE Francis ; ANNE FROMENT Maurice, « Grands Arrêts de la Jurisprudence Financière », Dalloz, Quatrième édition, 1996.
3- MAGNET Jacques :
   - « Les gestions de fait », L.G.D.J, première édition 1998 et deuxième édition, 2001.

- « La gestion de fait des deniers publics locaux », même éditeur ; 2000

4- MOLINER (J) : «Jurisprudence de la Cour de discipline budgétaire et financière » in : mélanges dédiés à Gabriel Marty, Espic, Toulouse, 1978.

Études

1- BLUME Lorenz, VOIGT PHILIPPS Stefan: « Supreme Audit Institutions: Supremely Superfluous? » A Cross Country Assessment, March 2007, in: http://ssrn.com/abstract=965434.

2- DESAUTELS, FCA (M.L.D) : « le bureau du vérificateur général au Canada », Doc. Cour des comptes de Belgique, Bruxelles, 1994.

3- BERRAOU Mohammed :
- «Analyse évaluative des réactions externes sur le rapport annuel de la Cour des comptes, 2007» Doc. interne. Cour des comptes, Mars 2008.
- «De la spécificité de la Cour des comptes», 2-7-2013, in :Marocdroit (revue juridique électronique) : https://www.marocdroit.com/De-la-specificite-de-la-Cour-des-comptes a3575.html.
- « De la responsabilité financière en général et de la responsabilité dans la gestion du budget par objectifs en particulier : un diagnostic comparé » Revue IDARA, Ecole nationale d'administration de l'Algérie, numéro spécial ; volume 16, numéro 2- 2006. Numéro 32.
- « De la fonction disciplinaire de la Cour des comptes », communication au colloque international, gouvernance et contrôle supérieur des finances publiques en Afrique, défis et enjeux. Rabat, 24 mars 2016.
- « Note sur l'étendu et le sens à donner au deuxième rapport dans le cadre du contrôle intégré des comptes », Doc. Interne : Cour des comptes du Maroc. Juin 2016.
- « Note sur le projet de loi organique relative à la loi de finances et ses implications pour la Cour des comptes » Doc. Interne. Cour des comptes du Maroc. Janvier 2014.

4- EL GLAOUI (Abdessadeq) : « la Cour des comptes : présentation, problèmes et perspectives » revue française des finances publiques, n° 28, 1989.
5- GASTINEL (J.P) : « Cour de discipline budgétaire et financière », JCL, fasc 1265, mis à jour 1997.
6- DESCHEEMAEKER Christian :
   - « La gestion de fait » ; JSC ; fascicule 1265, 2001.
   - « Egalité et équité devant la Cour des comptes». Doc. Cour des comptes. 1998. France.
   - « La responsabilité personnelle des ordonnateurs des collectivités locales » ; RFFP ; N° 43 ; 1993.
7- BERTUCCI (J.I) ; DOYELLE (A) :
   - « la déclaration des gestions de fait », AJDA, 20 novembre 1997.
   - « l'apurement des gestions de fait », AJDA, 20 mars 1998.
8- MBOHOU Max ; «les gestions de fait à coloration pénale», la revue du trésor, n° 8-9, aout-septembre 2003.
9- LAMARQUE D : « le contrôle de la performance », revue du trésor, mars-avril 2005.
10- GROPER Nicolas :
   - les sanctions de droit public financier et la réforme de la gestion publique ou la CDBF et la LOLF, revue du trésor, n° 2, février 2008.
   - «responsabilité des gestionnaires publics devant le juge financier», Dalloz, 2009, première édition.
11- Bonne gouvernance entre la situation actuelle et les dispositions de la nouvelle constitution. juin 2011. Doc ICPC, www.icpc.ma. 2011.
12- «Les moyens nécessaires pour renforcer l'indépendance des institutions supérieures de contrôle», Bureau d'audit de l'Arabie saoudite, 1983.

Actes de colloques, conférences et journées d'études

1- Colloque international : «le rôle des institutions supérieures de contrôle dans le renforcement de la bonne gouvernance», 14 septembre 1998, Doc. Cour des comptes du Maroc. 1998.
2- Colloque : « finances publiques et responsabilité, l'autre réforme », RFFP, novembre 2005.

3- Actes des travaux de la cinquième assemblée générale arabe des institutions supérieures de contrôle, ARABOSAI, Beyrouth, Juin 1995. Doc. ARABOSAI, Le Caire.
4- Actes des travaux de la sixième assemblée générale de l'ARABOSAI ; Rabat ; 2001. Doc. Cour des comptes.
5- Actes de la troisième conférence du groupe de travail de l'ARABOSAI (organisation arabe des institutions supérieures de contrôle, relevant de la ligue des Etats arabes), Le Caire, 1983.
6- Actes de travaux du Colloque international : gouvernance et contrôle supérieur des finances publiques en Afrique ; rabat ; 24 Mars 2016 ; Doc. Global governance center ; 2017.
7- « La Cour des comptes d'hier à demain », actes des journées d'études : Cour des comptes-Université, Strasbourg, 13-14 Mai 1977. LGDJ, 1979.
8- Actes des journées d'études sur « le contrôle des finances publiques au seuil du 21eme siècle » organisées par la Cour des comptes de Belgique, éditées par la même Cour, Bruxelles, 1994.

Rapports, recueils et chroniques

1- Jurisprudence d'appel de la Cour des comptes. Doc Cour des comptes francaise.1992
2- Rapport d'activité CDBF, 2008. In : www.ccomptes.fr
3- Rapport public annuel, 2015. Doc. Cour des comptes française. France.
3- Recueil des arrêts de la Cour des comptes en matière de discipline budgétaire et financière. Site web : www.courdescomptes.ma ; 2015.
4- Rapport annuel 2008 de la Cour des comptes. Doc Cour des comptes du Maroc. www.courdescomptes.ma
5- Rapport annuel de la Cour des comptes 2015. Doc Cour des comptes française.
6- Recueil des arrêts de la Cour des comptes et des CRTC, 2011. Doc. Cour des comptes française.
7- Rapport annuel de la cour des comptes 2015 ; Doc Cour des comptes française.
8- Rapport annuel relatif à l'année 2007, publié en 2009. Site web de la Cour des comptes : www.courdescomptes.ma.

9- Rapport de la Cour de discipline budgétaire et financière relatif à l'année 2006. Doc. CDBF française.
10- Recueil des arrêts de la Cour des comptes et des jugements des CRTC ; 2011. Doc. Cour des comptes française.
11- «Rapport final sur l'étude de l'indépendance des ISCs » ; groupe de travail ad-hoc de l'INTOSAI ; Mars 2001, in : www.itosai.com.
5- Arrêts de la chambre d'appel (publiés au courant du mois de février 2017) ; Cour des comptes du Maroc site web.
6- Rapport conjoint entre le ministère des finances et la banque mondiale, Mars 2007. Doc. Ministère des finances du Maroc. 2007. www.finanaces.gov.ma
7- Chronique de la jurisprudence de la Cour des comptes, de la Cour de discipline budgétaire et financière et du Conseil d'Etat ; Revue du trésor, janvier 2004. LASCOMBE Michel et VANDENDRIESSCHE Xavier
8- Chronique de la jurisprudence de la Cour des comptes de la Cour de discipline budgétaire et financière et du Conseil d'Etat ; Revue du trésor, juillet 2007. LASCOMBE Michel et VANDENDRIESSCHE Xavier

Guides, circulaires et instructions

1- «Règles de contrôle financier sur les organismes, programmes, activités et missions du secteur public», en arabe, série des guides et lois internationaux, traduction vers l'arabe du secrétariat général de l'ARABOSAI, septembre 1993. Tunisie.
2- «Règles de l'audit global», en arabe, bureau d'audit de l'Arabie saoudite, 1982, Doc. ARABOSAI, le Caire.
3- INTOSAI Professional standards; Professional standards committee. PSC Documents.
4- MARTIN (Philippe) : «Règles de la comptabilité publique», mise à jour : mai 2001. Doc. Ministère de l'économie et des finances. France.
5- Déclaration internationale de LIMA. Octobre 1977. Intosai Documents.
6- «Relations entre l'autorité judicaire et les juridictions financières », Circulaire du garde des sceaux, ministre de la

justice, France. 25 juin 1996. Doc. Cour des comptes française. 2006.

7- Instructions et guides de la Trésorerie générale du Royaume du Maroc, Doc. TGR Maroc. www.tgr.gov.ma.

Revues spécialisées

1- ALKHAZINA ; Revue de la Trésorerie Générale du Royaume (Maroc)
2- Gestion et finances publiques, Ex Revue du trésor (France)
3- Revue Française des Finances Publiques (France)
4- Revue marocaine d'études et de consultations juridiques (Maroc)

Sites web

1- www.courdescomptes.ma
2- www.tgr.gov.ma
3- www.courconstitutionnelle.ma
4- www.justice.gov.ma
5- www.ccomptes.fr
6- www.conseil-etat.fr
7- www.intosai.org
8- www.psc-intosai.org
9- www.hespress.ma
10- Almassae.press.ma

Table des matières

<u>Du même auteur</u>

1- « Indépendance des institutions supérieures de contrôle » ; Tunis, ARABOSAI (organisation arabe des institutions supérieures de contrôle, organisation gouvernementale spécialisée relevant de la ligue des Etats arabes) ; 2003 ; En Arabe. *Prix ARABOSAI de la recherche scientifique dans le domaine du contrôle des finances publiques* ; Amman (Jordanie) ; 2004.

2- « Précis d'Interprétation du code des juridictions financière » Tome I, les attributions juridictionnelles, Rabat ; Top press, 2004. Première édition. En Arabe.

3- « Les Cours régionales des comptes ; guide juridique pratique » Rabat ; Top pess ; 2006, première édition. En Arabe.

4- « Rôle des institutions supérieures de contrôle dans la mise en jeu de la responsabilité » ; Tunis, ARABOSAI ; 2006 ; En Arabe. *Prix ARABOSAI de la recherche scientifique dans le domaine du contrôle des finances publiques* ; Sanaa (Yémen), 2007.

5- « Les grands arrêts de la jurisprudence financière au Maroc » ; Rabat, Daralqalam ; 2009 ; première édition ; En Arabe. Ouvrage ayant bénéficié d'un financement public du centre national de la recherche scientifique et technique (CNRST) relevant du ministère de l'enseignement supérieure.

6- « Les principes de transparence et de responsabilité et leur impact sur le rôle des institutions supérieures de contrôle » ; Tunis, ARABOSAI ; 2009 ; En Arabe. *Prix ARABOSAI de la recherche scientifique dans le domaine du contrôle des finances publiques* ; Ryad (Arabie Saoudite), 2010.

7- « Transparence, responsabilité et contrôle supérieur des finances publiques dans le contexte de la bonne gouvernance », Rabat, Dalalqalam, 2010. Première édition. En Arabe.

8- « Interprétation intégrale du code des juridictions financières, les trois livres », Rabat ; Darassalm, 2012. Première édition. En Arabe.

9- « Les Cours régionales des comptes ; guide juridique pratique » ; Rabat ; Daralqalam. 2014. deuxième édition. En Arabe.

10- « Notes sur la gouvernance, le contrôle et la responsabilité à la lumière des transformations de l'année 2011» ; Rabat ; Daralqalam, 2014 ; première édition. En Arabe.

11- « Règles juridiques et jurisprudentielles de la discipline budgétaire et financière », Rabat ; Darassalam, 2017, première édition. En Arabe.
12- « Règles de discipline budgétaire et financière à l'égard des responsables, fonctionnaires et agents publics » Rabat ; Darassalam ; 2017 ; première édition. En Français.

A paraitre :

« Les grands arrêts de la jurisprudence financière au Maroc », 2018.

« La Cour des comptes du Royaume du Maroc », 2019, projeté pour coïncider avec le quarantième anniversaire de la création de la Cour des comptes marocaine (1979-2019).

Le Maroc aux éditions L'Harmattan

Dernières parutions

VISAGES ET PAYSAGES DU CŒUR DU MAROC
Carnets de voyages
Mdidech Jaouad
L'essentiel de cet ouvrage reproduit les reportages publiés par l'auteur dans l'hebdomadaire marocain *La vie économique*. À travers la variété des paysages marocains, où la rudesse de la vie côtoie la simplicité d'une population pauvre mais digne, l'auteur nous brosse quelques portraits d'un Maroc pluriel, où le legs du judaïsme est encore tenace. Il nous dévoile le Maroc profond, où l'eau est de plus en plus rare, où l'école est désertée par les filles, où le béton prend la place du pisé, mais où l'électrification est quasi généralisée et les moyens de communication de plus en plus envahissants.
(Coll. Écrire et Voyager, 16.50 euros, 152 p.)
ISBN : 978-2-343-10995-4, ISBN EBOOK : 978-2-14-003010-9

HABITAT DE LA BOURGEOISIE MAROCAINE
M'Hammedi Mouna
Il existe au Maroc une classe qui possède de multiples richesses et surplombe la société. La villa, objet architectural qui caractérise la bourgeoisie marocaine, est un élément de composition de la grande ville marocaine parmi d'autres. L'analyse consiste ici à faire des incursions dans l'espace domestique de ce groupe, à l'évaluer dans son mode d'habiter, à regarder les rapports établis entre la maison bourgeoise, son quartier et la ville en général.
(Coll. Questions contemporaines, 30.00 euros, 290 p.)
ISBN : 978-2-296-99843-8, ISBN EBOOK : 978-2-296-53180-2

UNE FEMME MAGHRÉBINE EN QUÊTE DE LIBERTÉ
Amir Laïla
«Ces pages contiennent des moments que j'ai vécus, des histoires que l'on m'a racontées, des souvenirs revisités. L'histoire de Malika n'est pas mon histoire : c'est une trajectoire migratoire comme il y en a eu des milliers, une manière d'être faite de rêves de liberté, de courage, d'audace, de résilience et de volonté d'émancipation.» (Laïla Amir)
(Coll. Histoire de vie et formation, 16.50 euros, 158 p.)
ISBN : 978-2-296-99776-9, ISBN EBOOK : 978-2-296-53092-8

UN SAINT MAROCAIN DU XIXe SIÈCLE
La sainteté en Islam et dans le soufisme
Zekri Mostafa
Le Shaykh Sîdî al-Hâjj 'Alî al-Ilghî al-Darqâwî représente l'une de ces nombreuses petites figures du soufisme dont la réputation reste locale. Pourtant, l'étude de sa vie et de sa doctrine s'avère enrichissante et indispensable à l'élaboration d'une théorie globale et exhaustive sur l'aspect ésotérique de l'islam et son impact sur les sociétés musulmanes. Le pouvoir politique marocain

a ainsi choisi la perspective soufie pour réussir une réforme du champ religieux dans un contexte dominé par une compréhension littéraliste de l'islam, qui verse dans le radicalisme.
(21.00 euros, 214 p.)
ISBN : 978-2-336-29273-1, ISBN EBOOK : 978-2-296-51638-0

MON PÈRE AU COEUR DU JUDAÏSME MAROCAIN
Ohana Paul
A travers le témoignage/hommage de l'auteur pour l'action de son père, l'ouvrage apporte un éclairage nouveau sur la vie de la Communauté Juive au Maroc à un tournant critique de son histoire. Comment, en effet, une communauté implantée au Maroc depuis des siècles a-t-elle pu disparaître de la carte en quelques années ? Qui ont été les acteurs de cette disparition ? Quels ont été les rôles du Maroc, de la France, d'Israël dans cet exode ?
(Coll. Intelligence stratégique et géostratégique, 9.50 euros, 56 p.)
ISBN : 978-2-336-00181-4, ISBN EBOOK : 978-2-296-51001-2

L'HARMATTAN ITALIA
Via Degli Artisti 15; 10124 Torino
harmattan.italia@gmail.com

L'HARMATTAN HONGRIE
Könyvesbolt ; Kossuth L. u. 14-16
1053 Budapest

L'HARMATTAN KINSHASA
185, avenue Nyangwe
Commune de Lingwala
Kinshasa, R.D. Congo
(00243) 998697603 ou (00243) 999229662

L'HARMATTAN CONGO
67, av. E. P. Lumumba
Bât. – Congo Pharmacie (Bib. Nat.)
BP2874 Brazzaville
harmattan.congo@yahoo.fr

L'HARMATTAN GUINÉE
Almamya Rue KA 028, en face
du restaurant Le Cèdre
OKB agency BP 3470 Conakry
(00224) 657 20 85 08 / 664 28 91 96
harmattanguinee@yahoo.fr

L'HARMATTAN MALI
Rue 73, Porte 536, Niamakoro,
Cité Unicef, Bamako
Tél. 00 (223) 20205724 / +(223) 76378082
poudiougopaul@yahoo.fr
pp.harmattan@gmail.com

L'HARMATTAN CAMEROUN
TSINGA/FECAFOOT
BP 11486 Yaoundé
699198028/675441949
harmattancam@yahoo.com

L'HARMATTAN CÔTE D'IVOIRE
Résidence Karl / cité des arts
Abidjan-Cocody 03 BP 1588 Abidjan 03
(00225) 05 77 87 31
etien_nda@yahoo.fr

L'HARMATTAN BURKINA
Penou Achille Some
Ouagadougou
(+226) 70 26 88 27

L'HARMATTAN SÉNÉGAL
10 VDN en face Mermoz, après le pont de Fann
BP 45034 Dakar Fann
33 825 98 58 / 33 860 9858
senharmattan@gmail.com / senlibraire@gmail.com
www.harmattansenegal.com

www.ingramcontent.com/pod-product-compliance
Lightning Source LLC
LaVergne TN
LVHW021146061026
849535LV00002B/377